Sendai Economics Research Association ed.,
Economics in Three Dimensions:
a memorial volume for Shohken Mawatari

経済学の座標軸

馬渡尚憲先生追悼論文集

仙台経済学研究会［編］

社会評論社

目 次

序　文 ……………………………………………………………………… 11

第Ⅰ部　経済理論

第1章　需要論の省察 ………………………………………………… 19
奥山忠信

　序言　19
　1．供給曲線と需要曲線のシフト問題　20
　2．限界効用理論の前提　21
　3．効用の序数性　24
　4．販売と購買　27
　5．需要と供給　28
　結語　31

第2章　資本回転論と利潤論 ………………………………………… 33
　　　　　――資本ストック規定を中心として
亀﨑澄夫

　はじめに　33
　1．利潤・利潤率規定の問題性　34
　2．「生産期間と流通期間」の検討　37
　3．資本運動の時間的契機の分析　41
　4．財務諸表での資本回転の総括　44
　5．フロー・ストックの二層理解と利潤論　47

第3章　生産的労働と生産過程論の再構成 ………………………… 55
安田　均

　1．生産過程論の発掘　55
　　(1)宇野による生産論の独立
　　(2)宇野の生産過程論
　　(3)その基本構成
　2．生産過程論の展開　57
　　(1)生産過程論の形骸化
　　(2)その問題点と原因
　　(3)必要性の再確認
　3．生産的労働の再設定　62
　　(1)生産的労働の概念規定
　　(2)定量性と量的技術的確定性
　　(3)労働の多様性
　むすびに代えて　66

第4章 「厚生経済学」から「幸福の経済学」へ 72
　　　　――回顧と展望
　　　　　　　　　　　　　　　　　　　　　　　金井辰郎

　　はじめに　72
　　1．袋小路の厚生経済学　73
　　2．「夢の世界」の一般均衡理論　74
　　3．行動経済学の誕生　76
　　4．幸福の経済学　79
　　5．小括　81

第5章 リベラルな社会とはどのような社会か 86
　　　　――ロールズ正義論によせて
　　　　　　　　　　　　　　　　　　　　　　　堀川　哲

　　はじめに　86
　　1．正義の必要性と可能性　86
　　2．ロールズ：現実との和解　87
　　3．マルクス：希少性の問題　88
　　4．マルクス：個と全体　89
　　5．正義の2つの原理　91
　　6．格差原理：正義は自然を矯正する　92
　　7．脱イデオロギー国家　94
　　　　――政治は善き人間をつくるためにあるのではない
　　8．不寛容への寛容はない　96
　　結語　98

第Ⅱ部　経済学史

第6章 理念型の系譜 103
　　　　――リカードウ，ミル，メンガー，ヴェーバー
　　　　　　　　　　　　　　　　　　　　　　　佐々木憲介

　　はじめに　103
　　1．ミル　103
　　　　(1)古典派の方法論
　　　　(2)分析・総合の方法
　　2．メンガー　106
　　　　(1)精密的方針
　　　　(2)経済学は精密科学であるか
　　　　(3)精密法則が成立する根拠は何か
　　3．ヴェーバー　110
　　　　(1)孤立化と誇張
　　　　(2)目的合理的行為
　　　　(3)経済理論と歴史研究
　　おわりに　118

第7章　古典派資本蓄積論における技術進歩と自然の制約 ……… 121
水田　健

　はじめに　121
　1．人口と食糧　122
　2．古典派における収穫逓減と収穫逓増　126
　3．マルサス人口論とリカードウ資本蓄積論　128
　4．スミスにおける人口と収穫逓増　132
　おわりに　134

第8章　マルサスの功利主義 …………………………………… 139
柳沢哲哉

　1．問題の所在　139
　2．『人口論』の基本構造と自然法則　140
　3．徳と幸福　143
　4．日常語と徳　149
　5．むすびにかえて　151

第9章　ハリエット・マーティノーの経済思想 ……………… 154
　　　　──『暴徒たち』(1827)と『工場論争』(1855)を中心に
舩木惠子

　1．はじめに　154
　2．『暴徒たち』　155
　3．工場論争(1855)　157
　4．ハリエット・マーティノゥの機械論　159
　5．結語　170

第10章　ジェヴォンズによるミル論理学批判と経済学 ………… 175
阿部秀二郎

　1．ブールの影響とミル批判　176
　　(1)ブールの影響
　　(2)名辞問題
　2．ミル論理学批判　180
　　(1)「類似の代替」
　　(2)「ミル哲学のテスト」
　　(2)-①「類似 (Resemblance)」
　　(2)-②実験的方法
　結び　186

第11章　若きビアトリス・ポッターの経済学の形成 ………… 192
佐藤公俊

　はじめに：若きビアトリス・ウェッブの経済研究　192
　1．従来の研究状況　193
　2．「イギリス経済学の歴史」における諸論点　195
　　(1)スミスの改革者としての評価

        (2)リカードの基礎的前提条件批判
        (3)マーシャルの援用:正統派からの救いをマーシャルに見出す
        (4)新たな経済学の構想を提起
        (5)能力と欲望の退化という社会病理の診断法の研究
          :経済学の目的と経済学者の役割
    3．スペンサーとの知られざる「論争」 200
        (1)スペンサーからの批判
        (2)ビアトリスの反論
        (3)ビアトリスの議論の長所と欠点
    むすびに代えて:ビアトリス・ポッターの自律と独立 206

第12章　シュンペーターの社会主義論における矛盾について … 210
    ──ヴィジョンとワルラス的方法との間で
                                                本吉祥子
    1．問題提起:シュンペーターの矛盾 210
    2．社会主義の青写真 212
    3．シュンペーターにとってのワルラス 216
    4．結語 219

第13章　カレツキの有効需要理論 ……………………………… 223
    ──マルクスとの関連で
                                                栗田康之
    はじめに 223
    1．カレツキの有効需要理論 224
        (1) 1933年『景気循環論』における有効需要理論
        (2)資本主義経済論の体系
        (3)カレツキの有効需要理論と投資理論
    2．マルクス再生産表式論とカレツキ表式 232
        (1)マルクス再生産表式
        (2)カレツキ表式
        (3)カレツキ表式の意義

第14章　構造学派とは何か ……………………………………… 241
    ──そのヴィジョンと方法について
                                                岡本哲史
    はじめに 241
    1．構造学派の誕生 241
        (1)インフレ論争
        (2)ヨーロッパ構造主義
        (3)ラウル・プレビッシュ
        (4)交易条件不利化説
        (5)構造学派の源流
    2．構造学派の試練 248
        (1)分極化する社会

(2)苦難の時代
　3．構造学派の復活と再生　252
　　　(1)ネオ・リベラリズムとラテン・アメリカの民主化
　　　(2)ネオ構造主義
　　　(3)フェルナンド・ファインシルベル
　　　(4)構造派マクロ経済学
おわりに　256

第Ⅲ部　歴史・現状分析

第15章　アベノミクス再論 263
　　　　──量的金融緩和政策を中心に
星野富一

　はじめに　263
　1．アベノミクスの第一の矢と黒田日銀の誕生　264
　2．異次元の量的金融緩和政策と物価水準　266
　3．為替相場の円安への転換と企業業績・雇用・実質賃金　269
　4．消費税8％引上前後の物価水準と景気動向　273
　むすび　275

第16章　「量的・質的金融緩和」の本質と課題 280
石橋貞男

　はじめに　280
　1．「量的・質的緩和」の策定と拡大　281
　2．効果波及メカニズム──想定と現実　284
　3．日本銀行バランスシート拡大の含意　290
　おわりに　294

第17章　現時日本の資本蓄積レジーム 299
　　　　──実証と方法
芳賀健一

　はじめに　299
　1．資本蓄積レジームの分析枠組み　299
　2．日本の資本蓄積レジームの現状　300
　3．機能不全のメカニズム　301
　　　(1)企業の価格設定戦略と競争的寡占構造
　　　(2)国民経済レベルでの価格，賃金，生産性
　　　(3)企業の雇用戦略と雇用レジーム
　4．企業の低賃金戦略のミクロ的・マクロ的帰結　308
　5．新しい資本蓄積レジームの現実性　309

第18章　リーマン・ショック以降のカナダ経済.......................... 315
　　　——2015年からの回顧
　　　　　　　　　　　　　　　　　　　ブライアン・マクリーン
　　はじめに　315
　　1．悪質なショックからの卓越した（と思われている）回復　316
　　2．期待はずれの拡張　321
　　3．結論：重大な岐路に立つカナダ経済　326
　　追記　337

　　馬渡尚憲先生の経歴　339
　　馬渡尚憲先生の業績　341
　　索引　348
　　執筆者紹介　353

馬渡尚憲先生

【上】仙台経済学研究会の懇親会　2010年8月
【下】仙台経済学研究会の懇親会　2008年8月

序　文

　2013年5月末に馬渡尚憲先生が急逝された。本書は先生に指導を受けてきた「仙台経済学研究会」のメンバーによる追悼論文集である。

　馬渡先生は，1974年4月に法政大学経済学部から東北大学経済学部に転任された。この年から法政大学で馬渡先生の指導を受けた大学院生が毎年夏に仙台に集まり，東北大学の院生と一緒に研究会を行うようになった。馬渡先生としては，法政大学に残してきた大学院生の指導上のケアだったように思われる。

　馬渡先生の指導を受ける東北大学の院生も増え，また師弟関係以外の研究者も参加し，メンバーは40名を超える。「研究会」とはいえ，創られた経緯からして，実質的には馬渡先生の厳しい指導の場であった。研究会は，馬渡先生が亡くなった後も続き，昨年で41回を数えた。

　研究会としては，これまで馬渡尚憲編『経済学の現在』（昭和堂，初版1989，改訂版1995，三訂版2002），および馬渡先生の還暦記念論文集として，2000年に星野・奥山・石橋編『資本主義の原理』，天野・芳賀編『現代資本主義の現実分析』（ともに昭和堂）を刊行している。

　馬渡先生は，経済学部長や副学長を歴任した後，2003年3月に東北大学を退任した。同年4月に宮城大学学長に就任し，2011年3月に退任した。その後，2013年4月に埼玉学園大学経済経営学部教授に就任した。

　8年に及ぶ宮城大学学長当時も，多忙な中，仙台経済学研究会には欠かさず出席され，いつも鋭いコメントを加えておられた。退任後は重責から開放され，研究への情熱を再燃させ，新しい経済学の構想を基に，執筆活動に取り組んでおられた。研究会でも自ら発表を買って出られ，学会誌にも寄稿された。

　こうした時期の突然の訃報であった。享年73。ご家族のお嘆きはもとより，私たち仙台経済学研究会のメンバーにとっても衝撃であった。仙台経済学研究会は，先生のお姿がないまま継続し，2014年夏の研究会において追悼論文集の企画がもちあがった。その後，編集委員会を立ち上げ，また先生のご遺族の了解を得た上で，出版の準備に入った。学術書の出版状況が悪い中，幸いなことに社会評論社の松田健二社長のご協力もあって，本書の出版の運びとなった。

本書のタイトルと編別構成について一言。先生の主要業績は，経済学の3つの座標軸，すなわち経済理論，経済学史・方法論，現実分析の3領域すべてに及んでいる。タイトルは先生の業績分野の配置に由来する。また，研究会のメンバーの仕事もこれらの座標軸に沿って分布しているので，寄稿論文の編別構成もこれに従った。

　馬渡先生は若くして教鞭を執られており，このため，指導を受けたメンバーも還暦を過ぎた者が少なくない。厳しい研究会の後，仙台の夜の繁華街で痛飲していた頃とは違っている。本書が馬渡先生の追悼に値することを願うばかりである。

　本書の概要は次の通りである。

　「第Ⅰ部　経済理論」は先生が研究の出発点とされた領域であるが，本書には5人の会員が寄稿している。

　第1章（奥山忠信）は，古典派やマルクスの価値論をベースに需要関数の前提となる限界効用理論を批判的に検討し，右上がりの需要曲線を提起する。従来の供給曲線はスラッファ以来様々な批判が加えられてきたが，水平の供給曲線が現実性を帯びている。そこで，右上がりの需要曲線と水平の供給曲線とを用いて，価格調整の代替的なメカニズムも考察した。

　第2章（亀﨑澄夫）は，(1)利潤論における個別諸資本の競争は，資本回転論で明らかにされる投下資本と資本回転の諸量というストック－フロー関係の解明を前提に展開すべきこと，(2)投下資本は資本運動の時間的契機（原則的事態）を基礎にその量的規定を与えられること，(3)諸資本の競争は部門間の資本ストックの量的調整を通して諸商品の社会的需給（フロー領域）を一致に向かわせる過程であり，それが資本家的経済過程に内在的法則としての価値法則を貫徹させることを，明らかにしている。

　第3章（安田均）は生産過程論の再検討である。価値実体としての労働は生産論で抽出可能とする宇野の考えに与する論者も労働の二重性を抽出可能な形で生産過程論を構成していない。生産過程の相互連関が組み込まれていないため，あるものの生産に要する生産的労働には，価値形成労働には該当しない調整労働等が含まれていることが看過された。生産過程論の再構成により多様な労働が組み込まれると同時に，理論が扱う労働の多層性も明らかになる，というのが本章の結論である。

　第4章（金井辰郎）は，昨今注目を集めている「幸福の経済学」の方法を，厚生経済学・一般均衡理論の歴史と，行動経済学の隆盛という文脈の中で評価する試みである。主観的情報を扱うことについては困難もあるが，

それをすべて捨て去ることも間違っており，限界は認識しつつも，周辺諸科学（現時点では心理学が最も有力であるとされる）と連携しながら「人間研究の一部」（マーシャル）として経済学が再構成されるべきことが論じられる。

第5章（堀川哲）は，現代のリベラルな政治哲学が貧困や格差といった経済問題，また自由と連帯の問題をどう考えているか，それをマルクス（主義）とロールズの政治哲学を素材に整理検討する。とくにマルクス主義的な全体革命論と人間革命論の功罪，リベラリズムのいう脱イデオロギー国家論の意義と意味，そしてまたリベラルな政治哲学が格差問題にどう対応しうるかを考える。

「第Ⅱ部　経済学史」は先生が研究努力を最も傾注された領域であり，本書の3部構成の中で最多の9名の会員が寄稿している。

第6章（佐々木憲介）は英語圏，独語圏という枠を超えて，経済学方法論の歴史を辿る。経済理論は現実を忠実に映すものではなく，特定の要素を孤立化し誇張することによって，問題の考察にとって理想的な状態を創り出す。このような手続きを理想化の方法と呼ぶことができるが，本章で取上げるリカードウ，ミル，メンガー，ヴェーバーは，経済理論が理想化の操作を伴うものであることを共に認めていたのである。

第7章（水田健）は古典派資本蓄積論を検討する。マルサス，リカードウ，J.S. ミル等の古典派経済学者は，自然の制約から生まれる収穫逓減は農業の技術改良では克服できないと考えた。したがって，マルサスは食料生産が人口増加を抑制するとみなし，リカードウとミルは資本蓄積のなかで農業の収穫逓減は最終的に利潤ゼロの定常状態を生むと考える。それに対してスミスは，資本蓄積は分業による収穫逓増を生み成長の制約は生まれないと論じる。

第8章（柳沢哲哉）はマルサスの功利主義を検討する。日常語を尊重したマルサスは，功利と並んで徳や悪徳も使用しているが，それらを功利によって規定した。したがって，そこに徳倫理の性格を読み込む解釈は妥当なものではない。ベンサマイトの影に隠れがちであるが，人口原理から導かれる帰結を組み込むことで，功利主義に強固な基盤を与えることに成功した論者と論じる。

第9章（舩木惠子）は『例解・経済学』(1833-34)で経済学ブームを起こし，古典派経済学を大衆化した，ハリエット・マーティノウの初期の著作『暴徒たち』(1827)と中期の『工場論争』(1855)を扱う。テキスト的な『例解・

経済学』に偏りがちな先行研究に対し，初期の著作も視野に入れることで，彼女と経済学との関係，経済思想の全体像の把握を試みるものである。

第10章（阿部秀二郎）はジェヴォンズの経済学におけるJ．S．ミルの影響について紹介する。ジェヴォンズの『経済学の理論』初版（1871年）では，それほどミル経済学への批判は強くなかったが，第二版（1879年）ではリカードウと同等もしくはリカードウ以上に強く批判がなされている。また一般均衡理論からの乖離を明確に認識させる価値決定における因果論も追加されている。これらの背後には，ジェヴォンズのミル論理学研究が存在することを分析した。

第11章（佐藤公俊）はビアトリス・ポッター・ウェッブの修業と徒弟の時代の末期の1886年～1887年春の経済学的な自律と独立に注目する。彼女は貧困問題の社会的な解明・解決のため，貧困の原因を「診断」できる経済学を求めて，古典派政治経済学原理を批判し，社会的病理の診断ができるような原理の修正と，国家介入を求めた。師のスペンサーは，リカードウ原理主義と自由放任哲学からそれを批判した。ビアトリスの反批判は，古典派政治経済学の原理に類似しない19世紀末の社会変化の認識の必要性と，実践的な政府介入の必要性を提起する。

第12章（本吉祥子）はシュンペーターの社会主義論についての論稿である。一般的に企業者による技術革新を中心とした資本主義分析がシュンペーターの主要な業績と考えられる。しかし彼のエピソードや著作を紐解くと，一方で社会主義者ではないと言いながら他方で社会主義に賛同するような言動が見られる。この矛盾は彼の性格的なものもあるが，ワルラス的一般均衡理論を過剰に賛美しそれを一貫させようとしたところにあるように思われる。

第13章（栗田康之）では，マルクスから学びケインズに先行したことで知られるカレツキの有効需要理論が検討される。まず，カレツキの有効需要理論を初期から晩年の著書にそくして概観する。さらに，マルクス再生産表式の改作である「カレツキ表式」にそくして検討する。それによって，カレツキの有効需要理論が，ケインズのそれとは異なり，資本主義経済の階級性と企業主権を明確に前提する独自の理論体系であることを明らかにする。

第14章（岡本哲史）は開発経済学の構造学派に焦点をあて，その誕生から停滞，再生という3つの時期を時系列的に振り返りながら，この学派がなぜ，誕生後70年を経た今日でも，死滅することなく存続し，世界中

の研究者がレベルの高い業績を出し続けているのか，そのなぞに迫っている。そこでの結論は，構造学派のビジョンと方法に秘密があるということである。

「第Ⅲ部　現状分析」の分野では先生は歴史分析と現状分析の双方に成果を挙げておられるが，本書では3人が日本の，1人がカナダの現状分析に取り組んでいる。

まず第15章（星野富一）は量的緩和政策の効果を，政策実施後3年余りが経過した現時点から検討し，量的緩和政策による2％の物価上昇率目標の達成が失敗したと判定する。それは，量的緩和政策で経済主体の物価上昇期待によるとデフレ脱却で「日本経済を取り戻す」という主流派経済学の「合理的期待仮説」も不発だったことを示している。政策の唯一の成果ともいうべき円安・株高も，中国経済の激震等による株価急落で風前の灯状態にある。

第16章（石橋貞男）では，日本銀行が2013年4月に開始した「量的・質的金融緩和」政策について，その本質と課題が論じられる。この金融政策の目標は，デフレを脱却し2％の物価上昇をもたらすこととされ，その手段としてマネタリーベースが倍増されることになった。しかしその手段は目的と合致しておらず，金融政策の本質は，円安をもたらす為替政策と赤字財政を支える国債管理政策であったことを論じ，その課題について考える。

第17章（芳賀健一）は，現時日本の資本蓄積レジームの動態を実証と方法の両面から考察する。分析枠組みは①主体の戦略的行動，②それを律する社会制度，③マクロ経済の動態，④レジーム・シフトである。具体的には，企業の価格戦略と低賃金戦略，後者を促進した新旧の雇用レジーム，労働分配率低下に起因するマクロ経済の機能不全メカニズムなどの実証分析をその方法に力点を置いて再考し，最後に新しい蓄積レジームの可能性を展望する。

第18章（ブライアン・マクリーン）はリーマン・ショック以降のカナダ経済のマクロ経済実績に関する事例研究であり，日本を含む他の高所得資本主義経済の最近の実績を説明する諸要因について教訓を与えてくれる。カナダは，数十年にわたって，社会民主主義的なヨーロッパ諸国と「自由市場」アメリカ合衆国モデルの双方を分かちもつような資本主義モデルに従ってきたが，2006年に政権を握り，さらに2011年半ばに多数派政権の座に就いた，ネオリベラル派の保守党に統治されていた。この事例研究は

2つの時期を取り扱う。1つはリーマン・ショックから2011年までの，カナダ政府が全般的に拡張的な財政政策を追求した時期であり，もう1つは2011年から2015年までの，紛れのないネオリベラル政策を採った時期である。後者の時期は景気後退を結果し，代替的政策にたいするカナダの有権者の支持を増大させた。本研究の結論は次のとおりである。1) 拡張的な財政政策・金融政策は景気後退に対処する上で依然として有効である。少なくとも純債務の対GDP比率がほどほどであれば。2) ネオリベラル政策は必ずしも高成長を生み出さない。少なくともカナダに似た混合経済では。3) 強力な金融規制は，低金利の時代にあって金融安定性のために必要である。（原稿提出後に行われた連邦議会選挙に関する追記も参照されたい）。

最後に編集委員会の作業で最も難渋したのは先生の主要業績の目録作成であった。舩木会員は遺漏の多い原案に綿密な校訂を施し，完成度を大幅に引き上げてくれた。記して感謝するとともに，なお残るかもしれない不備は編集委員会の責任であることを明らかにしておきたい。

       2016年3月
        追悼論文集編集委員会
        奥山　忠信
        佐々木　憲介
        芳賀　健一
        柳沢　哲哉

第Ⅰ部　経済理論

第1章 需要論の省察

奥山　忠信

序言

　需要曲線を右下がりに書くのは，あまりにも広く受け入れられているため，古典派も同じだったという解釈がある。しかし，現在の経済学と古典派とは大きく異なる。古典派にとっては，需要と供給が一致している「自然価格」と，需要と供給が乖離した場合に生じる「市場価格」との関係が問題であった。日々変動する市場価格は自然価格の周りをまわる小さな円であり，価格は市場価格を自然価格に引き付ける「見えざる手」であった。

　古典派の場合，供給曲線は自然価格によって決まり，生産費がこれに当たる。分業や機械の発達が，生産費に一定の技術的な基準をもたらしていた。今日の供給曲線は，右上がりに描かれるが，古典派にとっては通常の商品は右上がりではない。縦軸に価格，横軸に供給量を取れば，価格に対して水平である。マルクスも同様である。マルクスの場合，固定資本の問題が入ったとしても，減価償却費的に商品単価に入り込む。古典派の自然価格はマルクスの言う「生産価格」であり，費用価格に平均利潤を加えたものである。

　今日の経済学では，限界理論に基づき，固定資本の制約を前提に，限界費用の低減と逓増を描き，右上がり部分のうちの操業停止点より右の部分を供給曲線とする。

　本稿では，限界理論の問題点を指摘しつつ，価格の変動が需要量と供給量の調整メカニズムを果たす点を重視した需要曲線と供給曲線を組み立てる。供給曲線は古典派経済学のスミスやリカードウ，さらにはマルクスなどの生産費説を前提に，価格に対して水平と考える。需要曲線は特定の自然価格を基準に需要量の供給量からの乖離を反映するものとして右上がりとなる。現在の経済学とは逆である。価格はこの需要量と供給量の乖離を調整するものである。

　なお，以下の説明では次の点に留意する必要がある。それは，経済学においては，通常の数学とは異なって，縦軸を価格，横軸を供給量とし，縦軸を独立変数（説明変数），横軸を従属変数（被説明変数）とする。縦軸と横軸

の取り方が逆になっているのである。逆関数を取れば通常の数学と同じように表すこともできるので、何の問題もないのだが、経済学の慣習は他分野の人にはしばしば混乱を招く。

本稿では、今日の経済学と同じように縦軸に価格、横軸に需要と供給の量を取る。しかし、今日の経済学とは違って、横軸となる需要と供給の量が独立変数（説明変数）であり、縦軸の価格が従属変数（被説明変数）である。

今日の経済学では、価格が高いと需要量が少なく、価格が低いと需要量が多い、と読む。市場は「競り」のイメージで捉えられている。競り人が、価格を高い方からあるいは低い方から提示して需要者を募るのである。

しかし、現実の市場には競り人はいないケースの方が普通である。販売者と購買者がいるだけである。価格の変化が競り人の代わりに販売者に価格の訂正を迫る。したがって、本稿では需要量と供給量が説明変数である。本稿の右上がりの需要曲線は、需要量が多いと価格が高く、需要量が少ないと価格が低い、と読む。

古典派経済学の中でも、価値の決定における需給論を重視したマルサスの場合には、需要曲線を右上がり供給曲線を右下がりに考えていたようである（Malthus 1827:246/ 訳 189 頁）。一定の供給量に対して需要量が増えれば増えるほど価格が上がり、一定の需要量に対して供給量が増えれば増えるほど価格が下がるからである。現在の需給曲線とは逆である。

本稿の課題は、右上がりの需要曲線と生産費説を前提とする水平な供給曲線の間の価格調整機構を考察することにある。

1. 供給曲線と需要曲線のシフト問題

供給曲線に関しては、現在の経済学と古典派との違いは広く受け入れられている。すなわち、経済学では供給曲線を右上がりに描くが、古典派は水平であったと解釈されている。今日の経済学では、企業は自分の企業の限界費用に基づいて費用曲線を描き、社会全体の需要とは直接にはかかわらずに供給曲線を描く。

この場合の重要な点は、企業は短期においては固定資本投資を行わないという前提である。この前提の下で、限界費用曲線は、生産量が増えるのに伴って低減から逓増へとU字型を描く。U字型の右半分の一部が供給曲線の形状を取る。つまり右上がりである。限界費用の逓減と逓増を背景とする供給曲線は、適正な生産規模から離れても固定資本を変化させないという経済学

の前提によって作られた曲線である。
　右上がりの需要曲線を前提にすると，所得や嗜好の変化による需要量の変化は需要曲線のシフトで説明される。需要量の増加とは一定の価格に対する需要と解釈され，この関係が需要曲線のシフトをもたらすのである。需要曲線のシフトは，右上がりの供給曲線との交点を変える。需要量の増加であれば，右上がりの供給曲線を前提に，右下がりの需要曲線は右にシフトして価格を押し上げるのである。
　しかし，供給曲線が水平の場合には，需要曲線は右にシフトしても価格は変化しないことになる。
　供給曲線の右上がりは，「短期」という特殊な想定に基づく。ここでいう「短期」とは期間の問題ではなく，固定資本の投資がないという想定のことである。固定資本の投資が行われないケースが短期であり，固定資本の投資があれば，1週間でも1日でも1時間でも「短期」の前提は外れる。この前提がはずれれば，右上がりの供給曲線は変化する。限界費用の逓増も右上がりの供給曲線も生じなくなる。
　古典派経済学は，自然価格と市場価格の関係を論じる。変動する市場価格の中心には自然価格があり，自然価格は生産費＋平均利潤で決まる。自然価格は生産量とは関係しない。技術的に決定され一定である。
　固定資本問題はどうなるか。マルクスの場合は，固定資本は減価償却費に対応して，商品の単価の中に組み込まれる (Marx 1971)。したがって，一定である。縦軸に価格を取り横軸に供給量を取れば，水平である。需要曲線が右上がりであったとすると，供給量は需要量によって決定される。

2. 限界効用理論の前提

　限界効用理論は，いわゆる1870年代の限界革命に始まり，マーシャルの強い影響力によって価値論の主流になる (Marshall 1920)。価値論への微分の適用も積極的に進められるようになる。
　限界革命とはいっても，逓減の幅が一定の場合は微分にはなじまない。微分に馴染むには逓減の幅自体も減る必要がある。つまり財の効用は，1個目は10, 2個目は9, 3個目は8と，1単位ずつ減る場合は，微分が意味をなさないのである。微分が意味を成すには，たとえば二次関数のような形状を描かなければならない。
　現在の限界効用理論は，序数的な効用理論であり，限界効用を数値化する

ことはできないと考えている。また，限界効用逓減の法則も，限界代替率逓減の法則が維持されれば，原点に対して凸の形状が保たれるので，個々の財の限界効用の逓減には必ずしもこだわってはいない。とはいえ，基本的には限界効用の逓減が想定されている。

　限界効用の逓減という考え方にはいくつかの問題がある。何よりも，これが一般的な商品に対する普遍性を持つかどうかである。たとえば，トイレットペーパーやラップやアルミホイルの限界効用が逓減するとは思えない。ご飯の限界効用が逓減したとしても，ご飯以前の米の限界効用も本当に逓減するのだろうか。

　ミカンやリンゴは事例としてよくあげられるが，おしゃべりをしながらミカンを食べている人の限界効用が逓減するのだろうか。1個食べて満足したら，おしゃべりに花を咲かせてまた1個食べる。これを無限に続けているだけではなかろうか。リンゴは食べて飽きたら2個目は食べないかもしれない。1個食べて満足したのに2個目を食べる人はいない。限界効用が逓減するには，満足しても食べ続けるという連続的消費が条件となっている。心理学の実験のような不自然な消費者行動である。

　限界効用理論は，一度に買って連続的に消費するという前提で成り立つ。しかし，連続的な消費に馴染まない商品も多数存在する。村上春樹の『ノルウェーの森』を2冊買う人はいない。パソコンを3台以上持つ人は大勢いるが，3台同時に買うことはほとんどない。通常は1台ずつ買い替える。家やマンションや車も同様である。複数所有する人はいるが，同時に買う人は稀である。つまり，1回に1つしか買わない商品には，限界効用の逓減は適応できないのである。

　5千台の車を買うとしても，一人で一度に5千台の車を買うなら限界効用は逓減するかもしれないが，5千人の人が1度に1台しか買わないのであれば，限界効用は逓減しない。それは個人の満足を基礎としている需要だからである。個人的には限界効用は逓減しなくても社会的には逓減するとは言えないのである。

　ビールの限界効用の逓減は，多くの人が認めるであろう。湯上りの缶ビール1缶目と2缶目では，美味しさは違う。しかし，買う人が，1人で10個の缶ビールを買って，一度に連続的に消費するなら限界効用は逓減するが，10人で1個ずつ飲むつもりで買うなら，限界効用は逓減しない。また1日に缶ビール1個と決めているなら，限界効用の逓減は生じない。1日目のビールよりも2日目のビールの満足度が小さいとは言えないからである。ビー

ルの味覚も適当な時間おけば復活する。おしゃべりをして休みながら食べるミカンの限界効用と同じである。味覚が復活したら満足度も復活する。

　限界理論は，消費の理論を価値論に移し替えた理論である。価値論は市場における商品に対する評価の問題である。限界効用の逓減は，消費の際に生じる満足度の問題である。購買者は，消費する前に満足を想像し，限界効用の逓減を自覚して購入量を決定する。

　ビール10缶とミカン6個を買う人が，限界効用の逓減を意識して買うとはとても思えない。購入者にとってはビール10缶が必要で，その効用は1缶ごと同じで，11缶目は効用の逓減とは別に，当面不要だから購入しない。ミカン6個も効用の逓減によって量が決まるのではなく，7個目は当面不要なのである。また買いに来ればいいのである。個人はそれぞれに需要の幅があり，購入のパターンがある。

　限界効用の逓減は，商品を購入した後の消費の問題であり，消費者が商品を購入する以前購入した財の限界効用の逓減，しかも微分可能なほどの綺麗に連続した逓減を想像することは，現実性に乏しい。

　限界効用理論への基本的な疑問点を整理すると以下のようになる。

　第1に，何よりも限界効用の逓減は，1人が購買した商品を連続的に消費するという条件で生じる現象である。しかし，購買者と消費者が一致するとは限らない。家庭の主婦が，スーパーマーケットで食材を買っても1人で消費するわけではない。家族全体で消費する。あるいは，ビールなどを大量に購入したとしても，大勢で1缶ずつ飲む場合や，毎日1缶ずつ飲む場合は，限界効用の逓減は適用されない。

　第2に，飲食物以外のもの，たとえばトイレットペーパーなどの商品に限界効用の逓減が認められるとは考えにくい。大量に買っても1個ずつトイレに備えるだけだからである。

　第3に，食べ物でも，ご飯の限界効用は逓減しても，保存性のある米の限界効用は逓減するとは思えない。保存の邪魔にならない程度の必要な量を買って，消費するだけである。ご飯を食べて満腹になっても，米のままで消費するわけではない。

　第4に，家や車やパソコンなど，仮に複数所有していても，買う時には一度に複数買うのではなく，1つずつしか買わないものに限界効用の逓減は当てはまらない。また，本のように同じものを2冊所有する意味が通常はないものについても同様である。ある本が100万部売れたとしても，100万人が買う場合には，個人的にも社会的にも限界効用は逓減しない。村上春

樹の小説は，1人が1冊ずつ，多くの人が買うと考えるのは通常のケースである。ゲームソフトも，音楽や映画のCDやDVDも同じであろう。

第5に，ミカンやビールの限界効用が連続的な消費によって逓減したとしても，一休みすれば味覚が復活する。限界効用が逓減するのに，無理に連続的に消費する意味がない。

第6に，限界効用の逓減は，消費の理論であり，購買後の消費の問題である。購入の際に満足度の逓減を想定して購入することはあるのだろうか。価値論は消費の以前の商品に対する評価の問題である。

第7に，個々人は経験的に，需要量と購入のパターンを持っており，何をどれだけ欲しいかは，限界効用の逓減の問題よりも，自分の飽和の量を知っていることによる。特に胃袋の制約は絶対的なものであり，ラーメンを連続的に何杯も食べることは無理な想定である。限界効用の逓減よりも，次の購買までに必要な量を購入するだけであろう。

3. 効用の序数性

経済学では，現在は序数的な効用理論を基礎としている。通常，2財をX軸とY軸に取り，等しい効用の無差別曲線を原点に凸の形で描く。そこにはいくつかの前提がある。

第1に，人間は正確に効用を比較することができると仮定され，この前提の下に無差別曲線は無数描かれる。

第2に，人間の欲望は満足点に達することはなく，より多く消費すれば効用は常に増える。人は無限に消費することができるという不飽和の前提がある。このため，右下がりの無差別曲線の，さらにより右上にある無差別曲線の効用がより大きくなる。

第3に，人間は効用の組合せの序列を正確に判断することができ，無差別曲線は交わらない。

第4に，効用の総量を一定に維持しながらX財の効用を1単位増やした時に，減らすY財の量は，徐々に減っていく（限界代替率の逓減）ということである。このため，無差別曲線は，原点に対して凸型となる。

第4の点は，2財の関係で表現されているため分かりにくいが，個別の商品についても，1個目と2個目の効用の差よりも，2個目と3個目の効用の差の方が小さく，さらに3個目と4個目の効用の差はさらに小さいと考えられる。このことが，X財とY財，さらにはすべての財について言えると

いうことが前提となっている。通常のケースでは，限界効用逓減の法則が，原点に対して凸の関係になる関数の中に含まれているのである。

原点に対する凸型の無差別曲線の頂点と2財を買うための予算制約線との接点で購入するX財とY財の両方の購入量が同時に決定され，この点での無差別曲線が，消費者に最大の効用もたらすとされている。

序数的効用理論は，新たな問題がある。

第1に，予算制約線は決められるのかという問題である。通常1か月分の給料を1回の購入で使い切るわけではない。序数的効用理論のイメージは，スーパーマーケットでの1日の食材の購入のイメージである。1日の予算が決められている場合である。1か月の給与は決っていたとしても，1日の予算を決めるとは限らない。居酒屋に入って，ビールと酒を飲み，最後に会計をして帰るケースは，これとは馴染まない。支出は一定の幅の中で，結果として決まる。

予算線は弾力的であり，したがって購買量は事前には分からない。家や車の購入の場合のように，ローンを組む場合は，予算制約線は不確定なものになる。商品を見て，これが欲しいと思えば，これに応じて予算線が右上に動くのである。欲しいと思わなければ左下に動く。予算線は，制約の役割を果たさないのである。昼食の予算を毎日1000円と決めても，必ず1000円使う必要はない。昼食の予算は厳密には決まっていない。

第2に，効用の序数性は保証されない。酒とビールのどちらを好むかは，その日の温度や，その場の雰囲気による。ビールから飲み始めて，酒に移り，ビールに戻ることは通常見られる。支払いが事前ならば，予算制約線が意味を持つが，レストランの支払いは事後である。

第3に，商品の購入者は家計だけではない。政府は予算にしたがって支出するが，効用曲線を描くとは思えない。累積でGDPの2倍の赤字を抱えているわが国の現状をみれば，予算もまた，制約になっているかどうかも疑問である。同様に企業も消費者である。投入財の組み合わせは，効用の満足度ではなく，技術的に決まる。設備投資は注文販売が多く，必要量は初めから決まっている。設備投資を含めた長期戦略の中での投資は，ビールと酒の組み合わせとは異なる。

第4に，序数的効用理論の無差別曲線は，個人が2財以上を同時に購入する時に成り立つ論理である。いうまでもなく，現実の個人は，昼食を食べる時は，通常ラーメンと寿司を両方食べようとは思わない。食べるのはラーメンか寿司であり，個数は1個である。乾電池の電池が切れて買いに行く

時も，乾電池以外を買うつもりはない。スーツを同時に2着買うこともほとんどないし，スーツを買った後でラーメンを食べても，2つの効用の限界代替率を出して予算線を作る意味はない。こうしたケースは，頻繁に日常的に生じるが，序数的効用価値論の射程には入らない。

第5に，効用の無差別曲線の形状は同じで，無差別曲線どうしは交わらないとされている。しかし，ビールは連続的に消費すればすぐに飽きて多くの量は飲めない。これに対して酒はなかなか飽きない。すなわち，ビールと酒の組み合わせを量的に2倍3倍にした場合，ビールのようにすぐに飽きる商品と酒のようになかなか飽きない商品との組み合わせを描く無差別曲線の形状が同じとは思えない。

第6に，序数的効用理論では，消費量は無限に増大でき，かつ増大するごとに2財の総効用が増えることが想定されている。しかし，この点が経済学の需要論の大きな問題点である。消費量も需要も，個人的にも社会的にも，ほとんどの商品について慣習的に決まっているのではないか，ということである。つまり，コメの消費量を無限に増大させることを想定すること自体が不自然ではないか，ということである。マルクスはこれを「胃の腑」の問題とした。多くの商品については，欲望は飽和するのである。もちろん，金や宝石，依存症患者の麻薬など，無限の欲望の対象となるものもある。この場合は飽和しない。

第7に，私的な所有権は排他的な利用を容認する。米を食べずに捨てたとしても，私的な所有者の勝手である。購買した食材の一定部分は，常に破棄される。購入の際には破棄することは予定しないが，現実の消費に際しては，購入した商品の破棄は生じうる。予算線に基づく購買は，現実からは乖離する。もっとも捨てる喜びのために買うこともあるかもしれないが，これは商品の消費による効用とは別である。

第8に，無差別曲線と予算線による需要量の決定は，2財について描かれているのでイメージすることができるかもしれない。しかし，無数の消費財について，消費者が最適な消費量を計測することは普通の人間には不可能である。

第9に，欲望は移ろいやすい。購入の時点で，頭の中で描いた効用の無差別曲線と，実際の消費の時点での無差別曲線とでは異なる。多くの場合，好き嫌いは刻々と変化する。

第10に，金の延べ棒や地金型の金貨などは，通常価値の保存用である。絵画や骨董品もしばしばこのような動機で購入される。この場合，消費は購

買の目的ではなく，限界効用も逓減しない．

4．販売と購買

　商品は価格を付けて店頭に並んでいる．価格は貨幣に対する交換条件の提示である．アイスクリームが1個100円ならば，100円支払う人にはアイスクリームを提供するという条件である．貨幣の所有者と商品の所有者との間には基本的には話し合いはない．アイスクリームを欲しい人が100円の条件を十分であると認めれば，商品は売買される．

　アイスクリームの有用性と価格が交換の成否を決定する．交換の成否は，購買者が決める．商品の価格は，販売する側が一方的に決定するが，交換の決定権は購買者にある．価格は貨幣に対する交換の申し込みを意味するからである．

　商品の購入者は，販売者が付けた価格が高いと思えば，購入しないことで販売者に対して価格の訂正を迫る．購買者にとって価格は所与だが，購買しないことによって価格に対して反省を迫るのである．この点では，購買者が価格の決定に重要な役割を持っている．宇野弘蔵はこの点をとらえて，貨幣の価値尺度機能と呼ぶ（宇野弘蔵1970）．

　商品には一物一価の法則が作用する．一物一価の法則は，均衡価格とは何の関係もない．需給関係が逼迫して需給のギャップから石油の価格が高騰しても，吊り上がった価格が1つの市場で特定の時点で同じ価格になる傾向を持つ．購買者がより安い価格の販売者を探すからである．

　購入者にとっては価格は所与ではない．購入者は，常に他の店と比較して購買するかどうかの判断を行う．さらに価格に対する経験から現在の価格が高いかどうか，待っていれば下がるかどうかの判断をする．買わないことも購買者の権利である．買うか買わないかで，価格に対して評価を下しているのである．

　供給者にとっても価格は所与ではない．価格をどうつけるかは，販売者の判断である．供給者が生産者の場合には，常に価格と品質の競争にさらされている．供給者が生産者ではない場合でも，価格競争の中にいる．供給者の付けた価格は，売れ行きによって，つまり購買者によって社会的に評価される．

　販売者は，需要量が少なければ，価格を下げるしかない．価格を下げることで，社会的に平均的な利潤が得られないのであれば，他の商品の販売に資

本を移動させるしかない。需要量が多く価格が高くなり，平均利潤以上の利潤が得られれば，他の部門から資本が流入し，需要量が少なく平均利潤以下の利潤しか得られなければ，資本が流出する。

資本の移動は，様々な形で行われる。1つの企業が，既存の固定資本のすべてを廃棄して新しい部門に進出することもあるが，これは最終的な判断であり，企業内で資本配分を変更することもできる。1つの企業が1つの商品に特化していたとしても，商品の中にさまざまな差異を設けている。企業内での商品に投入する資本の調整もまた資本移動である。

たとえば自動車メーカーや家電メーカーが1種類の製品しか作らないということはない。売れ筋の製品の需要が伸びれば，そこに資本を集中する。生産する商品の構成を変えることは資本移動と同じ効果を持つ。

企業が様々な分野にかかわっていることも一般的なことである。企業内で投下する資本の編成の変更が，企業によっては部門間の資本移動に相当することもある。また，本社ビルすらリースの時代である。価格の調整機構は，広い意味での機敏な資本移動を伴うものと考えられる。

5．需要と供給

需要量と供給量のギャップの調整を表すグラフは，図1である。横軸は需要量と供給量の量的な変動の幅（ΔQ）である。縦軸は価格の変動幅（ΔP）である。需給関係は以下のようになる。

図1　自然価格と市場価格

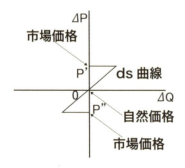

①需要量と供給量のギャップΔQが価格を変化させる。
②自然価格は技術的に決まる。ここでは原点とする。
③ΔQの増大は，供給量に対する需要量の超過を意味するのでので，その幅

が大きくなればなるほど需要の強度を反映して価格の変動幅は大きくなる。このことによって市場価格は自然価格を示す原点から乖離する。逆の場合は逆であり、したがって、⊿Qと⊿Pの関係を表すds曲線は右上がりとなる。

④嗜好や所得の変化によって需要が強くなり供給量に対して需要量が増えた場合には、価格は上昇する。需要と供給のギャップd−sが広がれば、ds曲線に従って価格は上昇し、市場価格はP'となる。供給の方が需要よりも多くなれば価格は下がり、P"となる。

⑤需要量の増加に対して供給量が増加すれば、⊿Qはゼロとなり下の自然価格の水準に戻る。

このグラフを、価格と需要・供給量の関係で描いたのが図2である。

図2 需要と供給の調整システム

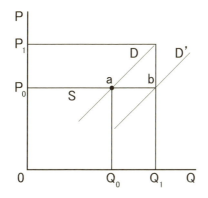

①図2は、自然価格と需給の均衡量を中心(点a)にした市場価格の変動を表現するものである。

②需要曲線は需給の均衡点での供給量Q_0に対して、嗜好や所得の変化など何らかの理由で需要の強さが増して需要量が増加した時に、供給量と乖離した需要の強さを反映した超過需要の量に応じて価格が上昇することを表す。図1ではこの点を原点としたが、図2では自然価格と需給の均衡量を示す点aにする。

③需要と供給の量的な乖離によって、価格がP_1まで上昇すると自然価格に対する価格の上昇分P_1-P_0は超過利潤となり、資本の追加投資や資本の流入によってQ_1-Q_0の供給の増大をもたらす。

④価格は再び自然価格P_0にもどる。自然価格での社会的な需要は増大して

いるので，自然価格に対応する社会的需要が増加した場合には，需要曲線はDからD'にシフトする。
⑤需要量が何らかの理由で減った場合には，逆である。

マルクス経済学では，市場価値論の問題がある。社会全体としては，企業の生産条件は異なっている。この企業の生産条件を優等条件，中位の条件，劣等条件と分ける。どの条件が社会的な価値を決めるかという問題である。

マルクスの『資本論』では，加重平均説と支配大量説（社会的に支配的な生産条件）が併記されている (Marx 1971:Bd.25,182-209/ 訳第9分冊296－341頁)。これに対して宇野弘蔵は，追加的な需要に対応できる生産条件が社会的な価値を決めると指摘した (宇野 1970:159)。たとえば需要が増加した時に，劣等条件の企業が次々に参入した場合，劣等条件が社会的な価値を決めることになる。一次産品のケースは当てはまりやすい。この場合には，供給曲線が，費用価格の増大によってSからS'にシフトすることで調整が取られる。

図3　生産性の上昇

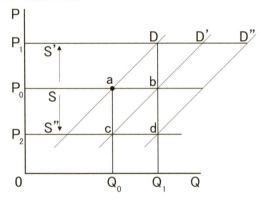

企業の競争の結果として，生産性は一般的には上昇する。この場合には，以下のようになる。

生産性が向上して供給曲線が下方にシフトすれば，嗜好や所得が同一の場合には，当該商品に対する需要量は増加する。需要曲線は，DからD'そしてD"へとシフトする。どの程度シフトするかは商品の性質による。D"までシフトすれば，需要量はQ_0からQ_2へと増大する。生産性が下がった場合は逆である。

結語

本稿では，限界理論に基づく現在の経済学の供給曲線と需要曲線の問題点を踏まえ，価格による需要と供給の調整メカニズムを再構築する試みである。供給曲線に関しては，古典派の自然価格やマルクスの生産価格の考え方を継承し，費用価格に平均利潤を加えたもので決定され，また生産の技術的な基礎を反映したものと考えた。このため，水平の供給曲線を想定した。また需要曲線に関しては，均衡的な需要量と供給量を中心に，所得や嗜好の変化によって需要が強まり，需要量の供給量からの乖離を反映するものとして右上がりに描いた。価格の調整メカニズムは，需給関係の調整にあり，このことは水平の供給曲線と右上がりの需要曲線の下でも機能することを示した。

【参考文献】

Malthus, Thomas Robert[1827], *Definitions in Political Economy, preceded by an inquiry in to the rules which ought to guide political economists in the definition and use of their terms; with remarks on the deviation from these rules in their writings*, John Murray,『経済学の諸定義』，玉野井芳郎訳，岩波文庫，1950。

Marshall, Alfred [1920], *Principles of Economics*, First Edition, 1890, Eighth Edition,『経済学原理』馬場啓之助訳，全4分冊，1965-1967。

Marx, Karl [1971], *Das Kapital*, Marx-Engels Werke, Dietz Verlag, Berlin, Bd. 23 − 25.『資本論』，社会科学研究所監修，資本論翻訳委員会訳，新日本出版社，全13分冊，1982 − 1989。

Mill, J. S. [1965], *Principles of Political Economy with Some of Their Applications to Social Philosophy*, 1st ed. 1848, 7th ed. 1871, *Collected Works*, Vol. 2, Vol. 3, University of Toronto Press.『経済学原理』，末永茂喜訳，岩波書店，全5分冊，1959-1963。

Ricardo, David [1951], *On the Principles of Political Economy and Taxation, Works and Correspondence of David Ricardo*, ed., by Sraffer, Piero, Cambridge, University Press, Vol. 1,1st ed.1817.『経済学および課税の原理』，『リカードウ全集』第1巻，末永茂喜監訳，雄松堂，1970。

Smith, Adam [1981], *An Inquiry into the Nature and Causes of the Wealth of Nations*, original edition, 1776, ed., by R. H. Campbell and A. S. Skinner, Liberty Fund, in Dianapolis.『国富論』，水田洋監訳，岩波文庫，全4分冊，2001。

Turgot, Anne Robert Jacques [1972a], *Reflexion sur la formation et la distribution des richess,*

1766, *OEuvres de Turgot*, Vol. 2, rpt. Verlag Detlev Auverman,「富の分配と形成に関する省察」,『チュルゴ著作集』, 津田内匠訳, 岩波書店, 1962.

[1972b], *Value et Minaies*, 1769?, *OEuvres de Turgot*, Vol. 3,「価値と貨幣」,『チュルゴ著作集』, 同前.

宇野弘蔵 [1970],『経済原論』, 岩波全書.

奥山忠信 [1990],『貨幣理論の形成と展開―価値形態論の理論史的考察』, 社会評論社.

[2013],『貨幣理論の現代的課題―国際通貨の現状と展望』, 社会評論社.

馬渡尚憲 [1997a],『経済学史』, 有斐閣.

[1997b],『J. S. ミルの経済学』, 御茶の水書房.

第2章　資本回転論と利潤論
―― 資本ストック規定を中心として

亀﨑　澄夫

はじめに

　第二次大戦後宇野弘蔵氏の『資本論』研究を基礎に，マルクス経済学は経済学原理として体系化され，大きな研究の進展がみられた。そのなかで『資本論』第三部利潤論の意義も明確にされ研究が進んだ。すなわち，第三部は，多数の個別資本が収益を求めて競争しあう「資本主義経済の現実的運動機構」(伊藤 1989：120)を明らかにする領域であり，資本家的市場の競争機構の解明が進んできた[1]。

　しかし，利潤論の理論的な整備が十全なものになっているかというと，そうではない。とりわけ，利潤率の基礎にある資本ストックの理論的な処理に問題を残していると思われる。すなわち，利潤率の分母をなす投下資本の量的規定が十全に規定されていないのである。それは，現行『資本論』第二部第二篇「資本の回転」の理論的位置づけが明確でないないこと，その結果として『資本論』第三部と第二部の理論的関連づけが確定していないことに由来している。

　現行『資本論』第三部第三章「利潤率と剰余価値率との関係」において，マルクスは，「われわれは，第一部と第二部で用いた記号をそのまま用いることにする。総資本Cは，不変資本cと可変資本vとに分かれ，剰余価値mを生産する」(『資』Ⅲ：61)と述べ，利潤率を「p'= m / C」(同前)と規定している。この主張に端的に表れているように，利潤率は，資本回転論で明らかにされる投下資本量（資本ストック）を基礎に定式化されていない。第一部で商品価値に即して明らかにされる不変・可変資本という規定は，いわゆる資本のフロー量の規定であり，それをそのまま利潤の分母をなす投下資本（ストック）とすることはできない。つまり，現行利潤論における「総資本C」は，第二部第二篇「資本の回転」で明らかにされる投下資本量を基礎に展開されていないのである。

　この問題点は，現行『資本論』の第三部と第二部の原稿執筆の時期にその深淵をもっている。『資本論』第三部の利潤論部分は，現行第二部以前に書

かれた原稿を基礎にエンゲルスによって編集されたので[2]，当然のことながら，現行『資本論』利潤論は，第二部「資本の流通過程」で解明された諸点，とりわけ「資本の回転」論で明らかにされた諸点を十全に反映したものとはなっていない。『資本論』の利潤論は，後で明確にされた第二部とりわけ第二編「資本の回転」論の解明（たとえば投下資本の量的規定）を基礎に整序される必要があるのである。

現行第二部「資本の回転」に問題がないわけではないが，大きく言って，資本回転論では，回転期間の諸契機の詳細な研究および流動・固定資本の流通運動上の相違を基礎に，資本の姿態変換運動に要する時間的契機が，一定期間における資本回転量・剰余価値量と投下資本量との比に影響を及ぼし，資本の価値増殖の度合い（資本の回転数や剰余価値の年率）を変動させといい資本回転の主要論点は明確にされているといってよい[3]。

本稿は，投下資本（ストック）量に焦点をあてつつ，経済原論における資本回転論と利潤論の理論的関連を明らかにするものである。第１節で，『資本論』第三部の領域は諸資本の競争を論じる領域であるが，諸資本の競争の前提である利潤範疇や利潤率規定が必ずしも十全に展開されていないことを確認する。第２節で，利潤論を展開するための前提として資本回転の明確化が重要であることを指摘しつつ，資本運動の時間的契機がもつ経済原則的意義に関連して，馬渡尚憲氏の論考「生産期間と流通期間」（馬渡 1984）を検討する。第３節では，馬渡氏の主張を本稿の立場から整理し，資本の回転運動が，資本フロー諸量を示す損益計算書と資本ストックを示す貸借対照表によって総括されることを主張し，第４節では，利潤論との関連で財務諸表による資本回転の総括の意義を明らかにする。第５節でまとめとして，資本フロー量と投下資本（ストック）量という二層の経済過程把握で，利潤率を基準にして展開される諸資本の投資競争がどのように展開しうるかを示す。

1．利潤・利潤率規定の問題性

周知のように，『資本論』第三部「資本主義的生産の総過程」の冒頭で，マルクスは，第一部・第二部を振り返りつつ，第三部で明らかにする理論領域について次のように述べている。第一部では「資本主義的生産過程が直接的生産過程として」（『資』Ⅲ：33），第二部では直接的生産過程を補う資本の流通過程が研究され，特に第二部第三編では「資本主義的生産を全体として見ればそれは生産過程と流通過程との統一だということが明らかになっ

た」(同前)。「第三部で行われることは，この統一について一般的な反省を試みることでは」(同前)ない。「そこでなされなければならないのは，むしろ，全体として見た資本の運動過程から出てくる具体的な諸形態を見出して叙述することである」(同前)。そして，第一編で明らかにされる利潤や費用価格や利潤率，および第二編で明らかにされる一般的利潤率や生産価格は，「現実に運動している諸資本」(同前)が「資本の相互作用としての競争」(同前)において相対するさいに「生産当事者自身の日常の意識に現れる」(同前)「具体的な諸形態」として，第三部で最初に明らかにされる規定であるとされるのである。

　利潤や利潤率は，価値増殖という資本の「規定的動機」(『資』Ⅲ：1125)を表現し，それを基礎にして諸資本が競争する分配範疇であるが，言うまでもなく，それらの範疇は資本家的「現象の表面に現れているもの」(同前：53)にすぎず，現象に現れるままのものをとって理論的規定とするわけにはいかない。「資本はこの新価値を生産過程と流通過程を通るそれ自身の運動のなかで生み出すこと」(同前：60)，この事態は誰もが意識しているが，利潤としての新価値がどのように生み出されるのかは「不可解にされていて，資本そのものにそなわる隠れた性質からでてくる」(同前)ようにみえ，利潤規定では価値増殖の内的関連が「神秘化された形態」(同前：45)となっている。それゆえ，利潤範疇は，直接的生産過程においてそれ自体として明証性をもつ剰余労働搾取の分析から，その本質的な関係が「不可解にされていて，資本そのものにそなわる性質からでてくることのように見える」現象形態として導出されるというのが，経済原論の方法なのである。

　そこで問題は，本質的なものである剰余価値の分析から，新価値（剰余価値）がどのようにして生まれるのかが不可解なものとなっている利潤範疇を，理論的にどのように導出するかにある。周知のようにマルクスは『資本論』第三部第一編「剰余価値の利潤への転化」において商品価値 c + v + m の，費用価格 + 利潤（= k + p）への転化によってその課題を果たそうとするのであるが，この主張には，すでに諸論者が指摘しているように，大きな問題が伏在している[4]。たしかに，価値形成・増殖において「機能的に違った役割を演ずる」不変資本 c と可変資本 v とが，「商品価値のうち前貸資本を補填する二つの部分」である費用価格 k として「算定」(同前：41)されれば，「価値増殖過程の神秘化」(同前)が進むとは主張しうるが，しかし，そのことから費用価格の「価値超過分」が利潤という範疇に転化するとは言えないであろう。というのは，その価値増加分（剰余価値）は「支出された総資

本 c + v の価値増加分をなす」（同前：42）にすぎず,「前貸総資本の所産と観念されたもの」とはならないからである。言い換えれば,「商品価値＝費用価格＋利潤」（同前：45）という表現に端的に見られるように,第1章「費用価格と利潤」における考察はほぼ一貫して販売価格などのフロー規定でなされている。しかし,剰余価値が利潤という現象形態を取るのは,それが投下総資本に結びつけられ「前貸総資本の所産」となるからであって,剰余価値と投下資本・資本ストックとの関係づけを不可欠とする。第一編「剰余価値の利潤への転化」の考察は,充用資本や販売額などの資本のフロー規定とは異なるストック・ベースの投下資本規定を基礎とする展開にはなっていないのであり,そこに方法上の最大の問題があるのである[5]。

他方で,第二章「利潤率」には,費用価格とその超過分から利潤を規定しようとする見地のほかに,資本の流通を重視しつ資本運動全体との関連で利潤（率）を考察する見地が散見される。たとえば,「流通期間と労働期間とは互いに交錯する軌道を描き,したがってどちらも一様に剰余価値を規定するかのように見える。資本と賃労働とが相対している元来の形態は,外観上はこの形態から独立な諸関係の混入によって変装させられる」（『資』Ⅲ,54）という主張や,「実現された超過分の源泉は,生産過程からは独立な,流通そのものから生ずる,したがって労働に対する資本の関係にはかかわりなく資本に属する運動だ」（同前：55）とする叙述などが,それである。この見地は,現行『資本論』では希薄化しているが,1857〜58年の資本論草稿（『経済学批判要綱』）以来,マルクスが資本と利潤の関係を考察するさいの基本的な見地である。その草稿の「第三の項目　果実をもたらすものとしての資本」（Marx 草②：552）で,マルクスは次のようにいう。「いまでは,資本は生産と流通との統一として措定されており・・資本はいまや,自己を再生産する価値・・として実現されているだけでなく,価値を生む価値としても実現されている」（同前：552）。「剰余価値はもはや,資本が生きた労働にたいして単純に直接的にかかわることによって生み出されたものとして現れない。この関係はむしろ,資本の総運動の一契機として現れる」（同前：552-3）と。

利潤が資本運動の考察を基礎に投下資本とその超過分との関係として規定されるという見地は,経済学批判（1861-63年草稿）の「第三章　資本と利潤」においても明瞭にみられる。マルクスはその第三章「一〔剰余価値と利潤〕」で,生産過程と流通過程との統一である資本運動総体において「ある与えられた流通期間内に生み出される剰余価値は（たとえば一年・・）前貸しされ

た総資本で計られる場合には――利潤と呼ばれる」（Marx 草⑧：87）という主張から始め，剰余価値は「労賃に投下される可変部分」（同前：88）との関連で考察されるのに対して，「利潤としては，剰余価値は前貸資本の一部分にではなく前貸資本の総額に関係させられ」（同前），資本の「いろいろに違った成分が剰余価値の産出と商品一般の産出とにおいて演ずるまったく違った役割は顧慮されないのである」（同前）と述べている。直接的生産過程の考察では価値増殖の「秘密」（同前：90）が顕わになっているのに対して，剰余価値が「前貸資本の総額に関係させられ」（同前：88）る利潤の形態では，「その源泉の秘密がもはやなんの痕跡も残していない一つの形態を受け取る」（同前：90）と言う。さらに重要な点は，1861-63 年草稿の第三章「資本と利潤」では，現行『資本論』の費用価格にあたる「生産費」が「六　生産費」として，つまり剰余価値と利潤との理論的関係やそれらの率の関係を考察した後で展開されており，現行『資本論』とは費用価格（「生産費」）の展開位置が違っている点も注目される。

　さて，それではマルクスが，生産と流通の統一としての資本運動を基礎に「剰余価値の利潤への転化」を十全に展開しているかというと，そうとは言えない。経済学批判（1861-63 年草稿）の第三章「一〔剰余価値と利潤〕でも現行『資本論』第三部第二章でも，マルクスは，剰余価値と利潤とを，前者を「探求されなければならない本質的なもの」（『資』Ⅲ：53），後者を資本家的な「現象の表面に現れているもの」（同前）と対比的にその特徴を指摘したり，生産過程と流通過程は「いつでも互いに交錯し合い，侵入し合っており，そのためにそれぞれの特徴的な区別標識が紛らわしくなる」（Marx 草⑧：95）と述べるにすぎない。それら両者において，マルクスは，剰余価値が資本主義経済において必然的に利潤の形態を受け取る理論的根拠を明確に示しめしているとは言えないのである[6]。

2．「生産期間と流通期間」の検討

　(1) 剰余価値から利潤「形態を発生論的に展開する」（Marx 草⑦：477）さいに重要となる「中間項」（同前）が，第二部「資本の流通過程」であることは疑いをえない。剰余価値生産は，資本の循環・回転運動では直接的生産過程における分析とはまったく異なった関連の中に置かれることになるからである。現行『資本論』の利潤論において決定的に不十分なのは，第一部の剰余価値分析を第三部での神秘化され顛倒された利潤という現象形態に展

開するさいの媒介環の展開である。資本の回転運動では，運動に伴う時間的契機が資本の価値増殖の度合いに影響を及ぼすことが明らかになると同時に，運動としての個別資本が総体として解明される。

資本の回転期間が資本の増殖力に影響を及ぼし，その事態は経済「原則上の事態」に基礎をもつという点は，馬渡尚憲氏によって検討されている。利潤論を展開する媒介として資本運動の時間的契機がもつ意義を明確するために，馬渡氏の論考「生産期間と流通期間」を検討しよう。

馬渡氏のこの論考の課題は，短縮に即しつつ回転期間の「形態的意味と原則的意味を明らかにし，このことが「生産論」の方法に対してもつ意義について考え」（馬渡 1984：215）ることである[7]。その論稿の〔一〕における「形態的側面」（同前）についての氏の主張をみると，「資本は現実には各期間を（技術的基礎の有無を別にすれば）ともに無差別に短縮しようとする」（同前：217）のであって，従来一部で主張されてきたように，労働期間とは違って流通期間は，価値増殖の期間ではない故に「価値増殖の制約となる期間として短縮されるという考え方」（同前：215）は間違いであるとする。その点を明らかにするために，馬渡氏は，「労働期間だけを短縮する新しい技術」（同前：217）と短縮前の旧技術とで同一商品を同量生産する例をとりあげ，「労働期間短縮の効果だけを純粋に比較」（同前）している。すなわち，労働者の週労働支出量と剰余価値率を一定として，いわゆる単線的生産において「10人の人を10週間用いる工程と20人の人を五週間用いる工程」（同前）では，前者に対して後者では「同じ量の剰余価値が同じ資本で，半分の期間に取得される」（同前）ので，「労働期間短縮の効果はたしかにあり」（同前），「労働期間の短縮は，剰余労働量とは直接には無関係にそれを削減することなく一定期間の資本の増殖力を高め」（同前：218）ると主張される。さらに，生産期間・流通期間の短縮効果も同様であるとされる。

論稿の〔二〕で馬渡氏は，「期間の短縮に，あらゆる社会に共通するような原則的な意義はないか」（同前：221）という論点を提起し，期間短縮の効果を純粋にとりだすために「そのプロセスの必要労働量は不変で，期間だけが短縮した」（同前：222）いくつかの事例を分析している。その核心は，上の事例とも関連した次の主張にある。

「話をもっとずっと単純にすると，結局，〔期間短縮の－筆者〕比較は次の二つのケースの優劣と同じである。一つの生産方法〔本稿では資本aと呼ぶ－筆者〕は，20人が5週間で40〔単位の生産物－筆者〕を生産し，これをいわば直列に10週間行うのと，10人が10週間で40〔単位の生産物〕を

生産する方法〔資本bと呼ぶ〕をいわば二つ並列して行う。前者がすでに5週目の終わりに40の生活資料を消費可能とするだけ有利である」(同前：222)。「期間の短縮は・・・再生産を促進し，一定期間の生産量の増大に寄与する。そこには当然，一定期間の剰余生産物の増大も含まれている。これこそ，資本の回転期間の短縮による資本の増殖力の上昇という形態を通して実現されている原則上の事態である。資本の回転期間の短縮というのは，資本にとってはその増殖力の問題であるが，資本はそれを通じて無自覚にある原則的な経済効果を実現しているのである」(同前：223) と。

(2) 資本の回転期間の短縮はどの期間であれ「再生産を促進し」「資本の増殖力」を上昇させるという馬渡氏の主張は適切であると思われるが，馬渡氏の主張は明快さに欠ける。氏の主張では，期間短縮の「有利さ」が何処にあるのかが判然としない。すなわち，その「有利さ」は，(1) 期間短縮のない資本bに対して「前者（資本a）がすでに五週目の終わりに40の生活資料を消費可能とする」という早期の消費・使用可能にあるとされているのか，それとも，(2)「再生産を促進し，一定期間の生産量の増大に寄与する」という点にあるとされているのかが，不分明である。その不分明さの理由は，馬渡氏が資本運動の時間的契機を資本回転論に固有な諸規定で定式化していない点にある。

馬渡氏の上の事例を投下資本量（ストック）と一定期間の生産量（フロー）とで示せば，氏の主張はより明快な姿を採ると思われる。馬渡氏の前提を明示しつつ，資本運動aとbを示せば，次のようになる。

（a）前提：(1) 不変資本を捨象し，可変資本のみの運動を考察する。(2) 労働者は週48時間労働し，剰余価値率は100%とする。労働力一人当たりの週労働力の価値は24時間である。(3) 資本運動は単線的断続生産[8]で運動をおこない，資本の回転期間は労働期間のみとし生産・流通期間はゼロとする。(4) 資本aと資本bとで「そのプロセスの必要労働量は不変で，〔労働〕期間だけが〔aではbより〕短縮」(馬渡 1984：222) されている。(5) 同一商品を生産する資本aと資本bは共に，延べ100週・人の労働支出により40単位の生産物を生産し，商品一単位の価値は120時間（=48時間×100週÷40単位）であり，その価値構成は 60 v +60 m である。(6) 一年50週とする。

（b）資本a：「20人が5週間で40〔単位の生産物〕を生産」する方式。
　　　投下（可変）資本量（価値）:2,400時間（=24時間×20人×5週間）

年間生産物量：400単位（=40単位×50週÷5週）
　　　年間生産物総価値：48,000時間=400単位×120時間
　　　　　　　　　　　=24,000 v +24,000 m
　　　投下可変資本の回転数（年）：10回（=24,000÷2,400）
　　資本b：「10人が10週間で40〔単位の生産物〕を生産」する方式。
　　　投下（可変）資本量（価値）：2,400時間（=24時間×10人×10週間）
　　　年間生産物量：200単位（=40単位×50週÷10週）
　　　年間生産物総価値：24,000時間=200単位×120時間
　　　　　　　　　　　=12,000 v +12,000 m
　　　投下可変資本の回転数（年）：5回（=12,000÷2,400）

　みられるように，資本bより労働期間が短い資本aの期間短縮の効果は，年間生産物量の差，資本aの400単位と資本bの200単位とに，示されている。価値量でいえば，資本aの年間生産物総価値48,000時間，資本bのそれ24,000時間の差である。「期間短縮の効果を純粋にとりだす」ために「そのプロセスの必要労働量は｛資本aとbとで－筆者｝不変」という想定により，投下（可変）資本量は，両資本で等しく2,400時間である。馬渡氏の「期間短縮の効果」は，資本回転の規定では回転数の相違として定式化され，資本aでは年間総生産物価値24,000時間と投下資本量2,400時間の比としての10回転，資本bでは年間総生産物価値12,000時間と投下資本量2,400時間の比としての5回転に示される。また，馬渡氏の事例は不変資本を捨象した可変資本の運動の考察なので，資本bに対比した資本aの期間短縮の効果は，剰余価値の年率の相違としても表現でき，資本aの剰余価値の年率1,000（=24,000 v ÷2,400×100％）％は，資本bの500（=12,000 v ÷2,400×100％）％より大きい。

　以上の検討を基礎に馬渡氏の論考を評価すれば，次の三点が主張しうる。まず第一に，回転期間の短縮が「資本の増殖力」を上昇させるという馬渡氏の主張は適切であるが，しかし，それが資本回転の諸規定，つまり，投下資本（ストック）と資本回転額・充用資本量（フロー），およびその比としての回転数などを基礎に展開されない点で，問題がある。馬渡氏の「期間短縮の効果」は，回転数や剰余価値の年率という資本回転上の規定で定式化されれば，回転期間の短縮が「資本の増殖力」を高めるという主張はより明確に主張しうるのである。第二に，「期間短縮の効果」は「資本の増殖力という形態を通して実現しうる原則上の事態である」（同前：223）という馬渡氏の主張も首肯しうるものである。資本の回転期間の諸成分（労働・生産・流

通期間)は資本家的生産の発展に伴って変動しうる。マルクスのいうように，労働・生産期間は「協業や分業や機械の充用」（『資』II：287）によって短縮されてきたし，「運輸交通機関の発達」（同前：307）は流通期間を変動させてきた。生産・交易過程の編成の仕方は科学や技術の発展によって変化し，それらは資本の回転期間の諸成分を変動させるが，しかし，労働・生産・流通期間それ自体は資本家的生産様式の「形態的な側面」ではない。資本は，その時々に与えられている生産の物質的・技術的基盤を前提に姿態変換運動を遂行する。その意味で，資本の回転期間が「資本の増殖力」を規定するという点は，経済「原則上の事態」（馬渡 1984：223）の資本家的現象であるといってよいのである。第三に，回転期間の差が「資本の増殖力」の相違を規定するという事象が経済「原則上の事態」の資本家的現象であるとすれば，「資本の増殖力」を示す回転数の分母をなす投下資本量は，どのような社会であれ一定の産出量を達成するためにその産業に繋縛しなければならない生産上の元本を意味する。それぞれの産業の生産元本の量的大きさは，その時々の社会的欲求を満たす産出量のみならず生産過程の広い意味での技術的条件や基盤によっても決定され，それらが変化すれば変動するのである[9]。

3．資本運動の時間的契機の分析

利潤率として現象する資本の価値増殖力を規定する基本的な事情には，資本による労働力の搾取度（剰余価値率）と資本運動の時間的契機（資本の回転期間）とがある。原理論体系では，前者は資本の生産過程論で，後者は資本の流通過程論で解明されるのであるが，言うまでもなく，それらの事象は個別資本の運動の中で統一されて存在する諸契機である。前者は，可変資本としての労働力充用による剰余価値創造として直接的生産過程で解明され，その成果は商品の価値構成 $c+v+m$ における m と v の比に示される。後者の，資本運動の時間的契機が資本の価値増殖力を規定するという点を端的に示すものは，一定期間の生産物価値（あるいは回転額）とそれを達成するための投下資本量との比である回転数である。生産や交易には時間がかかり，資本価値も生産・流通過程を通過するのに労働・生産・流通期間を要する。それら資本運動の時間的契機は，生産・流通過程における資本の滞留をもたらし，回転期間の長短は滞留する資本量を増減させる。資本運動の時間的契機は，剰余価値率のほかに資本の産出量・価値増殖を左右する要因となり，その相違は資本の回転数の相違として示されるのである。

この点を示すために，他の条件を同一として労働期間のみが相違する資本xと資本yの資本運動を比較しよう（労働期間をこえる生産期間はゼロとする）。両資本の生産過程は同期化され連続的に遂行される「分業編成からなる工場体制」（『資』Ⅱ：127）とし，両資本は，同じ価値構成の同じ大きさの価値をもつ商品を生産するとする。この条件を反映させるために，資本xの生産過程はそれぞれ1週間かかる3つの工程からなり，それへの流動資本の前貸は順に160£，120£，80£とし，他方，資本yの生産過程は同じように1週間かかる6つの工程からなり，流動資本の前貸は順に80£，80£，60£，60£，40£，40£と仮定しよう。両資本の流動資本のうち，半分は原料・部品などの不変資本であり，残りの半分は労働力への前貸である可変資本とし，剰余価値率は50％とする。両資本の流通過程は，簡単化のために流通費などの資本前貸はゼロとし，資本価値は流通過程でも同期化

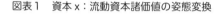

図表1　資本x：流動資本諸価値の姿態変換

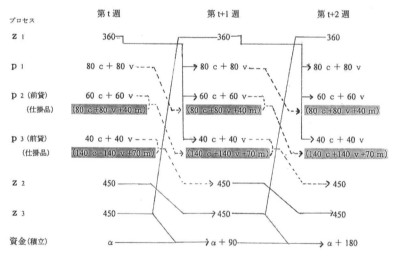

　（備考）1．3つの生産工程は順にp1，p2，p3で，流通過程のうち購買過程はz1，販売過程はz2，z3で示す。
　　　　2．生産工程への前貸は各週始めの時点での表示とする。工程p2・p3にはその週に前貸しされる資本のほか，前工程から送られ当該工程で原料等となる仕掛品部分の資本が存在し，網掛けした数値で表示する。流通費ゼロという想定のため，資本価値は流通過程では同じ価値額のまま運動する。
　　　　3．流動不変資本はc，流動可変資本はv，剰余価値はmで表示する。
　　　　4．最終行のαは第t週以前の資金積立額を示し，それに第t週以後の剰余価値額が追加され，資本運動の外で積み立てられる。

された秩序正しい運動をするとし，購買期間は1週間，販売期間は2週間，現実の流通期間は3週間とする。また，一年は50週とする。

同期化され連続的に稼働している生産工程をもつ資本運動における資本価値の動きを示すために，資本xについて定常状態にある3週間（tからt+2まで）において流動資本諸価値がどのように運動するかを示せば，前頁の図表1のようになる。

見られるように，同期化され並列的連続生産を遂行する資本運動では，流動資本の諸成分は生産・流通過程のなかで継起的・並列的な姿態変換運動をしている。資本xについてみれば，現実の生産期間は3週間であり，第一工程に前貸しされた流動資本160£は3週間かけて生産過程を通過するが，生産過程は諸工程の同期化された連続生産という稼働のために，商品は毎週完成する。毎週完成される商品価値は450£(=180c+180v+90m)であり，その生産に充用される流動資本は360£である。

資本xの生産過程に繋縛されている投下流動資本は，図表1にみられるように，800£(=160+280+360)であり，またその流通過程に常に繋縛される価値量は，1260£(=450+450+360)であり，そのうちの1080£が投下流動資本であり，残り180£は商品に含まれる剰余価値である。

両資本の回転上の数値を流動資本に即してみれば，次のようになる。（かっこの中に内訳と計算を示す）

	資本x	資本y
投下流動資本	1,880£（生産800+流通1,080)	2,500£（生産1,420+流通1,080)
投下不変資本	940£（生産400+流通540)	1,250£（生産710+流通540)
投下可変資本	940£（生産400+流通540)	1,250£（生産710+流通540)
流動資本回転額(年)	18,000£（360×50)	18,000£（360×50)
不変資本回転額	9,000£（180×50)	9,000£（180×50)
可変資本回転額	9,000£（180×50)	9,000£（180×50)
年剰余価値	4,500£（90×50)	4,500£（90×50)

すなわち，商品価値は等しいという仮定により，フローである回転額についての数値は資本xとyとですべて等しいが，ストックについての数値は，資本xの労働期間が資本yのそれより短いことを反映して，違っている。並列的連続生産という資本運動のもとで，長い労働期間は，生産過程に繋縛

される資本量を増加させるからである[10]。

資本運動に要する時間的契機は回転数で示されるが，両資本の流動資本回転数と剰余価値の年率[11]を示せば，次のようになる。

	資本 x	資本 y
流動資本の回転数	9.75 回（18,000 ÷ 1,880）	7.2 回（18,000 ÷ 2,500）
可変資本の回転数	9.75 回（9,000 ÷ 940）	7.2 回（9,000 ÷ 1,250）
剰余価値の年率	478.7% (4,500 ÷ 940 × 100)	360% (4,500 ÷ 1,250 × 100)

以上の，労働期間のみが相違する2つの資本運動の比較から，資本運動に要する時間的契機が，剰余価値率のほかに資本の産出量や価値増殖に影響を及ぼすことは明らかであろう。資本 x と資本 y の運動に見られるように，たとえ剰余価値率が等しくとも，回転期間が違えば，剰余価値の年率は大きく相違しうる。回転期間の相違は投下可変資本の回転数を変化させるからである。上の例では，投下可変資本の年間回転数は，資本 x では 9.75 回であるのに，労働期間が資本 x より長い資本 y では 7.2 回となっている。

4．財務諸表での資本回転の総括

図表1にみられるように，流動資本の諸価値の運動だけをみても，産業資本の回転運動では資本諸価値が入り乱れ錯綜した分離と融合の運動を行い，資本運動は人の見る目を紛らわす外観を呈する。それゆえ，資本諸価値の姿態変換運動は，それを計算貨幣の姿でまとめて表示する簿記・会計という技法なしには，資本家的にも経済学的にも資本運動の内在的な作用度を把握できない。資本回転の内在的諸契機は，財務諸表で，つまり一定期間の充用資本量や資本回転額およびそれに含まれる収益などの資本フローを表示する損益計算書と，資本フローの諸量を達成するために投下される資本ストックを表示する貸借対照表とで総括的に表現され，把握されるのである。

財務諸表が産業資本の運動の総体をどのように表現するかを示すために，資本 x に固定資本について以下の条件を追加して資本 x_2 とし，資本 x_2 の損益計算書と貸借対照表を表示してみよう。いま，資本 x_2 の3生産工程（p_1, p_2, p_3）には順に 1,000 £，1,500 £，500 £ の固定資本が前貸されているとし，その耐用年数はどれも 10 年とし，定額償却されるとしよう。第1工程に前貸しされる固定資本 1,000 £ の価値は，一年 50 週に毎週生産され

る商品に2£の償却額を価値移転するであろう（2£=1,000£÷10年÷50週）。固定資本の総額3,000£は同様に償却され，毎週完成される商品に償却額6£(=2+3+1)を追加し，商品価値総額は，流動資本部分(80+60+40)c+(80+60+40)v，および剰余価値(40+30+20)mとの合計456£となり，その商品の価値構成は6f+180c+180v+90mである｛ここでは，固定資本の償却額はfで，流動不変資本価値はcで表示する｝。

資本x_2の財務諸表（損益計算書と貸借対照表）は，図表2・図表3のように示される。

図表2　損益計算書（資本x_2）

年間商品価値総額	22,800£ = 456£ × 50	s＝f＋z＋m	年間売上高 s
資本回転総額	18,300£ = 366£ × 50	k＝f＋z	売上原価 k
固定資本償却額	300£ = 6£ × 50	f	減価償却費 f
流動資本回転額	18,000£ = 360£ × 50	z＝c＋v	
不変資本回転額	9,000£ = 180£ × 50	c	原材料費
可変資本回転額	9,000£ = 180£ × 50	v	労務費
利潤	4,500£ = 90£ × 50	m＝s－k	経常利益

備考：s：売上高，k：資本回転額＝費用価格総額，f：固定資本の償却額、
　　　z：流動資本価値、c：不変資本価値（固定資本の償却額を除く）

図表3　貸借対照表（資本x_2）

資産の部		負債の部	
流動資本	2,285£	投下総資本	4,880£
貨幣資本	360£		
生産資本	1,013£		
商品資本	912£		
固定資本	2,700£	利潤	4,500£
その他資産	4,395£		
償却資金	275£		
利潤積立	4,120£		
計	9,380£	計	9,380£

投下流動資本の機能的マトリックス

	償却費	不変資本	可変資本	剰余価値
貨幣資本　360£	―	180£	180£	
生産資本 1,013£	13£	400£	400£	200£
商品資本　912£	12£	360£	360£	180£
計　　 2,285£	25£	940£	940£	380£
総計				

備考：1．この貸借対照表は創業年最終週の週末での値で作成している（図表1の週始めとは表示時点が相違する）。
　　　2．多くの工程で使用される固定資本それぞれの償却額は、操業年の生産工程の開始週の相違によって厳密には相違する。ここでは簡単化のために年単位での償却額を示し、仕掛品や商品資本に含まれるもの(13£＋12£)を含めて年間償却額300£（固定資本3,000£÷10年）を計上することにする。
　　　3．利潤は、仕掛品や商品資本に含まれるもの（200£＋180£）を含めて年間償却額4,500£（＝90m×50週）を計上する。
　　　4．貨幣資本・生産資本・商品資本と価値構成の関連は、投下流動資本の機能的マトリックスに示す。
　　　5．投下総資本4,880£は、投下固定資本3,000£と投下流動資本1,880£からなる。

財務諸表としての資本回転の総括は，次のような意義をもつものと思われる。

　資本の循環・回転では，総資本の「いろいろな成分が剰余価値の生産で演ずる役割の相違を顧慮することなしに，前貸」(『資』Ⅲ：51) されるという事態が，資本諸価値の運動として現実に展開される。すなわち，「資本家にとっては・・・機械や原料により大きい価値を与えるために貨幣を労賃に投ずるのだとみるか，それとも労働を搾取することができるようにするために貨幣を機械や原料に前貸しするのだと見るのかは，どちらでもかまわない」(同前：52) という資本家の観念が生じる現実的事態が，資本回転の中に存在することが明らかにされる。というのは，資本の循環・回転の考察は，資本は「独立した価値としてその循環過程を描く」(『資』Ⅱ：131) という資本の本性を，言い換えれば，資本価値は自立した価値として「自らを維持すると同時に自分を増殖し拡大する」(同前) という主体的な運動であることを明らかにする。資本の循環と回転とは，資本価値が自らを維持し増殖する価値の独立した運動体であることの解明だからである。

　以上の点を，資本x_2の回転に含まれる内在的契機が資本x_2の財務諸表の諸項目に示される仕方に即していえば，次のように主張しうるであろう。

　資本x_2の運動における剰余価値生産は，損益計算書では一年間に販売された商品価値総額 22,800 £ と支出・充用された資本価値総額 18,300 £ との差の利潤 4,500 £ として示される。剰余価値 4,500 £ は確かに剰余価値率 50％のもとで一年間に充用された可変資本 9,000 £ によって創造され，資本回転において創造される剰余価値がその量を変えるわけではないが，しかし，剰余価値生産は資本の回転ではすっかり異なった関連のなかに置かれる。事実，可変資本価値は，資本回転で他の資本諸価値と違った姿態変換をするものとして現象しない。資本回転では現実に総資本の「いろいろな成分が剰余価値の生産で演ずる役割の相違を顧慮することなしに」姿態変換運動を遂行する。さらに，一定の投下可変資本量は回転期間の長さが違えば違った量の剰余価値を生みだすので，可変資本と剰余価値との量関係は資本回転では曖昧にされる。資本回転で「剰余価値の源泉もその存在の秘密もおおい隠され」(同前：59)，社会的関係としての「資本関係は不可解にな」(同前：60) るのは必然である。こうして，資本諸価値の自立的な運動という見地から資本の価値増殖を総括すれば，剰余価値は損益計算書における売上総額と費用総額（充用された資本価値総額）との差として表れるのである。

　他方で，「資本がこの新価値を生産過程と流通過程を通るそれ自身の運動

のなかで生み出すということ」(同前)も資本回転における現実的事態である。資本回転の分析で剰余価値の「存在の秘密がおおい隠される」かぎり，損益計算書における売上総額と費用総額との差が，投下総資本に関係させられることも必然的である。資本回転を総括する財務諸表のもうひとつの表，貸借対照表は投下資本量（資本ストック量）を表示するが，その資本ストックが一定期間の資本運動を通して，損益計算書に表れる資本回転額や利潤額をもたらすからである。資本 x_2 の資本回転で言えば，資本ストック 4,880 £ が，一年間の売上高 22,800 £ を達成し，その内訳は資本回転総額 18,300 £ と利潤 4,500 £ となるのである。資本回転では，新価値（価値増加分）が「資本そのものから生ずる」（同前：41）ことが，貸借対照表の投下資本量と損益計算書における売上総額の費用総額に対する超過分との関連として示される。そして，資本回転論で貸借対照表に示される投下資本量（資本ストック）は，原理論体系でその量を確定されると同時に[12]，資本活動の現実の主体であることを明らかにされ，第三部で諸資本の競争を展開するのである。

5．フロー・ストックの二層理解と利潤論

　個別資本の運動の諸契機は財務諸表において総体として表現される。財務諸表が資本回転の諸契機を総括するということは，諸資本の競争を通して資本主義経済の「内在的諸法則」を現実化する経済主体が明らかにされたということである。財務諸表では，資本の主導的動機である価値増殖が，損益計算書の利潤額と貸借対照表の投下資本量（資本ストック）とに具体的な数値で示される。より高い利潤率をめざす個別資本が相互に投資競争を行い，資本主義経済を実際に編成することが，経済原論「分配論」において解明されるのである。いうまでもなく，個別諸資本の競争が相互の外的な強制として達成するものは，資本の内在的諸法則としての価値法則であり，具体的には資本家的な「需要供給関係が作用するための基礎」（『資』II：229）の解明たる再生産表式における社会的総商品資本の素材補填・価値補填の関連である[13]。

　資本回転論で明らかにされる資本フローと資本ストックの明確化は，諸資本の競争を通して展開される資本主義経済の現実的機構を解明するさいに重要な意義をもつと考えられる[14]。ここでは諸資本の競争を通した資本家的な需要供給関係の形成が，資本のストック・フロー規定を使ってどのように説明されるかを述べよう。

『資本論』第三部第十章でマルクスは諸資本の「競争による一般的利潤率の平均化」および需要供給関係について，次のように主張している。

「資本は，利潤率の低い部面から去って，より高い利潤をあげる他の部面に移っていく。このような不断の出入りによって，一口に言えば，利潤率があちらで下がったりこちらで上がったりするのにつれて資本がいろいろな部面に配分されることによって，資本は，生産部面が違っても平均利潤が同じになるような，したがって価値が生産価格に転化するような需要供給関係をつくりだすのである」(『資』Ⅲ：246)。

すなわち，高い利潤率を求める資本ストックの諸部門への「出入り」が，利潤率の均等化と諸商品の生産価格での販売による需要供給の一致とを同時に達成するという主張である[15]が，資本のストック・フロー規定を基礎にシェーマ的に表現すれば，それは次のようなイメージ図で示されうる。

図表4　市場（フロー領域）とストック領域のイメージ図

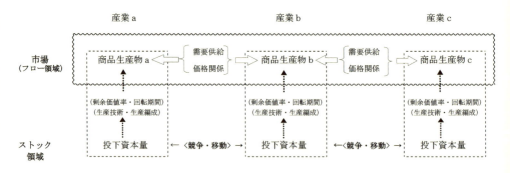

フロー・レベルとストック・レベルという二層の領域からなる経済過程のイメージ図に説明を加えよう。まず，下層のレベルからみれば，(a)部門間で行われる資本の「出入り」は，資本ストック・レベルの議論であり，各部門に投下される資本ストック量の社会的な増減・調整でなければならない。その増減・調整の方法には，産業部門間における現実の資本移動のほかに，蓄積資金の現実資本への転化や貨幣ストックの融通としての信用の利用などがありうる。利潤率の調整がもっともスムーズに行われる景気循環の好況中期には，部門間の資本ストックの直接的な移動よりもむしろ，各産業部門での現実的蓄積を通した資本ストック増加率の差によって調整されるであろう。いずれにせよ，より高い利潤率を求める諸資本の競争における資本の社会的「配分」（調整）は，資本ストック・レベルで行われる事態である。

(b) 次に，商品生産物の需給や価格関係に関わる上層の社会的フロー・レベル（市場）を価値法則との関連で説明しよう。社会的分業のもとで私的かつ独立に商品生産を遂行する資本主義経済は，「一つの自然発生的な生産有機体」（『資』Ⅰ：141）であり，生産諸部門の質的・量的編制は，私的資本の偶然的・恣意的な決定に左右され，諸商品の社会的供給と社会的需要との不一致は避けられない。資本主義経済も一つの社会システムとして商品毎に特殊な社会的需要を特定の使用価値をもつ社会的供給によって適切に満たさなければならない。しかし生産諸部門の物的依存関係を結びつける「内的靱帯」（同前：466）は「商品生産者たちの背後で織られたもの」（同前：141）にとどまり，「いろいろな生産部面が互いに均衡に近づこうとする不断の傾向は，ただこの均衡の不断の解消に対する反作用として働くだけである」（同前：466）。それゆえ，社会的需要を満たす商品量を生産するために，社会は「与えられた生産条件のもとでは，その総労働時間のうちからただこれだけの分量｛「社会的必要労働」－筆者｝をこの一つの種類の振り向けることができる」（『資』Ⅲ：821）という商品の価値規定は，商品需給の変動を通した商品価格の運動のなかで貫徹する「資本主義的生産の内的諸法則」（『資』Ⅰ：416）にとどまり，「諸資本の外的な運動のうちに現れ競争の強制法則として実現され」（同前）るのである。

(c) 最後にフロー・レベルとストック・レベルの関係についてみよう。絶えざる不均衡の絶えざる均衡化として現れる資本家的市場における諸商品の需要・供給というフロー・レベルの変動は，諸商品の価格変動に反映し，個別諸資本の利害に影響を与える。産業諸部門で商品を生産・供給している個別資本にとって価格の変動は，すでに投下している資本ストック量と一定期間の売上高（フロー）に含まれる利潤額の比たる利潤率を変化させるからである。より高い利潤率の獲得を唯一の規定的動機として活動する個別諸資本にとって，自己商品の価格下落や価格騰貴による利潤率の低下や高騰が一時的・偶然的なものでないかぎり，同じ規模の生産を続けることにはならない。価格が上昇し利潤率が高くなった個別資本は生産規模を拡大するために，逆に価格が下がり利潤率が低下した個別資本は生産規模を縮小するために，資本ストック量の調整を行わざるをえない。つまり (a) で述べた個別諸資本の投資競争として行われる資本移動であり，産業部門間の資本の「出入り」である。資本ストックの社会的調整は，社会的商品需給の不均衡が「市場価格の晴雨計的変動によって知覚され」（『資』Ⅰ：166）た後で，事後的な対応として生じ，かつその調整は瞬時には行われず時間のかかる調整過程となる。

諸商品の需要供給関係の不一致がもたらす価格変動をシグナルとして，利潤率をめぐる諸資本の投資競争と資本移動が生じ，各産業部門での投下資本量の社会的調整が惹起する。諸商品の社会的供給・需給関係（フロー）と産業諸部門への資本ストックの配分とをつなぐ契機は，産業諸部門における利潤率の動きである。各産業部門への資本ストックの社会的配分（資本移動）が，産業部門の商品種類ごとに振り向けられる労働の総量（過去の労働も含む）を，その支払い能力ある社会的欲望の量に応じて適切に振り向けるように作用する。これが，資本家的経済過程における商品の価値規定の法則的展開の中身であり，投下資本（ストック）量の調整は，利潤率の均等化（および生産価格）と産業部門の諸商品の供給・需要の一致を同時に達成するように作用する。もっとも，その法則は，これまで述べてきたように，表面的には商品需給の絶えざる不均衡への反作用として働く絶えざる均衡への傾向として現れるだけであり，「資本主義的生産の内在的諸法則」に留まるのであるが。価値法則の展開は，フロー・レベルにおける商品の需給関係や価格関係のみならず，利潤率を介したストック・レベルでの調整という二層の資本主義経済の理解によって，十全に明らかになるものと思われる。

【注】

1) 山口重克氏の諸研究，とりわけ『経済原論講義』第三篇「競争論」山口(1985)を参照せよ。

2) この点については，大谷禎之介氏による『資本論』諸草稿の執筆時期に関する研究，たとえば大谷(2006)008-010を参照せよ。また，利潤論との関連における現行『資本論』の資本回転の研究には，守(2004)第1章がある。

3) 現行『資本論』第二篇「資本の回転」についてはその意義と問題点とについて，亀崎(1996)で考察したことがある。

4) 現行『資本論』第三部利潤論は多くの論者によって研究され，そこに伏在する問題性が指摘されている。さしあたり，岩田(1960)，青才(1990)を参照されたい。

5) 当然のことながらマルクスも，剰余価値という「超過分は総資本に対してm／Cという分数であらわされる割合をなしている」（『資』Ⅲ：53）という主

張にみられるように，表現上は剰余価値を投下総資本に関係させている。しかし，第一編の内容上の展開は，もっぱら資本の前貸・回収や資本の充用というフロー的見地でなされており，後に資本回転との関連でみるように，理論上はフローとしての剰余価値は投下資本（ストック）に関連づけられていない。

6）田中菊次氏は，現行『資本論』の利潤論に対して，費用価格 k によって剰余価値の利潤への転形を説く第 1 章の主張に疑問を呈し，剰余価値生産の「隠蔽的な媒介をなすものは，・・資本の流通過程における諸規定，とくに，資本の回転，資本の固定的流通と流動的流通，の規定に求められるべき」（田中, 1960：190）と主張され，「剰余価値という資本の質的契機が，このような資本流通の量的契機によって媒介されて，両者の統一として表れる，という関係」（同前）に，剰余価値が「利潤として表れることの根拠」（同前：191）を求めている。これは重要な指摘であり，本稿も示唆を受けている。

7）この論稿で馬渡氏は，流通費と流通期間の関連や流通費の価値形成について興味深い指摘をしているが，ここでは検討しない。

8）単線的生産は『資本論』第二部第 15・16 章でマルクスが考察の基礎とする資本回転運動であるが，資本回転の考察にとって適切な資本運動ではない。この点については，さしあたり（亀崎 2014：107〜111）を見よ。

9）資本の期間短縮の有利さはその基礎に短縮の経済「原則的効果」（馬渡：223）をもつという馬渡氏の主張は，1 財の経済で再生産期間の相違する二つの経済の比較によってマクロ経済の総体からより明瞭になる。労働者は，種籾の米と（米を飼料とする）牛を使って米を産出し，米で生活を維持する，1 財の米経済を考える。産出には剰余（米）も含まれるとする。社会には労働者が 20 人存在し，1 人年 2,000 時間労働し，労働者の生活水準は一人年 100kg とする。また，牛 1 頭は 400kg の飼料があれば自然繁殖するとする。

単線的生産の一期作と二期作をイメージして，経済 a は一年，経済 b は半年（年 2 回繰り返す）と，再生産期間が相違するとする。比較の便宜のために，生産への年支出フロー量（種籾 200kg，牛の飼料 800kg，支出労働量 40,000 時間）および年産出量（米 5,000kg）は，両経済で同一とする。経済 a と経済 b の投入 − 産出は次のように示しうる。

　　経済 a（一年で）　｛投入：種籾 200kg，牛 2 頭，労働 40,000｝→産出：米 5,000kg
　　経済 b（半年で）　｛投入：種籾 100kg，牛 1 頭，労働 20,000｝→産出：米 2,500kg

経済 a では，種籾 200kg を蒔き，牛 2 頭は米 800kg の飼料で一年間労働手段として使役され，労働者 20 人は年 40,000 時間働き，米 5,000kg を産出する。経済 b では，半年に，種籾 100kg と牛 1 頭に必要な飼料米 400kg を生産手段として使い，労働者 20 人が 20,000 時間（1,000 時間×20 人）働き，米 2,500

kgを産出し，これを年2回繰り返す。経済aと経済bの米1kgの費用は，両経済のすべてのフロー量を同等と想定しているので，10時間であり，等しい。

問題は再生産期間の短い経済bが長い経済aより経済効率が高いことを示すことにあるが，それは，生産元本(ストック)量およびフロー・ストック・比率の相違に示される。労働者の労働元本は1年で米2,000kg，半年で1,000kgなので，経済aの生産元本(ストック)は米3,000kg(＝200＋800＋2,000)であるのに，経済bのそれは米1,500kg(＝100＋400＋1,000)で済む。また，フロー・ストック・比率は，経済aでは1.66(＝5,000÷3,000)であるのに，経済bでは3.33(＝5,000÷3,000)と高い。(剰余創出の効率も経済bで高い)。経済bで経済aより同じ産出量を生み出すのに生産元本(ストック)が少ないことやフロー・ストック・比率が高い点に，再生産期間の短さの「経済的意義」(馬渡：221)が示されている。再生産期間の短い経済bは長い経済aより「経済効率」が高いのである。

10) 生産過程に繋縛される資本量を増大させる要因は，労働・生産期間の長さのみではない。単位当たりで商品生産に必要な流動資本の前貸額が与えられているとしても，生産遂行の様式，たとえば単線的連続生産か並列的連続生産かによって，投下流動資本量は大きく相違する。また，生産過程への流動資本の前貸の態様が相違しても，投下流動資本量は相違する。労働期間の変動および流動資本の前貸の態様，流通期間の長短が，資本回転の指標にどのような影響を及ぼすかについては，(亀崎，2014：109〜117)を参照されたい。

11) 剰余価値の年率は，次のように定式化される。
　剰余価値の年率＝年剰余価値÷投下可変資本量＝可変資本充用額×剰余価値率÷投下可変資本量＝剰余価値率×投下可変資本回転数。フローの充用額はフローの回転額に等しい。

12) 貸借対照表に示されるように，投下資本の量的大きさを理論的に確定するのは資本回転の分析であるという点は重要である。資本回転のさまざまな契機，すなわち生産がどのような態容で営まれるのか，生産期間の長さはどれだけか，各工程に前貸しされる固定資本や流動資本の額はどれだけか，流通過程で資本諸価値はどのように動くのか，流通費用の前貸はどのようなものか，流通期間の長さなどが，投下資本の量的大きさを規定する。この観点からは，宇野弘蔵氏『経済原論』以来，経済原論の流通論で利潤率を規定する論者が多いが疑問である。たとえそこで利潤率に触れることができるとしても，利潤率の内実が明らかにならない形式的規定にとどまると思われる。宇野(1964:39-40)参照。

13) この点は，『資本論』第三部第10章における諸商品の需要供給関係は，第二部第三章再生産表式における社会的再生産の諸条件との関連で分析されなけ

ればならないという渡辺昭氏の主張から示唆を受けた。渡辺 (1976) 参照。

14) たとえば，第三部で明らかにされる資本主義経済の現実的機構の一つである商業資本論は産業資本の商品資本 (ストック) を社会的に節約する機構であるが，産業資本総体の商品資本 (ストック) が商業資本の活動によってどのように節約されるかを，量的な関係を含めて展開しうる途を開くと思われる。信用を通した貨幣資本（ストック）の量的節約についても同様である。

15) 第三部第 10 章は容易に理解しがたい主張を多く含む章である。この文章の直前ある，諸商品が価値どおりに売られるとすれば，有機的構成の相違等によりさまざまに違った利潤率が成立するという主張もその一つである。本稿の引用は，この脈絡を是としてなされているわけではない。

【参考文献】
青才高志 [1990],『利潤論の展開－概念と機構－』, 時潮社 .
伊藤誠 [1989],『資本主義経済の理論』, 岩波書店 .
岩田弘 [1960],「Ⅰ「剰余価値の利潤への転化」と「利潤の平均利潤への転化」, 鈴木鴻一郎編『利潤論研究』, 東京大学出版会，所収 .
宇野弘蔵 [1964],『経済原論』, 岩波全書 .
大谷禎之介 [2006],「『資本論』第 2 部・第 3 部草稿の執筆時期について─MEGA 編集者の考証作業から」『季刊・経済理論』第 42 巻第 4 号，所収
亀﨑澄夫 [1996],『資本回転論』, 昭和堂 .
亀﨑澄夫 [2014],「資本の回転と財務諸表」『経済科学研究』(広島修道大学) 第 17 巻第 2 号 .
田中菊次 [1978],『『資本論』の論理　増補版』, 新評論 .
馬渡尚憲 [1984],「生産期間と流通期間」, 山口重克・平林千牧編『マルクス経済学・方法と理論』, 時潮社，所収 .
守健二 [2004],『資本と時間の政治経済学』, 八朔社 .
山口重克 [1985],『経済原論講義』, 東京大学出版会 .
渡辺昭 [1976],「価値と生産価格（5）」『経済理論』(和歌山大学経済学会), 第 150 号 .
Marx, K[1968], *Das Kapital*, 3vols, Dietz Verlarg（マル＝エン全集刊行委員会訳『資本論』全 5 冊，大月書店）。『資本論』からの引用は煩雑さを避けるため，翻訳を使い,『資』と略記し，部数はⅠなどのローマ数字で示し,『資』Ⅰ：頁数のように示す。
Marx, K[1984],『マルクス 資本論草稿集⑦　経済学批判 (1861-63 年年草稿) 第四分冊』, 大月書店。MEGA からの引用は，訳文のみで示し，Marx 草②：頁，などの形で示す。

Marx, K[1984],『マルクス 資本論草稿集⑧ 経済学批判 (1861-63 年年草稿) 第五分冊』, 大月書店.

Marx, K[1993],『マルクス 資本論草稿集② 経済学批判 (1861-63 年年草稿) 第五分冊』, 大月書店.

第3章　生産的労働と生産過程論の再構成

安田　均

　われわれはこれまで生産的労働概念を再検討し，生産的労働の価値形成労働との混同が，一方で調整労働，複雑労働等，価値非形成労働の原理論における位置づけを曖昧にし，他方で，不生産的労働は価値非形成労働一般とみなされ，家庭内の消費に伴う労働固有の特徴が不問に付されたことを明らかにしてきた(安田(2011,2013,2015))。ここでは一歩退いて，価値実体抽出の場を生産過程論に移すという宇野弘蔵の創意が宇野継承者によって十分引き継がれていないこと，宇野に従い生産過程を再編成するならば，理論における労働の多様性と多層性が明らかになることを示したい。

1. 生産過程論の発掘

(1)宇野による生産論の独立

　宇野が『資本論』における価値実体抽出方法を批判し，資本の生産過程論において価値法則の論証を試みたことは周知の通りである。なぜ冒頭商品論における価値実体の抽出が問題なのか，宇野(1962)はその要点を2つ挙げている。

　第1に，商品論において2商品の交換関係から直ちに価値実体として抽象的人間労働を抽出しているために，価値の実現が保証されているかのような展開となり，商品所有者が価値の実現を求めて私的行動を繰り返す結果として貨幣，資本等の流通形態が展開される関係の解明はむしろ阻害された[1]。

　第2に，価値法則の論証としても抽象的人間労働の規定は十分ではない。すなわち，商品交換は2商品の物々交換ではなく，貨幣を介した交換に他ならず，その貨幣価格の価値からの乖離も資本による生産把握によって調節可能となったように，価値実体の抽出も資本の生産過程を背後に置く必要がある[2]。実際に商品の価値実体としての社会的平均的労働の実現もマルクスのいう「労働の形態転換」(K.I,S.58-59)も資本の生産過程において可能になった，と(宇野 1964:58-59)。

　こうして，宇野は抽象的人間労働を含む労働の二重性を『資本論』第1

部における第5章「労働過程と価値増殖過程」以降を独立させた生産論において規定することになった。

(2)宇野の生産過程論

では，宇野は抽象的人間労働，すなわち労働の同質的側面をどのように導いたか。

宇野(1950,52)では第2編生産論の第1章「資本の生産過程」冒頭節「一 労働＝生産過程」が3つの項に分れている。人間と自然との間の物質代謝を人間が労働手段，補助原料を用いて労働対象たる自然に働きかける主体的な過程として叙述する「A 労働過程」，主体的な労働過程が生産物の見地から生産的労働，生産手段を2要素とする客観的な過程として捉え返される「B 生産過程における労働の二重性」，剰余生産物はどの社会でも発生するものの資本主義社会ではその増大が目標とされるため生産力が非常に急速な発展を遂げることになったと説く「C 生産的労働の社会的規定」の3項である。

まず，A項の末尾で生産過程(と生産的労働)を次のように規定する。

労働過程において，人間は自己の労働力をもって労働手段を通して労働対象物に，一定の目的に従った変化を与えて，自然物を特定の使用価値として獲得するのであるが，労働のかかる生産物はもはや労働過程とは離れた1つの物としてあらわれる。自然物と同様の外界の対象物をなすわけである。ただそれは生産せられたる対象物である。そしてこの生産物の見地からすると，労働対象も労働手段も共に生産手段とせられ，労働もまた生産的労働としてあらわれ，労働過程は同時に生産過程となる(同:88)。

次いで，B項において，綿糸生産を例に，その生産に投じられる直接生産労働およびさまざまな生産手段生産労働が絡み合う生産系列の中で，労働の二重性が抽出されている。

例えば10斤の綿花と1台の紡績機械とをもって……6時間の労働によって10斤の綿糸が生産されたとすると，10斤の綿糸は6時間の紡績労働の結果に外ならない。……しかしこの10斤の綿糸は単に人間の労働6時間の生産物とはいえない。綿糸の生産に生産手段として役立つ綿花，機械の生産にも労働を要している。仮に10斤の綿花に20時間の労働を要し，機械の生産にも幾時間かを要するものとして，この紡績労働過程中に消耗される部分が4時間分の労働生産物に相当するとすれば，生産手段自身にすでに24時間の労働を必要としていることになる。そこで綿糸10斤は，

単に6時間の労働の生産物ではなく，24時間の過去の労働に6時間の紡績過程の労働を加えた30時間の労働の生産物である。／この紡績過程で行われる労働は，かくして二重の性質を持っている。……すなわち一面では綿花を綿糸に生産する具体的なマルクスのいわゆる有用労働としてであり，他面では24時間の労働生産物たる生産手段に，新たに6時間の労働を加え，10斤の綿糸の生産に必要な労働30時間の一部を構成するものとしてである。後者は，前者の具体的有用労働に対して抽象的人間労働ということが出来る(同:88-89)。

抽象的人間労働の抽出を承けて，「C 生産的労働の社会的規定」では，同質的な労働における量的区分，必要労働と剰余労働の区分と後者の拡大，生産力の発展が説かれることになる。さらに，「一 労働=生産過程」における抽象的人間労働の抽出と必要労働・剰余労働の分割を承けて，「二 価値形成=増殖過程」「三 資本家的生産方法の発展」と，価値と労働の関係，剰余価値の発生と増進が説かれている[3]。

(3)その基本構成

以上のような宇野の生産過程論の基本構成は次の3点にまとめることができる。
[A] 生産過程とは，人間の自然との間の物質代謝過程，労働過程を結果である生産物の視点で捉え返したものである。
[B] 結果としての生産物視点からすると，労働対象と労働手段は共に生産手段として，人間労働は生産的労働として位置づけられる。
[C] 生産物の生産に要する生産的労働と生産手段の有機的連関には，人間労働の具体的有用労働の側面と抽象的人間労働の側面，すなわち「労働の二重性」が認められる。

つまり，宇野の立論においては，生産過程及び生産的労働の規定が抽象的人間労働の抽出に不可欠の前提になっている。

2. 生産過程論の展開

(1)生産過程論の形骸化

後継者たちの生産過程論 しかしながら，以上のような生産過程の三段階規定は宇野の後継者たちからは十分に引き継がれなかった。

例えば，鈴木鴻一郎編(1960)では，労働生産過程は第2編「資本主義的

生産」第1章「資本の直接的生産過程」第1節「絶対的剰余価値の生産」で説かれている。第1節は「一　生産過程」「二　価値形成および増殖過程」「三　絶対的剰余価値の生産」から成る。「一　生産過程」では，「1 労働過程」において，人間労働が労働対象，労働手段に対し主体的であることを説いた後，人間の自然に対する合目的的活動としての労働過程の成果は人間の目的にしたがって形成されていることを挙げて，「労働過程によって，人間は自然を主体化し，自己を客体化した」，「このようにして，労働過程は生産過程としてあらわれ，労働はこの生産過程の主体的な要因として生産的労働という規定をあたえられ，労働対象と労働手段とはその客体的な要因として生産手段という規定をあたえられる」(同:100)と，客体・主体という視点から生産手段と生産的労働を規定している。

続く「2 生産過程における労働の二重性」は，特別の説明もなく，いきなり冒頭で「労働の二重性」を規定している。

　　生産物が目的によって規定された特定の人間活動によって占取され，人間にとって有用な形態をあたえられた自然であるということは，生産的労働が生産手段を労働対象および労働手段として消費し，それを生産物の特定の有用な形態へつくりあげた合目的的な人間活動，つまり具体的有用労働であるということであるが，しかしこの人間活動は，それ自体同時に定量の人間労働力にほかならないのであって，その意味では，生産物は一定量の人間労働の対象化であり，生産的労働は人間労働力の量的な，したがって時間によって尺度されうる支出であるといってよい。だから生産的労働は具体的有用労働という質的な側面と，人間労働力の支出という量的な側面との二面をもっているのである(同:101-102)。

労働過程の生産過程への捉え返しを，労働過程の客体化によって，労働対象と労働手段は生産手段として，労働そのものは生産的労働として位置付けられる，という言い換えに止め，「労働の二重性」を生産過程の規定それ自体から導出している点は，岩田弘 (1972) や降旗節雄 (1976) も同じである。特に降旗は，生産過程を個別にみて，その2要因を生産手段と労働力と規定している。

論点の継承関係　宇野後継者らも宇野の論点 [A]「生産物の視点からの労働過程の捉え返し」と，論点 [C]「労働の二重性の抽出」を引き継いでいる。しかし，それは当然であろう。論点 [A] は『資本論』における生産過程の原初的規定そのもの[4]であるから。また，論点 [C] は，『資本論』における商

品論での価値実体抽出を批判して，宇野が創案した価値実体抽出の生産論への移設そのものであるからだ。これらを継承しなければ，宇野の価値論を引き継いでいるとは言えない。

　しかし，論点[B]「生産手段と生産的労働」が十分説明されないまま，論点[A]からその定義内容であるかのように演繹的に論点[C]導き出すこと，論点[B]の埋没は，当然，論点[C]「労働の二重性」規定にも影響を与えている。鈴木編(1960)が上述のように「労働の二重性」を導出した直後に，「生産手段そのものもまた一定量の人間労働の対象化にほかならない」，「生産物に対象化された労働が，生産手段に対象化されたていた労働と，生産手段に新につけくわえられた労働との合計からなる」(鈴木編 1960:102)ことを挙げ，「労働の二重性」を再確認しているのは，論点[A]生から直接論点[C]を導出したことに自信を持てなかった証であろう。

(2)その問題点と原因

その問題点　論点[B]を蔑ろにして論点[A]から演繹的に論点[C]「労働の二重性」を導く宇野後継者たちの手法は，宇野が批判した商品論における価値実体抽出と似ている。

　『資本論』では，「労働の二重性」は労働生産過程論(第1部第3編第5章「労働過程と価値増殖過程」)に先行する商品論(第1部第1編第1章)の，「商品における労働の二重性」と題された第4節に先行する第1節「商品の二つの要因　使用価値と価値(価値実体価値量)」において，商品交換関係から「人間労働力の支出」(K.I,S.52)として抽出されていた[5]。他方，第5章第1節「労働過程」では，生産過程の有機的連関に言及されているものの(K.I,S.196-197)，「労働の二重性」には結実していない。むしろ価値を生み出す抽象的人間労働を扱う価値形成過程論に対して，労働生産過程論は専ら使用価値を産み出す具体的有用労働を扱うものと自己限定していた[6]。

　しかし，2商品の交換関係から人間労働力の支出として抽象的人間労働を導出する限り，生産的労働は暗黙のうちに専ら使用価値を加工する直接生産労働に限定されたり，交換関係から容易に換算できるような単純労働に等置されたりして[7]，それ以外の労働は見落とされるであろう。

その原因　生産過程規定から十分説明がないまま「労働の二重性」が導き出され，生産手段と生産的労働がそれぞれ労働対象と労働手段および労働そのものの言い換えで終わっていること，論点[B]埋没の原因は様々あるであろう。

まず第1に，『資本論』解釈の立場からは，価値実体の抽出と生産的労働規定とは第1章商品論と第5章労働生産過程論と文脈上の懸隔があったため，両者の関係が当然問われたものの（後掲国民所得論争），宇野の場合には，両者が同じ労働生産過程論において設定されているため，一体として捉えられ，その関連が改めて問われることはなかった。

　第2に，宇野が原理論における労働を単純労働に限定していたために[8]，生産過程間の連結に携わる調整労働，あるいは労働者に裁量が求められたり，特別の訓練が求められたりする労働等，社会的平均的労働以外の労働は最初から視野に入っていなかった。

(3)必要性の再確認

生産過程論の必要性　労働過程と敢えて区別して生産過程を設定する意味は何か。宇野自身は「人間と自然との関係というより進んで，あらゆる社会に共通な過程を表わしたかった」（宇野編 1967b:219）と述べている。「人間が自然に対してはたきかけるときに，労働というのが他の生物と違うのだという点は労働過程の説明でなされる。ところがいろいろなものを生産しうるという点は生産過程でしょう。生産物の点からいって生産力の問題にもなるわけだ。何時間か働いてこれだけのものをつくるということは，生産物の観点からいった労働過程で，ぼくなりの区別をつけている」（同:226）と。

　では，なぜ「いろいろなものを生産しうるという点」を確認する必要があるのか。資本による剰余価値取得の基盤に普遍的な剰余労働があることを示したいからである。「封建的階級関係の基礎はやはり単純労働によって，しかもその剰余労働によって形成されている点は経済学の理論によってはじめてわかるのではないか。……この基礎部分が単純労働によって行なわれるのでなければ，剰余労働による階級社会としての中世や古代社会を解明することもできないわけだし，資本主義が歴史的社会として旧社会から発展するということもいえない」（同:225）と。

生産論である理由　では，「労働の二重性」をなぜ『資本論』のように商品論で導出することが適切ではないのか。

　宇野の説明は2つに分かれる。第1に，商品論では「労働の二重性というのが何か商品経済に特有なもののように解されやすい」（宇野 1973:825）。また第2に，そもそも「商品論で生産過程を説くことはできないからだ。商品として生産手段と労働力とを買うということになってはじめて商品形態の下に生産過程を入れることができる。商品は生産物ではあっても，その

生産過程とは形態的に直接には結びつけるということはできない。それは貨幣を生産過程と直接に結びつけることができないのと同じだと思う。資本で，しかも産業資本ではじめて生産過程が流通形態といわば内的に結びつく」(同:823) と。

「商品論で生産過程を説くことはできない」という指摘は重要であろう。

大内力の指摘　大内力 (1981) は，労働過程の生産過程としての捉え返しに関する宇野や鈴木編の説明は「はなはだわかりにくいし，ミスリーディングでもある」と批判したうえで，「生産物の立場からみると，社会的関連が問題にならざるをえない，という点が不明確のままにのこされている点が一番問題であろう」(同:230-231) と生産過程論の必要性を指摘している[9]。

人間の生産活動はこのように個別的にみれば労働過程として現われるが，いうまでもなくそれは個々ばらばらにおこなわれるわけではなく，一定の社会的編成のもとで，相互に関連し，依存しながらおこなわれなければならないものである。すなわち，ある程度でも社会的分業があることを前提とすれば，労働対象や労働手段は上述のように大部分が労働生産物なのだから，他の労働過程の結果としての生産物が，当該労働過程に移されたものと考えなければならない。同様に，この労働過程の生産物も，自己の消費のためとは限らず，他の労働過程に原料を供給するとか，他人の労働力の再生産のために使われるとかいった役割を果すこともあるであろう。社会全体の生産＝再生産はこのように諸労働過程の相互依存関係のもとにおこなわれるのだが，そうなればそこには，さきにも示唆したように，かならず一定の原則的秩序が必要となるのであって，個々の労働過程はそういう社会的な編成の一環として位置づけられることになる。このように個々の労働過程を，社会的に編成された生産活動の総体の一環として捉えれば，それは・生・産・過・程……となるわけである (同:229, 傍点は原著)。

こうして，ある生産物の生産に要する「生産的労働に着目するならば，そこに二重の性質が現われていることがただちに看取される」(同:231) と。

商品論では生産過程とその社会的連関が背後に想定されないため，商品の生産に必要な労働は，直接的生産労働に偏り，その労働と同時に投下される生産手段を生産するための労働等々が抜け落ちる。他方で，2商品の交換関係から抽出される労働の同質性も「人間の生理学的力能の支出」(a.a.O.,S.61) という経済学的には空疎な内容しか有さない。「労働の二重性」が生産過程

論で説かれなければならない所以である。

3. 生産的労働の再設定

(1)生産的労働の概念規定

生産的労働を巡る議論　生産的労働の定義に関しては,「加えられる対象の価値を増加させる」労働という付加価値基準と,「商品にそれ自体を固定したり実現したりする」労働という物質性基準というアダム・スミスの二重規定が有名であった[10]。マルクスは, 経済学批判体系を構想した段階では付加価値基準(生産的労働の資本主義的「形態規定」)に依拠していたものの,『資本論』刊行の直前, 1863-65年草稿の第6章(『直接的生産過程の諸結果』)において突如,物質性基準(生産的労働の「本源的規定」)も採用し,『資本論』では第5章「労働過程と価値増殖過程」で本源的規定を与える一方, 注で「このような生産的労働の規定は, 単純な労働過程の立場から出てくるものであって,資本主義的生産過程についてはけっして十分なものではない」と留保を付し, 第14章「絶対的および相対的剰余価値」冒頭で形態規定を与えていた。『資本論』の二重規定は, 戦後日本でサービス労働の進展に呼応して, これを生産的労働に含めるべきか否かという形で議論の的になった(「国民所得論争」, 安田(2011)参照)。

　宇野後継者の場合, 生産過程論の具体的規定([B])は, 前述の通り, 主体的な労働過程が生産物視点で客体化されると, 労働対象と労働手段は生産手段となり, 労働そのものは生産的労働になるという言い換えで済ませたり(鈴木編, 岩田), 生産過程を個別に捉え, その構成要素を生産手段と労働力に求めて生産的労働を規定しなかったりしていた(降旗)。

生産と消費の別　そのような状況のなかで小幡道昭(1995)は, 従来の労働概念が生産に偏重しているために, 商業・金融などの市場活動やそれに随伴する運輸・通信といったサービス, あるいはこれまで市場とは異なる原理に依存してきた人間活動, 教育・医療や育児・介護等を労働としてカバーしきれなくなっているとの反省から, 労働投入産出の量的結果（正負）を基準に生産と消費を規定したうえで, 定量的な生産的労働と, 労働者間のコミュニケーションを含むが故に定量性を欠く労働そのものとの区別を設定した。小幡(2009)では, 後者の2区別を目的意識的な労働と目的意識性の弱い非労働との2区分に置き換えたものの, 過程の量的結果を基準にした生産・消費の別は残している。

しかし，投入産出の量的ポジション(正負)次第で生産と消費とが入れ替わる以上，消費に伴う労働に，生産的労働との質的違いを設定することはできない。他方，非労働は「休息や遊びのような，非労働と一括するしかない不定型な活動」(同:104)とされたり，無労働と規定するしかない「完全オートメーション」(同:312)と同一視されたりしており，分析概念になり得ていない(安田(2013))。

　生産と消費の違いを明確にしたのは山口(1985)である。労働過程が生産過程と捉え返され，ある生産物を生産するまでの生産過程間の分業編成が明確になれば，「生産する財と最終的に消費する財の分離が生じ，したがってまた生産主体と消費主体の分離が生じ，生産と消費の区別を措定することができることになる。こうしてまた個々人の労働は生産物を生産する生産的労働という規定を受けとり，その規定性において消費と区別されることになる」(同:85)と。

(2)定量性と量的技術的確定性

生産的労働の量的性質　最終消費と区別された生産のための労働は，特定の生産物のための労働と手段化され，範囲が限定される[11]。そのため，生産手段の生産に要する労働も含め，生産物との間に量的安定的関係が生じる。

　菅原陽心(1980)は，『資本論』では労働過程の対象が人間と自然との社会的物質代謝にあるのか個別の労働過程にあるのか曖昧であるために「諸労働過程間を結びつけるような運輸労働，保管労働，並びに社会的生産を調和的に編成するために投下される労働等」(同:10)が，また，宇野(1950,52)では労働の二重性を綿花，紡績機械そして綿糸という具体的使用価値系列において捉えているため「生産物素材に直接使用価値的変化を与える形でのつながりを有することなく，しかも綿糸を生産していく生産系列には不可欠に組み込まれている労働」(同:24，具体的例示は上と同じ)が抜け落ちる，と批判する。

　そのうえで，菅原は最終消費財の生産に必要な生産系列を具体的使用価値名は用いずに記号化して示し，「労働の二重性」を抽出すると同時に，生産系列内のさまざまな生産的労働の間には量的に技術確定的な関係があると指摘する[12]。

　今，自然素材が生産過程 P1, P2, ……, Pn を経て最終消費財 K が生産されるという生産系列を設け考察してみよう。K の一定量が生産されるためには P1, P2, ……, Pn それぞれで一定量の生産物が生産され，それ

らが有機的に関連されていなければならないといえる。このような各生産過程内，並びに各生産過程間には一定の生産技術に規制された技術確定的な関係があると想定してよいだろう(菅原 1980:26)。

定量性と技術的確定性　しかしながら，菅原は，生産的労働の有機的連関を支える「技術確定的な関係」を価格変動の重心という意味での価値を規制する労働の関係とする一方，その「技術確定的な関係」のなかに実際の配分のズレを調整する労働を認めている。

> 生産技術によって技術確定的に決められた労働量が各生産過程に投下されなければならないということを労働生産過程論で明らかにすることによって，価値形成増殖過程論では，価格の無法則的運動の重心たる価値が技術確定的に投下された労働量によって規制されるということが論証されうるようになる……。／一定量の K を生産する際には技術確定的に労働量の配分が確定されなければならないのであるが，例えば先の労働量関係で P1, P2, ……, Pn の関連が生産技術により確定された労働量配分を均衡的に達成していないときには何らかの調整作用が働くということになる(同:27)。

他方で，菅原は労働の配分を調整する労働は「何らかの有機的編成を妨げるような要因を想定して投下されるものであるから，一定の社会的生産編成を設定すると必ず技術確定的に投下労働量が決まるというものとはなりえない」(同:31)と，量的技術的確定性を否定している[13]。

確かにどのような社会でも，目的がハッキリしその手段として遂行されている限り，あるものの生産のためにさまざまな生産過程で投じられる諸労働はその社会の技術水準に規定されざるをえないのであるから，生産過程間の調整労働を含む諸労働の有機的編成には量的に安定的な関係，定量性を認めることができるであろう。しかしながら，その場合の社会的な編成とは，礼拝や昼寝の時間を含むなど，その時代，その社会の社会的習慣を含むものであり，量的な安定性と言っても，一定の幅が認められる緩やかなものに止まる[14]。とりわけ生産過程間の労働配分の偏りを調整するために投下される労働は，たとえ効率性原則を追求する資本によって投じられてもその投入量は資本によってまちまちであり，「技術的確定的に投入量が決まるというものとはなりえない」であろう。

(3)労働の多様性
2つの抽象的人間労働　山口 (1990) は，同じ商品種でも時と場所によってばらつきうる価格に対応した形相としての価値と価格変動の重心を規定する価値との区別，「価値概念の広義化」を唱えると同時に，末尾で「若干の関連問題」と題し，抽象的人間労働に 2 種類二層あるという問題提起をしている。

> 諸商品の価格変動に法則性がある，つまり重心があるのは資本主義的商品に特有のことであるから，法則性の根拠も資本主義的なものと考えられなければならないであろう。すなわち，労働生産過程は資本によって担当されることによって特殊な変造を受けるのであり，変造された特殊歴史的な労働生産過程における効率的な社会的生産連関が価値法則の根拠をなすと考えられるのである。したがって，自然との物質代謝をおこなう人間の労働も同様に二層の構造において捉えられなければならない。すなわち，人間の労働も，あらゆる社会に共通に，互いに同質的な抽象的な人間労働と異質な具体的有用労働の二重性を持っているが，同時に資本主義的な労働生産過程においては，それは特殊歴史的に変造された労働としての二重性を持つことになるのであり，したがって，抽象的人間労働にもあらゆる社会に共通なものと特殊資本主義的なものとがあると理解されなければならない。そして，価値法則の実体的根拠をなすのは，後者の特殊歴史的な規定性を受けとっている抽象的人間労働であるといわなければならないであろう (山口 1990:16)。

つまり「抽象的人間労働というのは広義と狭義の意味がある」(山口 1995:116)。
　ちなみに資本による労働過程の変造とは「直接に労働している時間以外の資本にとってのいわば無駄な時間をギリギリの限度まで排除して，労働の密度を高めると同時に，一定の賃銀当たりの労働時間をできる限り延長する」(山口 1985:104-105) ことを指す。
価値形成労働と価値非形成労働　狭義の抽象的人間労働を基準にすれば，価値形成労働と価値非形成労働が併存していること，労働の多様性も明らかになる。
　まず「従来の，価値ないし価値量という概念は，時と所によってバラつき，

変化する多様な価格のいわば平均，あるいは変動の重心を規定する一種の基準概念という意味」であるから，「価値形成労働というのも，このような基準概念としての価値を形成する労働，つまり『社会的に標準的な生産条件と，労働の熟練および強度の社会的平均度をもって』商品を生産し，その商品の価格変動の重心を規定することになるような社会的必要労働」に限定される。したがって，価値形成労働の要件も「資本による社会的生産の一環としての商品生産の過程で行なわれるものであり，かつその質が単純労働化している」(山口 1978:174-175) ことと定式化できる。

　このような狭義の価値形成労働の要件からすれば，例えば，レストランにおける給仕でも，「特殊な認識や経験や判断力を有し，他の給仕と代替不可能なもの」の「提供するサービスは，需要の増大に応じて弾力的な追加供給が可能というものではな」く，「価格変動には基準がない。つまり，この労働は価値形成労働(もちろん狭義の)とはいえない」。他方，「誰がやってもほぼ同じ結果が得られるような単純労働によって提供される」給仕の大多数のサービスは「その価格変動にはその商品の生産に要する社会的必要労働が規定する重心があり，したがって，それを提供する給仕の労働は価値形成労働であるということになる」(同:181)。

　他にも原理論では，生産過程の連結・編成に係わる労働の一部，調整労働等は，「特殊な認識や経験や判断力を有し，他……と代替不可能」であり，つまり量的技術的確定性を欠き，「需要の増大に応じて弾力的な追加供給が可能というものではな」いから「価値形成労働(もちろん狭義の)とはいえない」であろう。

むすびに代えて

　冒頭にも述べたように，われわれは従来，表裏一体と捉えられた価値形成労働と生産的労働を峻別することにより，原理論における労働の多様性を明らかにしてきた。

　資本の下に投じられた単純労働のように，量的技術的確定性を有する労働は，価格変動の重心を規定するという意味での価値形成労働であるのに対して，生産過程間の連結を司る調整労働等は，その時代の技術水準に応じて定量性は有していても，投入量は同じ商品種でもまちまちであり，量的技術確定性に乏しいため価値形成労働には該当しない。他方，通常，家事労働と一括されている家庭内の消費に伴う労働も，自己目的性が強く手段性の弱い労

働は，定量性を欠き，外部化も難しい不生産的労働である反面，手段的に捉えられ，効率的に遂行される労働は定量性を有し，外部サービスに代替可能な生産的労働である[15]。

　本稿でも，「労働の二重性」抽出を生産論に移した宇野の創意に従って生産過程論を整理し，従来，「労働の二重性」導出（論点 [C]）を生産過程規定（論点 [A]）から無媒介に進めたこと，論点 [B] 生産的労働規定の埋没が生産的労働と価値形成労働の区別，労働の多様性検討を困難にしていることを明かにした。

　しかし，そればかりではない。生産的労働と価値形成労働を区別してみると，生産過程の有機的連関から導き出される人間社会に普遍的な，定量的な抽象的人間労働と，資本の効率性原則によって量的に締め上げられた抽象的人間労働の二層が区別できる。他にも，流通論で想定される労働は，商品生産労働であれ貨幣取扱労働であれ，締め上げる主体，産業資本と機構，生産過程が捨象されているので，一様に商品の取扱いに必要な労働，広義の価値形成労働である。競争論では，資本の部門間移動に対応して追加供給が可能であり，量的技術的確定性が高いか否か，生産価格に計上できる労働かできない労働かに焦点が当てられる。原理論における「労働の多層性」も明らかになったのである（安田 (2015))。

【注】

1)「『商品』論は，それにつづく貨幣論，資本論に対応して形態的に展開せらるべきものであって，価値形態論はまさにその核心をなすものといってよい。ところがこの価値形態論に先きんじてなされる『価値実体』論のために『商品』論の中心が曖昧になると同時に，価値形態論自身もその影響を受けることになり，労働価値説の論証もまた決して十分なるものとはいえないことになっているのである」(宇野 1962:169)。

2)「たしかに商品の交換関係は，互に異なった使用価値を有する商品を相等しいものとするのであって，『商品の使用価値からの抽象』によって特徴づけられるものといってよい。しかし商品は，決してその使用価値を捨象して交換されるわけではない。……商品の交換は貨幣を媒介にする商品流通として行われる。……事実，この両者に『共通なもの』としてあらわれるのは直接に価値ではなくて，貨幣価格にほかならない。それは屡々価値と多かれ少なかれ乖離して両者の交換を……いずれかの側からの交換として実現するのである。しか

もこの価格の価値からの乖離は，需要供給の関係を通して，生産自身によって調節せられることになるのであるが，この生産による調節は，さらにまた商品，貨幣の形態的展開を基礎とする資本による生産の把握によって始めて商品経済的に確保されるのである」(同:173-174)．

3）ちなみにこうした論理構成は，宇野(1964)でも，「第一節　労働生産過程」内が項目分けされていないだけで，基本的に踏襲されている．そこでは生産的労働概念は用いられていないものの，生産過程である生産物の生産に要する生産手段及びその生産に要する諸労働の有機的連関を提示し，「労働の二重性」を抽出するという論理構成は踏襲されている．

4）「この(労働過程の――引用者)全過程をその結果である生産物の立場から見れば，2つのもの，労働手段と労働対象とは生産手段として現われ，労働そのものは生産的労働として現われる」(K.I,S.196)．

5）比較的最近の概説書，大谷禎之介(2001)は「労働の二重性」を商品論以前の序論で説いている．すなわち序論「労働を基礎とする社会把握と経済学の課題」において，現代社会の経済の仕組み分析に先立って「現代」や「経済」について「ある程度の予備的知識」を得る必要があるとして，労働の，「使用価値を**生産**するための人間の活動」という規定から具体的労働を，「人間にとっての生産の本源的費用」という規定から抽象的労働を抽出している(同:9-20,強調・傍点は原著)．

6）「価値形成過程を労働過程と比べてみれば，後者は，使用価値を生産する有用労働によって成り立っている．労働はここでは質的に，その特殊な仕方において，目的と内容とによって，考察される．同じ労働過程が価値形成過程ではただその量的な面だけによって現われる」(a.a.O.,S.209)．

7）『資本論』以来の，複雑労働の単純労働への還元論が，生産過程を念頭に置かず労働が一様に扱われる商品論において，過去の労働と現在の労働との合算を行なっている，すなわち位相毎の労働の質の相違を無視している点については安田(2015)を参照のこと．

8）「経済学の原理論では，その対象を純粋の資本主義社会とすると同時に，労働もすべて単純労働として同質のものと想定しなければならない．／精神的労働も事務労働も，労働には相違ないが，生産物を生産する労働ではない．たとえば，新しい生産方法を発明するための精神的労働は，その生産方法による生産物の生産に必要な労働ではない．またその生産方法を決定する，たとえば新しい機械を生産するのに必要な労働でもない．この点が明らかにされないと，

商品の価値の形成をなす労働の意味が不明確になる。事務労働も同様である。たとえば商業労働は新しく物を生産する労働ではない。これらの点が不明確であると，資本家の労働も価値を形成する労働であるかのように誤解される」(宇野編 1967a:86)。

9) 同様の指摘は山口 (1985) にも認められる。「労働過程を生産過程として捉え直すのは，人間の自然との物質代謝がこのように無数の特殊な生産物の生産過程の有機的な分業編成体と生産物連関を作りあげることを通して遂行されることを示すためなのである」(同:85)。

10) スミスにあっては「自営手工業者の労働は，①(付加価値基準——引用者。以下同じ)からは(「自分の親方の利潤の価値」を付け加えることのないため)『不生産的労働』であり，②(物質性基準)からは『生産的労働』であるが，資本家に雇われて行うサービス労働は，①からは『生産的労働』であり，②からは『不生産的労働』である」(馬渡 1997:79)という問題が生じた。馬渡によれば，スミス以前に，後に労働価値説として展開することを「生産的」という形容詞によって主張する潮流があった。「イギリスにもフランスにも，重商主義の時期にこれに批判的な経済論説が多数あった。これらは，富の理解，この増加の方法についての理解，さらに国家と経済の関係の理解において共通点があった。消費可能な財を富とし，労働をその増加の原因とみなし，商人を不生産的な階層とみており，経済活動への国家の干渉に批判的であり，したがって理論的には生産に根拠をもつ均衡論を展開し，政策的には自由主義を主張するといった点に特徴があった。／このような系譜としてイギリスではペティをはじめ，ロック，ノース，マッシー，ヒュームらを，フランスではボワギーユベール，カンティロン，ケネー，およびテュルゴーらをあげることができる」(同:30-31)。

11) 「要するに，ある使用価値が原料か労働手段か生産物かのうちのどれとして現われるかは，まったくただ，それが労働過程で行なう特定の機能，それがそこで占める位置によるのであって，この位置が変わればかの諸規定も変わるのである。／それだから，生産物は，生産手段として新たな労働過程にはいることによって，生産物という性格を失うのである。それは，ただ生きている労働の対象的要因として機能するだけである。紡織工は，紡錘を，ただ自分が紡ぐための手段としてのみ取り扱い，亜麻を，ただ自分が紡ぐ対象としての取り扱う」(K.I,S.197)。

12) 山口 (1985) も同様の記号による労働編成を示し，その量的安定性を指摘している。「ある時代なり時期なりをとると，自然との物質代謝を一般的な基盤として様々な生活を営んでいるある人間集団の文化の型，生産技術の水準，需要の構造などはある期間はほぼ安定していると考えられる。そして，そ

のような諸条件が安定している場合には，社会的生産の一環をなすある生産物の生産に必要な諸生産手段の量と生産的労働の量の間にはほぼ安定的な関係があると想定することが可能であると考えられる」(同:86)。山口は後に生産物連関のこの安定的関係を指して「基準編成」と呼ぶようになったが(山口 1995:115-116)，この段階ではむしろ資本制下の価値重心としての量的技術的確定的関係の方を「基準編成」と呼んでいた(山口 1985:128)。

13) 菅原 (2012) では「労働生産過程論で問題とされる社会的再生産の条件を基底的条件と呼ぶことにしよう。そうすると，価値法則の基盤にある構造的条件とはこの基底的条件が資本主義という特殊歴史的な形で表れたものであるということになる。労働生産過程論で明らかになる基底的条件と資本主義的生産のもとで経済法則の基盤となる構造的条件とを区別することが重要である」(同:149)と，両者は峻別されている。但し，この点で先行したのは山口 (1978) である。

14) そこでの例えば1日9時間という「労働時間は，それぞれの社会の文化状況，生活様式，労働慣習に応じて，その中にたとえば共同体的団らんや儀式の時間，神への祈祷，礼拝の時間，昼寝の時間，大衆討議の時間などが含まれることを排除しない労働時間なのである」(山口 1985:104)。

15) 従来，生産的労働は価値形成労働の表象とされていたため，家庭内で消費に伴い支出される労働は「不生産的労働」と一括されていた。しかし，価値非形成という点では，ある生産物の生産に必要な労働の一部という意味で生産的労働でありながら，単純労働ではない調整労働等も同じである。家事労働ないし不生産的労働が「価値を形成しない」という規定で済まないのは明かであろう。安田 (2013) 参照のこと。

【参考文献】

(本文中の引用頁数は雑誌論文が書籍に収められた場合には後者の頁数を指している)
伊藤誠 [1989]，『資本主義経済の理論』岩波書店．
岩田弘 [1972]，『マルクス経済学(上)』風媒社．
宇野弘蔵 [1950,52]，『経済原論』岩波書店．
宇野弘蔵 [1962]，『経済学方法論』東京大学出版会．
宇野弘蔵 [1964]，『経済原論』(全書版) 岩波書店．
宇野弘蔵 [1973]，『『資本論』五十年・下』法政大学出版局．
宇野弘蔵編 [1967a]，『新訂　経済原論』(現代経済学演習講座) 青林書院新社．
宇野弘蔵篇 [1967b]，『資本論研究 第II巻』筑摩書房．

大内力 [1981],『経済学原論 (上)』(大内力経済学大系第 2 巻), 東京大学出版会 .
大谷禎之介 [2001],『図解　社会経済学』桜井書店 .
小幡道昭 [1995],「生産と労働」『経済学論集』(東京大学) 第 61 巻第 3 号 .
小幡道昭 [2009],『経済原論』東京大学出版会 .
菅原陽心 [1980],「労働生産過程と資本主義的生産」菅原ほか [1980]『価値と市場機構』時潮社 .
菅原陽心 [2012],『経済原論』御茶の水書房 .
鈴木鴻一郎編 [1960],『経済学原理論 (上)』東京大学出版会 .
降旗節雄 [1976],『マルクス経済学の理論構造』筑摩書房 .
馬渡尚憲 [1997],『経済学史』有斐閣 .
安田均 [2011],「生産的労働概念再考」『季刊経済理論』(経済理論学会) 第 48 巻第 2 号 .
安田均 [2013],「消費における労働－－家庭に残る労働」『季刊経済理論』第 49 巻第 4 号 .
安田均 [2015],「複雑労働の理論的可能性」『季刊経済理論』第 52 巻第 1 号 .
山口重克ほか編 [1978],『マルクス経済学の現状と展望』東洋経済新報社 .
山口重克 [1985],『経済原論講義』東京大学出版会 .
山口重克 [1987],『価値論の射程』東京大学出版会 .
山口重克 [1996],『価値論・方法論の諸問題』御茶の水書房 .
山口重克 [1978],「流通と価値」(山口ほか編 [1978] 所収，後に山口 [1987] 第 II 部第 3 章).
山口重克 [1990],「価値概念の広義化をめぐって」『経済理論学会年報』第 27 集 , 青木書店 (山口 [1996] 第 1 部第 1 章).
山口重克 [1995],「抽象的人間労働と価値法則」『情況』第 55 号 (山口 [1996] 第 1 部第 6 章).
Marx, K.[1867], *Das Kapital* I,II,III, in *Marx-Engels Werke*, Bd.23-25, 1962-64(岡崎次郎訳『資本論』大月書店 ,1958-65 年).

安田均 (山形大学)

第4章 「厚生経済学」から「幸福の経済学」へ
——回顧と展望

金井　辰郎

はじめに

　「幸福の経済学」は主観的幸福感に関する調査から政策的含意を読み取ることを企図した経済学の一分野ないしは研究計画である。萌芽的なものは以前からあったが[1]、特に Frey and Stutzer(2002) 以降，多くの研究が現れ，現在に至って，それはかなりの学問的地位を獲得したかに見える。しかしこのことは，過去において同種の主題を扱っていた厚生経済学が一貫して懐疑と批判のなかにあったことと対照的である。厚生経済学の論争史を知る者からすれば，主観的幸福感の可測性や比較可能性の問題に目をつぶりながら，アンケート調査のような単純な方法によって政策の是非を論ずるものが注目を集めていることに，全く意外の感を禁じ得ないだろう。

　しかし，ここにきて「幸福の経済学」が注目されていることには，それなりの理由があるといわなければならない。それは以下のような背景のなかで，生まれるべくして生まれたとも考えられるのである。(1) 旧・新厚生経済学は理論的に越えられない行き詰まりを抱えていた。1950年代中頃までには，厚生経済学の主な論点はほぼ否定され，以後，厚生を論ずる者たちは，細々と理論の改変の努力を続けたが，それらはあまり多くの実りを生まなかった。(2) 厚生経済学という分野にとどまらず，その母体であった一般均衡理論も，現実社会への適用可能性の面で多くの問題があることが認識されていた。一般均衡解の存在証明や安定性分析などで活躍した一流の理論経済学者たちが，自らの業績を自己批判する事態になっていた。また，そのように旧来の正統派経済学の枠組みの限界が露呈する一方で，(3) カーネマン (Daniel Kahneman) らは心理学的方法に基礎を置く研究により，正統派経済学の想定しない多様なケースを分析対象に含め，行動経済学と呼ばれる領域・方法を確立した。そして，その心理学的アプローチは当然のことながら，幸福感という主観的感情をも考察対象の一つとした。

　本稿では，まず以上の (1) 〜 (3) の観点から，経済理論の行き詰まりと行動経済学の興隆が「幸福の経済学」の登場を準備したことを示す。その後，

「幸福の経済学」の具体的な研究を例示したうえで，「幸福」あるいは「厚生」に関する研究が今後どのような方向に進むべきかを展望する。以下，第2節では，(1)に関連し，厚生経済学の論争史を簡単に振り返る。第3節では，(2)に関連して，一般均衡理論建設に重要な役割を果たした森嶋(通夫)が，一般均衡理論を悲観的に展望した論文を紹介する。第4節では，(3)の観点から，カーネマンらの行動経済学がいかなる意味で旧来の経済理論を補完し包摂するものであるかを述べる。第5節では，「幸福の経済学」の議論を例示し，その方法的特徴に言及する。第6節では，小括として，結論を要約し展望を述べる。

1. 袋小路の厚生経済学

功利主義哲学までさかのぼる長い前史があるとは考えられるものの，厚生経済学がその名称のもとで体系的に研究されるようになったのは，やはり Pigou (1920) 以降というべきである。ピグーは，マーシャル (Marshall 1890) の「消費者余剰 consumers' surplus」，「生産者余剰 producers' surplus」といった概念を後退させる一方で，「厚生」のなかでも貨幣的な扱いの可能な部分を「経済的厚生」と呼び，経済学研究の中心に据えた。しかしながら，このピグーの体系は効用の集計や個人間比較の点に関して Robins(1932) により徹底的に批判され，ここにいわゆる「旧」厚生経済学は経済学から放逐されたのである。

そのような旧厚生経済学を救済し，再び議論の舞台に引き上げたのがカルドア (Kaldor 1939) とヒックス (Hicks 1940) である。かれらは，ある政策から利得を受ける人が損失を受ける人を補償して余りあるとき(カルドア基準)，あるいは損失を受ける人が利得を受ける人を買収して引き留めることができないとき(ヒックス基準)，その政策が正当化されるという，いわゆる「補償原理」により，効用の個人間比較なしに，政策の良否を判断する方法を提案した。悲劇の厚生経済学はここに復位したかに見えたが，この「新」厚生経済学も，長くは正当性を主張しえなかった。ほどなく，シトフスキー (Scitovsky 1941) が補償テストに矛盾の起きるケース(シトフスキー・パラドクス)を指摘し，さらにヒックス・カルドア基準に代えてかれが提唱した「二重基準」[2]さえ，サミュエルソン (Samuelson 1950)[3]，ゴーマン (Gorman 1955)[4] らに否定されると，補償テストに基礎を置く「新」厚生経済学も徹底的に破壊されてしまった[5]。

また当時，「旧」厚生経済学を救済するという意味では，もう一つの新厚生経済学として，バーグソン (Bergson 1938) とサミュエルソン (Samuelson 1947) による社会的厚生関数を用いた方法があった。かれらは規範的な判断を含めず，あくまでも装置として社会厚生関数を構成することにより，経済学者ができることを救い出そうとした。すなわち，規範的な情報は政治家やその他外部から与えられることにし，経済学者はパフォーマンスの良い装置の設計のみを行うというスタンスである。しかし，この方向性もアロー (Arrow 1951) により疑問が投げかけられた。社会的厚生関数が意味あるものとなるためには，関数の外部で人々の合意を形成する必要があるが，その合意にまで到達する合理的な方法が存在しないことが示されてしまったからである (アローの一般可能性定理)。

2.「夢の世界」の一般均衡理論

　1991 年，*Economic Journal* は「今後 100 年の経済学」というタイトルの特集を組んだ。多くの著名な経済学者が展望論文を寄せたが，そのなかで，一般均衡理論の未来を扱った森嶋通夫 (1923-2004) の論文 (Morishima 1991) はかなり悲観的である。周知のとおり，森嶋は京都帝国大学で高田保馬，青山秀夫に師事し，京都大学，大阪大学，ロンドン・スクール・オブ・エコノミクスなどで一般均衡理論を研究した。戦後，第一線で多くの論文を執筆し，1964 年には Econometric Society 会長も務めている。その理論研究は一時ノーベル賞候補にも上ったといわれるが，晩年は純粋理論に懐疑的になった。かつて一般均衡理論を建設した張本人であるはずの森嶋が，それを見限ったことは意外であるが，重みがある。以下では Morishima(1991) により，その見解を紹介しよう。

　森嶋によれば，一般均衡理論が扱うのが「モデル」である以上，モデルによって表現できるのが「複雑」な社会の一面となってしまうことは仕方ない。しかし，そのモデルの範囲が狭いのであり，もっと「包括的で多面的なモデル」が必要である。「あいにく」経済学は「物理学」とは異なり，「経験的事実から離れる方向に」向かっている。「特に」一般均衡理論は「数学的社会哲学」になってしまっていて，「アロー，ハーンの著書」は，「科学的な体裁をとってはいるが，バルーク・スピノザの『倫理学』を思わせるほど」である。一般均衡理論研究者たちは「過度の心理的耽美主義」に「のめり込んで」いて，このままでは「二十一世紀には，彼らの仕事の中身は退化」してしまうだろ

う (69-70／訳 155-7)。

　種々の仮定に関しても問題がある。家計同様に企業もまたプライス・テーカーとして行動すると仮定されているが，そのように行動するのは「農業・林業・漁業，そして鉱業部門」くらいである。「残りの大多数」の産業では「マーク・アップ原理」あるいは「マージナル・コスト原理」で価格決定している (70／訳 157-8)。価格についても，以前は一般均衡理論と同じく，「値引き交渉で」決められたり，「完全な公開市場」で「完全な情報」を持っている状況で決められる産業があったが，それは「昔の話」である。タクシーにメーターがつけられたことで値引き交渉はできなくなり，為替ディーリングは電話で相対で行われている (70-1／訳 158)。均衡の安定性の理論は，1940 年代中頃から 60 年代後期に「枯れ木も山の賑わい」で「栄えた」が「まったくの失敗」に終わった。価格の安定性は「欲得づくの価格交渉」のせいでなく，「既定のルール」に従って取引していることから得られている。また「イチゴの完全貯蔵」ができるようになれば，夕方の「安売り」もなくなるのであり，そのように，「価格決定」は「技術に依存」しており，技術変化に従って「価格理論も必然的に変化せざるを得ない」 (71／訳 159-60)。

　一般均衡理論は「夢の世界」であり，「現実の社会状況」の下では「完全に作動しない」。「銀行や企業家」が登場しないにもかかわらず，「貨幣理論」が存在するというのは「見上げたもの」である。「架空の世界」における均衡を証明しただけで，「現代資本主義経済の最適性」も明らかにしたと思ってしまっている。このまま「現実からかけ離れて」しまうとすれば，一般均衡理論は「学生の論理力を訓練する方法」になり下がるだろう (71-2／訳 160-1)。一般均衡理論は「社会学」や「社会心理学」とも密接に協力しながら，「官僚が企業や産業を動かすということ」や「家族関係」にも注意を向けるべきである (72／訳 163)。「少なくとも」一般均衡理論に関しては「数理解析」より「社会科学的分析」を重視するようになる「必要がある」。数学化は「行き過ぎ」ており，証明に「憂き身をやつし」，現実の世界を見ようとする人を「劣等生」と決めつける態度は「科学的な退化の顕著なる症状」である (73-4／訳 165-6)。

　森嶋はこの論文[6]で，特に一般均衡理論の想定する社会の非現実性を強調しているようにみえる。理論の正しさは仮定の真偽に関係しないという，仮定に関する非実証主義の立場（フリードマン）もあるが，森嶋は仮定に関する実証主義の立場から，一般均衡理論の仮定が現実社会と整合的でないことを問題にしている。純粋理論の枠内でもっと「包括的で多面的なモデル」が

必要とされるが，森嶋にもその見込みがあるわけではない。かくして一般均衡理論はその建設者によって自己批判され，森嶋自身も「経済学，社会学，教育学，歴史学などを取り混ぜた社会科学領域での一種の学際的総合研究」としての「交響楽的社会科学」に向かってしまうのである（森嶋 1999: 197）。

3．行動経済学の誕生

2002年にノーベル経済学賞を受賞したカーネマンは，受賞に際してかれが発表した「自伝」において，「行動経済学の礎となったのは Thaler(1980) であり，そこで彼は一連の小テーマを描き，消費者理論の基本原理にチャレンジした」(Kahneman 2002: 訳122) とし，行動経済学の誕生に対するセイラーの功績を認めた。本節では，その Thaler(1980) の整理に依拠しながら，行動経済学のコアともいえるプロスペクト理論を紹介したうえで，セイラーがカーネマンらの心理学的業績をいかに経済学に接続したかをみていくことにする。

まずは Thaler (1980) に基づき，プロスペクト理論を簡単に紹介しよう。「昨今，Kahneman and Tversky (1979) は，代替的な経済行為の記述モデルを提案し，それを「プロスペクト理論」と呼んだ」が，かれらは実際の「行為」といわゆる「期待効用理論」の相違を示すことを企図している。いま (x,p, y,q) という「ギャンブル」を考える。これは p の確率で x をもらうことができ (値がマイナスであれば，払う必要があり)，q の確率で y をもらうことができる (値がマイナスであれば，払う必要がある) という意味である。N を被験者数とし，回答の割合を括弧の中に示すとき，カーネマンとトベルスキーが行った調査の質問および結果は以下のようなものだった (Thaler 1980: 41)。

「問題11[7]。あなたは所有しているものに加えて，すでに1000を与えられている。あなたは次のどちらを選ぶか尋ねられている」
    A: (1,000, 0.5)　(16%)　　and　　B: (500)　(84%)　　N=70
「問題12。あなたは所有しているものに加えて，すでに2000を与えられている。あなたは次のどちらを選ぶか尋ねられている」
    C: (− 1,000, 0.5)　(69%)　　and　　D: (− 500)　(31%)　　N=68

問題11，12以外の結果[8]も含め整理すると，以下のようになる。(1) 利

得は損失とは「異なった扱い」を受ける。「非常に低い確率」の場合を除き,「損失に対しては危険選好」(賭けに挑戦したい)が,「利得に対しては危険回避」(賭けに挑戦したくない)が観察される。(2) 確かさのある結果は,不確かな結果よりも「過剰評価」される。(3)「問題の構造」は「選択」に影響する。問題11と問題12は,もし「最終資産状態」に関して評価されるなら「同一」であるが,実際には被験者によって「異なるものとして扱われ」ている。

旧来の期待効用理論によれば,$p+q=1$ の場合,富の初期量が w である個人は,期待効用 (EU) に関する,$EU=pU(w+x)+qU(w+y)$ という式にしたがって結果を「予想」するだろう。それに対して,「プロスペクト理論」では「客観的確率」である p や q が,$\pi(p)$ や $\pi(q)$ という「主観的決定ウエイト」で「置き換え」られる。「通常の予想」すなわち $p+q<1$ or $x≥0≥y$ or $x≤0≤y$ のとき,「予想の価値」(V) は,$V(x,p;y,q)=\pi(p)v(x)+\pi(q)v(y)$ とあらわされる(「価値関数」)。「価値関数の本質的な特徴」は以下のようなものである。(1) その関数は「何らかの自然な基準点」からの「利得」または「損失」に関して定義される。問題11,12にある通り,「基準点の変化」は「選択を変化」させる (Thaler 1980: 42)。(2) その関数は「収益に関しては凹で,損失に関しては凸」である。この形状は,「0と100の差」は「1000と1100の差」よりも大きく見えるという「精神物理学的原理」に基づく。(3) その関数は利得より損失に対して「より傾きが大きい」。「大量の金銭を失う際に人が経験する加重は,同じ量の獲得に関連した喜びより大きい」(Thaler 1980: 43)。これら (1) から (3) までの傾向をあわせて表現したものが図1である。

図1 (Thaler, 1980, 43)

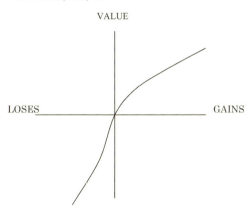

セイラーによれば、「よく定義されたある状況下でさえ、多くの消費者は経済理論に整合しないやり方で行動」する結果、「経済理論は消費者行動を予言することに体系的に失敗する」。経済理論が予言に失敗するのは、理論の基づいている「基礎」が間違っているからであり、それは現実の人間行動に即したものに置き換えられるべきである。その意味で、上述のような「カーネマンとトベルスキーのプロスペクト理論が代替的な記述的理論の基礎」となるべきであることをかれは主張するのである (Thaler 1980, 39)。

　しかしここで注意しなければならないのは、(カーネマンがセイラーを礼賛したのもおそらくこの点であると思われるが) セイラーが旧来の経済理論モデルを批判した際、かれはそのすべてを否定するのではなく、旧来のモデルをカーネマンらのモデルの特殊ケースに含めた点である。「私の判断では、この論文で論じられた問題のいくつかについて、[旧来の] 経済理論はこの種のテストに失敗する。・・・。明らかに初心者あるいは中級者に対する記述モデル descriptive model は、熟練者に対するモデルと全く違うものであるに違いない。もし平均的なビリヤード・プレイヤーをモデル化したいとすれば、選ばれるべきモデルは何らかの中間プレイヤーに対するモデルであるだろう。そして、おそらくそのモデルは、熟練者のモデルというより、初心者のモデルに似ているはずである。・・・。上述の初心者も中級者も合理的に行動していることを強調することは重要である。かれらは違う技術を有しているので、熟練者がするものとは違うショットを選ぶ。そうであるにもかかわらず、[旧来の経済理論がモデル化している] 熟練者モデルははっきりと [最良の選択という] 規範的な趣をもつのである。そのモデルは、利用可能なショットのうち＜最良の＞ショットである。こうして、初心者、中級者は合理的に選択しているが、しかしながら、規範的モデルに反することになるのである。・・・。私が本稿で議論してきたことは、消費者行動に関する正統派経済モデルが、本質的に、ロボットのような熟練者モデルであるということである」(Thaler 1980, 57-8, [ ] は筆者)。

　「消費者行動に関する正統派経済モデル」が「熟練者モデル」であるのに対し、カーネマンらのモデルは「初心者あるいは中級者」のみならず「熟練者」も含めた一般理論であった。旧来の経済理論を破壊するのではなく、行動経済学の特殊ケースとして、旧来の経済学を包摂してしまったことが、セイラーの妙味だったのである。

4. 幸福の経済学

　前節までに述べたような厚生経済学および一般均衡理論の行き詰まり，そして行動経済学の興隆といった状況のなかで，「幸福の経済学」は素朴な手法にもかかわらず，近年その価値を認められるようになってきた。「幸福の経済学」が想定している種々の前提・方法には多くの難点があるが[9]，それでも多くの経済学者が，この新しい手法に対して，旧来の経済学が説明力を失ってしまった諸問題を説明できる可能性を見出しているということであろう。

　「幸福の経済学」は主観的アプローチをとるがゆえに，旧来の経済学(典型的には顕示選好理論)が基礎を置く「決定効用 decision utility」(「選択から推論され，選択を説明するために使用される」効用)でなく，行動経済学が主張するところの「経験効用」(「実際に何かを経ることによってもたらされる結果の効用」)に基礎を置く。「もし主体が完全に合理的であれば」，「経験効用も決定効用も，どちらも最大化」されるので，「この二つを区別する意味は」「ない」[10]。しかし，現実にはこの両者が食い違うため，「決定効用」のみに基礎を置く旧来の経済理論は現実問題における予測に失敗し，逆に「経験効用」にアクセスできる「幸福の経済学」は(その決定過程を解明できているかという問題はともかくとして)現実に符合する結論をもたらす確率が高くなる。

　本節ではそのような「幸福の経済学」の現状と将来を評価したいが，すべての論点を網羅することは不可能である。ここでは一例として，重要な経済問題の一つである失業とインフレーションの問題を主観的満足度との関連で検討した Di Tella et al. (2001) により，「幸福の経済学」の方法と政策的説明力を例示し，その意義を検討したい。

　Di Tella et al. (2001) は，1975年から1991年にかけて，ヨーロッパ12か国の264,710人に実施された「生活満足度」(life satisfaction) に関する調査(「全体として，あなたはあなたが送っている人生について，とても満足／かなり満足／あまり満足していない／全く満足していない／ですか」という4段階で質問)の結果と，それぞれの時期・国の「失業のレベル」および「価格変化率」が関係を持っていることを示そうとしている(生活満足度については主に Euro-Barometer Survey Series，失業とインフレについては OECD のデータに基づいている)。彼らは次のような回帰式を計算した。

LIFE SATISFACTION$_{it}$ = α INFLATION$_{it}$ + β UNEMPLOYMENT + ε_i + δ_t + μ_{it}

　ここで，i は国名を，t は年を意味する。「LIFE SATISFACTION」は生活満足度の平均値,「INFLATION」は消費者物価変化率,「UNEMPLOYMENT」は失業率，ε は国固有効果，δ は時間効果，μ は誤差項である。計算プロセスは省くが，かれらがこの分析により明らかにしたのは以下のような点である。まず (時間と国のダミーを含めた場合)，価格変化率と失業率のどちらも，それぞれの上昇は生活満足度を下げる効果がある。また，価格変化率および失業率はそれぞれ 1 パーセントの上昇に対し，生活満足度を 1.2% および 2.8% 下げる。いま「効用が線形である」と仮定すれば，「伝統的な経済学のように」価格変化率と失業率についての無差別曲線の傾きすなわち限界代替率を計算することができる。それは自然失業率仮説における「フィリップス曲線」のようなものであり，政策担当者にとって有用な情報となる。

　その後，Di Tella らはさらに想定を変えて何種類かの回帰分析を行っているが，ここでは紙幅の関係もあって述べない。彼らの結論は以下のようなものである。一般に言われている「悲惨指数」(物価上昇率と失業率を単純に足したもの) は，失業の影響を低く見積もっている。その指数は人々の生活満足度に対して物価上昇率と失業率が対等のウエイトで作用するとみなしているが，失業は物価上昇よりも大きく生活満足度に負の影響を与えるからである。失業による生活満足度の減少は 2 つの構成要素に分解できる。一つは失業はしていないが失業率を認知した人による「失業の恐れ」であり，もう一つは実際の失業者による「損失」(生活満足度が 1 人当たり 33% 低下するという) である。

　このような「幸福の経済学」研究の意義は，単に質問により主観的情報を集めたことにあるのではない。主観的情報を集めるという意味では，以前より環境経済学などの分野で行われている (表明選好法のひとつである) 仮想評価法が，ある政策に対する支払意志額 (willingness to pay) や受入意志額 (willingness to accept) といった貨幣額表示の主観的データを調査し，需要曲線ひいては厚生を計算しようとしている[11]。それに対して，「幸福の経済学」は貨幣額でなく，主観的幸福感を直接聞き，それを厚生指標の代理としている点に特徴がある (Di Tella らはさらに主観的幸福感を基数的情報として扱っている)。仮想評価法の場合，回答に当たって回答者は判断に必要な情報を理解していなければいけないが，主観的幸福感の回答には特別な知識

を要しない。また上述のとおり，顕示選好法とも異なり，決定効用でなく，経験効用に基づく情報を収集・評価できる点で現実への適合性が高いと考えられる。

5. 小括

　厚生経済学の主要な論点は行き止まりであることが判明し，また厚生経済学の基礎である一般均衡理論も，現実社会への適用可能性という点で限界を露呈していた。そのような中，カーネマンらの心理学研究およびそれを経済学に接続したセイラー (1980) の功績により，行動経済学が生まれた。それは旧来の経済理論が説明や予測に失敗する事例を，心理学研究を基礎とした調査・実験により再検討するものだった。セイラーは旧来の一般均衡理論や厚生経済学を，expert のみを抽象した理想的世界のモデルとみなし，それを否定するのではなく特殊ケースとして包摂することにより，行動経済学がより一般的な体系であることを示した。経済学がこのように塗りかえられつつあるのと軌を一にして，「幸福の経済学」は注目されるようになっていった。それは，これまで非科学的であるとして退けられていた主観的幸福感の調査により，現実の政策決定に利用可能な情報の蓄積を目指している。主観的情報に基づく分析は乗り越えられるべき多くの点を含んでいるが，それでも簡便でかつ直接に経験効用にアクセスできるその手法は，旧来の方法にない利点を持っている。

　今後は，「幸福の経済学」あるいはより広く行動経済学により，一般均衡理論や厚生経済学が扱うことのできない anomalies (変則事例) を多く拾い上げ，経済学の分析範囲をより経験的な方向に拡張する努力を続ける必要がある (それは森嶋らの主張とも整合する)。そしてその研究成果は，特に一般均衡理論や厚生経済学の領域における理論化・モデル化 [12] のプロセスにおいて利用されるべきであり，またすでにある理論のテストや修正にも用いられるべきである。行動経済学は，心理学と密接な関係を保ちつつ，旧来の経済理論を補完し，包摂する一般理論になる可能性がある。主観的情報を扱うことについては困難もあるが，(旧来の経済理論が犯したように) それをすべて捨て去ることも間違っている。限界は認識しつつも，周辺諸科学 (現時点では心理学が最も有力であろう) と連携しながら，「人間研究の一部」(マーシャル) として経済学は再構成されるべきである。

【注】

1）ここでは Scitovsky (1976) だけを挙げておこう。シトフスキーは後述の通り，新厚生経済学において活躍したが，後に経済心理学に向かった。

2）状態 x から状態 y への変化がカルドア基準から是認され，かつ状態 y から状態 x への変化がヒックス基準から是認されない場合のみを認める基準である。

3）全領域での効用可能性フロンティアの右シフトを意味する「サミュエルソン基準」は「殆ど批判の余地がない代替的な補償原理」である（鈴村 2009: 472-3）。しかしこれは，補償原理を洗練したというより，理論をわざわざ持ち出すまでもないようなケースでの判断くらいしか，補償原理には説明能力がないことを示したものであった。またサミュエルソンはより本質的に仮説的補償という手続き自体が実現不可能であるとみている。これらのことは補償原理の無能力性を示すことになったのである。

4）Gorman (1955) は3つ以上の社会的選択肢が存在する場合には「二重基準」も矛盾（ゴーマン・パラドクス）を引き起こす可能性があることを指摘した。

5）ヒックスはこれらの批判を念頭に，1950年代初めから Hicks (1981) 前後の時期まで，厚生経済学の改訂作業に約30年間関わったが，かれはそれを完成することができなかった。そのことを示す草稿が兵庫県立大学所蔵「ヒックス文庫」に含まれている。Kanai (2006)，Kanai (2007) をみよ。

6）本稿では，紙幅の関係から Morishima (1991) のみを紹介したが，同特集に含まれる Hahn (1991) もほぼ同内容であるといってよい。ハーンも純粋理論はすでに崩壊が起こっており，経済学者は「定理と証明に喜びを感ずる習慣」を捨てるべきであることを主張している。また，理論家たちのそのような評価に対して，代表的な経済学史家であるブラウグ（Mark Blaug）も，一般均衡理論は「せいぜいのところ我々自身が生み出したパズルを解く，というたぐいのもの」であって，「かれらは理論を経験的テストにしたがわせることの重要性を説く」が，「現実が予測と一致することを挙げるだけで満足」しており，それは「ネットを下げてテニスをする」ようなものだと批判している（Blaug 1975, 425）。それに対して，日本における経済学方法論研究の先駆者であった馬渡は，ブラウグが評価に当たって用いているのはラカトシュ的な MSRP(Methodology of Scientific Research Programme: 科学的研究プログラムの方法論) であり，それは自然科学の方法論であるから，そのまま社会科学には適用できないとして，ブラウグに反論しつつ一般均衡理論を弁護

している（馬渡 1990: 341）。また馬渡（no date, II: 50）も，一般均衡理論の意義を認めているようにみえる。

7）セイラーは Kahneman and Tversky (1979, 273) の問題番号をそのまま使用している。「問題 12」についても同様である。

8）Kahneman and Tversky (1979) は，さらに 8 パターンの金額と確率の異なる組み合わせの調査をしており，セイラーはそれをリスト化しているが，ここでは再録しない。ただし，その結果は問題 11 および問題 12 から観察されることがらに矛盾しない。

9）次のような問題点がしばしば指摘されている。(1)「幸福」とは，アリストテレス的幸福なのか，ベンサム的幸福なのか，はっきりしない。(2) 幸福でない状況も「適応」してしまい幸福になってしまうかもしれない。(3) 効用の個人間比較・基数的効用概念の使用には問題がある。

10）Kahneman(2002: 訳 133)。「決定効用」と「経験効用」の違いについては，Kahneman and Thaler(2006: 221 ／訳 148) をみよ。また Frey et al. (2008: 15-7 ／訳 25-8) もみよ。

11）Turner et al. (1994: 115 ／訳 117) などをみよ。

12）しかし，理論やモデルが，どの行動のどの部分を expert の行動として抽出すべきかは難しい問題である。この点をめぐって，経済学には多くの方法上の論争があった。本論文集の佐々木憲介氏の論考も参照せよ。

【参考文献】

Arrow, Kenneth Joseph [1951], *Social Choice and Individual Values*, Monograph, Cowles Commission for Research in Economics, No. 12, J. Wiley, Chapman & Hall(長名寛明訳『社会的選択と個人的評価』，日本経済新聞社，1977 年.

Bergson, Abram [1938], A Reformulation of Certain Aspects of Welfare Economics, Quarterly Journal of Economics, 52: 310-34.

Blaug, Mark [1975], Kuhn versus Lakatos, or Paradigms versus Research Programmes in the History of Economics, *History of Political Economy*, 7(41): 399-433.

Di Tella, Rafael, Robert J. MacCulloch and Andrew J. Oswald [2001], Preferences over Inflation and Unemployment: Evidence from Surveys of Happiness, *The American Economic Review*, Mar., 91(1): 335-41.

Frey, Bruno S. and Alois Stutzer [2002], *Happiness and Economics: How the Economy and*

Institutions Affect Well-Being, Princeton University Press(佐和隆光監訳, 沢崎冬日訳『幸福の経済学 人々の幸せを促進するものは何か』, ダイヤモンド社, 2005年).

Frey, Bruno S. [2008], *Happiness: A Revolution in Economics*, MIT Press (白石小百合訳『幸福度をはかる経済学』, NTT 出版, 2012 年).

Gorman, William Moore [1955], The Intransitivity of Certain Criteria Used in Welfare Economics, *Oxford Economic Papers*, New series, Jan., 7: 25-35.

Hahn, Fahn [1991], The Next Hundred Years, *The Economic Journal*, Jan., 101(404): 47-50 (「新たなる一〇〇年の理論経済学」, 鳥居泰彦監訳『フューチャー・オブ・エコノミクス』, 同文書院インターナショナル, 1992 年, 203-15).

Hicks, John Richard [1940], The Valuation of the Social Income, *Economica*, New Series, May, 7(26): 105-124.

Hicks, John Richard [1981], Valuation of Social Income III, in Hicks, J. R., *Wealth and Welfare*, Basil Black.

Kahneman, Daniel [2002], Daniel Kahneman – Biographical,

http://www.nobelprize.org/nobel_prizes/economic-sciences/laureates/2002/kahneman-bio.html, (友野典男監訳, 山内あゆ子訳「自伝」, 『ダニエル・カーネマン心理と経済を語る』, 楽工社, 2011 年, 63-145).

Kahneman, Daniel and Amos Tversky, [1979], Prospect Theory: An Analysis of Decision under Risk, *Econometrica*, Mar., 47(2): 263-92.

Kahneman, Daniel and Richard H. Thaler, [2006], Anomalies: Utility Maximization and Experienced Utility, *Journal of Economic Perspectives*, 20(1): 221-34(友野典男監訳, 山内あゆ子訳「効用最大化と経験効用」, 『ダニエル・カーネマン心理と経済を語る』, 楽工社, 2011 年, 147-73.

Kaldor, Nicholas [1939], Welfare Propositions in Economics and Interpersonal Comparisons of Utility, *Economic Journal*, 49(145): 549–52.

Kanai, Tatsuro [2006], J. R. Hicks' Unpublished Lecture Notes: Another Shot at Welfare Economics, Lecture I,『経済学史研究』, 48(2): 84-97.

Kanai, Tatusro [2007], J.R. Hicks' Unpublished Lecture Notes : Another Shot at Welfare Economics, Lecture II,『経済学史研究』, 49(2): 63-78.

Marshall, Alfred [1890], *Principles of Economics*, Macmillan (永沢越郎訳『経済学原理』1-4, 岩波ブックセンター信山社, 1985 年).

Morishima, Michio [1991], General Equilibrium Theory in the Twenty-First Century, *The Economic Journal*, Jan., 101(404): 69-74 (「二十一世紀の一般均衡理論」, 鳥居泰彦監訳『フューチャー・オブ・エコノミクス』, 同文書院インターナショナル, 1992 年, 153-67).

Pigou, Arthur Cecil [1920], *Economics of Welfare*, Macmillan (気賀健三・永田清訳『ピグウ厚生経済学』, 1-4, 東洋経済新報社 , 1953-1955 年).

Robbins, Lionel [1932], *Nature and Significance of Economics, An Essay on the Nature & Sig-*

nificance of Economic Science, Macmillan (辻六兵衛訳『経済学の本質と意義』，東洋経済新報社，1957 年).

Samuelson, Paul Anthony [1947], *Foundations of Economic Analysis*, Harvard University Press (佐藤隆三訳『経済分析の基礎』，勁草書房，1986 年).

Samuelson, Paul Anthony [1950], Evaluation of Real National Income. *Oxford Economic Papers*, 2: 1–29.

Scitovsky, Tibor [1941], A Note on Welfare Propositions in Economics, *Review of Economic Studies*, Nov., 9: 77-88.

Thaler, Richard [1980], Toward a Positive Theory of Consumer Choice, *Journal of Economic Behavior and Organization*, 39: 39-60.

Turner, Kerry, David Pearce and Ian Bateman [1994], *Environmental Economics: An Elementary Introduction*, Harvester Wheatsheaf (大沼あゆみ訳『環境経済学入門』，東洋経済新報社，2001 年).

鈴村興太郎 [2009],『厚生経済学の基礎 合理的選択と社会的評価』，岩波書店.

馬渡尚憲 [1990],『経済学のメソドロジー：スミスからフリードマンまで』，日本評論社.

馬渡尚憲 [no date],『実証経済学入門』，II(平成 24 年 2 月 24 日草稿).

森嶋通夫 [1999],『なぜ日本は没落するか』，岩波書店.

第5章　リベラルな社会とはどのような社会か
——ロールズ正義論によせて

堀川　哲

はじめに

　人間の社会は2つの基本問題をもっている。まず第1には貧困の問題があり，そして次に自由と公正の問題がある。貧困の解消がなされても，その社会には自由がないということはありうる。独裁的な政治権力と貧困の解消は両立しないわけではない。その反対に自由で民主的な政治システムをもった社会であるが，しかし広範囲の貧困が存在するという状態はありうる。貧困の問題と自由の問題は次元を異にする問題である。貧困だけに目が向けば自由がおろそかになる。自由だけに注意すれば貧困に目をつむることになる。人間の社会はこの両面に対して適切に対応し自由で豊かな社会をつくろうとする。本稿ではロールズの政治哲学を手がかりとして自由と貧困に対応する社会のかたちを考えたい。

1. 正義の必要性と可能性

　なぜ正義が問題になるのか，まずそれを考えてみよう。人間は社会のなかで生きる。人びとの行為は相互に関連しあい，全体としてそこに社会的な協働のネットワークが成立する。この協働のネットワークは（社会的協働が存在しない場合よりも）大きな利益を生みだし，この利益の分配をめぐって争いは起きる。この争いを解決するために人びとに権利と義務が配分される。この権利と義務の配分が公正なものであるとき（そう感じられるとき），その社会は正義を実現している。
　争いが起きる理由はまず第1に資源の希少性にある。人びとの欲求に対して社会的協働の生みだすものが相対的に希少であるとすれば争いは必然である。全員の欲求が充足されないとすれば調整が必要になる。権利と義務（負担）の配分が必要になる。ただし調整が可能であるのは希少性の程度が「穏当なもの」であるときである。極端な希少性のもとでは調整は不可能となり，正義が生まれる可能性もない（その余裕がなくなる）。その状況では露骨な

暴力が発動され，ジャングルの掟が支配することになろう。「穏当な希少性」が正義を必要とし，また可能とするのである。言葉を換えれば，ロールズ的な正義の理論は現代の（穏当な希少性をもった）先進社会をベースにしなければ有効ではないということになる。

争いが発生する第2の理由は人びとが自分の利益を優先するからである。利己的であるから争いが生まれる。人びとがお互いに（自分ではなく）他者の生命と幸福を優先するのであれば争いは発生しない。1個のパンしかなく，人びとがお互いに譲り合えば，パンをめぐる争いは生まれない。しかし正義論はこのような聖者の社会を前提とはしない。

聖者の社会を前提とはしないが，しかし正義の社会を構成する人びとは（ある水準まで）啓蒙された存在でなければならない。社会には自分（たち）とは異なった価値観をもち，自分（たち）とは異なった生き方をする人びと（他者）がいる。他者とは自分とは異質な人々である。正義の社会を構成する人びとは他者が自分（たち）の生き方を尊重するかぎり他者の生き方を尊重するという（寛容の）精神をもっていなければならない。異質なものとは共生しない，再教育するか殲滅する，というのであれば協議する余地はなくなる。そこでは戦場しか残されていない。

こうして (1) 穏当な希少性のもとで，(2) 自己利益を優先する人びと，しかしなお (3) 他者との共生のための合意をする用意のある人びと，これが正義論を必要とし，また可能とする舞台である。穏当な希少性と異質な他者に対して寛容な人びととの存在（そのレベルにまで啓蒙されている人びと），社会がこの水準に到達したときにはじめて正義について議論することが可能となる。ロールズの正義論は先進国の（中間的な）人びとがもっている直観（常識）を言語化したものだと言われるゆえんである（だから間違いというのではない）。

2．ロールズ：現実との和解

理性的なものは現実的なものであり，現実的なものは理性的なものだ，こう語ったのはヘーゲルであるが，この視点はマルクスにも，そしてロールズにも共通している。政治哲学の出発点は「現在」である。現在のうちに（すでに）存在しないものは将来においても現れることはない。無から有（未来）は生まれない。将来に生まれるものはすでに（潜勢的に）現在において存在している。そして哲学は現在のうちにすでに存在する理性的なものを探しだ

しそれを言葉ですくい上げる。現在における理性的なものは人びとの直観のうちに存在する。その直観を拾い上げ，ロゴスで整理し秩序づけていく，それがロールズの仕事である。

人びとの直観を言葉にする仕事はまた精神が現実と和解する作業でもある。

私たちはすでに個人の権利と自由は大切なものであるという常識（直観）をもっている。国家権力の拡大は危険なものだという直観をもっているし，他人は私とは異なる存在であり，そうした他者の権利と自由を尊重しなければならないという常識をもっている。私たちは民主主義と政治的自由の世界に生きているし，それを手放すつもりはないと思っている。

これがロールズ正義論の舞台である。いろいろあっても私たちが今生きている社会はそれほど不合理なものではないのだ。精神はこの事実を確認することによって世界と「和解」する。それが政治哲学のひとつの仕事となる。

「ひとつの哲学的な視点から適切に理解されるならば，我々の社会の諸制度が合理的であり，かつ，長期間にわたって発展してその現在の合理的な形態を獲得するようになった，その方法を示すことによって，政治哲学は，我々の社会とその歴史に対する欲求不満や憤怒を和らげようと努めることができる。」(Rawls 2001: 3/ 訳6)

私たちの社会に（すでに）存在する合理的なものを取り出してみる。そしてそれを材料にして何ができるかを考えてみよう，とロールズは言うのである。

「公正としての正義は，現実主義的にユートピア的である。それは，現実的に実行可能なものの限界を見定める。すなわち，民主政体は我々の世界において……どの程度その適切な政治的諸価値の完全な実現──そう言いたければ，民主的極致(democratic perfection) ──を達成できるかを見定めるのである。」(Rawls 2001:13/ 訳22)

3．マルクス：希少性の問題

マルクス（主義）は正義の問題をどう考えていたか，それをざっと眺めてみよう。

まず貧困の問題であるが，そこではマルクスは正義が問題とはならないような状況（正義を超えた世界）を考えていた。マルクスによれば，資本主義後の社会（過渡期社会）では，まだ生産力が十分ではなく，それゆえ希少性

問題が残っている。その状況では「労働・功績原理」によって財が分配されるしかない。働きに応じた分配である。しかし生産力がさらに発展すれば希少性問題は解消され、ニーズに応じた分配が可能となる。そうなると分配に関係する権利と義務の配分は問題にはならない、つまり正義を考える必要はなくなる、これがマルクスの回答である。

これは一見するとユートピア的なものとみえ、そう言われもする。その場合にはニーズの無限性を理由にマルクスのこのテーゼが批判されるのだが、しかしそこには誇張もある。基本的な生活欲求が満たされても人間は過剰な欲求をもち、それが満たされることはないだろう。それはそうだが、しかし過剰な欲求をめぐる争いは深刻なものとはならず、理性的に調整可能である。正義は（マルクスの想定に反して）不要にはならないが、生産力の発展は正義の実現を可能（容易）とする。これはユートピア的な発想ではない。

マルクス（主義）の問題はしかしこれとは別のところにある。マルクス（主義）は個人の権利、個人の自由といったことを真剣に考えたことはなかった。初期の「ユダヤ人問題」以来、マルクスは一貫して個人的権利と自由といった事柄を無視している（あるいは否定的にしか語ることはない）。しかもこの問題の無視は不注意といったものではなく、マルクス思想の根幹部分からの必然である。だから問題は深刻なのである。

4．マルクス：個と全体

マルクス主義は全体革命の哲学である。それはたんに経済システムの改革案なのではない。社会改良の哲学ではない。資本主義の経済システムを改善し、貧困問題を解消すればそれでよいというものでもない。マルクスの構想する共産主義社会とは個と全体（類）との分離・対立が最終的に解消された社会である。人間たちが個人でありながら同時に（社会化され）非利己的な存在へと止揚された社会である。ゆえにマルクス主義の革命は「人間革命」となり、「魂にふれる革命」となる。これがマルクス主義革命の目標点である。（ここにマルクス主義とその他の社会改良思想との決定的な違いがある。マルクス主義は終末論的だと言われるゆえんでもある。）

前近代世界は個と全体とが（無媒介に）融合した世界であり、近代社会は個と全体が分離した世界である。この分離を止揚し、個と全体との有機的な統一を実現（復活）しなければならない。これがヘーゲルとマルクスに共通する発想である（弁証法の原点である）。

市民社会は特殊性の世界である。その世界では人びとは利己的であり，私益の最大化をめざして活動する。しかし同時に市民社会にも（それなりの）普遍性は成立する。市場経済を媒介にして人びとは結合する。するとそこには前近代の経済にはみられないようなつながり（普遍性）が誕生する（これが「止揚」のためのテコとなる）。しかしこの市民社会の普遍性は利己心をベースにしている以上限界がある。これを（国家という）真の普遍性に止揚すること，これがヘーゲルの社会哲学のモチーフである。

　ヘーゲルはしかし（どちらかといえば）自由主義的であった。プラトン主義は個人の自由を殺す，ヘーゲルはそれを自覚し警戒していた。だから彼の構想では国家と市民社会は分離されたままである。分離を基本とするが（その意味で市民的・個人的自由は保障される），国家は市民社会を指導する。この国家による指導のおかげで市民の生活の安定は保障される。すると国家に対する市民の感謝の念は高まる。それだけではなく，市民は国家（議会）に代表を送る。それによって国家と市民社会はつながり，市民は国家（その頂点には君主がいる）との一体感をもつ。これがヘーゲルの発想である。

　マルクスはヘーゲルを超えて進む。彼もまた国家と市民社会との分離の止揚をめざすのだが止揚の方向はヘーゲル的なもの（自由主義的なもの）ではない。マルクスにとって市民社会は資本主義社会であり，それの解体をめざす。すると，論理的には，市民社会が消えるのであるから，利己的な人間が存在する場がなくなる。人びとは（市場を媒介にすることなく）直接に結合し社会をつくる。

　国家と市民社会が同時的に消え，一個の「自由人の共同体」が生まれる[1]。自由人の共同体では「私」は直接に（市場を介すことなく）「社会的存在」となる。その世界では「私」は「あなた」となり，「あなた」は「私」となる。「ひとりは万人のために，万人はひとりのために」という標語がふさわしい世界が生まれる。こうなると社会とは別個に存在する「私」が社会に対して権利を主張する必要性はなくなってしまう。「個人の権利」は「社会」（国家あるいは多数派）に対抗して主張されるものなのである。「社会」というものは個人に敵対し個人の自由を抑圧する可能性があるものだ，と想定されている場合にはじめて個人の権利の必要性が問題になる。疎外の克服された（無階級）社会では社会と個人とが矛盾なく関係するというのであれば，そもそも個人の権利を語る意味（理由）はない。マルクス主義が個人の権利を語る者を軽蔑するのは当然と言えば当然なのである[2]。

5. 正義の2つの原理

　ロールズにもどる。社会とは人びとの協働体であり，正義とは権利と義務を公正に配分することである。では，どうすれば権利と義務は公正に配分されるのか。ロールズの答えはこうである。
　「秩序ある社会に相応しい正義の概念は，自由で平等な道徳的人格として，すなわちそのような社会の成員として考えられた個人間の公正なる仮設的な状態において同意されたそれである。同意が達成される環境の公正さが，同意される原理の公正さとなる。」(Rawls 1975: 265/ 訳 122)
　公正な環境において人びとは正義の原理を制定する。公正な環境において同意された原理は公正なものである。「同意が達成される環境の公正さが，同意される原理の公正さとなる」のである。
　公正な判断を保証する環境とは（周知のように）「無知のヴェール」におおわれた「原初状態」である。自分の利害に関わる何ごとかを判断するとき，普通人びとは自分の利益を優先する。人びとが集まって正義のルールを決めようとするとき，人びとは自分の利益の角度から判断する。富者は累進税に反対し，貧者は賛成するだろう。そういう状況では人びとは公正にはなれず，そこから公正な判断は出てこない。（公正とは自分の利害を無視して考えるということである。）そこでロールズは人びとが自分のいまおかれている状況（出身家族，職業，階層，人種，学歴，性別など）についての情報を何ももっていない状態を仮設する。そういう状況では，人びとは自分の利害を知らないのであるから，そこで人びとが議論し合意に達する正義原理は公正なものとなろう。これがロールズの理屈である。
　このロールズの方法については異論もあろうが，しかしここではそれはカットし，まずは原初状態で合意される（はずだ）という正義の原理をみてみよう。
　それは以下のものである。
　(1)各人は基本的自由の体系への平等な権利をもつ
　(2)社会的・経済的不平等は (a) 最も恵まれない人びとの利益となり，また (b) 公正な機会という条件のもとですべての人びとに開かれている職務や地位にのみ伴うものでなければならない，という二つの条件を満たさなければ認められない。
　簡単に要点をみる。「正義の原理(1)」でいう「基本的自由」とは，政治的

な自由（投票権，公職就任権など），言論および集会の自由，良心の自由，思想の自由，恣意的な逮捕からの自由，個人的財産（動産）を所有する権利，といったものである。

　正義の原理は記載された順番で遵守されなければならない。つまり正義の原理(1)は正義の原理(2)に優先する。

　正義の原理がこの順序で遵守されなければならないという規則は重要である。それは（たとえば）貧困を救済するために（あるいは「公共の利益」のために），市民の全員あるいは一部の「基本的自由」を制限することは許されない，といっている。貧困をなくすためという理由で市民の政治的な自由を制限するのは正義に反するのである。正義の原理(1)はいわば定言命法のごときものであり，無条件に遵守されなければならないという位置にある。たとえ公共の利益（全体の利益）に反するとしても，その理由で侵害することのできない個人の権利が存在する。この原理によってプロレタリア独裁など，左右の全体主義はア・プリオリに排除される。

　所有権は（ブルジョア的な）人権概念の基本である。しかしロールズは「生産手段のような財産を所有する権利，自由放任の学説が肯定するような契約の自由は基本的なものではない」とみる。したがってその権利は優先的に保護されることはない（Rawls 1999: 54/ 訳 85-6）。生産手段の私的所有制度は不可侵のものではなく，国家は，場合によっては，正義を実現するために，生産手段の私有制に手をつけることができる，とみる。この行為は市民の「基本的自由」の侵害にはならないのである。

　なぜ「思想信条の自由」は（不可侵の）「基本的自由」であるが，生産手段の私有（所有権）はそうではないのか，議論はありえようが，思想の自由の禁止は，生産手段の私有の禁止にくらべて，（人間の自由にとって）より重大で破壊的な結果をもたらすと考えるからである。人間の尊厳の根拠は自律的に思考することにある，というカント的な見方（人間観）がここでは大きく作用している（それに次にみるようにロールズは労働所有権を採用しない）。生産手段の私有制度に人間の自由の原点をみる（リバタリアン的な）見方もあろうが，ロールズはその側にはない，ということである。

6．格差原理：正義は自然を矯正する

　いま二人の人間を想定する。ひとりは企業家階級の子息であり，他方は非熟練労働者階級の子息である。前者は後者に比べてよりよい人生を期待でき

る。人生の見通しに関するこの不平等は「現存する諸々の社会的不正義が除去され，かつ，いずれの子息も同等の才能と能力をもっている場合でも，依然として事実である。つまり家族というようなものが存続するかぎり，そうした不平等をなくすることはできないのである。」ロールズはこの不平等を無反省に受け入れない。「それでは，人生の見通しにおけるこのような不平等は何によって正当化されうるのか」(Rawls 1967:138-9/ 訳 134-5) と問う，これがロールズの基本的なスタンスである。

プラトン（と多くの共産主義者）は正義をもとめて家族制度の廃止を要求した。ある意味では家族制度は諸悪の根源である（「公正な機会という原理は……我々が家族制度を受け容れる限りでは不完全にしか達成されない」）。しかしおそらく我々は家族制度と共生するしかないであろう。とすれば「我々はこの事実を承認し自然の巡り合わせそれ自体の恣意性を軽減するそのような原理を採用する必要がある。」(Rawls 1968:162/ 訳 172) それがロールズの格差原理（difference principle）である。

正義の第2原理は格差原理と呼ばれる。格差原理は地位や所得の不平等(格差)が許容される条件を記述している。簡単に言えば，不平等がある場合の方が不平等がない場合とくらべて，社会の最も恵まれない人びとの生活が良くなるとき，不平等は正当である（受け入れられる）。ロールズは（条件付きではあるが）地位（権力）と所得の不平等は万人の福祉のために必要だとみている。地位と所得の格差があればより高い地位を獲得するための競争が起き才能ある人びとがその地位を占める。社会は効率的なものとなり，それは万人の利益となるとロールズは考える（「完全に正義にかなった制度は効率的でもある」Rawls 1967:140/ 訳 137)。

正義を問題にするとき焦点になるのは自然的・社会的な偶然にどう対応するかという問題である。

人生は様々な偶然によって左右される。ロールズは3つの主要な偶然をあげている。(1) 家庭や階級的出自の偶然，(2) 生来の才能の偶然，(3) 人生行路での様々な好機や僥倖という偶然，である。人生は運である。家庭環境に恵まれない人びとがいるし，生来の才能に恵まれず，あまり幸福な人生が送れない人びともいる。しかしこうした偶然事は本人の選択の結果ではない。だから本人の責任ではない。おなじく運に恵まれたことは本人の努力の結果，功績ではない。道徳的にみれば偶然に権原はない。ゆえに「我々の問題は，明らかに，分配による取り分が社会的幸運や自然的資産の巡り合わせという恣意的な偶然事によって不当な影響を受けないような正義の2原理の解

釈を見出すことである。」(Rawls 1968:162/ 訳 173) こうして，（才能や家庭環境に）恵まれた人びとは社会の最も恵まれない人びとの福祉を促進する場合にのみ，その恵まれた条件を利用して利益を得ることが許される，という解釈が弁証される（「自然によって恩恵を被っている人びとは誰であっても，それほど生活状態のよくない人びとの状態を向上させるという条件でのみその幸運から利益を得てもよいのである」Rawls 1968:165/ 訳 176）。

　自然は不平等である。体力や知性に優れたもの・そうでないものがあり，生育環境に恵まれたもの・そうでないものがある。こうした不平等な状況において生物は生まれ育つ。それが自然である。動物の世界ではそうした不平等はそのまま展開される。強者が（あるいは運の良いものが）弱者（運の悪いもの）を支配する。それだけのはなしである。しかし人間には道徳能力があり正義感覚がある。正義は自然の不平等（偶然）に介入しそれを矯正しようとする行為である。正義を回復するのが「矯正原理」(the principle of redress) である。

　「矯正（正義回復）原理とは，不当な（＝受諾に値しない）不平等は矯正を必要とするという原理である。すなわち，生まれつきの不平等と自然本性的な（才能や資産の）賦存の不平等は不当なものであるため，なんらかの仕方で補償されなければならない。（中略）偶発性の偏りを平等の方向へと矯正するというのが，その理念である。」(Rawls 1999: 86/ 訳 135)

　正義は自然を矯正する行動である。この見方にくらべるとリバタリアンは「自然的」（動物的）である。彼らはおのれの身体という自然的な事実から，身体の行為への権利を演繹する。ゆえにリバタリアンにとっては（労働）所有権は絶対であり，国家による所得再分配は強盗と変わりのないものとなる。しかしロールズ(派)にとっては労働と所有との関係を切断することが正義の原理を構築するための大前提である。労働は（ア・プリオリに）所有の権原とはならない。所有権は社会的に媒介された権利である。ロールズの正義の社会では「所得再分配」は存在しない。格差原理が適用されたあとの「税引き後」の所得がまさにその人の正当な所得なのである[3]。

7．脱イデオロギー国家
——政治は善き人間をつくるためにあるのではない

　リベラルな国家は価値中立性を基本とする国家である。国家は（道徳的な観点からみて）どういう生き方が正しい生き方であるか，それを設定しては

ならないし，まして道徳的に正しい（と考える）生き方・考え方を国民に強制してはならない。これがリベラルな社会の基本哲学である。

　市民は，他人に危害を加えない限り，自分のやり方で自分の生き方を選択する権利をもつ（他者危害原理）。ポルノとパチンコの人生を選ぶか，ボランティアと社会運動に精を出すか，どちらを選択するかは市民の自由である。どちらが「りっぱな」生き方であるか，それを国家は判定してはいけない。ポルノにあけくれる生き方は「道徳的にまちがっている」という理由で国家がポルノを規制するのは不当である。国家は道徳の判定者ではない。リベラルな社会では人間はいわば「堕落した生活」を送る権利をもっているのである。

　リベラルな国家は「善き市民」をつくるために存在するのではない。リベラルな国家の存在理由は，市民たちが多様な生き方を選択できるような法的な環境を整えることにある。リベラルな社会では，他人に危害を加えない限り，どのような生き方でも選択可能である。そういう環境をつくりだし，国家という暴力装置によってその環境を維持すること，ここにリベラルな国家の存在理由がある。これが自由の哲学のためのポイントである。これによってリベラルな哲学はすべての（左右の）全体主義的な哲学と切断される。

　かつてプラトンは理想国家を構想するとき，「10歳以上の人間を全員田舎に追放せよ」と指示していた。その年齢以上の人間はもう矯正するのが難しいとみたからである（のちにポルポトは似たようなことを行った）。プラトンの国家の哲学者たちは残った子どもたちを教育し，善き人間をつくりだすことに熱中する。善き人間たちがつくりだす国家は善の国家となるはずである。

　善き人間とはどういう人間のことかと（プラトン主義者に）問えば，それは社会全体のために働く生活を自分の私生活に優先させる人間である。私生活ではなく公的・政治的な世界で行動することに幸福と生きがいを感じる人間である。正しい人間をつくりだすのは私生活ではなく公的な政治的生活である。この発想はプラトンからアーレントまで多くの哲学者たちに共通した心理である。

　プラトンからずっとあと，ボリシェヴィキの指導者，ブハーリンはこう書いていた。「たといいかに逆説的に聞こえようとも，プロレタリア的強制は（死刑執行から強制労働にいたるそのあらゆる形態において）資本主義期の人間という材料から共産主義的な人間をつくりだす方法なのだ。」(Berlin 1958:184/ 訳331より重引)

プラトンやブハーリンやアーレントに反対して，リベラルな哲学は国家（社会）が善き人間をつくるという希望を完全に棄てる。それと同時にリベラルな哲学は政治（公的生活）に捧げた人生は私生活中心の人生よりも高貴なものだという意識を棄てる。人間は政治（公的生活）に参加することによってはじめて真なる人間となるという見方も棄てる。社会活動家の生き方はオタクの生き方よりも道徳的に高いという意識を棄てる。公と私とが対立するとき，リベラルな哲学は迷うことなく私を優先せよと命じる。この意識を左右の全体主義に抗して徹底して維持できるかどうか，ここにリベラルな哲学の試金石がある。

8．不寛容への寛容はない

　リベラルな国家は価値中立的な国家であり，「脱イデオロギー国家」である。しかし誰でも分かるように，完全な脱イデオロギー国家はありえない。脱イデオロギー国家は「脱イデオロギー」というイデオロギーを「国是」とする。価値中立的国家は価値中立性という価値を基準としてもっている。
　ロールズのリベラルな社会にしてもその事情は変わらない。その社会は正義の第１原理（基本的自由の尊重）を受け入れない人間を市民として認めない。言論の自由を否定する言論の自由を認めないし，不寛容な思想に寛容ではない。
　「いかなる道理に適った政治的構想の諸原理も，許容される包括的見解に制約を課さなければならず，こうした原理がもとめる基本的諸制度は不可避的にいくつかの生き方を促進し妨害したり，あるいは完全に排除さえする。」（Rawls 2001:153/ 訳 270）
　リベラルな国家を構成するのはリベラルな人間（だけ）である。他者の（自分とは異なる）生き方を認めること，国家権力を使って他者の生き方を（自分のものに合わせて）変えようとはしないこと，これがリベラルな社会への加入資格となる。
　リベラルな国家はリベラルの精神を国民に教育する。そして国家による教育は本質において強制である。リベラルな社会の市民は初等教育の段階からリベラリズムの訓練をうける。（宗教などを理由として）リベラルな教育を自分の子どもたちに受けさせないという権利をリベラルな社会は認めない（Rawls 2001:156/ 訳 274-5）。子どもたちは「誰でも人間は自分の意志で宗教を選択する権利をもっている」ということ，親とおなじ宗教をもつ義務

はないということ，宗教を変更する権利あるいは信仰を棄てる権利をもっているということを国家によって（学校で）教えられる。この教育を拒否する親は制裁の対象となる。リベラルな国家はこれほどに「強圧的」な国家なのである。

ネオナチやブハーリン主義者も，他者危害原理をクリアするかぎり，生存権をもつであろうが，リベラルな社会はこういう不寛容な思想と人間が生まれないような教育に力をいれる。そして社会生活のあらゆる場面で不寛容に対する不寛容を展開する。

人は善いことをすることによって善い人間になる，こう看破したのはアリストテレスである。倫理は制度の関数である。ロールズの言い方ではこうである。正義の社会の「制度は正義の徳を育み，かつその徳と両立しない欲求や希求を抑制する。」(Rawls 1999:.231/ 訳 352)

正義の社会を生みだしそれを支えるのは市民であり，リベラルな市民である。リベラルな社会がリベラルな人間をつくるが，リベラルな社会をつくるためには人びとはすでにリベラルでなければならない。これはルソーが直面したジレンマであるが，ロールズは原初状態を仮設することでこのジレンマを回避しようとする。それが成功しているかどうかはともあれ，市民の間のイデオロギー的な差異が少なければ少ないほど（同質的であればあるほど）社会は安定する。この事情はリベラルな社会についてもおなじである。本来は現代社会の価値多元性という経験的な事実から公と私の分離がもとめられたわけだが，しかしリベラルな社会も最低限度のイデオロギー的同質性を必要とするわけである。ルールがなければゲームはできない。そしてルールを共有しない人びととはゲームはできないのである。

「ある社会が公正としての正義によって秩序だてられているのは，第1に，道理にかなった包括的教説を肯定している市民たちが，一般に，彼らの政治的判断の内容を与えるものとして公正としての正義を信奉しており，第2に，道理に反した包括的教説が基本的諸制度に必要不可欠な正義を危うくするほどにはびこっていない限りでのことである。」(Rawls 2001:187/ 訳 329)

ロールズの政治哲学はすでにかなりの程度リベラル化された社会，つまり現代の先進社会を前提にしている。そういう社会の市民でなければ正義の原理を真剣に受け止めることはないだろう。人びとはすでにある程度において正義の原理を（常識として）受け入れ，それにしたがって行動している。ロールズの正義論はこういう市民たちにはなしかけ，自分たちの信じているものを再確認するようにと提案するのである。

結語

　国家（政治）は魂の教育者ではないし救済者でもない。魂の救済（あるいは幸福は）は純粋の私事である。これがリベラルの基本精神である。

　リベラルな社会において人びとは魂の救済のために協働するのではない。人びとが協働するのは自分たちが平等に（ときとして愚かな）自由を生きるための法的な枠組みを獲得するためである。その枠組みのなかで人びとはそれぞれのやり方で魂の救済を求め，幸福を追求することであろう。ある人びとは幸福に他の人々は不幸となるだろう。それはしかしもう政治には関係のない世界である。

　プラトン的・ボリシェヴィキ的哲学は政治に過剰な思い入れをもっていた。人間の社会には醜悪なものが多くある，必要なことは（たんなる）社会改良ではない，社会と人間の全面的で徹底した（ラディカルな）革命なのだ。彼らはそう考える。プラトンとおなじくボリシェヴィキにとっても国家（党）は魂の教育者であり救済者であった。彼らの国家では幸福はもはや私事ではない。私事なるものは存在すべきではない。全体革命をめざす社会では私事なるものは原理的に存在しないのである（それをもとめることはブルジョア的な発想であるだろう）。こうした社会空間でボリシェヴィキは人生の問題を全面的かつ最終的に解決する（という）全体革命（人間革命）を夢想した。これが終末論的な哲学の特性であり，また（たしかに）その魅力でもある。しかしその夢想の代価は高いものとなった。これが現代史の教訓である。

【注】

1）「あらゆる解放は，人間の世界を，そのさまざまな関係を，人間自身へと復帰させることである。政治的解放は，人間を一方では市民社会の成員つまり利己的に独立した個人へ，他方では国家公民，つまり道徳的人格へと還元するだけである。現実の一人一人の個人が，抽象的な公民を自分のうちにとりもどし，個人としての人間がその経験的生活，その個人的労働，その個人的諸関係の中で，類的存在となった時，つまり人間がその＜固有の力＞を社会的な力として認識し，組織し，それゆえに社会的な力を政治的力という形でもはや自分から切り離すことがなくなる時，はじめて人間的解放は成就されるだろう。」(Marx 1843:184/ 訳 220)

2）東欧の民主化運動に対する西欧の新左翼の反応は複雑なものであった。その訳もここから理解できる。1968年夏，民主化運動に燃えるプラハのカレル大学，そこで西欧の新左翼と東欧の改革派学生との討論集会が開催された。西ドイツからは学生叛乱のカリスマ的リーダー，ドゥチケがきた。彼は民主化運動の要求を「そんなものはブルジョア・デモクラシーにすぎない」と批判し，東欧の改革派は「君は悔い改めざるスターリン主義者だ」と応戦したのであった。(cf., Fehér et al. 1983:4/ 訳 6-7)

3)「私たちのアプローチが日常的な政治の標準的なメンタリティから大きく分岐する地点は，所有は慣習にすぎないと主張し，所有権が道徳的に根底におかれるとの考えを否定する点である。租税の公正についての伝統的な概念とその政治的類似物に抵抗するためには，人びとの課税前の所得と富がどんな道徳的な意味においてもその人自身のものであるという考えを拒絶することが必要なのである。私たちは所有を租税システムによって撹乱されたり浸食されたりするものではなく，むしろ租税システムによって創出されるものと考えなくてはならない。所有権は課税前にではなく，課税後に人びとが支配する資格を与えられた資源にたいしてもつ権利である。」(Murphy and Nagel 2002:174-5/ 訳 199)

【参考文献】

Berlin Isaiah [1958], Two Concepts of Liberty, in *Isaiah Berlin:Liberty*, edited by Henry Hardy, Oxford University Press,2002.（生松敬三訳「二つの自由概念」，バーリン『自由論』小川晃一・小池銈・福田歓一・生松敬三訳，みすず書房，新装版，2000年所収）

Fehér F, Heller A and Márkus G [1983], *Dictatorship over Needs*, Basil Blackwell.（富田武訳『欲求に対する独裁』岩波書店，1984年）

Marx Karl[1843], Zur Judenfrage, in *Karl Marx/ Friedrich Engels Werke*, Dietz Verlag, Berlin, Band 1.（徳永恂訳「ユダヤ人問題」，今村仁司・三島憲一監修『マルクス・コレクション』筑摩書房，第1巻所収）

Murphy Liam and Nagel Thomas[2002], *The Myth of Ownership*, Oxford University Press.（伊藤恭彦訳『税と正義』，名古屋大学出版会，2006年）

Rawls John [1967], Distributive Justice, in Samuel Freeman ed., *John Rawls Collected Papers*, Harvard University Press, 1999.（田中成明訳「分配における正義」，ロールズ『公正としての正義』田中成明編訳，木鐸社，1979年所収）

Rawls John [1968], Distributive Justice: Some Addenda, in Samuel Freeman ed., *ibid.*.（岩倉正博訳「分配における正義：若干の補遺」，ロールズ『公正としての正義』田中成明編訳，木鐸社，1979年所収）

Rawls John [1975], A Kantian Conception of Equality, in Samuel Freeman ed., *ibid*.. （藤原保信訳「秩序ある社会」, 岩波書店編集部編『現代世界の危機と未来への展望』岩波書店, 1984 年所収）

Rawls John [1999], *A Theory of Justice, revised ed.*, Harvard University Press. （川本隆史・福間聡・神島裕子訳『正義論』, 紀伊國屋書店, 2010 年）

Rawls John [2001], *Justice as Fairness: A Restatement*, edited by Erin Kelly, Harvard University Press. （田中成明・平井亮輔・亀本洋訳『公正としての正義・再説』, 岩波書店, 2004 年）

第Ⅱ部　経済学史

第6章　理念型の系譜
——リカードウ，ミル，メンガー，ヴェーバー

佐々木　憲介

はじめに

　経済理論は，与えられた事実をそのまま記述するのではなく，攪乱的要素を捨象したり，重要な要素を誇張したりして，問題の考察に適した世界を描き出す。このような手続きを理想化（idealization）の方法と呼ぶことができるが，経済学の歴史において理想化の方法は，現在に至るまで連綿と受け継がれてきた。リカードウの「顕著な場合」，J.S. ミルの「演繹法」，メンガーの「精密的方針」，そしてヴェーバーの「理念型」などは，こうした理想化の手続きについて方法論的な検討を加えたものとみなすことができる[1]。
　本稿は，そうした方法論的検討の系譜を辿ろうとするものである。学説史の研究においては，一連の系譜を辿るよりも，その一断面を切り取って考察することが多い。ヴェーバーの理念型について見ても，理念型をメンガーとの関係で論じることはあるが，これに先行して理想化の方法を論じていたイギリスの経済学方法論との関係で考察することは，管見の限りでは，けっして多いとは言えない。本稿は，ドイツ語圏の議論という枠を超えて，経済学方法論史のなかにヴェーバーの理念型を位置づけようと試みるものである。
　ヴェーバーは，メンガーの経済理論を理念型の一例として挙げているが，ヴェーバー自身が知っていたのはメンガーだけで，イギリスの経済学方法論は十分には知らなかったかもしれない。本稿は，各論者の間に著作などを介した影響関係があったかどうかを考察するものではない。ここで系譜というのは，後世の思想史研究者の視点からする連続性の確認にほかならない。各論者が自覚していたことを超えて学説史上の意義を語ることも，後世の研究者の任務であると言わなければならない。

1. ミル

(1)古典派の方法論

　イギリスの古典派経済学者は，自分たちの理論が現実を忠実に描写するも

のではないことをよく知っていた。リカードウは，1820年5月4日付けのマルサスへの手紙において，自分の『経済学原理』は「顕著な場合（strong cases）」を想定して論じたものであると述べた。「顕著な場合」とは，ある原因の結果がどのようなものとなるかを明らかにするために，その原因の作用が他の原因の作用によって乱されないものと想定することを意味する。リカードウにとって経済学の原理とは，他の原因によって妨害されない場合の，経済現象間の因果関係を指すものであった。リカードウは，他の原因によって妨害されない場合を想定するために，『経済学原理』においては，1) 問題の原因の作用を誇張する，2) 他の原因が作用しないものとみなす，という2つの方法を用いた。これらの方法は，それぞれ「誇張（exaggeration）」および「孤立化（isolation）」の方法と呼ぶことができるが，いずれも理想化を行うための方法にほかならない。こうしてリカードウは，誇張と孤立化による理想化の方法を『経済学原理』において具体的に示し，その後の経済学方法論に大きな刺激を与えることになった（佐々木 2001: 第2章）。

リカードウ自身は，自らの方法論を出版物のなかで明確に述べることはなかった。経済理論が理想化の方法に基づくことを明示したのは，J.S. ミルであった。ミルは，1836年に公表した論文「定義と方法」において，理論家の方法を，アプリオリの方法（the method a priori）と名づけた。アプリオリの方法は，与えられた事実を諸要素に分解するところから始まる。まず1つ1つの原因を分離して，それぞれの原因の結果を探究し，要素的な因果法則を求める。その上で，問題の事例に関係のある諸原因を取り上げ，それらが同時に作用する場合に全体としてどのような結果が生じるのかということを，演繹的に推理するのである。

事実を生起させる諸原因を分離するという作業は，経済学の手続きのなかに典型的に現われる。ミルによれば，経済学においては，社会現象を生起させる諸原因のなかの一部分のみが考察の対象となる。すなわち，経済学において考慮すべき人間行為の動機は，さしあたり富の欲望と，これに不断に対立する2つの動機のみである。他の動機を捨象して，これらの動機のみから生じる結果を推論することが経済学の課題なのである。すなわち，経済学は，

ただ富を所有しようという欲望をもち，この目的を達成するための諸手段の有効性を比較しうる存在としての人間にのみ関係する。それは，社会状態の諸現象のうち，富の追求の結果として起こるもののみを予測する。富の欲

望に対して不断に対立する原理と見なされる情念や動機，すなわち労働の嫌悪や，高価な贅沢を享楽しようとする欲望を除いて，他の一切の情念や動機を完全に捨象するのである。(Mill CW4, 321/ 訳 176-178)

アプリオリの方法の要素的な因果法則を求める過程は帰納，それらが同時に作用する場合を推理する過程は演繹と呼ばれていたが，『論理学体系』では，これに検証の過程が加えられて，帰納 - 論証（狭義の演繹）- 検証からなる演繹法（deductive method）と呼ばれることになる。社会現象の中に埋め込まれている経済現象を取り出すためには，与えられた事実をそのまま観察するのではなく，分析によってそれを要素に解体し，経済現象に関係する要素的原因のみを取り出して，その結果となるものを探究しなければならない。そのさいに，経済現象の主要な原因とみなされたのが，富の欲望であった。また，「この目的を達成するための諸手段の有効性を比較しうる」という目的合理性が強調される。「もちろん，どんな経済学者も人間が実際にこういったものだと想定するほど愚かではなかった。ただこれが，科学の必然的に採用しなければならない方法なのである」(Mill CW8:902/ 訳⑥ 125)。他の諸動機から生じる行為の研究は，経済学以外の社会諸科学に委ねられる。複雑な社会現象そのものを考察する場合には，取り上げなければならない原因は膨大なものになるはずであるが，最終的には，社会諸科学の協働によって，複雑な社会現象が説明されるものと期待されたのである。

(2)分析・総合の方法

アプリオリの方法，また演繹法は，科学方法論の系譜という観点から見ると，「分析・総合の方法（method of analysis and synthesis）」と密接に関係していることが分かる。分析・総合の方法は，その起源を古代ギリシャにまで遡ることができるが，近代になってこの方法を定式化し，後世に大きな影響を与えたのは，ニュートンであった（佐々木 2001:169-171）。

ミルは，「定義と方法」で，分析と総合について次のように述べている。

実際的哲学者の方法は2つの過程からなり，一方は分析的，他方は総合的である。彼は社会の現状を諸要素に分析しなければならないが，途中でそのいずれの要素も欠落させたり見失ったりしてはならない。個人的人間の経験を参照して，これらの要素のそれぞれの法則を，すなわちその自然的結果がどのようなものであり，他の何らかの原因によって妨げられない場合にそ

れだけの原因からどれだけの結果が生じるかを知った後に，総合の操作が残っており，これらすべての結果を結びつけて，すべての結果が同時に作用したときの結果がどのようなものであるかを，別々の結果から組み立てなければならない。(Mill CW4:336/ 訳 203-204)

　すなわち，社会科学の一部をなす経済学は，人間行為のなかから富の動機によるものだけを取り出し，他の動機によって妨げられない場合に，それだけの原因からどのような結果が生じるのか，ということを研究する。他の動機がもたらす結果は，道徳科学の他の分野において研究されなければならない。社会現象全体を解明するためには，必要な因果関係が明らかにされた後で，総合の操作が行われなければならないのである。
　これから述べるように，メンガーの「還元・構成法」は，この「分析・総合の方法」に連なるものであった。この問題を論じるさいに，メンガーはミルの名前を挙げていないので，メンガーがミルを念頭に置いていたのかどうかは明白ではない。しかし，われわれの視点からすると，明らかに連続性を示しているのである。

2．メンガー

(1)精密的方針

　メンガーは，『社会科学，とくに経済学の方法についての研究』(以下，『方法』)において，自らが支持する方法を「理論的研究の精密的方針」と呼び，例外のない精密法則を獲得することがその目標であると述べた。「精密的方針」は，複雑な現象を単純な要素に還元する過程と，その要素から再び複雑な現象を構成する過程とからなる。まず，第一の過程について，メンガーは次のように述べる。

　理論的研究がこの目標に到達する通路――すなわち，ベーコンの経験的・現実主義的帰納とは本質的に異なった通路――は次のようなものである。理論的研究はすべての現実的なものの最も簡単な要素を，すなわち，まさに最も簡単であるために厳密に定型的と考えられなければならない要素を，部分的にだけ経験的・現実主義的な分析でもって確立しようとする。(Menger 1883:41/ 訳 49)

ここで「ベーコンの経験的・現実主義的帰納」とされているものは，与えられた現実を受動的に観察して一般化する方法である[2]。それに対置されているのが，現実を要素に分解して研究するという人為的な方法である。こうしてえぐり出される要素は，現実のなかに含まれてはいるけれども，必ずしも夾雑物を伴わない純粋なかたちで，独立の現象として存在するわけではない。例えば，価格現象の領域における最も本源的な要素とされるのは，経済的に行為する人間であるが，この人間は次のような特徴をもつ。

　1) ここに観察されるすべての経済主体が，その経済的利益を完全に捉えようと努めているということ，2) 価格闘争にあたって，これらの経済主体は，こうした価格闘争にさいして経済的に追求されるべき目標についても，この目標達成のために採るべき手段についても，誤っていないということ，3) 彼らが価格形成に影響をもつ限りの経済事情に無知ではないということ，4) 彼らの経済的自由（その経済的利益の追求）を侵害する何の外部的強制も彼らに働いていないということ。(Menger 1883:56/訳62)

　このような経済主体を想定するさいに，攪乱要因を排除する孤立化と，人間の一定の側面を誇張する操作が行われていることは，一見して明らかである。経済的利益以外の目的や外部強制は捨象されるし，十分な知識をもち合理的に目的を追求するという態度は誇張されている。こうした諸前提から例外のない法則を導くことが，「精密的方針」の後半の手続きである。すなわち，

　精密科学は現実的現象の継起などにおいての規則性を研究するのではなく，むしろ現実の世界の上述の，最も簡単な・部分的には全く非経験的な要素から，こうした要素のすべての他の影響からの（同じく非経験的な）孤立化のもとで，より複雑な現象がどうして発展するかを，精密的な（同じく理念的な！）尺度をたえず考慮しながら，研究する。(Menger 1883:41-42/訳49-50)

　攪乱要因が排除されているので，再構成された世界で成立する規則性が攪乱要因によって妨げられることはない。つまり，経済理論の世界では精密法則が成立するのである。これが意味するのは，理想化の操作によって経済理論が作られるということであり，古典派の経済学方法論との強い類似性を示

している。もちろん，そこには相違点も存在する。とくに「経済的利益」の内容はそうである。古典派では，地主・資本家・労働者という生産者が，それぞれより大きな利益を求めるものと仮定されるが，消費者が自己の満足を最大化するということは考察範囲に入っていない。この点は，価値論などの経済理論の実質的内容に関わる相違である。しかし，複雑な現実を要素に分解し，孤立化と誇張の操作によって考察に適した理想的状態を考えて，そこで進行する過程を推論する方法を採用するという意味で，ミルとメンガーの方法論上の類似性は明らかである。

とはいえ，方法論においても，ミルとメンガーとの間に相違があることは認めなければならない。とくに，「精密」の意味について，ミルとメンガーは違う見解をもっていた。

(2)経済学は精密科学であるか

ミルは，現象を正確に説明し予測しうる科学を，精密科学と呼ぶ。精密な説明や予測を行うためには，第一に，関係するすべての原因を知ること，第二に，それぞれの原因に関する因果法則を知ること，第三に，これらの原因や因果法則から集合的結果を演繹する能力を有すること，これらの条件を満たさなければならない（Mill CW7:377-378/ 訳③ 167）。ところが，精神現象や社会現象は非常に複雑であり，人間の能力は限られているから，人間本性の科学や社会の科学が精密科学の段階に到達することは著しく困難であり，せいぜい蓋然的な説明や予測をなしうるにすぎない。しかし，現象の主要な部分が基づいている大きな原因が知られているならば，他の小さな原因は知られていないとしても，結果の主要部分を説明したり予測したりすることができる。このような，近似的に正確な説明や予測が可能である科学を，ミルは「精密科学ではない科学（sciences which are not exact sciences）」と呼ぶ（Mill CW8:845/ 訳⑥ 27）。経済学を含む道徳科学は，このような種類の科学だというのである。

ミルは，現実への応用の場面を念頭に置いて経済学は精密科学ではないと述べたのであるが，メンガーは，先の引用文にあるように，精密であることの根拠を理論内部に求めた。経済理論の内部では，攪乱要因が排除されているので，そこで成立する規則性には例外がない。しかし，実際の経済現象に現われる規則性は精密ではなく，例外を伴う蓋然的なものに止まる。このことは，メンガー自身が認めていたことであった。

われわれがどの方向に目を向けようとも，経済生活は，現象形態においても，現象の共存と継起においても，規則性を示している。こうした事実は，人間がその経済的努力にあたって，専ら，かつ例外なしにではないにしても，主として，また通例，その個人的な利益によって導かれており，またこうした個人的利益を，あらゆる場合に，また絶対的にとはいえないが，だいたいにおいて，また通例，正しく認識している，という事情に帰せられなければならない。(Menger 1883:46-47/ 訳 54)

つまり，ミルの表現を借りれば，経済理論で取上げるのは「大きな原因」であるから，それは現実世界にもだいたい当てはまる。経済理論の内部に限ってみれば，精密科学の三条件が満たされる。つまり，経済理論の内部においては，取り上げるべき原因も，それらについての因果法則も既知であるから，演繹に誤りがなければ，集合的結果を正確に導き出すことができる。このように，ミルとメンガーはほとんど同じ議論をしているのだが，「精密」という言葉を違った意味で使っているのである。経済学は，ミルの基準では「精密科学ではない科学」であるが，メンガーの見解では「精密科学」なのである。ミルの場合には，「精密」という概念は，あくまでも現実への応用に関するものであったが，メンガーの場合には，純粋理論の特徴を示すものだったのである。

(3)精密法則が成立する根拠は何か

メンガーによれば，精密的研究方針の目標は，正確に言うと，たんに例外がないだけではなく，「例外のないことの保証を内に含む」精密法則を確立することである（Menger 1883, 38/ 訳 47）。「例外のないことの保証を内に含む」ためには，法則が必然的なものでなければならない。この問題もまた，ミルの議論を参照すると理解しやすいものになる。

ミルは『論理学体系』のなかで，自然過程の斉一性（the uniformity of the course of nature）の公理について論じている。その公理とは，「自然には並行の事例が存在すること，一度生起したものは，事情が十分な程度の類似性をもつときには，再度生起すること，再度に限らず，同一の事情が生起するたびごとに生起すること」（Mill CW7: 306/ 訳③ 44）を意味するものである。したがって，この公理を前提とする限り，ある 1 つの事例について真であるものは，それに十分類似する他の事例においても真であるとみなすことができる。しかし，この公理を経験的に正当化することは容易ではな

い。われわれが経験する個々の事例をいくら集めても、未知の事例をも包括する一般法則を導くことはできない。n 番目までの観察事例で成り立っているからといって、n+1 番目以降の事例でも成り立つという保証はない。少なくとも、経験的に得られる知識によっては保証されない。ミル自身も、この困難に気づいていた（佐々木 2001:139-143）。

　これに対してメンガーは、精密法則が成り立つ根拠を、経験にではなく、人間の「思考法則」に求める。

　一般に可能なかぎり、経験によって確認されるばかりではなく、まさにわれわれの思考法則（Denkgesetze）によって疑いの余地なく確認されており、したがって理論的研究の精密的方針にとって最も基礎的な意義をもっている、理論的真理に対するただ 1 つの認識原則（Erkenntnissregel）は、ただ 1 回だけでも観察されたことは、厳密に同じ事実的条件の下では、絶えず繰り返し現象とならなければならない、という命題、または本質上は同じことだが、一定種類の厳密に定型的な現象には、同じ事情の下ではいつも同じく一定の他の種類の厳密に定型的な現象が、しかもわれわれの思考法則からしてまさに必然的に、継起しなければならない、という命題である。(Menger 1883:40/ 訳 48) [3]

　メンガーによれば、厳密に同じ種類の事実的条件のもとで、同じ種類の出来事が生起するのは、人間の思考の枠組みに従って対象が成り立つからである。「批判的な悟性（der kritische Verstand）には例外といったものはむしろまったく考えることのできないものとさえ思われる」(Menger 1883:40/ 訳 48) という発言からも窺われるように、メンガーの主張の背後にあったのは、因果性についてのカントの議論ではないかと推測されるのである[4]。

3. ヴェーバー

(1)孤立化と誇張

　ヴェーバーによれば、経済理論は理念型（Idealtypus）として解釈されなければならない。彼は、論文「社会科学と社会政策にかかわる認識の『客観性』」の中で、次のように述べている。

　われわれには、抽象的経済理論は、歴史現象の「理念（Ideen）」と呼び

ならわされている総合の一例として現れている。それは，われわれに，交換経済的社会組織，自由競争，および，厳密に合理的な行為のもとで，財貨市場において繰り広げられている事象の理念像を提供してくれる。思考によって構成されるこの像は，歴史的生活の特定の関係と事象とを結びつけ，考えられる連関の，それ自体として矛盾のないコスモスを作り上げる。内容上，この構成像は，現実の特定の要素を，思考の上で高めて得られる一つのユートピアの性格を帯びている。(Weber, 1904:190/ 訳 111-112)

「現実の特定の要素を，思考の上で高めて得られる」というのは，われわれが「理想化の方法」の特徴と考える孤立化と誇張の操作を意味するものと解釈することができる。すなわち，現実の特定の要素を取り上げるさいに，それを取り巻く夾雑物を除去するとともに，その要素の程度を強調することを意味する。ヴェーバーによれば，この理念型は，現実を完全に反映するものではなく，また，現実とまったく関係のないものでもない。理念型で取上げられる要素は，現実の中に含まれており，なんらかの程度で働いているものとされる。

経験的に与えられた生活事実に対するこの構成像の関係は，もっぱら次の点にある。すなわち，その構成像において抽象的に提示されている種類の，つまり「市場」に依存する事象の連関が，現実の中でなんらかの程度まで働いている，と確定または推定される場合，われわれは，その連関の特性を，一つの理念型に照らし，効果的な仕方で具体的・直観的に把握できるように描き出し，理解させることができる，という点である。(Weber, 1904:190/ 訳 112)

つまり理念型は，現実の要素の一部を取り出し，それを1つの思想像にまとめる。その理念型を基準として，現実がどの程度この像に近いか，または遠いか，つまり，ある交換経済における諸事情の経済的性格が，どの程度まで，この概念上の意味での交換経済であるといえるのか，を確定しようとするのである。

ここまでの議論は，理念型が理想化の方法の系譜上にあることを示している。既存の経済理論を考察の対象としているのであるから，経済学者たちによる方法論的反省と類似した分析が行われるのは，当然といってもよい。ヴェーバーの独自性は，第1に，理想化の操作を行うさいに，研究者の側

の認識関心が重要な役割を果たすと主張した点にある。

　ある事象の『社会 - 経済的』現象としての性質は，その事象それ自体に「客観的」に付着している，といったものではない。そうした性質はむしろ，われわれの認識関心の方向によって制約され，この方向は，われわれが，個々の場合に，当該の事象にいかなる文化意義を付与するかによって決まる。(Weber 1904:161/ 訳 56)

　メンガーのような経済学者がその研究対象を選び出すさいの認識関心は，財の稀少性である。われわれの肉体的な生存と同じく，最高度に理想的な欲求の充足も，いたるところでそれに必要な外的手段の量的な不足に突き当たるということ，それらの充足のためには，計画的な配慮と労働，自然との闘いや社会の形成が必要とされること，こうしたことが，最も広い意味で「社会 - 経済的」と呼ぶあらゆる現象に結びついている根本的事態である(Weber 1904:161/ 訳 55-56)。このような事態は，まさにメンガーが「人間経済の起源」として述べていたことにほかならない（Menger 1871:51-57/ 訳 45-50)。ヴェーバーは，経済学者はなぜその事実を取り上げるのか，という問題に関する１つの解釈を行った。抽象的な経済理論の研究も，知るに値する事実を選び取る「価値理念」にしたがって行われる。この観点は，イギリス古典派やメンガーにはなかったものであり，理想化の方法の系譜におけるヴェーバー独自の貢献ということができる。

(2)目的合理的行為
　ヴェーバーの第２の独自性は，人間行為の目的合理性について，非心理学的な根拠を提示したことである。彼によれば，経済理論における目的合理的行為は，理念型の一例であるとされる。

　こういう理念型的構成の例を挙げれば，経済学の純粋理論が作っている諸概念や「諸法則」がこれに当たる。それは，仮に人間の或る行為が錯誤や感情に妨げられることなく厳密に目的合理的に行われるとし，そのうえ，或る目的（経済）だけを一途に目指しているとした場合に，その行為が辿るであろう過程を明らかにするものである。現実の行為は，稀な場合（株式取引所）を除いて，理念型的に構成されたような経過を辿ることはないし，辿ったとしても単に近似的にすぎない。(Weber 1921: 548/ 訳 16)

すなわち，経済理論においては，人間が錯誤や感情に妨げられることなく，ある目的を合理的に追求すると仮定されており，その行為が辿るであろう過程が明らかにされる。現実の行為のほとんどは，理念型と完全に一致することはなく，ただ近似的にのみ，そこで構成された経過をたどるだけである。

ヴェーバーは，目的合理的行為が辿る過程の例として，「グレシャムの法則」を挙げている（Weber 1921:558/ 訳 30）。「グレシャムの法則」とは，同じ法定通用力をもつ鋳貨の品位に差がある場合，例えば悪鋳などによって，含まれる貴金属量が違っている場合には，悪質な鋳貨が支払いに用いられ，良質な鋳貨は市場から引き揚げられて，退蔵されたり，鋳潰して輸出されたりするという法則であり，「悪貨は良貨を駆逐する」と表現される。この法則が成り立つためには，交換当事者がそれぞれの鋳貨に含まれる貴金属量を知っていること，そして貴金属含有量が少ない鋳貨を優先的に手放すことが条件となる。つまり，交換当事者が完全知識と目的合理性を具えていて，自分の利益を最大化するために適切な手段を選択することが条件となる。

ここまでの議論は，ミルやメンガーと異なるものではない。ミルは人間行為を因果関係として把握すると同時に，目的・手段関係としても捉えている。したがって，富の獲得という動機（原因）から行為（結果）が生じるという関係は，富の獲得（目的）を実現するために行為（手段）が行われるという関係に読み替えることができる。人間行為については，因果関係と目的・手段関係は対立するものではなく，相互に読み替え可能なものとみなされている。また経済的行為にあっては，「そこに主として働く心理法則（psychological law）が，大きな利得は小さい利得よりも好まれるという周知の法則である」（Mill CW8:901/ 訳⑥ 122）とされ，最小の費用で最大の成果を上げるという行為の仕方が含意されている。経済学が取り扱う人間は，できるだけ大きな富の獲得を目指して，目的合理的に行為するのである(佐々木 2001:238-239)。

ミルが「富の獲得」というときに念頭に置いていたのは，生産や流通の場面での「貨幣の獲得」であった。これに対してメンガーは，とくに消費の場面での目的合理的行為に注目した[5]。実質的経済学において，メンガーが古典派と分岐するゆえんである。メンガーは『経済学原理』第 3 章で，度盛（Scala）の表を用いて「価値の理論」を展開する。例えば，最高意義 10 の食欲の欲望満足は，10，9，8…0 となるし，それよりも重要さの劣る喫煙の欲望満足の意義は，6，5，4…0 というように逓減する。メンガーはこの

数値例について,「この数字自体は,困難であるとともに従来注目されなかった心理学(Psychologie)の一分野を分かりやすく例証するためにもっぱら選ばれたにすぎない」(Menger 1871:94/ 訳 81)とする。この数値例に基づいて,経済人が「可能な限り完全な欲望満足を図るように自分の行為(経済)の仕方を決定する」方式が例証される。つまり,「あらゆる欲望はその具体的行為が等しい程度の重要さをもつところまで満足させられる」(Menger 1871:98/ 訳 85)ときに,欲望満足が最大になることを示すのである[6]。

経済理論で目的合理的行為が仮定されるという点では,ミル,メンガー,ヴェーバーの間に相違はない。ミルおよびメンガーとヴェーバーとの間に相違が現れるのは,心理学をどう評価するかという問題をめぐってである。先に言及したように,ミルおよびメンガーの場合,抽象的経済理論に登場する人間の行為の仕方は,心理学によって探究されると考えられていた[7]。しかしヴェーバーによれば,経済理論における目的合理的行為は,心理学に基づくものではないというのである。先の「グレシャムの法則」について述べた引用文に続けて,ヴェーバーは次のように指摘する。

この場合は,純粋目的合理的な行為があるとすれば,それは必ずかくかくの行為であるに相違ない,と言って間違いない。なぜなら,当事者がその――明白に記述しうる――目的のために使用し得る手段は,技術的理由によって,かくかくのものと限られているからである。同時に,このケースこそ,心理学というものを理解社会学の究極の基礎と考えることの誤りを明らかにするものである。(Weber 1921: 558/ 訳 30)

現実の人間の行為を調べてみるならば,必ずしも合理的ではないことは明らかである。現実世界には,各財の限界効用が均等になるように選択していない者,品位の低い鋳貨で支払いをしていない者が,おそらくいたであろう。理論内部では,厳密な目的合理的行為を仮定するけれども,そのような行為は,現実においてはせいぜい近似的にしか当てはまらない。心理学的研究が明らかにしうるのは,「現実の人間は近似的に目的合理的な行為をする」ということだけである。理論上は「厳密に目的合理的な行為をする」と仮定するのであるから,それはまさに誇張の操作を伴うものとなる。心理学そのものは,厳密な目的合理的行為を根拠づけるものとはならない。目的を達成するためにはどのような手段を選択するのが最適なのかという判断は,現実の人間の心理に依存するものではない。現実の人間の判断は,最適な判断か

ら多かれ少なかれずれている。それに対して、「人間の経済は、目的が与えられれば、手段については一義的に『決定され』る」(Weber 1904:188/ 訳 108)。生身の人間についての心理学的研究は、むしろ行為の非合理性を説明する場合に、大きな役割を果たすというのである (Weber 1921:559/ 訳 31)。

ヴェーバーによれば、間違いは、「物理的でないものは心理的という概念にある。誰かが算術の例題の意味を考えているとき、その意味はけっして心理的なものではない」(Weber 1921:559/ 訳 31)。これは、論理学や数学の真理は何に基づくのか、という問題である。経験科学の法則であれば、観察事実によって繰り返し反証される場合には、修正を余儀なくされるであろう。しかし、たくさんの人間が推論や計算を間違えるからといって、その経験的事実に基づいて、論理学や数学の規則が変更されるわけではない。正しい推論や計算の仕方は、経験的な事実には依存しない。「社会学——経済学を含む——は、こうした合理的前提の上に、その法則の大部分を立てているのである」(Weber 1921:559/ 訳 31)。経済人は、現実の人間の心理とは独立に、ある目的を達成するための最適な手段を推論し計算できる存在であると仮定される。では、そのような合理的前提の根拠は何であるのか。

これについてわれわれは、ヴェーバーの議論の背景に、次のようなカントの考えがあったのではないかと推測する。

純粋論理学としてのこの学はいかなる経験的な諸原理をももっておらず、したがってそれは（人がときとして信じてきたように）心理学からは何ものをも汲みとってこず、それゆえ心理学は悟性の規準へはいかなる影響をも全然およぼすことはない。この学は1つの論証された理説であり、だからすべてのものがそこでは完全にアプリオリに確実でなければならない。(Kant 1781: B78/ 訳㊤ 155)

つまり、純粋論理学は思考の形式であるから、経験的なものには依存しない。心理学が問題になるのは、主観的・経験的な諸条件のもとで悟性が使用されるとき、すなわち応用論理学の場面だというのである。経済人の目的合理的行為は心理学に基づくものなのか、それとは独立した純粋論理学に基づくものなのかという問題は、非常に興味深い方法論的含意をもつ。後者の立場を取るならば、経験的な心理学研究において、人間の合理的ではない振舞いが明らかにされても、そうした研究は、経済理論にはまったく影響を与え

ないことになるからである。これは、きわめて今日的な問題であり、別稿を用意して考察することにしたい[8]。

(3)経済理論と歴史研究

　ヴェーバーの独自性は、第3に、理想化の方法は経済理論だけではなく歴史研究にも適用される、と主張した点にある。歴史的に個性的なものの認識は、まさにヴェーバーが社会科学の目標と考えていたものだった（Weber 1904:175/ 訳83）。彼は、自分とは異なる見解をもつ人物としてメンガーを取り上げて、次のように批判した。

　この理論の創始者〔メンガー〕[9]が、最初にまたただ1人成就した、法則的認識と歴史的認識との方法的区別にもかかわらず、彼は、この抽象的理論の諸定理に、現実を「諸法則」から演繹できるという意味における経験的妥当を要求した。もっとも、抽象的経済定理それ自体だけで、経験的に妥当する、という意味ではなく、考察される他のすべての要因につき、それぞれ相応の「精密な」理論が構成された暁に、これらすべての抽象的理論が相寄れば、事物の真の実在——すなわち、現実のうち知るに値するもの——を内に含むはずである、という意味においてである。精密経済理論が、1つの心的動機の作用を確定し、他の諸理論は、他のすべての動機につき、仮説的妥当性をそなえた定理を、同様のやり方で展開する課題を帯びる。（Weber 1904:187-188/ 訳107）

　つまりメンガーは、現実を諸法則から演繹することによって歴史的事実を認識しようとする、というのである。たしかにメンガーは、諸科学の協働によって、完全な経験的現実の理解が可能になると述べていた（Menger 1883:44/ 訳52）。このことは、先に言及したように、メンガーに先立ってミルがすでに述べていたことであった[10]。社会現象を分析と総合の手続きによって研究するという方針が、ミルとメンガーに共通するものであったことを考えれば、この一致は驚くにあたらない。

　われわれは、この問題を考えるために、ミルの議論を原型として定式化された「演繹的・法則的説明」の図式を用いることにする[11]。「演繹的・法則的説明」は、次のように定式化される。

```
説明項    初期条件  C₁, C₂, ⋯, Cₖ
         一般法則  L₁, L₂, ⋯, Lᵣ
被説明項              E
```

ヴェーバーは，あたかもこの図式を知っているかのように，次のように述べている。

　われわれにとり，現実の認識として問題なのは，上述の（仮説的な！）「諸要因」が歴史的に相集い，われわれにとって意義のある文化現象として現れてくるさいの，その布置連関であり，われわれが，そうした個性的な集合を「因果的に説明」しようとすれば，つねに，他の全く同様に個性的な集合に遡行せざるを得ず，ここから，われわれは，そうした個性的な集合を，もとより上述の（仮説的な！）「法則」概念を用いて「説明」することになる。(Weber 1904:174/ 訳 81)

　ここでヴェーバーは，現実を法則から演繹できるとする主張を批判して，1）説明されるべき出来事 E は現実そのものではなく理念型である，2）説明には法則だけではなく原因（初期条件）も必要である，3）原因も理念型である，4）現実は無限に複雑であるから，原因をすべて列挙することはできず，特定の原因だけから説明することになる，と主張しているのである。例えば，説明されるもの E が「西洋近代資本主義」であるとき，その原因の1つ C_1 として「資本主義の精神」がある。そして両者の間に「C_1 ならば E」という因果関係があることを示す法則 L_1 が考えられる。この L_1 は思考の規範に従うものでなければならず，ここに社会科学的認識の客観性の根拠がある（Weber 1904:184/ 訳 100）。西洋近代資本主義の成立については，他の因果的説明も可能であり，「資本主義の精神」による説明が唯一の説明というわけではない。この図式では，そのことが C_1 以外の諸原因 C_2, ⋯, C_k で示される。C_1 を選ぶのは，研究者の認識関心によるのである。また，この因果関係はさらに遡ることができる。もう1段階前の図式を考え，今度は「資本主義の精神」を被説明項 E とする。その原因の1つとして「プロテスタンティズムの倫理」があり，これと「資本主義の精神」を因果的に結びつける法則を考える。多数の初期条件の中から特定のものを選び出すことだけではなく，さらにどこまで遡るかを決めるのも，研究者の認識関心に依存することになる。

ヴェーバーによれば，現実を法則から演繹することなどできるものではない。社会科学においては，法則の探究は個性的なものの説明において，部分的な貢献しかすることができない。ヴェーバー自身の認識関心は個性的なものの認識にあったから，ここは譲ることができなかったのである。

おわりに

経済理論は現実を忠実に映すものではなく，特定の要素を孤立化し誇張することによって，問題の考察にとって理想的な状態を創り出す。こうした手続きに方法論的な考察を加えたのが，「理想化の方法」を論じる系譜であった。本稿で取上げたリカードウ，ミル，メンガー，ヴェーバーは，経済理論が孤立化と誇張による理想化の操作を伴うものであることを認めていた。その意味で，共通の見解を示していた。ミルとメンガーとの間には，分析・総合の方法という共通点もあった。

もちろん，各論者の間には相違点もあった。メンガーは，経済学を精密科学と考え，精密法則の根拠を思考法則とする点で，ミルと違っていた。ヴェーバーは，研究者の認識関心の役割を重視し，目的合理性を非心理学的に解釈するとともに，歴史研究に理想化の方法を適用しようとする点で，ミルおよびメンガーとは異なる考えをもっていた。

ある議論の系譜を辿る試みは，困難を伴うものでもある。われわれがAとBを1つの系譜上に位置づけるとき，実はAとBとの間には継承関係はなく，CがAとBの両方に影響を与えていた，ということもあるだろう。われわれにできることは，継承関係を証明することではなく，学説を比較することによって，そこで見えてくるものを示すことだけである。本稿は，継承関係には踏み込まず，後世の者の観点から系譜を辿ろうとする1つの試みであることを，改めて注記しておきたい。

【注】

1) この3人を取り上げるのは紙幅の制約のためであり，ほかにも注目すべき論者がいることはいうまでもない。

2) ミルは『論理学体系』のなかで，ベーコンが「単純枚挙による帰納」と呼ぶ，受動的な観察に頼る方法の限界を指摘している（佐々木 2001, 147-148）。

3）傍点は原文隔字体を示す。以下同じ。

4）カントの「原因性の法則にしたがう時間継続の原則」に関する議論が該当する（Kant 1781, B232-256/ 訳㊤ 313-333）。

5）メンガー自身が人間行為を目的・手段の連関として述べるようになるのは,『方法』においてである。『経済学原理』初版における目的合理的行為というのは,議論の内容に即したものである。

6）「限界効用均等の法則」が成立することを意味する。この法則に従う選択は,目的合理的行為の典型ということができる。

7）これは,ミルおよびメンガーが経済学の基礎として専門的心理学の成果を利用したこと,あるいは自ら心理学の研究に従事したことを意味しない。経済学者は伝統的に,必要な心理的仮説を作って直ちにその先の経済分析へと進んだのであって,「人間の行為の仕方は,心理学によって探究される」というのは,「方法論的な根拠づけ」の問題であり,実質的な内容を伴うものではない。

8）論理学や数学の真理と経験的な真理を厳密に区別するのは,カントだけではない。経済学にも大きな影響を与えた論理実証主義が,まさにそのような立場を取っていた。また,行動経済学が提起する方法論的論点と関係する問題でもある。

9）〔　〕は引用者による補足。

10）メンガー（およびミル）が現実を法則のみから演繹できると考えていたかどうかは問題であるが,ここではヴェーバーの解釈のまま話を進める。

11）ミルの因果的説明（Mill CW8, 464, 訳④ 319）は,カール・ヘンペルによって,「演繹的・法則的説明」の原型を与えたものであると解釈された。両者の関係については,佐々木（2001, 296-297）を参照されたい。また,浜井（1982, 201-205）が,ヘンペル（およびポパー）とヴェーバーの説明理論の類似性を論じているので参照されたい。

【参考文献】
佐々木憲介 [2001],『経済学方法論の形成——理論と現実との相剋 1776-1875』北海道大学図書刊行会.

浜井修 [1982],『ウェーバーの社会哲学――価値・歴史・行為』東京大学出版会.

Kant, I. [1781], *Kritik der reinen Vernunft*, Felix Meiner Verlag, 1956（原佑訳『純粋理性批判』全3冊, 理想社, 1981年).

Menger, C. [1871], *Grundsätze der Volkswirtschaftslehre*, Erster, allgemeiner Theil, J.C.B.Mohr, 1968（安井琢磨・八木紀一郎訳『国民経済学原理』日本経済評論社, 1999年).

Menger,C. [1883], *Untersuchungen über die Methode der sozialwissenschaften und der politischen Ökonomie insbesondere*, J.C.B.Mohr, 1969（吉田昇三訳『経済学の方法』日本経済評論社, 1986年).

Mill, J.S. CW, *Collected Works of John Stuart Mill*, ed. by J.M.Robson et al., 33 vols., Toronto: University of Toronto Press, 1963-1991.

Mill, J.S. CW4, On the Definition of Political Economy; and on the Method of Investigation Proper to It,（末永茂喜訳「経済学の定義について，およびこれに固有なる研究方法について」，同訳『経済学試論集』岩波文庫, 1936年).

Mill, J.S. CW7・8, *A System of Logic: Ratiocinative and Inductive*,（大関将一・小林篤郎訳『論理学体系：論証と帰納』全6分冊, 春秋社, 1949-1959年).

Weber, M. [1904], Die 》Objektivität《 sozialwissenschaftlicher und sozialpolitischer Erkenntnis, in Weber 1951,（富永祐治・立野保男訳, 折原浩補訳『社会科学と社会政策にかかわる認識の「客観性」』岩波文庫, 1998年).

Weber, M. [1921], Soziologische Grundbegriffe, in Weber 1951,（清水幾太郎訳『社会学の根本概念』岩波文庫, 1972年).

Weber, M.[1951], *Gesammelte Aufsätze zur Wissenschaftslehre*, Zweite durchgesehene und ergänzte Auflage, besorgt von Johannes Winckelmann, Tübingen : J.C.B. Mohr .

第7章 古典派資本蓄積論における技術進歩と自然の制約

水田　健

はじめに

　これまでの経済の発展を振りかえると、初期段階では人口が土地の生み出す食糧によって制約されることが多く、その後、土地に代表される自然から資本蓄積が主題となる発展段階へと経済は移っていく[1]。前者では、マルサスのように土地に制約された食糧と人口との対立に焦点が集まる。これは、人口成長に対する自然資源の相対的枯渇というように、人口が自然の制約にぶつかり発展が阻害される開発段階に特有な経済のありかたであり、同時に20世紀の人口爆発を経験した途上国の現実でもあった。さらに、後者の発展段階では、リカードウのように資本の蓄積が経済の発展を牽引した。

　この土地の制約を解決するのが、農業部面の技術進歩による生産性の上昇であった。だが、マルサス、リカードウあるいはJ.S.ミル等の古典派経済学者は、この課題を根本的には解決できなかった。かれらの場合、農業部面での技術進歩による生産性上昇が、収穫逓減による生産性の下落を上回ることはなかった。まさにここにシュルツ（T. W. Schultz）の「食糧問題」が浮上する[2]。そして、この食糧を産み出す土地の収穫逓減現象が、たとえばマルサスの食糧による人口の制約、あるいはリカードウやJ. S. ミルの定常状態の招来というように、経済の制約要因となって現れた。かれらはその制約の上で発展段階における資本蓄積を論じた。

　一般に経済成長は、土地に代表される自然、労働、物的資本の大きさと技術進歩によって決まる。リカードウ等の時代は、収穫逓減という自然の制約のもとで資本蓄積が進み、人口法則に基づいて労働はその都度資本蓄積に応じて供給され、また物的資本も増加する。そこでは、資本・労働比率（固定・流動資本比率）が変更して技術進歩が進むが、それは根本的には自然の制約を覆すだけの規模では生じなかった。この制約を解決する可能性は、むしろスミスの収穫逓増経済にあった。

　スミスにおいては、分業が資本蓄積とともに進行し、これが労働生産性を高め経済全体の収穫は逓増する。そこでは、すべての部門で分業によって

生産性が上昇し、ことさら土地が経済の制約要因とはならない。資本の蓄積は、かならず分業による労働の細分化や機械の導入をともない生産性が向上する。だが、リカードウの経済においては、資本蓄積はかならずしも生産性の上昇をともなわない。資本・労働比率（固定・流動資本比率）の変更による技術改良は生産性を上昇させるが、リカードウの場合、資本蓄積はかならずしもこの技術改良を随伴するものではない。資本・労働比率を一定としても資本蓄積を続けることは可能だった。また、その技術進歩にしても、それは土地の制約による収穫逓減現象が生む生産性の低下を上回る規模では進まなかった。

　技術進歩のあり方を見ると、スミスの経済では資本蓄積は同時に技術進歩でもある。資本蓄積は、資本も労働も増やし経済規模を拡大していくが、それはかならず技術進歩をともなう。つまりスミスの経済では、つねに物的資本と労働が増加し技術進歩が進み、したがって、土地に代表される自然が経済の制約要因となることもない。それに対して、リカードウの場合、資本蓄積による経済規模の拡大は物的資本と労働を増やすが、それはかならずしも技術進歩を随伴するものではない。また、技術進歩は、土地に代表される自然の制約を根本的には解決できなかった。土地と物的資本と労働さらに技術進歩は経済成長の主要要因だが、スミスの場合、他の古典派経済学者とくらべて明らかに技術進歩要因の役割は大きい[3)4)]。

1．人口と食糧

　人口と食糧の関係は、19世紀において大きな意味をもった。このことを見ていくために、まずつぎのことを確認しておこう。ここで、国内全体の食糧需要を Fd、国内総生産を Y、人口を L、一人当たり所得を y（$= Y/L$）、一人当たり食糧需要を fd（$= Fd/L$）とする。さらに、食糧需要の所得弾力性 η は次のように示される。

$$\eta = (\varDelta fd/fd)/(\varDelta y/y) = (\varDelta fd/\varDelta y)(y/fd)$$

そのうえで、国内全体の食糧需要の増加率は次の式のようになる[5)]。

$$\varDelta Fd/Fd = \varDelta L/L + \eta (\varDelta y/y)$$

つまり、国内全体の食糧需要は、人口と一人当たり所得と、さらに食糧需要の所得弾力性とによって決まる。ここで、この食糧需要の所得弾力性は、一人当たり所得の増加率と食糧支出の増加率の比なので、それはエンゲル係数（家計支出のうち食糧支出の占める割合）の変化と近似する。エンゲル係

数が増減したときにはこの弾力性も増減する。

　そうすると，人口の増加率（$\Delta L/L$）が大きいときには，食糧需要の増加率（$\Delta Fd/Fd$）も大きくなる。人口が増えれば食糧需要も増えるからだ。さらに，個人の所得増加率（$\Delta y/y$）が大きいときにも食糧需要は増える（$\Delta Fd/Fd$）。所得の増加とともに，そこから食糧へ支出する部分も増えるからだ。だがそのとき，さらに食糧需要の所得弾力性（η）も大きくなれば，いっそう大きな食糧需要の増加（$\Delta Fd/Fd$）を引き起こす。これは，所得のなかから食糧へ支出する割合が大きくなるからだ。かりに，この弾力性が小さくなれば，個人の所得が増加しても食糧需要が増えない場合もある。これらのことが上の式から分かる。

　さて，低所得段階の19世紀においては，この食糧需要の所得弾力性（η）が大きかったので，労働者の所得が増えた（$\Delta y/y$）ときに，その所得の大きな部分が食糧需要へと向かい，食糧需要の増加率（$\Delta Fd/Fd$）を高めた。つまり，エンゲル係数が大きいため，所得のうち相当部分が食糧支出へまわった。そして，それがこれまで以上の子供の扶養を可能とし，何年か後には労働人口を増加させた。つまり，労働者の賃金所得が増加したとき，食糧需要も増え，それが将来労働人口（労働供給）の増加を引き起こす。19世紀においては，食糧と人口の関係はこのようなものであった。そこでは，労働需要による賃金率の増加は人口増加を生み出し，人口は経済の内生変数となっている。これが，スミスやリカードウなどの古典派経済学の想定した人口理論である。

　だが，20世紀に入り所得が上昇するとともに，労働者のエンゲル係数は下がり，食糧需要の所得弾力性が小さくなる。所得が増加したとき食糧以外の財，たとえば耐久消費財やレジャーサービスなどに消費が向かい，食糧需要が大きく増えることはなくなる。したがって，労働需要が賃金所得を増加させても，それは子供の扶養を引き出すことはなくなる。こうして，労働需要が賃金率増加を経由して労働供給へ結びつく経路は失われ，人口は経済の内生変数であることをやめる。これは，19世紀の古典派の人口理論そのものを台無しにしてしまい，人口は経済システムの与件となる[6]。賃金が上がっても子供の扶養に所得が支出されなくなり，実質所得と子供の扶養規模とは連動しなくなる。

　このように，スミスやリカードウに見られる，19世紀型の古典派的人口論の世界と，20世紀型の実質賃金の増減と人口の増減とが連動しない世界と，二つの対称的な世界が見られる。後者の世界では，人口は外生変数とし

て経済の与件となってしまい，人口を経済のなかから決定するミクロモデルも，人口を内生化した経済成長のモデルも登場しなかった。これは，20世紀に入ってからのミクロ分析の精緻化と，新古典派経済成長論のモデルを見れば明らかだ。だが，1950年代以降あらためて人口を内生化する，ライベンシュタイン等のミクロ分析が登場する[7]。

ライベンシュタイン（H. Leibenstein）の効用最大化モデルでは，それぞれの所得のときの子供をもつ効用と不効用（コスト）を比べ，効用を最大化するように個人は行動する。そうすると，子供をもつことによる，①消費効用（子供を持つことが親にとっての喜びや満足の源泉となる），②労働効用（子供が所得を獲得し家計へ寄与する），③保障効用（子供が親の老後をみるという生活保障）の効用合計と，反対に①直接コスト（子供の衣食住などにかかる直接的費用）と②間接コスト（子供を扶養しなければ他で働けたであろう場合の機会費用）のコスト（不効用）合計とを比べて，その所得段階で効用がコスト（不効用）を上回れば子供を産む。また，ここでは，子供は少ないときほど出生した子供の効用は高く，コスト（不効用）は出生した子供が多いときほど高まると考えている。

そうすると，産業化の初期段階で所得が低い水準にあると，子供を増やして新しく出生した子供の効用が下がって，逆にその子どものコストが増えても，効用とコストに余裕があるので，十分に子供を増やせる。また，産業が高度化して所得が上昇すると，今度は子供を減らさないとコストが効用を超えてしまうので子供を減らす。これが，所得の低い19世紀と所得が高くなった20世紀の両者を一貫して説明できるといわれる効用モデルである。ここでは，所得が上昇すれば出生率が低くなることが説かれる。

ところで，マルサス自身に即してみれば，かれは『人口論』初版で二つの前提を提示している。「食糧は人間の生存にとって不可欠」であり，「男女間の熱情は必然で，ほぼ現状のまま存続する」（Malthus 1798, p.8）と。そして，この自然な人間の増殖を制約するのが，予防的妨げであり積極的妨げである。前者は低い所得であれば結婚を延期するという出生に関わる抑制であり，後者は栄養や劣悪な環境が死亡率を高めることを指す。両者とも所得の低さによる制約である。とすれば，所得の上昇はこれらの制約を緩め，人口はむしろ増えてよいことになる。そうすると，マルサスの延長線上では，20世紀の高所得段階での出生の低下は説明できない。

ただ，ライベンシュタインのように，個人の最適化モデルを使って，所得の上昇とともに出生率が低下すると言えるのだろうか。19世紀の段階で個

人が子供を持つことは，他に有力な所得支出の選択肢がない状態で行われた行動である。そこでは，他に選択肢のないなかで，人間の増殖がその本性に即して行われている。個人の合理的選択行動は，さまざまな選択肢が可能となった，20世紀のような高所得段階で可能な現象である。このことは次のスミスの発言からも明らかである。

「貧困は，たしかに結婚の意欲をくじくが，かならずしもつねにそれを妨げるわけではない。それは，出産に好都合であるようにさえ思われる。ハイランドの，半ば飢えた女性はしばしば20人以上の子供を産むが，飽食している貴婦人はしばしば一人も子供を産むことができないし，一般に2人か3人の子どもで力尽きてしまう。不妊は，上流婦人のあいだではきわめてよく見られるが，下層の女性のあいだではきわめてまれである。女性の奢侈は，おそらく享楽への熱情をかきたてる一方で，出産の力をつねに弱め，またしばしばまったく破壊してしまうように思われる。」(Smith 1776, pp.96-97 ―以下 WN pp.96-97 のように略記する)

ここでスミスは，同時代の18世紀後半の事態を述べたものと思われる。そこでは，上流階級の婦人のように高所得の女性は，子供の養育以外に奢侈財という選択肢をもち，それが出産を控えさせる事態が描かれている。それに対して，そのような選択肢をもたない下層の婦人は，20人以上の子どもを出産する[8]。このように，上流の貴婦人のように高所得な場合には効用を求める選択が可能としても，圧倒的多数の所得が低い人々は食糧に支出し子供を扶養する選択肢しかもたない。

さらに，ライベンシュタインのモデルが出生モデルであって，死亡率を考慮しないか一定のものとみなすことは，少産とともに少死となった現代には通用するが，19世紀のようにいまだ死亡率が高くそれが安定しない時代には適用できないだろう。19世紀においては，マルサスのように，人間の本性である両性間の熱情などの情念を不変とみなし，所得の上昇が子供の出産・扶養を増加させるという想定は妥当なものだったろう[9]。

こうして，古典派においては，労働需要は労働供給を引き出す変数となり，経済規模が拡大し労働需要が増大し賃金所得も増加したとき，食糧需要の所得弾力性（η）は高いので，食糧購入が増え，この食糧によって子供が養育され労働供給も増加していく。ここまで，人口と食糧需要を中心に考察を進めてきたが，それに対して古典派において，食糧の供給はどのように考えら

れていたのだろうか。つぎにみて見よう。

2．古典派における収穫逓減と収穫逓増

　古典派において，リカードウ，マルサス，J.S.ミルは，農業では収穫逓減が起こると考えていた。かれらにとって，土地に代表される自然は収穫逓減というかたちで経済を制約する要因となっていた。人口が増え生産が拡大するにつれて，農業での労働生産性は次第に低下し，追加労働が生み出す追加農産物は減少していく。さらに，その生産性の低下を覆すだけの技術進歩は生まれないと想定されていた。それに対してスミスは，農業をふくむすべての部門で生産性が上昇し，産業全体として収穫が逓増すると考えていた[10]。かれは自然によって経済が制約されるとは考えていなかった。

　マルサスは人口と食糧を対比し，人口の幾何級数的増加は食料の算術級数的増加によって制限されると言って，この食料を生み出す土地の制約性を明らかにする。かれは，人間の生存に必要な食糧を生産する能力は，「土地の希少性によって，地球表面上の大部分の尋常ではない自然不毛性によって，そしてすでに耕作されている土地へ継続して追加される労働と資本から当然得られるに違いない生産物が逓減することによって，明らかに制限される」(Malthus 1824, p.181) と言っている。ここでマルサスは，農業の収穫逓減に言及し，これが人口を制約し経済をも制約するとみなしている。

　リカードウは，このマルサスの人口増加とそれを制約する土地との対比を，資本蓄積過程における人口供給の理論と，農業の収穫逓減が生む賃金上昇・利潤低下による定常状態への接近とに表現しなおす。ここでも，農業では収穫逓減が想定されている。リカードウは，「人口の増加につれて，質が劣悪であるか，位置が不便な土地が耕作されるようになる」(Ricardo 1817-21 p.70―以下 PE p.70 のように略記する) と言って，農業での収穫逓減に言及し，さらに，これが農産物である食糧を高価にすると結論する。そして，これが賃金を高め資本蓄積の原資である利潤の下落を引き起こすことで，最終的に資本蓄積を停止させ定常状態を招来する。リカードウにおいても，土地に代表される自然は収穫逓減によってそれ以上成長できない定常状態を導き，経済の制約要因となっている。

　さらに，リカードウとマルサスにとって，後述するように，農業の収穫逓減現象は技術進歩によって覆されることはなかった。技術が改良されれば，労働生産性は上昇し収穫逓減は止むはずである。だが，かれらは農業の収穫

逓減の力は，技術進歩による生産性上昇効果に勝ると考えていた。それに対して，分業による労働生産性の上昇を想定するスミスの場合，農業においても生産性は上昇し収穫は逓増すると想定していた。かれの場合，農業をふくむすべての産業で労働生産性が上昇する。ただ，農業については，他の産業よりもその生産性の上昇率は低いと考えていた。スミスは次のように言っている。

「たしかに農業の性質は，製造業ほど多くの労働の細分や，それほど完全な仕事の分離を許さない。牧畜者の仕事と穀物栽培者の仕事を，大工の仕事がふつうに鍛冶屋の仕事と分離されているように完全に分離することは，不可能である。紡績工はほとんどつねに織物工とは別人であるが，犁で耕す人と馬鍬でならす人と種を播く人と穀物を刈りとる人は，しばしば同一人である」(WN, p.16)
「農業に従事する労働のさまざまな部門のすべてを，完全に分離するのがこのように不可能だということは，おそらく，この手仕事における労働の生産力の改良が，かならずしもつねに製造業における改良と歩調を合わせない理由である」(WN, p.16)

スミスは，農業における労働生産性の上昇率は製造業ほどではないが，農業もふくむ全産業で，分業の進行が労働生産性を上昇させると考えている。そのうえで，その生産性の上昇をもたらす分業の進行は，資本蓄積と連動して進むことを明言している。つぎのスミスの発言を見てみよう。

「ストックの蓄積は，ことの性質上，分業（division of labour）に先だっていなければならないのであり，したがって，先行するストックの蓄積の増加に応じてのみ，労働の細分化（subdivided）は増加しうるのである。」(WN, p.277)
「労働の生産力のこの大きな改良には，ストックの蓄積が前もって必要であるから，その蓄積は当然この改良を生むことになる。労働の維持に自分のストックを使用する人は，・・・・・自分の職人たちのあいだにもっとも適切な仕事の配分を行うようにつとめるとともに，自分が発明あるいは購入しうる最良の機械を職人たちに提供することにつとめる。これら双方の点でのかれの能力は，一般に，かれのストックの大きさ，つまりストックが使用できる人びととの数に比例する。」(WN, p.277)

このように，前もってストックが蓄積され生産が拡大するとき，その生産は，以前よりも細分化され適切に配置された分業組織と，導入された最良の機械のもとで営まれる。したがって，スミスの場合，分業と資本蓄積とは事柄の表裏の関係にある。資本蓄積は分業の進行によって労働生産性を高め，かならず収穫逓増をもたらす。そのため，スミスの場合，マルサスやリカードウのようには，土地は経済の制約要因とはならない。マルサスのように，農業における食料供給が，収穫逓減の作用を受けて人口を制約することも，リカードウのように，同じ農業の収穫逓減が利潤の低下によって定常状態を招来することもない。

　さらに，「分業は市場の広さによって制限される」（WN, p.31）という，『国富論』第1編第3章の表題から明らかなように，分業は市場の大きさに制約され，つぎに，その「市場の範囲」は「富と人口の多さ（riches and populousness）に比例する」（WN, p.34）と言われている。つまり，分業の進行度合いは，市場の規模，すなわち富と人口による需要の大きさによって決まる。そうすると，人口が多いほど需要が大きいのだから，それは生産物を増やし資本蓄積と分業を進めることになる。これは，マルサスの人口が土地の産みだす食糧によって制約されるという論理とはまったく逆となる。スミスにとって，人口は需要要因として市場を拡大し，さらに分業と資本蓄積を進める役割をもっている。人口と分業と資本蓄積とは同時に拡大する。これは，分業が生産性を上昇させるからであり，そのためマルサスのように供給された人口が食糧の制約を受けることはない。むしろ経済は資本蓄積と分業によって制限を受けることなく進む。

　スミスの場合，資本蓄積による労働需要と，それにこたえる労働供給という人口理論とともに，食糧を生産する農業をふくむ全産業で収穫逓増現象が起こり，人口と富とが絶えず成長していく経済が想定されていた。そこでは経済は制約を受けることなく成長する[11]。労働と物的資本の増加と技術進歩はつねに並存し経済は成長していく。

　さて，それではつぎに，マルサス，リカードウ，スミスに即して，これらのことを詳細に検討していこう。

3. マルサス人口論とリカードウ資本蓄積論

　さて，あらためてマルサス人口論をみて見よう。『人口論』第6版で，マ

ルサスは,「人口は,妨げられなければ,25年ごとに2倍に,すなわち幾何級数的比率で増加し続ける」(Malthus 1826, p.10)。そして「生存手段は,人間の勤労にもっとも好都合な事情のもとで,おそらく算術級数的比率よりも速く増加させられることはあり得ない」(Malthus 1826, p.12)と言っている。これは,人口と食糧についての初版以来の言明である。人口は幾何級数的に増加し,食糧は農業の収穫逓減のために算術級数的にしか増加できない。そのために,人口は食糧の量によって制約されるという命題である。

だが,ここでかりに自然の制約を克服する技術進歩が農業で起こり,技術改良によって生産性が上昇するならば,この自然の制約は回避される。これについてのマルサスの回答を見てみよう。

「なるほど,文明化され改善された国々では,資本蓄積,分業,機械の発明は,生産の領域を拡大すると期待されるかもしれない。しかし,われわれは経験から,これらの原因の効果は,生活の便益品と奢侈品のいくつかについてはまったく驚くべきものだが,食糧の増加をもたらすという点ではなはだしく劣っていることを知っている。また,労働の節約と改善された農耕組織とは,さもなければ使われたであろうよりも,はるかに劣等な土地での耕作を進める手段であるかもしれないが,しかしそうして獲得された生活必需品の増加量は,どんな長さの期間内でも,人口に対する予防的ならびに積極的妨げの作用を無用にするほどのものでは決してありえないということを知っている。」(Malthus 1824, p.198)

ここでは,マルサスは,「分業」「機械の発明」「労働の節約」など,広い意味での技術進歩が農業生産性を上げる事態に言及している。だが,その作用による食糧増産は,農業における収穫逓減がもたらす食糧制約を解決するほどのものでもないし,予防的妨げや積極的妨げを無用にするほど大きなものでもない。マルサスはこう考えている。結局,人口は,農業で技術進歩が起こっても,それ以上に収穫が逓減する食糧によってその数を制約される。つぎにリカードウの場合を見てみよう。

リカードウの場合,「労働の自然価格は,労働者たちが,平均的に見て生存し,かれらの種族を増減なく永続させるのに必要な,その価格である」(PE, p.93)と定義し,この労働の自然価格を支払われるとき,それによる食糧需要によって,人口は一定規模に保たれるとみている。リカードウは,自然賃金は人口を一定規模で維持する実質賃金水準をもたらすとみている。

したがって，資本蓄積の進展によって，労働者への需要が高まり，労働者の市場賃金がこの自然賃金を超えて増加すると，この市場賃金の自然賃金からの乖離分だけ食糧需要を増加する余地が生まれる。そして，食糧需要の所得弾力性（n）が高いリカードウ経済では，この乖離分に応じた食糧需要が発生し，これが子供の扶養規模を拡大し人口を増加させる。資本蓄積が必要とするだけの人口は内生的に供給される。

　この人口論とともに，リカードウは，資本蓄積とともに農業耕作が進むと，農業での収穫逓減が賃金を押し上げ，それが利潤を下げることで経済成長を鈍化させ，最終的には利潤ゼロの定常状態を招来することを論じる。これは，まさに農業の収穫逓減による経済の制約である。そしてこの解決策として，海外からの安い食糧の輸入と農業の技術進歩とを提案する。だが，リカードウは，農業での技術進歩は収穫逓減作用を覆すほどの力はもたないとみなしていた。これはマルサスの場合と同様である。かれは，農業技術の改良は　土地生産性を高める輪作や肥料の利用と，農機具のような機械改良とからなると考えていたが，これらの改良では農業の収穫逓減現象を覆すことはできないと考えていた。

　リカードウの活躍した19世紀初頭からさらに中葉にかけて，イギリスではナポレオン戦後の1815—16年，1820年代初頭，1833—36年と3回の農業不況を経験しており，一般に農業が停滞した時代である。その後，19世紀中葉から，ハイファーミング（高度集約農業）の時代に突入し，一転してイギリス農業は黄金期をむかえる。この時代の農業技術の進歩は，穀物生産と畜産の混合農業，飼料・肥料の多投化，排水などの土地改良，農業の機械化等によって進められ，リカードウ時代とは異なる生産性の上昇を実現した。さらにその後，20世紀に入ると品種改良や化学肥料の利用が進み土地生産性が飛躍的に上昇する[12)13)]。リカードウの農業技術に対する過小評価は，農業の停滞したかれの生きた時代の現実を反映していた。

　そのうえで，かれはむしろ海外からの安い穀物の輸入に活路を見出す。『公債制度論』の次の文言を見てみよう。

「土地からの原生産物の追加供給を生み出すことが困難になるにつれ，穀物と労働者の他の必需品は騰貴するだろう。それゆえ賃金は上昇するだろう。賃金の実質的上昇は必然的に利潤の実質的な下落をともない，したがって，一国の土地が最高度の耕作状態になったとき，——すなわち，その土地にそれ以上の労働を使っても，それらの労働者を維持するのに必要な量以上の食

糧を収穫できなくなるとき，その国は資本と人口の両方とも，その増加の極限に達している。」(Ricardo 1820, p.179)

リカードウは，ここで，土地からの生産物が労働者の賃金部分にしか相当しない利潤ゼロの定常状態に言及し，それを「土地が最高度の耕作状態」になったときとみなしている。そしてさらにこれに続けて，

「ヨーロッパでもっとも豊かな国でさえ，まだその発展の程度からは遠く離れている，しかしもしいずれかの国がそこに到達したとしても，外国商業の助けによって，そのような国でさえ富と人口の増加をある不定の期間（for an indefinite time）続けることができるだろう」
「これら食糧と原生産物が，製造品と交換に海外から供給されるとしよう，そうすれば富の蓄積をやめ，その利用によって利潤を得ることをやめる限界がどこにあるか言うことは難しくなる。これは経済学にとってきわめて重要な問題である。」(Ricardo 1820, p.179)

ここでは，外国貿易による食糧の輸入によって，利潤ゼロの定常状態を無制限に先延ばしすることができると言っている。農業の技術進歩も安い穀物輸入も，ともに利潤低下を「一時的に阻止」することができるが，後者の穀物輸入の方こそが利潤の下落を根本的に抑止し，資本蓄積を永続させることができる要因だとリカードウは考えていた[14]。

これは，イギリスがいまだ産業の初期段階にありながら，同時代のなかでは最先進国として工業に比較優位を持ち，その工業製品の輸出収入で農業に比較優位を持つ後発国から農産物を購入できるという特権的地位にいたからこそ可能なことであった。これは，戦後の日本経済が比較優位を持つ工業製品輸出を拡大し，食糧自給率が40％を切るまで農産物輸入を進めてきたこととも符合する。工業に比較優位をもつ先進国の特権的解決策であっただろう。さらに，リカードウの農業における収穫逓減論からすれば，農業に比較優位をもつ後発国は農業生産をするほど利潤率が低下して定常状態に近づいてしまう。いわゆるシュルツの「食糧問題」を一手に引き受ける国となる。この根本的解決策は，やはり農業における技術進歩しかなかっただろう[15]。

つぎにスミスの場合を見てみよう。

4. スミスにおける人口と収穫逓増

　スミスはつぎのように言って，まず職人とその家族を維持するのに必要な最低水準の賃金率に言及している。

　「しかし，賃金には一定の率があって，最低の種類の労働の通常の賃金さえ，かなりの期間これより低く引き下げておくことは不可能なように思われる。」
　「人はつねに自分の仕事によって生活していかなければならないし，かれの賃金は少なくともかれの生活を維持するのに足りるものでなければならない。賃金は，たいていの場合いくぶんこれより多くさえなければならない。さもなければ，彼にとって家族を養うのは不可能だろうし，そういう職人たちの層は一代限りになってしまうだろう」(WN, p.85)

　リカードウとは違ってスミスは，人口を維持する賃金水準は，「最低の率」の賃金水準であると考えていた。それぞれの家族を維持できる人口が，一国の人口を維持できる水準でもある。そのうえで，労働需要は「それぞれの国の収入とストック」，すなわち「国民の富 (national wealth)」(WN, p.86-87) の増加とともに増加し，それが人口を増大させることになる次第を説く。

　「労働に対して気前よく報酬が与えられると，労働者はその子どもたちに，よりよいものを提供できるようになり，したがってまた，もっと多数の子どもたちを養育できるようになるから，増殖の限界は自然に拡大延長される傾向がある。」(WN, p.98)
　「この需要がひきつづき増加するならば，労働の報酬は必然的に労働者の結婚と増殖を促進し，その結果かれらは，ひきつづき増加する需要をひきつづく人口増加によって充足しうることになる。いつであれ，もし報酬がこの目的に必要な額以下であれば，人手の不足が報酬を引き上げるだろうし，また，もし報酬がそれ以上であれば，人手の過度の増殖がまもなくそれをこの必要な率に引き下げるだろう。」
　「このようなしかたで，人間に対する需要は，他のどんな商品に対する需要とも同じように，必然的に人間の生産を規制し，その進行があまりに緩やかなときには促進し，あまりにも急速な時には停止させるのである。」(WN, p.98)

スミスは，労働需要は収入とストックの増加につれて高まり，この労働需要の高まりが労働者家族を維持する最低水準以上に賃金を上昇させると，それは人口を刺激し労働供給を増大させると考えている。労働者が自分たちの子供により多くの食糧を与えられるようになると，より多くの子供たちを育てることができるようになる。こうして，労働需要による賃金の上昇は「結婚と増殖」を刺激し，労働供給を増加させる。収入とストックの増加による資本蓄積が，その労働需要に応じるだけの労働供給を引き起こす。明らかにここでは，リカードウの場合と同じように，人口は資本蓄積に応じた労働需要が生み出す経済の内生変数となっている。

スミスは，一国の産業が全体として収穫逓増状態にあることを前提しており，マルサスのように人口が食料による制約を受けることも，リカードウのように収穫逓減作用が利潤ゼロの定常状態を招来することもない。さらに，この収穫逓増をもたらすのは，資本蓄積のたびに分業によって生まれる労働の細分化と機械の導入である。資本蓄積は分業による労働生産性の上昇を生み出し，労働と物的資本の増加と技術進歩が並存する。

だが，スミスの場合，分業による収穫逓増が起こるのは，かれの想定する三つの社会状態のうち進歩的（advancing）状態の社会においてのみである。他の定常的（stationary）と衰退的（declining）状態の社会では，収穫逓増は実現しない。

一国の富が増加してストックの蓄積が進むとき，同時に分業も進展し労働生産性は上昇する。これが進歩的状態の社会であり，当時のイングランドやオランダ，フランス，北アメリカなどがこれに該当する。そこでは，ストックの蓄積による労働需要は高く賃金は上昇し，利潤は蓄積されたストック量の増加によって下落する。分業は進展し労働生産性は上昇していく。

それでは，定常的状態と衰退的状態の社会ではどうであったろうか。当時の中国が定常的状態の社会に相当するが，そこでは，ストックの増加がなく賃金は最低水準に張り付き，利潤もストックが一定なのだから低い。また，ベンガルやその他の東インド植民地のように衰退的状態の社会では，ストックが減少するのだから賃金は下がり，逆に利潤は高くなる。しかし，いずれにしても，これらの社会状態はイレギュラーなものであり，進歩的状態の社会こそ通常の社会状態であった。

おわりに

　近代の経済社会では，市場の範囲が広がり一般的な生産物だけではなく，労働や土地という生産要素が市場の中で取引されるようになる。これは，農業社会から工業社会へと変貌するなかで，土地と離れがたく結びついていた農民が流動化し，かれらが企業に雇用されるようになり，土地も市場で取引の対象となることから生じる。一般的な生産物市場は古くからあるが，労働や土地などの生産要素が市場取引の対象となるのはこの近代の社会が初めてである。農村で農民が自分で生産をし，それを消費する社会から，労働市場で労働力を売ってその賃金所得で生産物を購入する社会へと移った。

　工業化以前の農業社会では，土地に代表される自然の制約は大きく，マルサスが言うように食糧によって人口は規制された。土地の産物である食糧以上には人口を拡大できなかった。それは，農業における収穫逓減が食糧生産を制約していたからであり，さらに技術進歩がこの収穫逓減現象を回避できるほど，大きく生産性を上昇させられなかったからである。これは，マルサスもリカードウも J.S. ミルも認めている。そのうえで，かれらは工業化社会で生じる資本蓄積に目を向けた。

　初期の工業化社会では，リカードウの経済で示されているように，労働者の主要賃金財である食糧の価格が農業の収穫逓減によって高まると賃金も高くなる。さらに，この賃金の上昇は，利潤を下げて定常状態を引き起こす要因となるが，同時に生産要素であるこの労働価格が高くなることは，他の生産要素である機械という物的資本の価格を相対的に割安にする。このため，割安となった生産要素である機械の導入が促進される[16]。こうして，物的資本の蓄積と技術進歩は農業の収穫逓減のもとで進んでいく。そのとき，人口は経済の内生変数として，資本蓄積が要求する需要に応えて供給されるため，資本蓄積の進行に応じて労働は増加する。ただ，この資本蓄積は，技術進歩のない資本・労働比率一定の場合にも生じ，この場合には，物的資本と労働の増加が，資本・労働比率一定のもとで起こる。リカードウの描く19世紀像は技術進歩への評価が低い。

　一方，かれらに先行するスミスの場合，資本蓄積は物的資本と労働人口の増加以外に，かならず技術進歩をともなう。人口は，リカードウ等と同じように，資本蓄積に応じて供給され経済に内生化されている。さらに資本蓄積は分業をかならずともない，それによって収穫逓増を引き起こし技術が改善

される。また，この資本蓄積は労働の細分化以外にも，新しい機械の導入を引き起こし物的資本は増加する。こうして，スミスの経済では，資本蓄積は物的資本と労働人口の増加とともに技術進歩を招来する。スミスの経済は技術進歩を内蔵している。

これらは対照的な経済社会像である。一方の物的資本蓄積を重視し，自然の制約を覆す技術進歩をもたないリカードウ，マルサス，J.S.ミル等の19世紀の経済学に対して，資本蓄積と技術進歩がつねに並存するスミスの経済は，むしろ収穫逓増という面ではマーシャルにつながる20世紀的要素をもっている。だがその一方で，人口の内生的供給を説く人口理論では，スミスはリカードウ等と共通する考え方をもっていた。

【注】

1) 19世紀において「資本」は，流動資本である労働や原材料と固定資本である機械や建物の両者をふくむ。したがって資本蓄積が起こる場合には，原材料や機械の投入が進むと同時に雇用労働量も増加する。

2) これはシュルツのいう「食糧問題」である。Schultz, T. W. (1953) は，農産物市場で人口や資本が増加したとき需要曲線を右にシフトさせるが，技術改良などがそれほど進まないため，供給曲線の右シフトが大きくなく穀物価格が上がるケースを取り上げ，これをリカードウ＝マルサス＝ミルのモデルとしている。

3) 速水 (2000) は，産業革命以降の初期工業化局面と19世紀末以降の高度工業化局面とを分け，前者の物的資本の蓄積を主動力とする成長局面と，後者の生産性の上昇を主導力とする局面とを区別する。これは，マルサス，リカードウ，J. S. ミルとスミスの違いにも類比されよう。

4) スミスの経済成長論は，現代のローマー等の内生的成長論の先駆とも言えるし，アリン・ヤングやマーシャルの収穫逓増論ともつながる。

5) この式は以下のように導かれる。まず，国内全体の食糧需要 Fd は
$Fd = Lfd$
なので，
$\Delta Fd/Fd = \Delta L/L + \Delta fd/fd$
となる。ここで食糧需要の所得弾力性 η は本文で見たように

$$\eta = (\Delta fd/fd)/(\Delta y/y)$$
なので,
$$\Delta Fd/Fd = \Delta L/L + \eta (\Delta y/y)$$
となる。

6) のちにみる,ライベンシュタイン,ベッカー,イースタリン等の論者は,再度人口を経済の内生変数とする理論を提示する。Leibenstein, H. (1957), Becker, G. S. (1960), Easterlin, R. A. (1975) を見よ。

7) この説明は加藤久和(2001)に詳しい。さらに速水佑次郎(2000)もライベンシュタインに拠って19世紀と20世紀の人口と経済の分析をしている。

8) もちろんこれは,その後の「生き残ったのは2人もいない」(WN, p.97)ことが珍しくないほど,ハイランドの死亡率が高かったからである。

9) ラスレット(P. Laslett)やリグリー(E. A. Wrigley)等のケンブリッジ学派によれば,産業革命以前の近世イギリスにおいては,ライフサイクル・サーヴァントのシステムが普及しており,10代で実家から離れ製造業親方や農家のもとへ徒弟として入り10年ほど労働を行うことが盛んであった。そして,この間結婚をせず20代後半になって結婚することから,若年夫婦世帯と子供のいない老夫婦世帯という二種類の核家族が生じた。ここでは,親が子供を家計所得への寄与あるいは老後の生活保障のために養育することはない。Laslett, P. (1983), Wrigley, E. A. & R. S. Schofield (1981), 斎藤修編著(1988)などを見よ。これも,ライベンシュタイン等の効用モデルを否定するものとなろう。

10) 斎藤修(2008)は,食糧が人口を制約するマルサス,リカードウ,J.S.ミルと,収穫逓増を説くスミスとを対比させている。

11) 水田健(1995)は,スミスの収穫逓増下での人口を内生化した経済成長論を描いている。

12) 20世紀に入って導入された,品種改良や化学肥料の導入などの科学的農業の発達によって土地生産性を飛躍的に高めることができた。注13を見よ。

13) 速水佑次郎(2000)によれば,1960年代末から起こったアジアにおける「緑の革命」は,開発段階にある後発国が,品種改良や肥料の開発のような科学的手法で飛躍的に米や小麦の収量を増加させたケースである。

14) 水田健(2015)では,このことを詳細に取り上げている。

15）さきの注 2 で言及したシュルツの「食料問題」である。

16）このことは水田健（2015）によって論じた。Allen, R. C.（2011）および Allen, R. C.（2011）は，要素価格比の変更から産業革命を説いている。

【参考文献】
Allen, R. C. [2009], *The British Industrial Revolution in Global Perspective*, Cambridge U.P.
Allen, R. C. [2011], *Global Economic History : A Very Short Introduction*, Oxford U.P.（グローバル経済史研究会訳『なぜ豊かな国と貧しい国が生まれたのか』NTT 出版 2012 年）．
Becker, G. S. [1960], An Economic Analysis of Fertility. In Coale, A. (ed). *Demographic and Economic Change in Developed Countries*, Princeton U. P.
Easterlin, R. A. [1975], An Economic Framework for Fertility Analysis, *Studies of Economic Planning*, vol. 6.
Laslett, P. [1983], *The World We Have Lost Further Explored*, Routledge（川北稔・指昭博・山本正訳『われら失いし世界—近代イギリス社会史—』三嶺書房 1986 年）．
Leibenstein, H. [1957], *Economic Backwardness and Economic Growth: Studies in the Theory of Economic Development*, Wiley（三沢嶽郎監修，矢野勇訳『経済的後進性と経済成長』紀伊国屋書店，1960 年）．
Malthus, T. R. [1824], 'Population' From the *Supplement to the 4th, 5th and 6th editions of the Encyclopedia Britannica*, vi in *The Works of Thomas Robert Malthus*, vol 4, William Pickering.
Malthus, T. R. [1798], *An Essay on the Principle of Population 1st.ed.*, in *The Works of Thomas Robert Malthus*, vol 1 , William Pickering.
Malthus, T. R. [1826], *An Essay on the Principle of Population 6th ed.*, in *The Works of Thomas Robert Malthus*, vol 2-3, William Pickering.
Ricardo, D. [1817-21], *On the Principles of Political Economy and Taxation* in P. Sraffa, (ed.), *The Works and Correspondence of David Ricardo*, vol.1, Cambridge U.P.（本文では PE と略記する）．
Ricardo, D. [1820], *Funding System*, in P. Sraffa, (ed.), *The Works and Correspondence of David Ricardo*, vol.4, Cambridge U.P.
Schultz, T. W. [1953], *The Economic Organization of Agriculture*, McGraw-Hill.（川野重任・馬場啓之助監訳『農業の経済組織』中央公論社 1958 年）
Smith, A. [1776], *An Inquiry into the Nature and Causes of the Wealth of Nations*, in Glasgow edition of the Works and correspondence of Adam Smith Ⅱ , Oxford U.P.（本文では WN と略記する）．
Sraffa, P. ed. [1951-73], *The Works and Correspondence of David Ricardo*, 11 vols, Cambridge

U.P. 堀経夫他訳『デイヴィド・リカードウ全集』全 11 巻, 雄松堂, 1969-99.

Wrigley, E. A. & D. Souden [1986], *The Works of Thomas Robert Malthus*, 8 vols, William Pickering.

Wrigley, E. A. & R. S. Schofield [1981], *The Population History of England 1541-1871 A reconstruction*, Cambridge U.P.

加藤久和 [2001],『人口経済学入門』日本評論社．

斎藤修編著 [1988],『家族と人口の歴史社会学―ケンブリッジグループの成果―』リブロポート．

斎藤修 [2008],『比較経済発展論』岩波書店．

速水佑次郎 [2000],『新版 開発経済学―諸国民の貧困と富―』創文社．

水田健 [1995],「アダム・スミスと経済成長」平井俊顕・野口旭編著『経済学における正統と異端』昭和堂．

水田健 [2015],「リカードウにおける資本蓄積―人口・自由貿易・農業改良・機械導入をめぐって―」『マルサス学会年報』24 号．

第8章 マルサスの功利主義

柳沢　哲哉

1. 問題の所在

　マルサスの思想について，その源泉をどこに求めるのか，あるいは神学的議論のウェイトをどう評価するのかといった点では見解は一致していない。しかし，思想的基盤を功利主義とすることは，同時代から今日までの共通了解といってよい。これに対して，マルサスを功利主義者とするのは間違いであり，神学的功利主義という概念自体の無効を宣言する異論がクレマスキから提出されている[1]。

　クレマスキは神学的功利主義に代えて，カンバーランド (Richard Cumberland) からバトラー (Joseph Butler), ゲイ (John Gay), ブラウン (Thomas Brown), ペイリーへと連なる，「帰結主義的主意主義 (consequentialist-voluntarist)」と名付けた独自な思想的系譜を設定し，マルサスをそこに属させようとする。通説とクレマスキ説との違いは，後者が功利主義を実質的にベンサマイトに限定しようとする点に由来するところが大きいが，それにとどまらずマルサスを徳倫理に位置付けようとする顕著な特徴を持っている (Cremaschi 2014:5)[2]。クレマスキによれば，『人口論』は第2版から体系的な徳倫理を持っており，後年になるほど徳倫理の性格を強めていった。

　確かに，幸福や功利のみならず徳についても論じているし，「徳と幸福」のように併記している箇所もいくつかある。しかし，幸福に対する徳の優位という視角からマルサスを解釈するのは無理があると思われる。本稿は通説を支持する立場から，(1) 帰結主義，(2) 功利（すなわち社会の幸福量）の最大化の2つを主要な基準として功利主義を規定する。このような緩い規定を採用するのは，マルサスを無理に功利主義の陣営に加えることを意図したからではない。ベンサマイトの影に隠れがちではあるが，マルサスも自然法思想から功利主義への社会思想上の転換を体現する思想家であり，帰結を導出するにあたり人口原理という強力な武器を功利主義に組み込むことで，制度論や政策論を説得的に展開することに成功した代表的な功利主義者であるからだ。これが本稿におけるマルサスの位置付けである。

以下，マルサス功利主義の特徴を検討していくが，自然法則（自然法）および徳の扱いが主要な焦点となる。2節では思想的な構造を確認するために，マルサスの神義論と自然法の扱いを確認する。クレマスキの解釈によれば，マルサスは善の複眼的な視点を持っていたために徳と幸福を区分しており，そこにベンサムとの相違がある (Cremaschi 2014:45)。この解釈の妥当性を3節で検討する。マルサスは徳と幸福を一元的に扱っていたというのが，本稿の立場である。そこで問題となるのが二元論のように見える「徳と幸福」の併記である。これをどう理解すればよいかを4節で考察する。

2．『人口論』の基本構造と自然法則

マルサスは『人口論』初版第18、19章（神学章）における神義論で，人口原理の存在理由を論じた。原罪に悪の存在根拠を求め，現世を試練の状態とするアウグスティヌス型の神義論が一般的であるが，マルサスはこれとは異なる神義論を主張した。時に異端と目されることもあるマルサスの神義論は，「魂の形成」を神の目的として，現世を客観的な環境がもたらす問題や困難を克服するプロセスとするイレナエウス (St. Irenaeus) 型の神義論に近い (Hick 1952:201-218)。マルサスによれば，人口原理があるために絶えず人口圧にさらされている。その結果，欠乏という肉体的な苦痛を回避するために，活動へと導かれ，精神の形成・発展が実現する[3]。神が与えた人口原理の役割は，精神の形成・発展のプロセスを起動させ，維持させるところにある。人口原理それ自体は生物学的な法則で，恒常的な性格を持つ不変の法則であり，必然的に自然的悪と道徳的悪（悪徳）という悪 (evil) を伴わざるをえない。しかし，悪の存在は部分的なものにすぎず，精神の形成・発展をもたらすことで全体としては善の方が大きい。そして，精神の発展を促すために，自然は多様性を与えられたというのである。

> 「人間を神慮の慈悲深い計画の遂行に駆り立てるために，神は人口が食料よりもはるかに早く増加すべきことを命じた。この一般法則は疑いもなく多くの部分的悪 (partial evil) を生み出すが，ほんのわずかな考察で，それをはるかに上回る善の超過 (overbalance) を生み出すことが分かる。…〔推理の力を養い努力に方向を与えるために〕神は一般的法則に従って行動すべきである。すなわち，自然法則の不変性…が推理する能力の基礎である。」(Malthus 1798:361-2/ 訳 206)

> 「自然の働きと形が無限に多様であることは，それが与える印象を多様にし，直接に精神を覚醒しそれを啓発する……。自然が無限に多様であるということは…創造の高い目的を達するのに適しており，そのおかげで最大可能な量の善を生み出す。」(Malthus 1798:378/ 訳 215)

悪を部分的悪と説明する神義論は，ライプニッツやポープの最善説 (楽天主義) を踏まえたものである (柳沢 2010)。後にミルたちはマルサスの神義論をマニ教的であると評することになるが，全体的善と対比させるために悪の存在を強調するのは最善説の特徴でもある[4]。また神義論の中でマルサスは，社会全体の中流階級化は不可能であって階層社会は避けがたいと論じた。階層社会の必然性はユートピア社会批判とも関係しているが，何よりもまず社会における多様性の確保という精神形成説と結びつけて理解する必要がある[5]。

「最大可能な量の善」を生み出せるように，人口原理を組み込んだ世界が創造されていること。これが『人口論』における功利主義の舞台設定である。この舞台設定までは神学的である。ここからどのようにすれば「最大可能な量の善」を生み出せるのかという問題を，一元的ではないにせよ，基本的には世俗的な功利主義の枠組で展開していくことになる。代表的な提言がユートピア社会批判と救貧法批判である。救貧法を次のように批判している。

> 「人類の大多数の幸福を増進するためには，こういう〔貧民をはずかしめる〕刺激が絶対に必要である。この刺激を弱める計画はその明白な意図が一見いかに慈悲深い (benevolent) ものであっても，結局，必ず目的とは反対の結果を生じる。」(Malthus 1798:85/ 訳 62-3)
>
> 「もし救貧法というものが存在しなければ，ひどい困窮の例はいくつか生じるだろうが，庶民の幸福の集計量 (aggregate mass of happiness) は今よりは大きかったに違いない。」(Malthus 1798:94/ 訳 67)

救貧法の立法の動機ではなく，その帰結である「幸福の集計量」を問題にする功利主義の典型的な議論である。人口原理という自然法則を用いて，社会全体に影響を与える帰結を導出しているところが，マルサスの功利主義の最大の特徴である。所有権や結婚制度を擁護する際にも，同様の論法が用いられている。たとえ理想的なユートピア社会を目指して所有権や結婚制度を否定したとしても，人口の予防的妨げが作用しなくなり，過剰人口が社会を

崩壊させてしまう。このように帰結をもって所有権や結婚制度を擁護した。
　ここで確認しておきたいのは，所有権や家族制度を自然法ではなく，功利主義によって基礎付けていたことである。自然法に対する姿勢がよく表れている一節を，後年の著作である『人口論綱要』から引用しておく。

> 「財産権こそは実定法の産物であるとはっきり認められるとしても，しかしこの法は非常に早くから非常に威力をもって人類の注目を余儀なくしたから，もしそれが自然法と呼ぶことができないとしても，それはあらゆる実定法のうちでもっとも自然なものであり，もっとも必要なものである．．．．この優位性の根底となっているものこそ，一般的善を促進するその明らかな傾向と人類が獣の類へと堕落することを阻止する傾向である。」(Malthus 1824:331/ 訳 74)

　このように財産権は極めて自然なものであることを認めながらも，自然法ではなく「一般的善を促進する」功利主義によって基礎付けている。物理や生物といった自然界の「自然の法則 (laws of nature)」に恒常性があることをマルサスは強調した。人口原理もそうした自然の法則の1つである。しかし，注意深く自然法 (natural law) を退けていることからも分かるように，マルサスは自然界の法則と所有権などの社会における法とを区別していた。『人口論』後続版には子供を扶養する親の責任を「自然法」と表現している箇所もあるが，ユートピア社会批判の中で結婚制度を基礎付けていたことから分かるように，それは不用意に使用されたものと見るべきである[6]。
　自然の法則である人口原理を根拠にしていることから，マルサスの中に自然法思想を見出す見解がある。これを自然法解釈と呼ぶことにしよう。自然法解釈はカワードをはじめとする救貧法研究からのマルサスへのアプローチの中でしばしば語られており，一定の市民権を得ている。カワードらは，マルサスの時代の救貧法への対応として3グループを設定する。救貧法存続を訴えた人道的な福音主義派，貧民管理を目指したベンサムを頂点とする功利主義派，それに救貧法廃止を訴えて市場メカニズムを作用させようとした「自然法派」である。この最後のグループの代表がマルサスということになる。しかし，自然法に依拠していたわけではないし，労働市場に全てを任せよと主張していたわけでもないから，「自然法派」という名称は混乱の元である。マルサスの救貧法廃止論は，多子家族への児童手当といった功利主義に基づく実行可能な救貧政策とセットで理解する必要がある（柳沢 2015）。

自然界の法則と自然法とを区別するのがマルサス研究における通説であることを認めながらも，クレマスキはあえてその区分を否定し自然法解釈を支持する。ペイリーやマルサスはキケロ的な自然法の体系と合致し，そこに守るべき道徳的価値を認めていたというのである (Cremaschi 2014:47-51)。自然法への依拠を明示できない以上，自然法解釈には無理があると言わざるを得ない。

3. 徳と幸福

　マルサスが徳と幸福，悪徳と不幸を一元的に扱っていたかどうかを中心に検討していきたい。最初に幸福の要素を確認しておく。初版では，幸福の要素として明示的には「健康と生活上の必需品と便益品を取得する力」(Malthus 1798:304/ 訳 177) を取り上げていた。しかし，「知的快楽は肉体的快楽よりも上位である」(Malthus 1798:261/ 訳 154) というゴドウィンの議論を受け入れていることからも分かるように，その他の要素を排除していたわけではない。つまり，最初から快楽主義的な幸福感に立っていたわけではない。『人口論』第 2 版では，「夕べの快適な一家団欒」や「知的快楽」などの要素も取り上げるようになるが (Malthus 1989,2,89-91/ 訳 533-535)，本質的な変更はなかったと言ってよい。マルサスの幸福は包括的であり，ペイリーとの相違点でもある (柳沢 2013:7-8)。

　変更があったのは徳の扱いである。『人口論』初版では，慈悲 (benevolence) に基づく社会は存続できないとか，あるいは「徳を熱愛し賞賛するのはその反対物あってのことだろう」(Malthus 1798:376/ 訳 213) のように，徳自体を積極的に論じていない。マルサスは現世を「徳の学校 school of virtue」(Malthus 1798:348/ 訳 199) とする見解を否定していたし，そもそも「徳と悪徳について我々の考えはおそらく正確でもなければ明瞭でもない」(Malthus 1798:387/ 訳 218) という立場であった。しかし，他方では，人口の妨げを説明抜きで悲惨と悪徳に分類している。少なくとも具体的に念頭に置いていた，婚姻外の性的交渉や戦争が悪徳であるのは一般的な通念であると了解していたと考えられる。こうした具体例に着目すれば，帰結である不幸に先立って悪徳の存在を認めていたとするクレマスキの主張は正しいことになる。さらに，以下の「有徳な (virtuous)」の用例もクレマスキ説の補強になるだろう。

「有徳な愛着 (a virtuous attachment) に向かう傾向はきわめて強いので，人口増加への努力が続く。この不断の努力は，絶えず社会の下層階級を困窮に陥らせる。」(Malthus 1798:29/ 訳 32)

　しかし，無視すべきでないのは，初版でも悪徳の帰結をわざわざ不幸と結びつけて語っている点である。予防的妨げについて「両性をつねに脱出できない不幸 (unhappiness) へと巻き込む悪徳」(Malthus 1798:70/ 訳 54) と論じ，戦争については「戦争をすることが悪徳であり，その結果は悲惨である」(Malthus 1798:52/ 訳 44) と論じている。初版での徳や悪徳の扱いは一貫したものとは言えないが，帰結との関係も視野に入れていたと言えるであろう。
　第 2 版から徳を「人間の幸福の最大量を引き出すこと」と明示的に定義するようになる。義務についての叙述と合わせて引用しておく。

「理性的存在としての我々の徳は，創造主が我々の支配下に置いた一般的材料から，人間の幸福の最大量を引き出すこと (educing) にある。」(Malthus 1989,2:93/ 訳 537)
「道徳的抑制がこの原理から生ずる付随的害悪を回避する唯一の道徳的方法であるならば，それを実行するわれわれの義務は明らかに他のいずれの徳を実行するわれわれの義務と同じく同一の基礎，すなわち功利という基礎にもとづいている。」(Malthus 1989,2:94/ 訳 539)

　「幸福の最大量」は初版の神義論における「最大可能な量の善」に相当する。徳だけでなく義務もまた功利によって基礎付けられている。功利に基礎付けられた義務といっても，全体の幸福のために個人の行為を律するような義務ではない。ゴドウィンの世界では功利のために個人の行動を律する必要がある。『人口論』初版ではゴドウィンから個人の幸福と功利との乖離という社会観を受け入れていたが，第 2 版でそうした見解は放棄される。単に人口の抑制によって功利を増大させるというのではなく，「人口の抑制を個人の幸福としたところに 2 版の新しさがある」(柳沢 2013:18)。道徳的抑制であっても，個人のレベルで見れば，結婚の延期自体は「最小」ではあるものの害悪である (Malthus 1989,2:17/ 訳 11)。しかし，この害悪を上回るメリットが当事者たちにあることをマルサスは指摘する。
　そのことは悪徳を伴う慎慮的抑制との対比で説明できる。慎慮的抑制として主に念頭に置いていたのは乱交である。一時的な情念の満足はあっても，

乱交の帰結は「害悪と不幸」である (Malthus 1989,2:104/ 訳 550)。

「子供の出生を妨げる乱交のようなものの結果は，明らかに最善の情愛を弱め，著しく女性の人格を堕落させる。」(Malthus 1989,2:97/ 訳 542)

これに対して，一時的な禁欲は，両性間の愛情を深め，幸福の主要な要素である親子間の情愛の念も強める。さらに「優しさ，親切，および穏やかな習慣 (suavity of manners) を生み出す一般的な結果をもたらすだろう」(Malthus 1989,2:92/ 訳 536)。だから，先を見通せる慎慮があるならば，道徳的抑制は個人の幸福の追求として選択されるはずである。「結婚状態の幸福は ... 勤勉と徳に対する褒賞として，また誠実で変わらない愛情に対する報酬として待ち望まれるものとなる」(Malthus 1989,2:98/ 訳 543)。結果的に功利を増大させるから，マルサスは個人の幸福の追求を「義務」とも表現している。

「いかなる大きな改善も各人の利益と幸福に直接依拠して成し遂げられてきたことを我々は目にしてきた。ここで論じている改善も，それを目指すべきであるならば，同じようにして成し遂げられるはずである。われわれが慣れない動機から行動し，明確に理解できない全体的幸福や，遠く隔たり，拡散してはっきりしないその結果を追求する必要はない。全体の幸福は個人の幸福の結果でなければならず，まず個人から始まるべきである。自分の義務を誠実に履行する人は，他にどれだけ履行しない人がいたとしても，その成果の全てを獲得する。」(Malthus 1989,2:105/ 訳 551)

個人の幸福の追求から全体の幸福が導かれるという構造があり，徳もその構造の中で語られていることになる。議論の前提となっているのは，将来の帰結を判断できる慎慮を身に付けた存在である。徳の定義に表れていた「理性的存在としての我々の徳」という言い方も，慎慮と関わっている。貞節という徳は宗教的な徳でもあるが，将来を正しく見通す理性さえあれば導出できる。したがって，マルサスは貞節を「自然と理性のうちに最も現実的で強固な基礎を持つ」ものとした (Malthus 1989,2:97/ 訳 542)。このロジックに従えば，キリスト教以外の文明でも理性にもとづいて行動する限り，個人

は道徳的抑制を選択するだろう。事実，マルサスはそのように論じている。

> 「キリスト教の権威を認めない人に対しては，私はもっとも慎重な研究の後に，この徳〔道徳的抑制〕がない場合に一般的自然的法則から生じそうなある害悪を回避するために，それが絶対に必要であろうと言うしかない。彼自身の原理に従って，これらの法則と調和する最大の善を追求することが彼の義務である。」(Malthus 1989,2:99-100/ 訳545)

このように道徳的抑制は非キリスト教文明も視野に入れた議論である。それゆえホランダーが解釈したように，マルサスの主張は世俗的功利主義と親和性が高いと言えるだろう。

もちろん，神学的側面を無視するわけにはいかない。理性の存在は精神の形成・発展のプロセスを前提としている以上，確かにマルサスの倫理思想は神学的基礎を持っている。道徳的抑制は宗教的義務としても語られている。例えば，「聖書が情念を理性の範囲内に抑制することをわれわれの義務としてもっとも明瞭かつ的確に指摘している」(Malthus 1989,2:100/ 訳545)といった具合である。それだけでなく，「キリスト教は優れた享楽の状態にわれわれを適合させる傾向のある徳の実践の中に，われわれの現在および将来の幸福を見出している」(Malthus 1989,2:96/ 訳541) とも論じている。文字通り受け止めれば，徳がまず与えられていて，それにより幸福が規定されていると読める。そうだとすれば，幸福に対する徳優位の倫理思想というクレマスキの見解は正当なものである。

しかし，啓示から直ちに宗教的な徳を導けるとマルサスが考えていたわけではない。第3版付録で「産めよ殖やせよ地を満たせ」という『聖書』の文言に解釈を加えている。「理性的な被造物」は人口原理に照らして，この文言を無制約な人口増加ではなく，適切な抑制下での人口増加と解釈しなければならないと述べている (Malthus 1989,2:205/ 訳656)。つまり，啓示の解釈の妥当性が功利によって判定されているのである。

> 「功利はいかなる情念の満足にとっても直接の刺激にならないけれども，〔5版挿入：神の啓示に示された意志とは独立に，〕情念を満足させるべきか否かを判断する試金石である。それゆえ功利は自然の光から推測できる道徳規則の最も確実な基準である。」(Malthus 1989,2:157-8/ 訳604) [7]

道徳規則はこのように理性(「自然の光」)によって基礎付けられている。だから,道徳的抑制の宗教的な義務の側面は,「自然の光と理性」が指示する功利によって与えられる道徳規則との整合性として説明されることになる。

「…道徳的抑制に向けさせていることを我々がもっと考えるならば,また自然の光と理性によって我々に指示され,啓示によって確認された義務にきっちりと従うことによって,これらの害悪を回避できることが明らかになれば,この反対論は一掃され,神の善意に対する全ての外面的な非難は取り除かれる」(Malthus 1989,2:96/ 訳 541)

ここまでのところで,功利,徳一般,宗教的義務との関係についておおよそは示せたと思う。そこで個別の徳と功利の関係を検討しておきたい。マルサスが明示的に徳として語ったのは,貞節と慎慮の2つ——道徳的抑制も徳と呼んでいるので,それを加えれば3つとなる——と思われるが,クレマスキはこれ以外に慈悲,平等の愛好と自由の愛好をマルサスの徳に数えている。確かに,これらを肯定的に扱っていたのは間違いない。すでに検討した貞節を除いて,これらの徳について確認していこう。

(1) 慎慮

将来を見通し現在の行為を統制する慎慮であるが,功利の判断に必須の不可欠な要件である。異教の道徳論者の見解として,「徳目のうち慎慮が第1位を占め,また一部のものはそこに他の徳も全て含まれるとさえ考えた」(Malthus 1989,2:96/ 訳 541) と述べている。この見解を全面的に受け入れているわけではないが,慎慮の重要性を強調する文脈で書かれている。キリスト教以前から,そして異教徒でも慎慮を徳として認めるならば,貞節という徳が導出できるという論理構成になっている。

誤解を防ぐために付記しておけば,行為の帰結を見通すといっても,個別の行為が功利に与える影響を判定せよと言っているわけではない。極端な行為功利主義をとるゴドウィンはそれを求めたわけであるが,「完全な知識」のない人間にはそのような判定が不可能であるとマルサスは批判した[8]。マルサスが求めた帰結の判定は,短期的な欲望の満足と将来の「結婚の状態」との比較という個人の幸福に関する限りでの判定,あるいは人口原理を用いることで一般的な帰結にたどりつける判定にすぎない。

(2) 慈悲

初版全体の中では自愛の行き過ぎを抑える慈悲の役割を肯定する議論もあるが，慈悲では社会を編成できないとするゴドウィン批判が中心である。私的慈善の根拠となる慈悲の積極的な役割は第2版から論じられる。マルサスは多子家族などへの公的救済を認めていたが，慈善の対象となるべき困窮者の少なからぬ部分は私的慈善によって救済されることを期待していた。私的慈善も無条件で肯定したわけではなく，「人類の幸福総量を増大させる」必要がある (Malthus 1989,2:157/ 訳 603)。そのために，自立可能な受給者が慈善依存に陥らないように，私的慈善の供給者は適切な選別を行うことが求められた。その妥当性の判断を「功利の試金石」(Malthus 1989,2:162/ 訳 609) に求めた。

(3) 自由の愛好

自由について統一的な議論を展開しているわけではない。例えば，人間が盲目的必然に支配されているならば道徳的な振る舞いは存在しなくなる，といったカントの「自律」を想起させる叙述もある (Malthus 1798:375/ 訳 213)。あるいは労働移動の自由や独立心との関係で自由を論じている箇所もある。後者は直接，功利の増大につながると言ってよいだろう。第2版第4篇第6章では人口原理の無理解がもたらす専制政治の危険を論じており，第3版から「自由な政体と健全な政府は貧困を減少させる傾向がある」(Malthus 1989,2:131/ 訳 579) と述べてはいるが，そのメカニズムは明確ではない。『経済学原理』の賃金章では，高賃金の条件の中で次のように説明している。政治的自由なしでは市民的自由が確保できず，市民的自由がなければ下層階級は自らの努力の成果に確信が持てないし，また獲得した財産の安全にも確信が持てない。その結果，将来の計画を立てることができなくなるから，下層階級の慎慮が阻害されてしまう (Malthus 1820:251/ 訳下 22)。このように，市民的自由と政治的自由を慎慮の涵養という観点から肯定した。

(4) 平等の愛好

マルサスは平等を市民的自由とほぼ同義で語る場合が多い。それについては上述のとおりである。しかし，クレマスキが対象にしているのは，財産ないし所得の平等化である。このような意味での平等の愛好を，徳に含めてよいかは検討が必要である。クレマスキが指摘するように，マルサスはイギリス社会の不平等を行き過ぎていると見ていた (Malthus 1798:287/ 訳 227)。そして，貧困が解消できるならば，富者から貧者への富の移転にも同意すると述べている。そこでは富の移転による満足の増大という限界効用逓減を

用いた再分配論を連想させる議論さえ行っている (Malthus 1989,2:213/ 訳 662-3)。しかし，長期的には分配を改善させる有効な方法は，下層階級による人口抑制を促進する方策しかないというのが結論である。人口抑制が結果的に平等化への傾向を持つとしても，平等の愛好を徳として扱えるかは判断を留保したい。

　以上，見てきたように，個別の徳についても，功利と結びつくようにマルサスは論じていたと言ってよいだろう。

4．日常語と徳

「徳と幸福(the virtue and happiness)」という表現が第2版からいくつも登場する(Malthus 1989,2:87/ 訳 531; 148/ 訳 596; 203/ 訳 654 etc)。クレマスキが主張しているように幸福に解消できない徳を想定していた可能性がある。この問題を考察する手がかりとなるのが，第2版で付された悪徳の必要性を説明する注である。マルサスは悪徳の帰結が悲惨，すなわち幸福の減少であると説明していた。そうだとすれば，悪徳という概念は不必要になるという批判が，古くは同時代の書評者などからも投げかけられていた[9]。マルサス自身もこの問題を意識していた。不義密通も事例によっては功利を増大させるといった世俗的功利主義の性格が際立つ箇所であること，また第5版で悪徳の説明に宗教的理由を加えたことなどから，これまでもしばしば注目されてきた注である。多くの論点を含み，マルサスの功利主義の特徴を理解するのに重要なので，長くなるが引用しておく。第2版を用いるが，第5版での挿入の要点もカッコ内に補っておく。

> 「悪徳の一般的な結果は悲惨であり，この結果こそ，ある行為が悪徳と呼ばれる正確な理由であるから，ここでは悲惨という言葉だけで十分であろうし，両方とも用いるのは余計なことだと思われるかもしれない。しかし，悪徳という言葉を拒否すれば，我々の語法と観念にかなりの混乱を生じるであろう。ある種の行為が悲惨を生み出す一般的な傾向を持つのであるから〔そして，それゆえ創造主の命令と道徳家の教えによって禁じられているから〕，その直接的な結果や個別的な結果がその真逆を生み出すとしても，そうした行為を悪徳と呼びたい。… 女性との正式でない関係でも，双方の幸福を高め，誰も傷つけることのなかった場合も，間違いなくあっただろう。したがって，このような個別的行為を

悲惨の項目に入れることはできない。しかし，それらはやはり明らかに悪徳である。なぜならば，個別的結果はどうであれ，ある〔十戒を犯す〕行為の一般的な傾向が悲惨を生み出すものが悪徳と名付けられているからである。そして，両性間の不義密通が社会の幸福を損なう一般的傾向を持つことは誰も疑うことはできない。」(Malthus 1989,1:19/ 訳 13)

　第1に着目すべきは，徳と悪徳との論理的整合性である。見てきたように，マルサスは徳を幸福の最大化(「人間の幸福の最大量を引き出すこと」)で定義していた。最後のセンテンスに明瞭であるが，ここでは徳の対概念である悪徳を「社会の幸福」の減少で説明している。これは徳の定義と論理的に整合している。第2に着目すべきは，悪徳を用いる理由が説得的でない点である。この注で悪徳の必要性を説明できたとは言い難い。変則的な個別事例と一般的な帰結とのズレの存在が，悪徳を用いた理由であるかのように説明している。その際，類似の行為の一般的な傾向を判断基準とする規則功利主義の論法をわざわざ用いている点で，きわめて興味深い議論になっている[10]。だが，変則的な個別事例が存在しているからといって，悪徳という概念の必要性を説明したことにはならないだろう。もし，この議論が成立するのであれば，変則的な個別事例が存在しなければ悪徳は不要ということになってしまう。それはマルサスの本意ではないはずだ。

　悪徳を用いた主要な理由は，「悪徳という言葉を拒否すれば，我々の語法と観念にかなりの混乱を生じるであろう」という部分にあると見た方がよい[11]。「我々の語法と観念」は常識と置き換えてもよいだろう。悪徳を不要とすることは「我々の語法」と合致しない。しかし，そのことは常識をそのまま受け入れたことを意味しない。もしそうだとすれば，「創造主の命令と道徳家の教えによって禁じられているから悪徳なのだ」という常識に訴えれば済んだはずだ。このような論法をとらず，わざわざ「社会の幸福を損なう一般的傾向」という帰結に訴えたことこそが重要である。それほど説得力があるとは思われない注を付したのは，功利主義と「我々の語法と観念」との衝突を回避するためであったと理解しなければならない。日常語を尊重すべきとする姿勢をマルサスは後の用語論争においても貫いていく (柳沢 1991)。

　「徳と幸福」の併記も同様に考えることができるだろう。厳密に言えば，幸福という帰結とそれを引き出す手段である徳とは同一の観念ではない。しかし，併記の用例を内容的に見れば，「幸福」一語で表記することも可能であったと思われる。むしろ，ほぼ同一の意味を持つから，「徳と幸福」を併記し

たと見るべきであろう。徳と幸福との乖離、あるいは幸福と無関係な徳の存在といった問題を論じなかったことは、このような解釈を支持する状況証拠と言ってよいだろう。

5. むすびにかえて

マルサスは徳、悪徳そして義務を功利主義によって基礎づけていた。それゆえ、功利主義者とする通説は妥当なものと考えられる。慈悲に対する自愛の優位や人口原理は神の創造で説明しているから、神学的世界観を前提としていることは否定できない。しかし、行為や制度の判定基準に着目するならば、おおよそは世俗の領域で完結する議論となっている。道徳的抑制を促す宗教的サンクションは補完的な役割にとどまっている。その意味で世俗的性格の強い功利主義である。マルサスは「我々の語法と観念」を尊重した。そのために、徳と悪徳を幸福と悲惨へと解消する道を表現上は選ばなかった。「徳と幸福」の併記は日常語の尊重で説明すべきである。

【注】
1) クレマスキは「功利のテスト」を善悪の判定基準ではなく、神の意志に合致しているかどうかの判定基準とする。これがマルサスを非功利主義とする主要な論拠であり、主意主義に組み入れる理由となっている。

2) 帰結主義的主意主義という独自な系譜の問題点について、ここでは2点だけ指摘しておく。(1) 主意主義の用法は論者によりかなり幅がある。クレマスキは必ずしも明確な規定を与えているわけではない。例えば、帰結主義的主意主義の源流に置かれたカンバーランドは、神と人間との道徳的共同性を説いた反主意主義に分類される (Schneewind 1998:101-117/ 訳 147-172)。クレマスキ自身も帰結主義的主意主義を主意主義と主知主義の中間に位置付けている。(2) 功利主義を避けるために帰結主義を導入しているが、一般に非帰結主義に分類される徳倫理との整合性が説明されていない。なお、徳倫理や規則功利主義など規範倫理の概要については田中 (2012) を、功利主義の歴史的展開については Scarre(1996) を参照されたい。

3) 「人口原理」をマルサスは一義的に用いておらず、過剰人口がもたらす社会的帰結を意味する用例もある。本稿では「潜在的人口増加率＞食料増加率」

を意味するものとして用いる。

4）1817年12月3日ミル発リカードウ宛書簡。「根底において楽天主義はマニ教的二元論と多くの共通点を持っていた」(Lovejoy 1974:208/ 訳 221)。

5）初版神学章は後続版では削除されるが，その要約とも言える叙述が後続版に存在する。「その法則が一様であり，またそれに付随する害悪のある状況下で，害悪の緩和ないし除去が人間自身に任されているということは，自然の他の部分との類同性によりよく調和するだけでなく，人間精神の形成と進歩によりいっそう役立つと考えるべき理由がある」(Malthus 1989,2:94/ 訳 539)。

6）マルサスが不用意に「権利」や「自然法」を用いていることは，リカードウも言及している (1821年9月9日リカードウ発プレイス宛書簡)。

7）5版での挿入で分かるように，自然神学から啓示神学へとウェイトを移したとするクレマスキの見解には無理がある (Cremaschi 2014:198)。ただし創造主の意図が幸福ではなく徳の増大にあったとする読み方は可能であり，本稿もそれを否定するものではない。「悪徳にともなう苦痛によってそれを犯さないようにさせ，徳がもたらす幸福によってわれわれを徳に導くことが創造主の明白な目的である」(Malthus 1989,2:103/ 訳 548)。しかし，政策や行為の判定を幸福の次元で問題にしていたとする従来の解釈に変更を迫るものとは言えない (Hollander 1997:919)。

8）「何かの行為をするにあたって，やろうとする行為が他のいかなる行為よりも全体の善 (general good) をもたらすと完全に確信できるまで，行為してはならないと言われたならば，もっとも賢明な精神の持ち主でも驚きかつ当惑するしかないだろう。賢明でない人は大きな誤りを犯すだろう」(Malthus 1798:295/ 訳 172)。第3版付録では，ゴドウィンの慈悲に基づく体系は「原因と結果に関するもっとも完全な知識」を必要とするが，そうした知識は神以外には持ちえないと付け加えている (Malthus 1989,2:214/ 訳 663)。

9）この注を取り上げた研究は多いが，ここではホランダーを上げておく (Hollander 1997:937)。

10）ペイリーは『道徳政治哲学原理』で贋金つくりや暴君の暗殺を禁止する理由として規則功利主義を用いた。マルサスの着想はペイリーに由来する可能性が高いと思われる。

11）この注と言語観との関係をクレマスキも問題としており，マルサスは単語

を「内在的な何か」のシンボルであるとするハリス (J. Harris) の言語観の影響を受けていたという (Cremaschi 2014:47; 59-60)。しかし,悪徳に関する「我々の語法と観念」の内容を明らかにしているわけではなく,「行為の一般的な傾向が悲惨を生み出すもの」というマルサス自身の悪徳の定義が提示されているにすぎない。

【参考文献】

Cremaschi, S.[2014], *Utilitarianism and Malthus's Virtue Ethics*, Routledge.

Hick, J.[1966], *Evil and the God of Love*, Revised ed., HarperCollins.

Hollander, S.[1997], *The Economics of Thomas Robert Malthus*, University of Toronto Press.

Lovejoy, A.O.[1964], *The Great Chain of Being*, Harvard University Press (内藤健二訳『存在の大いなる連鎖』晶文社 ,1975 年).

Malthus, T.R.[1798], *An Essay on the Principle of Population*, J.Johnson (永井義雄訳『人口論』中公文庫 ,1973 年).

Malthus, T.R.[1820], *Principles of Political Economy*, J.Murray (小林時三郎訳『経済学原理』上・下 , 岩波文庫 ,1968 年).

Malthus, T.R.[1824], Population, *Supplement to the Encyclopaedia Britannica*, vol.vi (小林時三郎訳『人口論綱要』未来社 ,1959 年).

Malthus, T.R.[1989], *An Essay on the Principle of Population*, 2-6th. ed., edited by P. James, Cambridge University Press (大淵寛他訳『マルサス人口の原理 [第 6 版]』, 中央大学出版部 ,1985 年).

Scarre, G.[1996], *Utilitarianism*, Routledge.

Schneewind, J.B.[1998], *The Invention of Autonomy*, Cambridge University Press (田中秀夫・逸見修二訳『自律の創成』法政大学出版局 , 2011 年).

白杉庄一郎 [1942],「マルサス『人口論』の倫理学的基礎」『経済論叢』(京都大学経済学会) 第 54 巻第 4 号 .

田中朋弘 [2012],『文脈としての規範倫理学』ナカニシヤ出版 .

馬渡尚憲 [1997],『J.S. ミルの経済学』御茶の水書房 .

柳沢哲哉 [1991],「古典派経済学における用語論争：経済学と意味論」『東北大学研究年報経済学』第 53 巻第 2 号 .

柳沢哲哉 [2013],「『人口論』初版における功利主義」柳田芳伸他編『マルサス　ミル　マーシャル』昭和堂 , 所収 (第 1 章).

柳沢哲哉 [2015],「マルサス『人口論』における救貧法批判の論理」『マルサス学会年報』第 24 号 .

第9章 ハリエット・マーティノーの経済思想
―― 『暴徒たち』(1827) と『工場論争』(1855)[1] を中心に

舩木　惠子

1. はじめに

　本稿においては経済学の視点から，ハリエット・マーティノーの初期(1820年代)と後期(1850年代)の著作を分析し，彼女の経済思想を分析する。
　ハリエット・マーティノゥは19世紀のイギリスにおいて，経済学の普及や大衆化に貢献した『例解・経済学[2]』(1833-34) の著者である。この著作は経済学の物語のシリーズで，24の寓話と1つの論文で構成されている。それぞれの寓話の内容は，経済学者たちが議論する当時の時論的な経済学を，日常的な出来事に当てはめて，人びとがまるで自分の身近で起きている出来事であるかのように「体感」できるように作られている。寓話は，経済学がよくありそうな身近なメロドラマや，推測できるような誰かの伝記，そしてせつない児童小説になって人々を楽しませるという特殊な社会現象を引き起こし，同時に経済学とはどのようなものか，どんなことに役立つのか，そしてそれを知ることによってどのような知識が得られるのかを人々の心に植えつけた。また多くの読者は読み飛ばしていたようだが，彼女の経済学に対する貢献は物語の最後につけられた経済学の要約にあった。彼女は個人個人の行為の総合が，どのような経済学の法則になっているのかを，当時の経済学を使って簡潔に表現し経済学をはじめて知るような人々が，周りにある現実の出来事こそが「経済学」を形成するのだという認識を持てるように，できる限りの工夫をした。
　ただし『例解・経済学』シリーズがこのようにすぐれた名著シリーズであることは先行研究によってすでに示されている[3]。本稿で扱うのはハリエット・マーティノーの『例解・経済学』が成功した1830年代の黄金時代ではなくそれ以前の不遇な時代の「8ペニー小説[4]」と本人が呼んでいた初期の著作や，1850年代の繁栄期のイギリスで次第に小説ではなく，ジャーナリズムに移行し，現実社会を批判するようになったハリエット・マーティノゥのパンフレットである。そこで本稿が明らかにするのは，彼女の経済思想が1830年代の『例解・経済学』を挟んで変化したのか否か。またその特徴は

どのようなものだったのかということである。本稿は，先行研究におけるハリエット・マーティノゥの経済思想の分析が『例解・経済学』だけにとどまっていたのに対して，彼女と経済学との関係をそれ以外の著作にも広げ，彼女の経済思想の全体像を把握しようとするものである。

2．『暴徒たち』[5]

本稿の対象である初期の著作『暴徒たち』を経済学のアプローチで分析した先行研究は見当たらない。マーティノーは自伝（1877）において，1827年の『暴徒，あるいは不景気な時代の物語』(Houlston) の初版時には，まったく名声を当てにしたものではない「小さな本」として Judith Potts の名で出版されたことを述べている。その後この著作は評判がよかったのでホールストン社は第二版で初めてマーティノーの名をタイトルページに載せたという[6]。彼女自身がミスの多い未熟な作品であると謙遜して述べているためか，この著作はあまり注目されてこなかった。しかし当時の社会問題を扱った機械打ちこわし (machine breaking) の物語で社会的関心も高く，キャストを通して機械問題とそこから展開する自由貿易の理論を論じている点に魅力を感じた読者は多かった。彼女は毎日読んでいた「グローブ」紙の中からヒントを見つけ，この物語を書いたと述べている[7]。『暴徒』の前半のテーマは機械の導入がいかにして失業をもたらすかという現実的な内容である。しかし後半は少しテーマが変化し打ちこわしをした労働者が裁判で裁かれることをどのように社会はとらえるべきかという正義論に発展する。ここでは法律と民主主義についてマーティノーの考えが主張されていく。機械の導入が労働者の雇用に与える影響を論じた機械論は，19世紀初期の経済学者の間で盛んに論じられた問題である。

マクシン・ベルグ (M.Berg, 1980) は「ふつうの社会『改良』に機械が貢献するであろうと信じた啓蒙的な知識人は，機械の導入を経済の拡大の指標として歓迎した。しかし19世紀の初頭にはその経済に対する調和的統合や社会発展の予想に疑問が投げかけられた。工業化の事実は今や機械に集中しているように見えた」と述べている[8]。

ハリエット・マーティノーは，まさにこの時代的なトピックに焦点を合わせた。彼女は巧みに物語の中で，機械の導入が労働者の失業をもたらすのかどうなのかを論じる。主人公の紳士と賢明な労働者ブレットの会話は，この機械問題に対する経済学者たちの二つの立場をそれぞれ代表させて提示

している。機械の導入で起きた失業は永久的で，その時失業した労働者は二度と雇用されないのか，あるいは一時的には失業するが再雇用されるのか？ まさにそのテーマは当時の政治経済学者たちの論争を扱っている。ただ，このテーマはこの時代だけのものではない。技術的な改革と雇用の問題に関して，現代においても論争はまだ言い尽くされてはいない。エリック・ブリニョウルフソンの『機械との競争』（２０１１）[9]は近年のベストセラーだが，それはリーマンショック後の技術的な失業問題を扱っている。恐慌後，経済はより発展するために合理化をはかり，科学の導入は技術革新をもたらす。それによって経済は回復しても雇用は回復しない。なぜなら合理化によって導入されたコンピューターなどの新技術は雇用を節約するからだ。何百人もの人がやっていた仕事は小さなコンピューター1つですむ。この著作の中で事務や経理の仕事は1台のコンピューターにその仕事を奪われたのだとブリニョウルフソンは主張する。それでは現代の技術的失業 (technological unemployment) をどのように解決できるのか？ 意外なことに作者の結論は19世紀に提起された解決法とよく似た内容を主張する。それはジョン・スチュアート・ミルの『経済学原理』四編の停止状態論の後で述べられる「労働諸階級の将来の見通し」で主張されたような 教育や労働者の組織的な改革と新ビジネスによる人的資本の再編成というありふれた内容である。これは経済学の歴史においてはよく知られた結論である。結局のところ資本主義的景気後退は，その回復のために雇用の節約と新技術の導入を繰り返しつつ前進する。それに対抗して人間も組織的な改革をしながら再編成し，技術革新に対応するというのは資本主義経済における進歩の法則なのだろう。これについて最初に議論がおきたのが19世紀初頭の機械論争ということになる。

　マーティノゥにとって1820年代は不遇の時代だった。ノリッチでテキスタイルの工場を持っていた父の会社が，1825年の不況で傾き始めた。マーティノゥ家の長男も父を手伝って工場を持ち直そうとしたがかなわず，最初に兄が，次に父が病気や心労で亡くなり，会社は倒産した。経済的な後ろ盾を失った家族はそれぞれ生計の道を探し，姉たちはガヴァネスとして家を出て住み込みで働き始めた。しかしマーティノゥは難聴だったので，ガヴァネスになることも好きだった音楽家になることもできなかった。母は彼女に厳しく刺繍の技術を教え，それで独り立ちするように勧めたが，その時彼女は作家になることをひとり決心したのである。このように1820年代はマーティノゥの人生においてはターニング・ポイントだった。1833年の『例解・経済学』の成功に至るまでに，すでに彼女は生活のために書くことを決意し

ていたのである。

3. 工場論争 (1855)

　ハリエット・マーティノゥは1833年から34年にかけての『例解・経済学』シリーズの成功によって著名人となり、シリーズ終了後は2年間のアメリカ取材旅行を実行した。マーティノゥはユニテリアン家庭で育ち、多くのユニテリアンたちがそうであったように黒人奴隷の解放に熱心だった。『例解・経済学』の寓話にもそうした思想は反映されている。しかしマーティノゥはアメリカ社会にある差別的な現実にふれ、帰国後『アメリカの社会』(Society in America 1837) を出版し、ジャーナリズムに作風を変化させる。その後多くの旅行記を書き、旅行ジャーナリストと呼ばれることもあった。しかしイタリア旅行の後、病気を発症し全く動けなくなるのが1840年代のことである。病気治療のために肉親が住むニューキャッスル近くの海辺の町、タインマスに居を移すのが1840年3月である。窓から荒涼とした北海の海岸を見ながら日々くらすことになる。しかし彼女の旺盛な洞察力は、むしろ社会から隔絶されたこの時期にこそ研ぎ澄まされる。病気が回復し、湖水地方に自宅を建てて住み着く1850年代はジャーナリストとして新聞のコラムを持ち、多くのパンフレットを発行し、社会問題を論説する。その時期に書かれたものが本稿で次に扱う工場論争 - 干渉する法律に対する警告 The Factory Controversy; A Warning Against Meddling Legislation.(1855) である[10]。このパンフレットは労働者に温情的であるとしてカール・マルクスが『資本論』の中で評価したレナード・ホーナー (Leonard Horner) と、当時の人気作家チャールズ・ディケンズ (Charles Dickens) を労働者階級に過大な感情移入をしているとして批判する。このことはハリエット・マーティノー自身も社会的非難にさらされるだろうことを十分に予測している[11]。1802年以降、工場法が次々と改正されるなか、10時間労働日法の成立を巡って農業地主と製造業者が穀物法論争と相まって利益誘導の激論が白熱化していた。そのような中で政権交代の政治的混乱があり、結果として1847年の工場法改正が成立したが、これは今まで労働者の時間短縮に強固に反対していた工場主たちがこの法案に賛成して成立したものだ。その理由は、不況が深刻な問題となり、不況期に過剰生産を引き起こすことを避けるという経済理論の普及によって12時間労働から10時間労働を容認したともいわれている[12]。つまり表向きは労働者保護をアピールしつつ、実は利害関係の結果

として受け入れたのである。レイオフの導入と考えることもできるだろう。マーティノゥのこのパンフレットにおける主張は，政府によって必要とされる特定の労働者保護対策が実際的でなく，さらにいかに反効果的であるかを列挙して述べたものである。彼女は工場に対する政府の法的な過度の干渉が自由な貿易活動を阻害し，しかもこの行為は法の過大解釈であると批判する。単純に見ればマーティノゥは労働者階級よりも資本家階級の側に立っているかに見える。しかしよく見れば，ここでマーティノゥが主張するのは1820年代の著作『暴徒たち』と同じように政府の介入を批判し，資本家と労働者の自立を主張する。

　彼女は最初にレナード・ホーナーを批判する。ホーナーは工場労働に従事する児童の教育に熱心な優れた工場監督官であるのは間違いないが，当時労働者と資本家の二つの階級は相手に対する無知と不信感の感情から切り離され，その溝は博愛主義者や製造業者自らによって橋渡しされていた。しかし博愛主義者は労働者の側に味方しがちであったし，製造主は資本家の利益に固執しがちだった。工場監督官は工場法が正しく機能しているかどうかを把握し，冷静な専門家として労働者側，資本家側のどちらにも加担せずその職務はすべてのものに等しく，公平に法律を実施し，物事をあるがままの姿で見る必要があった[13]。工場監督官が委員会に提出する報告書によって工場主には厳しい罰則も用意されているのである。ハリエット・マーティノゥが問題としているのは，ホーナーの報告書が不正確であることである。特に工場で生じた死亡事故の分析において，死亡事故が頻繁に起きるかのような印象を与えるが，実際の死亡事故の確率は全体の5%であることを主張している。この5%をどのようにとらえるかは，19世紀と現代では大きな差があるだろうが，マーティノゥは5%の事故のために事故を起こしたシャフトの柱を覆うカバーの取り付けをイギリス中の全部の工場に義務付けることは困難であると主張する。マーティノゥの批判は政治道徳を振り回す博愛主義者に向けられる。彼女はディケンズを名指しして，文学的な判断で政治道徳に妥協と誤りを生じさせてはならないと警告する。マーティノゥによればホーナーもディケンズも，検査官として，雑誌編集者として，法のもとに冷静に事実を把握しなければいけない立場であるのにその仕事を怠っていると批判する。ホーナーの委員会報告も，そしてディケンズの定期刊行物の言論も，イギリスの工場主に対して決して平等に見ようと努力していないと主張する。

　ただし，マーティノゥが工場主を擁護するのは『暴徒たち』のテーマでも

ある商業擁護的な目的があると思われる。1829年から1844年ごろは工場法を巡って論争が白熱化した時代であり、これと時を同じくして「穀物法」撤廃の論争も激しさを増した。10時間労働日法には商業擁護論の立場から経済学者や保守派の政治家が反対したが、その論理的根拠はナッソー・シーニョアの『工場法に関する書簡』(1836) にあった。このなかでシーニョアは全利潤が最後の一時間からひきだされていることを論証し、時間短縮は投下する流動資本に対して総利潤が減少することを主張した。シーニョア説は科学的根拠として国会議員たちに使用され、新聞の論説もこれを正統な理論として取り上げた[14]。このシーニョア説により「製造業の地位が低下することによって職工が最大の被害をこうむるだろう」という考えが世間に普及することになった[15]。

マーティノゥは法がいったん議会制民主主義によって成立すれば、これを緩く解釈して、過度の政府当局の干渉を許すことはできないと主張する。もちろん彼女は労働者の安全と健康を重要だと考えていたが、彼女は博愛主義者や社会主義者ではなく、むしろ冷静な客観主義者に徹している。目先の事態にとらわれず、冷静に、社会的に望ましい豊かさの実現という観点から事態をとらえようとしていた。こうした彼女の経済思想は、商業擁護の観点や、自由貿易の重視から、マンチェスター学派であると定義づけられるかもしれないが、彼女の市場の自由は、第一に法律と法律の厳格な順守が前提にあることが特徴である。法は民主主義によってつくられ、法の実行には例外や拡大解釈は許されない。マーティノゥにとって法はあたかも必然的な自然法則的な意味をもつことが『工場論争』から理解できるのである。

4. ハリエット・マーティノゥの機械論

マーク・ブラウグは『リカァドゥ派の経済学』(1958) で初めて経済学の視点からハリエット・マーティノーの政治経済学を分析した。そこでブラウグは『例解・経済学』について「文学として読まれる政治経済学」としてリカードゥ派の経済学に含めて分析している。ブラウグは次のように述べる。

「『例解』は経済学説を権威ある変更の余地のないものとして扱っている。このような印象を持つのは、大衆化しようとする努力の結果にすぎないことは疑いない。それにもかかわらず、いくつかの点でハリエット・マーティノゥは自分の経済学上の教師よりも進んでいた。」(Blaug1958:138/ 訳217)

第9章 ハリエット・マーティノーの経済思想

残念ながらブラウグは彼女のどこが彼女の教師を超えているのかを述べていない。ブローグの著書はリカードゥ派の研究を促進させたが，この著作でブローグが意図的にリカードゥ派のメンバーに加えたハリエット・マーティノーについては，その意図を理解されることはなく，注目されることはなかった。　しかしマーティノゥはアメリカ合衆国の1970年代の第二波フェミニズム運動の波に乗って新たに独特の評価を受けることになる。

　１９７０年代のアメリカ合衆国のフェミニズム研究の中で経済学に関するものは少ない。ベティ・フリーダンの『女らしさの神話』以来，全米を揺るがした60年代のフェミニズム運動は，アカデミズムへはあまり波及することはなかった。実際，1970年代の『アダム・スミスの娘たち』を書いたD.L.トムソンは自費出版に近い形でこの本を出版した。しかし彼女が初めて主張した経済学に貢献した女性経済学者たちの独特な群像は，1990年代にベティ・ポーキンホーンに引き継がれ，やがて経済学の歴史のフィールドで貢献した女性たちを研究するフェミニズム研究が注目されるようになる。

　ハリエット・マーティノゥはジェーン・マーセット，ハリエット・マーティノゥ，そしてミリセント・フォーセットを経済学の普及者の系列として取り扱うという「大衆化」の路線で注目されるようになるのである。これは「経済学への貢献」の側面からすれば正しいかもしれないが，経済学の系譜の観点からすれば，それは正しくない。このフェミニズム的な考察は人々に受け入れられ，女性の経済学者は経済学の教育者としての特定グループのメンバーとして認識されるのが今日では定着している。

　本稿はハリエット・マーティノゥの時代的背景をもつ経済思想を扱うことを目的としているので『例解・経済学』ではなく，1827年の『暴徒たち』を対象にすると興味深いことに経済学の時代的背景がはっきりとその作品から浮かび上がるのである。まずこの著作が当時の楽観主義的機械論の系譜にあることが理解できる。また，当時の経済学において，機械論を貿易論に接続させる考え方と，機械論を閉鎖経済の中で議論する考え方があるが，マーティノゥの場合は前者であることなどが理解できるのである。最初に当時の機械論の分析を簡単におこない，次にマーティノゥの機械論の分析する。

(1) 楽観的な機械理論

　機械の導入は大量生産をもたらし，価格の低下をもたらす。消費は当初増加するがやがて消費が大量生産に追い付かずに過剰生産をもたらす。それに

よってひき起こされた不況により，リストラが生じる。しかしセィ法則を根拠として一時的過剰生産はいずれ解消されるので失業は一時的で，再雇用は達成されると考える。このサイクルを早めるには国際貿易が必要であるとする。

(2)悲観的な機械理論

　機械の導入によって仕事を奪われリストラされた労働者は再び雇用されないという永久的失業 (Permanent Unemployment) を主張する。この考え方の発端は，ロバート・オーウェンの１８１９年のエジンバラレビューに発表した論文である。オーエンは機械の導入が，大量生産によって一般的生産過剰 (General overproduction) をもたらすと考えた。

　しかしオーエンの論文は楽観論の立場をとるトレンズなどの経済学者から反対の議論を引き出した。ブラウグによれば，初期の古典派の思想家たちは技術的失業を特に分析を必要とする問題だとは考えることはまれだったと述べている。労働需要が有利な投資口の存在することに直接依存するものである以上，機械の持つコスト低減的な特徴ゆえに解雇された労働者の再雇用は確保されると考えたと述べている (Blaug1958:64/109)。つまりこれは先の (1) 楽観論的機械論を意味している。ジェームズ・ミルは『商業擁護論』 (Commerce Defended 1808, 2nd.ed.) で資本蓄積の過程においては，生産過剰は生じないというセィ法則 (供給はそれ自体の需要をうむ) を受け入れ，これを貨幣経済に関するものに再構成した。それは需要側の障害に妨げられることなしに，無制限の産業拡張が可能であることを意味していた。ブラウグによれば「『ミル氏の理論』が持つ実際的な意味は過剰生産と失業の関係は常に孤立的な現象であり，ある商品の過剰供給は必然的に他の商品の過剰需要を伴っている。しかも受け取られた全所得が直ちに支出される限り，資本の過大拡張部門から沈滞産業部門への移動によっていかなる近郊の破壊も総産出高の範囲内で速やかに回復されるということである (Blaug1958:65/ 訳 110)」

　デヴィッド・リカードウは初期の段階で永続的な技術的失業がありえないことを証明するためにセィ法則を用いて，『原理』初版 (1817) と２版 (1819) においては楽観論の立場をとった。しかし，ジョン・バートン (John Barton) の『労働者階級の状態についての考察』(Observation on the Conditions of the Labouring Classes) においては，技術変化は常に賃金の支払いに利用される消費財基金としての，「流動」資本部分が，機械や設備など

の他の「固定」資本部分への転換を含んでおり，後者の形態ではもはや労働需要の源泉として間接的にほとんど役立たないと主張し，機械化は労働者の賃金に悪影響を及ぼすことを示唆した。これは明らかにリカードゥの初版，2版とは異なる立場である。

　ただしリカードゥは『原理』第三版で態度をかえ，「機械について」の新しい章を加筆し，機械の採用は人口を過剰にし，労働者の状態を悪化させるほどに一定期間にわたって産出量を減少させることがあり得ると結論づけた。リカードゥはこれまで消費財に使用されてきた年労働力の半分を機械に振り向ける。つまり，流動資本を固定資本に直接に転換することを意味するのだから，労働を雇用する手段，つまり賃金基金は機械の価値分だけ減少すると考えた。リカードゥは第3版で加筆した「新機械論」以後，機械は労働者にとって有害な場合もあるという立場に修正した。

　しかしリカードゥの修正が，楽観的機械論をとる経済学者に与えた影響はあまりなかった。トレンズはリカードゥの修正に対して「想定されているようなケースはいまだかつて生じたことはない」と述べ，ジェームズ・ミルは修正に対しては無言を通し，マカロックも楽観説を維持した。ただしジョージ・ラムジイはリカードゥの修正を受け入れた。1821年には経済学クラブで，リカードゥは討論のために機械論を提起している (Blaug1958:64-74/訳 109-121)。

　このような状況の中でハリエット・マーティノゥは『暴徒』（１８２７）を書いたわけである。しかし，彼女はこの時政治経済学をまだ知らなかった。それではどのようにして機械問題をテーマにストーリーを作ることができたのか？　その鍵は彼女の『自伝』にあった。彼女は次のように記述している。

「私の読んでいたグローブ新聞は，最近起きた暴挙『機械打ちこわし』事件をちょうどいい小説の主題として示唆した。私はまさしく政治経済学という名前を聞いたことがなかったし，あるいは意味もわかっていなかったので，この時は政治経済学について書こうなどという恐れ多いことは全く考えなかった。そのとき私は『暴徒』と呼ばれる小さい物語を書いた。そしてその冊子の成功はダービーとノッチンガムのメリヤス商人とレースメーカーが，私に賃金を主題にした物語を書いてくれと要望するほどだった。それで私はその要望に沿って書きあげ，それに『解雇』とタイトルをつけた。この二冊の成功は傾きかけていたホールストン社を軌道に乗せた。私はホールストン氏のために何ペニーかで売れるような小さな小説をたくさん書き，1冊につ

き1ポンドずつ受け取った (Martineau 2010.:135.)」

と書いている。ホールストン社は彼女が作家として定期収入を得た最初の出版社である。また彼女はこの作品の内容を読んでいたグローブ紙の記事からヒントを得たという。グローブ紙は1803年創刊の夕刊紙だが1820年から，機械論に関して楽観説の立場をとるロバート・トレンズ (1780-1864) が所有し，主筆となっていた。

トレンズは1819年のエジンバラレビューにおいて，ロバート・オーウェンが主張する，機械の導入は一般的生産過剰をもたらし，それが労働者の失業と招くという過剰供給説をとる機械論を批判している。トレンズはこれに対して，J.B. セィやジェームズ・ミルが主張する販路説を前提にして，機械導入によって生じる生産と消費の不均衡は，一時的に供給過剰をもたらすので，不景気と失業を生じるかもしれないが，永続的なものではないので，一般的部分供給過剰にすぎないことを主張した (Torrens1819)。

実は，このトレンズの主張は，ハリエット・マーティノーによって，この作品の中ではナレーターである主人公「私」が打ちこわし運動に加担したブレットと話し合うシーンで詳しく述べられている。「私」はオーウェンの機械論を主張するブレットに対して，現在の不景気は一時的な供給過剰によるものであり，動力織機の導入による大量失業は起きないことを説明する。「私」はタイムラグがあっても過剰供給は必ず消費先を見つけるので，今を耐え抜くことが最善の策であると述べている。そしてブレットに対して機械の打ちこわしをするのではなく，動力織機を容認して，動力織機工になることによって，この産業は国際貿易に勝ち，次の好景気においては高賃金を期待できることを説明するのである。それでは実際に，『暴徒たち』のその部分を見てみよう。

「あなたとあなたの息子たちは織物工ですか？」
というのがブレットに対しての最初の質問だった。
「そうです。私は生涯ずっと織工ですし，息子たちにも数年前から良い技術を身に着けさせて織工にしました。彼らはほかのどんな仕事よりもはるかに多くの収入を得ていました。」
「それがいつごろから落ち込みだしたのですか？」
「景気がわるくなって，なぜか貿易がいつのまにか減ったのです。そしてそれがいつのまにか復活したのです。戦争が終わったとき，我々はみんなから，さあ稼げるぞ！といわれていた。なぜなら平和になれば貿易が盛んになるか

らです。ところが実際には違っていました。けれども我々はいつも生きていくためにうまくやらなきゃならないのです。去年のこの時期には結構稼いでいましたよ。みんなはそれが最後だったなぁといっています。でもその時我々は稼ぎを取っておこうとは思っていませんでしたね。それから全く，本当に突然，親方が職工たちを解雇したのです。その後我々は一つの仕事ももらえませんでした。我々の生活はだんだんと落ち込み，来週にはいよいよ我々はワークハウスに行かなければならない。今ではそれ以外の方法がないのです。」

「私はこの国のすべての織物工があなたがたのようにひどいことになるのを心配していますよ。」

「そうです。旦那，それを教えてください。頭のいい人たちが，あと一年ぐらいでそんな風になるだろうといっています。私には信じられないが，すべてはその通りになってきたわけです。」

「それをどうしてその人たちは知っているのだろう。なぜその人たちはそのように思うのだろう？」

「機械がそのようにさせると彼らは考えたのです。彼らは木と鉄の機械が我々の代わりに織れば織物工が困窮するのは明らかだと言っているし，確信もしているのです。」

「機械が仕事を始めれば，すぐに織物工は干上がってしまうということかい？」

「そうそう，その通りです旦那。動力織機が導入されたときが最大の不幸だったからです。私は職を失ったし，まあ大体の手織機工は職を失ったわけです。」

「それからどうなったのかい？」

「そりゃ，動力織機工にならざるをえなかった。私はそれでやっと仕事を手にしたわけです。」

「それで不幸は去ったのですか？」

「それほど長くはなかった。みんな動力機械は嫌いですが，手織機工はみんな自分と同じようにした。貿易の好機はすぐにやってきたので，みんなその時には仕事につけたんですよ。」

「木と鉄の動力機械が仕事をしていても？」

「はい。そうです旦那。貿易がうまくいっている時は，雇用は機械も人もあった。しかし残念なことに，貿易が悪くなると人間には仕事が回ってこないのです。」

「何がそれほど貿易を活発にしたのかい？」

「さあ，私が聞いているのは，それにはたくさんの理由があるということです。今は平和な時代ですが，生活苦は以前より大きくなっているのだから，私はまったく信じられないのですが，ある人は平和のおかげで貿易がよくなったと言っています。またある人はイギリスが外国の工場を圧倒しているからだとも言っています。我々の製品は外国のものより質がいいですからね。」
「君はどの理由だと思うのかい？ 優れた製品のおかげかい？」
「いやいや旦那。そりゃ値段でしょうよ。」
「ほかの国の製品より安いということかい？ イギリスの工場はどうして外国の製品よりも安く売れるのかい？ まさか利益なしで売っているの？」
「違いますよ，旦那。イギリスの工場はとてもいい利益を出していますよ。でも，わかるでしょう旦那。外国では動力織機を使わないし，我々の製品よりも質が悪いとか言って，親方は手織機よりも動力織機を使ってたくさんの仕事をこなし，ほかの国より安い料金で売って儲けているんですよ。」
「それで？ 他の国がどこも持っていない動力織機を使って，我々は外国製品を圧倒しているというわけだね？ 機械化というのは貿易を復活させる原因だったね。」
「そうですよ，旦那。当面はそうだった。当面はね。頭のいい人たちはそれがそのあと，どうやって我々を解雇するかを予言していたけれど，我々にはそれがわからなかった。それが最後だっていうことすらわからなかったんですよ。でもそれが今だってことが分かった。残念だがこの国のすべての動力織機は打ち壊されると思いますよ。」
「それで君はそれが今の不幸の原因だと思うのかい？」
「確かにそうだとおもいますね，旦那。誰もがいい面しか見ていなかったのかもしれない。親方たちは大きな利益をあげるとそれでまた取引を拡大し，どんどん市場が在庫過剰になるまで増産しつづけ，いまや誰も買わなくなりました。在庫は余ってみんな抱え込んでいる。もし手織機職人を続けて雇っていたら必要以上に在庫を増やすこともなく，俺たちも仕事があったのに。」
「もし外国製品が君にそうさせていたら？ 覚えているだろ？ 君は確か巨大な市場でのイギリスの支配力は動力織機に負うところが大きいと言ったはずだ。市場がもし今のような過剰生産の状態なら，それは一時的な不幸じゃないの？ いずれ，はけていくでしょ。だが，我々の外国製品に対する優位性は永続的に持ち続けるんだよ。もし我々がその座から滑り落ちたらどうする？ どっちにしても，どこの国の人だってみんな人々は布地を必要しするわけだ。だから，いつかは君が作った布地を買う必要があるんだ。やがて君

たちの製品や外国製品はまた競争をはじめる。君は動力織機が君たちに対して，前の時にした同じような利益を与えることにまた気づくと思うよ。」
「旦那，それにしてももう遅すぎます。もし我々がここで死に絶えるのならば，取引の復活などは必要ないでしょう。もし親方が手織機を続けるならば，我々はまた職を得るでしょう。それなら今の状態よりももうちょっと選択肢があるだろうが。」
「友よ，君のその考えは間違っていると思うよ。もし親方が手織機を継続するとして，我々ほどではないが，いくらか機械化しているような外国の製造業者は，我々をここぞと市場から追い出すかもしれないよ。その場合，一生懸命努力しても良くなる希望もないまま，今のように我々の生活はどんどん悪くなっていくはずだ。そのとき，我々の唯一のチャンスはその相手と同じ機械化をするしかないはずだよ。そう。だからね，我々は結局，彼らと同じ境遇だよ。我々は今，市場がうまくもどるまで，ただ待ちさえすればいいのさ。そして徐々に良くなれば，次に我々がかつて市場を制覇したように，我々が再び制覇できることに気づくだろう。でも，もし我々の動力織機を廃止してしまうなら，我々の貿易は永久に復活することはないだろう。」
「それがどんなことなのか，私にはよくわかりませんね。」とブレットは言った。
「もし動力織機が壊されて親方たちが設備を整えるのに費やす資金を失ったら，そしてほとんどそれで資金を失ったら，今度は誰も雇用されなくなるだろう。そうすると彼らの親方の財産を壊した暴動とは，実際は景気がよくなって自分たちの手に入るはずの金を無駄にしたのと同じことになるのだよ。もし親方に資金があれば，動力織機をまた導入し，織物工を雇い，技術者や大工も雇うだろう。もし彼らに損害を修復する余裕がないのなら，当然のことながら彼らは商売がつづけられなくなるだろう。どっちにしても職工は滅亡する。その時，遅きに失して彼らは自分たちの親方自身に災いをもたらしたことが分かるだろう。」
ブレットはこの見通しに衝撃を受けたように見えた。彼は少し間をおいて「だが，もし豊かな親方たちが貧しい織物工が動力織機を設置させまいとするのを見たなら，彼らはその使用を断念するのではないですか？　そしてもし資本のない業者が取引から追い出されるなら，それは手織機を確立するためには価値あることでしょう？」
「君は事実にほとんど気づいていないね。」と私。
「打ちこわしはもっとも厳しい法律を破る犯罪行為であることは言うまでも

ないことだ。親方の財産を破壊して，今，親方は君たちになすままにされているかもしれないが．そのことがどれほど君たち自身の首を絞めているか僕は示すことができるよ。動力織機を扱うような人は非常に技術的にも優れた専門家であるはずだ。でも彼らだってみんなと同じように生活をしなければならない。もし彼らのような優れた人々がこの国で雇用されているのなら，万事すべてうまくいく。彼らだって満足するし，我々はもっとより良く生産することができるし，そして外国製品より安いという長所だってある。だが彼らが，動力織機が壊されて，もはやこの国で雇用されないとなれば，彼らを外国に行くことから引き止めることができるだろうか？ 大喜びするのは外国企業だよ。彼らをいい値で雇えるからね。我々はやがて市場競争から追い出され，我々の過去の貿易は哀悼されるのさ。もうそうなったら取り戻すには遅いよ。」

「でも手織機の織物工は残るとは考えられませんか？」

「それはほとんどないよ。」と私は答えた。「もし我々が貿易をやめたら，前にも予測したように，我々の経済は年々縮小していくだろう。外国企業が世界市場を牛耳り，我々の国はどんどんしぼんでいくよ。今『ほとんどない』と言った意味はこのことさ。たとえば，思うに君は動力織機工がいなくなった工場から雇われるとする。君は動力織機工のかわりに雇われるのだろう？」

「そうです旦那。それにもしすべての動力織機が廃止されたなら，もっと良いでしょうに。」

「なるほど。機械はすべてなくなったとしよう。つまり君の親方は100人の雇用を用意して，そして君はほかの99人と共に雇われる。取引が活発になると親方は事業を再開するだろう。そうすると経済は良くなるから一年かそこらは，親方は君にひっきりなしに仕事をくれるようになる。技術者も大工もみんないなくなっている。君はもう機械のことなんか耳にすることはないだろう。それで君は非常に満足していて，そして，木と鉄がもう人間がするべき仕事をしなくなった今，すべての困難が終わったと思っている。

だが，しばらくすると親方から商売を続けていくには価格の値下げが必要だが，そのためには君の賃金を下げなければならないという知らせがくるだろう。親方はコストダウンを考えるけれども製造コストを抑えることは難しく，結局君の賃金を下げるしかなくなる。君はそれは困るからほかの工場で働きたいというだろう。でもどの工場でもそれは同じことだと最終的に気がつくはずだ。

だがいったい誰がそんなに安売りしているのかな？ おや，そうだった，外

国企業だった。『なんだって，外国企業！』君は叫ぶだろう。『我々の企業の方が優れているはずだ』君たちがそれを担ってきたんだものね。でも今は違う。外国企業は動力機械の素晴らしい改良を成し遂げて，安価な良品を生産することができるようになったのさ。

えっ，どのようにして彼らは動力織機を改良したのだろう？ そう，イギリスの技術者たちが，この国でやったようによその国で動力織機をせっせと開発したんだよ。

『ああ，そうゆうことなら，彼らの繁栄は長く続かないでしょう？ 今の我々みたいに過剰在庫になるはずだ。そしてそれが消費されるまで待たなければならないでしょう。今の我々みたいに』と君はいうだろう。でも君の賃金はその間にもどんどん下げられて，親方も商売ができなくなって従業員の解雇，そしてついには倒産。そこに至るまで，君は生活苦に締めつけられる。でも君は外国の貿易がうまくいっていないことに満足しているよね。君は過剰在庫というものをわかっている。もし時が過ぎて一時的な在庫が消費されて，またうまく貿易がいくようになればまぁ，いいけど。でもダメだ。貿易が復活すると，外国企業はもっと良品を安価で市場に出せるようになる。君はむなしく生活苦の中でこの時を待っていたことに気づく。もうその時には君たちの仕事は永久になくなっているのさ。」

「旦那。それは何事においてもひどい。俺たちの将来は真っ暗じゃないか。」

「機械化をやめるというのなら，私の意見としては，今言ったことは，当然予想しなければならないだろうね。」

「だが問題は，もし我々が機械を使用し続けても，旦那。それと同じぐらいにひどい状態だという事実ですよ。」

「私はそうは思わないよ。確かに今, 商売は良くない。だが市場が過剰になった生産物をはき出したら，親方はまた小さな規模でも製造を始めるだろう。私は君がわずか50人の動力織機工と共に工場に雇用されるだろうと考えるよ。君の親方は君に外国企業は製品の洗練さや値段の安さについて，我々には追いつけないということを知らせてくれるだろう。君の親方は自前の製品を，よい利益を上げて，全部売りあげることができる。そしたら親方はもっと人を雇い，もっと織機を導入して，おそらく10年たった時には，最初わずか50人だった従業員は300人，いやいや400人ぐらいの規模になっているだろう。ほかの製造工業も同じように景気がよくなって，さらに人々は雇用されるだろう。国全体にお金が流れ出し，人口は増加し，商業は拡大する。貿易は確実にこの国の足元を固める。大事なこと。基本中の基本という

のはね，真のそして永続した国家の繁栄にあるんだよ。」
「今の話はとても素晴らしいはなしだが，旦那，これは本当なのかぃ？」とブレットは尋ねた。
「旦那はこんなわたしより，はるかにわかっていらっしゃるが，旦那は本当にそう思っているのですか？機械化したままでも貿易が盛んになると？」
「景気が落ち込むときは時々あるさ」と私は答えた。「そう。すべては人間のおこす問題なんだから，いろいろ変動はあるだろうよ。だが私は思うんだ。今君に話した2つの社会システムの方向性というものがあると信じているよ。」
「でも旦那，外国企業が我々の技術力に追いつくほど進歩しなかったら？」
「彼らは間違いなく進歩するさ。そしてそのことは私たちの国の産業を常に前進させる。国際的な変化，技術や産業構造の進歩，不便や貧困の原因究明などに対する可能な限りの改良を，我々に成し遂げさせるには彼らの進歩はなくてはならない。じっと苦難の中で待ち，その結末を見る辛抱強さを持つ人々は，長い目で見れば善が悪よりもはるかに大きいことを見いだすだろう。機械による紡績が最初に導入されたとき，手で紡いで生計を得ていた多くの女性たちが仕事を機械に奪われて苦境を訴えた。彼女たちにとってはとてもつらいことだったが，こうした機械化が，おそらく彼女たちは想像もしなかっただろうが，100人，いや，それ以上の雇用を彼女たちの子孫にもたらした。一人が解雇され，それが後に時がたてば100人の雇用を生み出すのならば，概して大きな利益といえるだろう。」
「確かにその通りだ，旦那。それはとても素晴らしいことだ。」
「それは素晴らしいこと。そう素晴らしいことだよ。だが，もし賢明で，しかも辛抱強いリーダーたちがそのことを考え始めなければ，これは決して気がつかないことさ。もしここで暴徒となっている貧しい人々がほんのちょっとでも真実を理解したなら，自分たちがしたことを後悔するだろう。動力織機は親方同様に，自分たちにとっても価値があるってことをわかるだろうよ。みんなと同じように親方だって，どんなに現在の景気停滞に苦しんでいるかきっとわかると思うよ。後でみんなは騒動と暴力をおこしたことが，やがては自分たちの手を通るはずだった金を，他の道筋に変えてしまったことがわかるだろう。そして彼らが機械に対して，いっそう多くの損害を与えると，修理に時間がかかり，再び彼らに雇用を与えるようになるのが前より長くなるということもわかるだろう (Martineau1827:26-42)」

5. 結語

　ハリエット・マーティノゥの機械論を『暴徒たち』の作品の中から分析し，彼女の経済思想をそこから読み取ろうと努力した。また『工場論争』においては，彼女が後世においてマンチェスター学派との類似を指摘され，自由放任主義者としてケインズに批判される (Keynes1926/ 訳 2010.178) が，彼女の著作を分析すると，彼女は本当に自由放任の市場主義者なのだろうかという疑問が生じる。なぜなら市場競争を主張する一方で，マーティノゥは必ず法の順守の考え方をそこに入れるからである。しかも彼女の「法」のとらえかたは必然論的である。『例解・経済学』以前の著作『暴徒たち』においても，この法の順守の考え方は，後半のテーマとなっている。その点でいえば，彼女の法の概念は一貫している。こうしたことから彼女の市場観は，自由放任という一つの言葉のみで述べることはできないのではないか。『暴徒たち』において，マーティノゥは楽観主義的機械論の立場にたち，セィ法則を根拠として，一時的供給過剰を自由貿易の推進によって早期に解消して不況から脱しようとしている。だが，重要なことはこの時彼女は経済学を知らないのである。セィ法則も，リカードゥの新機械論も彼女は知らないのである。マーティノゥは『自伝』において次のように述べている。

「1827年の秋だった。マーセット夫人の『政治経済学会話』を妹が知り合いから借りてきた。私はそれを取り上げて読んでみて驚いた。私の書いた機械と賃金の物語で無意識ながらそれをちゃんと教えていたのである (Martineau1977.:138)」

『暴徒たち』で主張された彼女の機械論はトレンズが所有していたグローブ紙からヒントを得たわけだが，その経済学の理論的な機械論争を知らないマーティノゥの機械論は経済学者たちの議論にはなかった市場におけるイギリス製品の優越性，つまり競争と技術力の優越の必要性を強調し，資本主義経済における技術革新の重要性を指摘するものとなっていた。楽観的ではあるが，紡績工の例をあげて技術的失業は永久的なものではなく，一時的なものであり，なぜなら新機軸の導入に人間の能力や技術が追いつくことによって，1人の解雇が100人の雇用を達成すると述べている。このようなハリエット・マーティノゥの経済思想は数多くの著作の中にちりばめられているが，

いまだに研究されてはいない。それは彼女が寓話や経済学教育を扱ったという先入観から来ている部分もあるだろう。またその分野は経済学ではないと考える側面もあるだろう。しかしそれは経済学を基盤としていることに変わりはない。今後，『例解・経済学』だけではなく，範囲を広げて経済学的アプローチから作品を分析する必要があるだろう。

【注】

1) Harriet Martineau The Rioters ;or A tale of bad times(1827), the Factory Controversy ;a warning against Meddling legislation(1855) この著作は前者が無名時代のもので，ただし『例解・経済学』のいくつかの寓話のモデルになっていると考えられる。後者は寓話ではないが，最晩年まで継続したデイリーニューズ紙のコラムにおける辛口の社会批判に類する初期の論述方法が見られるため，『例解・経済学』を挟んで代表的な著作として扱った。

2) D.L.Thomson Adam Smith 's Daughters(1973) 櫻井毅監訳『アダム・スミスの娘たち』龍渓書舎 (1988) では『経済学例解』と訳されており，最近ではこの訳が定着しているようだが，本稿ではそれよりも前に翻訳された Mark Blaug Ricardian Economics(1858) の翻訳『リカァドウ派の経済学 - 歴史的研究』木鐸社 (1981) 馬渡尚憲・島博保訳の『例解・経済学』にならっている。

3) 経済学の領域では，J.S. ミルの"Miss Martineau's Summary of Political Economy"(1834) 以来，マーシャルやケインズも含めて論評してきたが，最近では Webb(1960),Orazem(1999),Vint(2007) など。邦文献では櫻井 (2003,2010)，上宮 (2010)，舩木 (2007,2010,2013,2014,) などがある。

4) Martineau(1877)1.p.134　この言葉は彼女自身がよく使っていたようであるが，この言葉の裏には，「生活費を稼ぐために書いた小説」というような意味がある。彼女は生活の資を自ら稼いでいることを誇りに思っている側面があるので，この言葉通りに必ずしも受け取れないと考える。むしろ初期の作品の中で『自伝』に書いているのだから，思い入れがある作品なのではないかと考える。

5) Martineau(1827)2nd.edition 1842.Houlstone. 初めて彼女の名前がタイトルページに載ったのは第二版からのことで，初版 (1827 は Judith Potts という名で書いているという。

6) Martineau (1877) p.136. このような『自伝』の説明ではあるが, ブリティッシュ・ライブラリーにて調べたところ表紙には初版の Judith Potts や第二版の著者名の記載はなかった。他の場所に記載があったのかもしれないが, ホールストン社の他の作品と合本化されていて調査できなかった。

7) Ibid. p.135. グローブ紙の内容については久松太郎「トレンズの知的交流」国民経済雑誌第 210 巻第 5 号に詳しい。(平成 26 年 11 月)

8) Maxine Berg(1980) p.1 訳は舩木。

9) Eric Brynjolfsson はこの著作の中で, コンピューターなどの機械の普及が人々の雇用を奪い技術的失業が生じる一方で, この現象は経済再編の現象であり, 人間の技術が追いつくことによって再び経済の革新が生じると主張する。経済成長は持続するという理論であり, 19 世紀機械論の楽観主義的な議論に思想的には類似する。

10) The Factory Controversy; a Warning Against by (1855) このパンフレットを出版した the National Association of Factory Occupiers. は, マンチェスターの親方組合である。Cooperation street 13 番地という住所は現在でもマンチェスターの中央部のメインストリートに存在する。親方組合はマーティノゥがレポートを書くと, 許可を取りパンフレットを作成し, 当時労働者に同情的になっていた社会に対抗する形で出版した。当然それはマーティノゥへの批判につながった。

11) Elisabeth Sanders Arbuckle (1983) p.134. 脚注に若干のいきさつが書かれているが, それと合わせて理解すると, 1855 年 11 月 21 日付のハリエット・マーティノゥからファニイ・ウェッジウッド宛ての手紙によれば, 出版にあたって親方組合からマーティノゥへ金銭の支払いをしたい旨の連絡があったという。金額はマーティノゥの姪のマリアの予測では 200 £ ぐらいではないかという記述がある。この事件は親方組合からすればそれほど重大なものだったと考えられる。

12) ハチンズ・ハリスン『イギリス工場法の歴史』大前他共訳　新評論 (1976)66 頁。10 時間労働立法は「穀物法」撤廃の 1847 年に, 「時間短縮委員会」が議会解散の騒然とした時期を見逃さずに, うまく利用して成立した経緯が述べられている。ザ・タイムズ紙の社説「10 時間労働日問題に関して相当大きな意見の変化があったと考えることはできない。その議論は 1844 年に行われた議論と全く同じであり, 事実その歴史に残る闘争の中ではほとんど論議しつくされていたのである。…激しい反対がなかったのは不況が極めて深刻だったため,

工場主は 10 時間もの長い間操業し続けるのができないことを知ったからである。」が示すように，経済状況の悪化が 10 時間労働法の成立に貢献した。

13) 前掲書．訳 74 頁
「監督官はある階級の作った規制を他の階級に押し付けることを仕事にしているといって自分たちが非難されていることを知った。これらの二つの階級は最初から相手に対する無知と不信感の溝によって切り離されていた」二つの階級とは労働者と資本家を意味する。

14) 前掲書 88 頁
シーニョアは『工場法への書簡』のなかで次のように書いた。「次の分析はそのように (すなわち 1833 年法によって決定された 1 日 12 時間，土曜日は 9 時間という計画に基づいて) 作業をおこなっている工場においては全利潤が最後の 1 時間から引き出されていることを示すであろう…」このシーニョア説は 1844 年にミルサー・ギブソン氏によって「10 時間労働日」を支持したアシュリー卿の修正案に対する討論に持ち出された。

15) 前掲書 89 頁
ギブソンは婦人と年少者の労働を 12 時間に制限することは承認したが，それ以上の制限を課すならば，動力機械の使用や成人男子の労働に対する法的制限として作用するであろうし，「彼らが譲渡しなければならない唯一の財産―すなわち彼らの労働に関して干渉する」ことになるであろうと考えた。彼はシーニョア説を「合理的」と考え，「製造業の地位が低下することによっておそらく職工が最大の被害をこうむることになるであろう」と述べた

【参考文献】
櫻井毅 [2012]，「ハリエット・マーティーノゥの登場」『ヴィクトリア時代におけるフェミニズムの勃興と経済学』第 2 章 69-134 頁，御茶の水書房．
舩木惠子 [2007]，「経済学史におけるハリエット・マーティノゥ『経済学例解』」『武蔵大学総合研究所紀要』No.16.
舩木惠子 [2013]，「ハリエット・マーティーノゥの『経済学例解』―25 話「多くの寓話のモラル」」『武蔵大学総合研究所紀要』No.22.
舩木惠子 [2014]，「Harriet Martineau 's *Illustrations of Political Economy* :Her style on Political economy」『武蔵大学総合研究所紀要』No.23.
舩木惠子 [2015]，「ハリエット・マーティーノゥの経済思想」(1)[翻訳] 暴徒・不景気な時代の物語 (上)『武蔵大学総合研究所紀要』No.24.
Arbuckle,E.S.,[1983], *Harriet Martineau's Letters to Fanny Wedgwood* Stanford University Press.

Berg,M.[1980], *The machinery question and the making of political economy1815-1848*, Cambridge University Press,1980.

Blaug, M.,[1958], *Ricardian Economics: A Historical Study* Yale University Press （馬渡尚憲・島博保訳『リカァドウ派の経済学―歴史的研究』, 木鐸社 ,1981 年).

Keynes, J. M.,[1926], The End of Laissez-Faire, *Collected Works of J.M.Keynes* （山岡洋一訳『ケインズ説得論集』日本経済新聞社 ,2010 年).

Martineau, H.,[1827], *Rioters; or A Tale of Bad Times*, Wellington, Salop: printed by and for Houlston and son, London.

Martineau, H.,[1977], *Harriet Martineau's Autobiography* Volume1.Edited by Maria Weston Chapman. Smith, Elder & Co. London, 1977 (Cambridge University Press, 2010).

Martineau, H.,[1855], *The Factory Controversy; A Warning Against Meddling Legislation*. Issued by The National Association of Factory Occuperes.13, Corporation Street, Manchester. Printed by a Ireland and Co. Pail Mail.

Mill, J.,[1808], *Commerce Defended. An Answer to the Arguments by which Mr. Spence, Mr. Cobbett, and Others, have attempted to Prove that Commerce is not a source of National Wealth*, By C. and R.

Mill, J.,[1844], *Elements of Political Economy* London.1821, 3^{Rd} Edition.

Mill, J.S.,[1834], Miss Martineau's Summary of Political Economy, *Collected Works of John Stuart Mill*, IV p.223-228.1967.

Polkinghorn,B and D.L.Thomson, [1998], *Adam Smith's Daughters-Eight Prominent Woman Economists from the Eighteenth century to the present*, Edgar Publishing (櫻井毅監訳『女性経済学者群像』御茶の水書房 2008 年).

Ricardo, D.,[1817], *Principles of Political Economy, and Taxation* London, John Murray (1817), 2nd edition(1819),3rd.edition (1821) chapter 31, On Machinery (羽島卓也・吉沢芳樹訳『経済学および課税の原理』上下 , 岩波文庫 ,1987 年).

Torrens, R.,[1819], Mr. Owen's Plans for Relieving the National Distress. *Collected Works of Robert Torrens*, edited by G deVivo.8vols, Thoemmes Press.

Vint, J.,[1994], *Capital and Wedges*, Edward Elger, Aldershot.

Webb,R.K.,[1971], *The British Working Class Reader* Augustus M. Kelley Publishers.

第10章 ジェヴォンズによる
　　　　 ミル論理学批判と経済学

阿部　秀二郎

　ジェヴォンズによるミル批判は，経済学よりも論理学の方が強力であったとするジェヴォンズの教え子のコメントは何を意味するのか[1]。
　ジェヴォンズの限界分析は，微分積分を用いた，数学的方法という点において，その後の経済学の発展を演出したと言えるだろう。『経済学の理論』がその数学的特徴において，他の経済学者から一定の評価を得られるべきものであるとジェヴォンズ自身考えていた。その点で，ジェヴォンズ自身は経済学の将来を予想できていたのであろう。しかし，実際にはほとんど評価されず，ミルからは数量的な方法で問題を妨害する「マニア」の称号がジェヴォンズに与えられた[2]。
　一方，ジェヴォンズは『経済学の理論』第二版序文において，以下のようにリカードウとミルの経済学を批判した。

> 「リカードウが経済科学の車輌を間違った軌道に外らした・・・ミルが右の車輌を混乱に向かってさらに押し進めて行った」(Jevons 1879:l／訳 xliv)

　ここで一つの情報を追加しよう。ジェヴォンズは「リカードウの考え方は，数学的である。」としている。他方で「・・ミルの論を考察すれば，・・・数学的な表現の認められている様式の補助がない」(Jevons 1874:75) としている。
　このように数学的な考え方を有するリカードウは，しかし，「効用」を価値と関連付けることができなかった点でジェヴォンズの批判の対象になったのである[3]。そして，馬渡は別にして，ホランダーや日本の多くの研究者による解釈に見られるように，ジェヴォンズにとってミルの価値論はリカードウの価値論を踏襲しているものであった。(馬渡 1997:273-307)
　二つの問題を提示しよう。一つは上のミル批判がなぜ『経済学の理論』第二版なのかという問題であり，もう一つはミルが間違った車両を推し進めた混乱とはどういう意味かという問題である。

井上（1987:124）によれば，ジェヴォンズがミル批判を展開するのは，1868年ころからである。ジェヴォンズのミル批判は，したがってジェヴォンズ『経済学の理論』初版の出版された1871年には，すでに存在していることになる。

　筆者はこの解釈を否定するものではないが，ジェヴォンズの論理学研究を押さえる中でジェヴォンズによるミル批判の深化を解釈しなければならないものであると考える。ジェヴォンズは，1864年の『純粋論理学』，1869年の「類似の代替」，1870年の『論理学入門』，1874年の『科学の原理』，1877年以降の一連の論文をまとめた「ミル思想の検証」（1879年）へと論理学研究を展開していく。このように『経済学の理論』第二版序文が出版された1879年には，初版の時点と比較し論理学研究が深化している事情を把握しておく必要があると考えられる。

　ジェヴォンズはミル論理学の研究を通じ，批判の対象を表面的な価値論から深い理論の論理の問題へと展開する中で，経済学の危機をより明確に認識した。

　　「ミル氏について言ったこと，これから言おうとすることはとにかく彼
　　の著作についてのとても長い考察に基づくものであり・・」（Jevons
　　1874:94）

　本稿では，まず，1．において，ジェヴォンズの論理学研究の入り口である，ブールの影響と，それに基づくミルの論理学批判を俯瞰する。2．において，ミルの論理学研究が進む中で把握したハミルトン「ミル思想の検証」を俯瞰する。「結び」において，それらを考察し，ミル批判が有するジェヴォンズ経済学への影響を考察し，まとめとする。

1．ブールの影響とミル批判

(1)ブールの影響

　ジェヴォンズがミルの『論理学体系』を読み始めた時期は1857年である（Könekamp 1972:30）。しかしこの時にはまだ論理学は「ほとんど全く分からなかった」（Jevons 1862:171）。その後，1859年から61年までド・モルガンの下で数学と論理学とを学び，ジェヴォンズの論理学は深化していった。

1863年には,「ブールの論理学と同様だが,不要であるだけではなく誤った数学的な外面を持たない,自身の体系」について兄弟に手紙で書いている。ブールの誤った数学的な外面は「量の方程式と質の方程式を混乱して」用いていることであり,ジェヴォンズは論理学では「量」は存在しないと自身の論理学を提示する[4]。そして同年に「ド・モルガンに論理学に関する最初の論文を送った」(Jevons 1863:34) のである。

　これらの成果が結実したのが「純粋論理学,量ではなく質の論理学」であり,その副題は「ブールの体系そして論理学と数学との関係に関して」である。本書の序では次のようにその目的が提示される。

> 「本書の目的は質の比較が量の比較とは別に扱われることで,論理学が新しい単純性,正確性,普遍性,力を獲得することを示すことである。」(Jevons 1864:3)

　この本はブール論理学の研究の深化の結果,ブール論理学を次の4点において批判する内容である。

　A）ブールが使用する（数学的な）記号は一般的な議論 (discourse) で使用される「詞」とは異なってしまっている。例えば,「＋」という記号が「そして」「または」という「詞」の内容を適切に表現できていない。この点で日常の議論や思考の「純粋な」論理学を構成できていない。

　B）ブールは論理学を数学に依存させているが,数学を論理学に依存させるのが合理的である[5]。りんごの例を挙げ,数学ではA＋A＋A＝3Aとなるが,論理学では,A＋A＝A,A＋A＋A＝Aと表記される。前者のように表現できる理由は同じ「りんご」という種類であっても,それぞれが占有する空間が異なるために,数という概念を抽出できるからである。占有する空間も含めて完全に質的に同じであれば,後者のようにしか書けない。（中の見えない箱からりんごを一つずつ取り出してはしまうことを繰り返した場合,りんごを取り出していることは分かっても,箱の中にりんごが何個入っているのかは分からない。）つまり数は質の相違が存在することで把握できるのである。

　C）ブールの体系は,単一法則（A＋A＝A）と対立するものである。ブールの体系に従えば,X (X＋1－X) → X×X＋X×1－X×X＝X＋X－X＝Xと理解される。しかし,単一法則に従えば,X＋X－Xより,X＋X－X＝0となる必要がある。

D）ブールの使用する1，0などの数的記号（ブール代数）は論理学的には意味がない。その後の論理学と情報学の展開にとっては重要である，ブール代数について，ジェヴォンズが否定する根拠は，二つ目そして三つ目の問題と関連している。ブールの功績は「複雑な諸前提からの本当の推論を獲得することで，論理の普遍性を獲得すること」であったはずだが，ブールは質における単一，または同質性の議論を深化させるのではなく，量または数で議論を展開するものであり，「ブールの著作出版前と比べて，論理学は変化がなく，数学は一次または二次方程式で表現できるようになった。」（Jevons 1864:77）と批判した。

このブールの研究を通じたジェヴォンズの論理学において，特に注目すべきはB）の部分である。外見的に全く同一（中身は判断できない）であるとしても，その個体を別な固体であると認識できる時点で，個体は質的に異なるという議論である。この議論はジェヴォンズの「固有名」に関する議論へと結実していくと考えられる。

⑵名辞問題
①「純粋論理学」[6]

ジェヴォンズは名辞の「内包」と「外延」について触れ，「固有名」はその対象のみに対する名辞であるから，他のものと共通する属性を持たない，つまり「内包」を持たないという論理を批判する。以下の引用に示すように，ジェヴォンズが質の把握をする場合，それは単に対象の内容や対象内の属性に限定されるのではなく，空間，方向など認識者の対象外の関係とも関連するのであり，ブールの研究で得た量とは区別する質の問題に関する考察を土台にしていることが理解できる。少し長いが，次の②との関係を意識して引用する。

「この体系の名辞は，質，種類，属性，事情，数，大きさ，程度，量，方向，時空の距離における同一性や差異性の組み合わせを表現するために利用されるかもしれない。名辞はこうして現実に存在する複雑さの中に存在するものや人間の質を表すかもしれない。そのように良く，そして完全に定義されると我々は多くの事情において全く同じであるあるいは，同じであるように思える二つのものを仮定することは出来ない。そのような名辞は古い論理学の＜特異な＞，＜固有な＞，＜非属性的な＞，＜非内包的な＞名前である。そのような名前は，したがってこの体系からは

決して除外されないし，古くからある＜内包＞と＜非内包＞の名辞は完全に間違っており，根拠のないものである。」(Jevons 1864:8)

そして，この時には明確にミルの名前を出してはいないが，②の『論理学入門』において，ここで指摘されている「古い論理学」者としてミルが登場する。

② 『論理学入門』
「レッスン V」で，ジェヴォンズは，「純粋論理学」で展開した内包と外延について，紹介しており，ミルを批判の対象として明確化している。

「私はこれをミル氏自身の言葉で引用した。理由は次である。この部分はミル氏そして多くの人が受け入れた見解を明確に表現するのだが，にもかかわらずかなりの間違いである。名詞の内容（connotation）が語源的な意味と，あるいは事物に付着させる事情と混乱している。…我々がはっきりと認識できるのは，事物の特殊な質，特徴，事情によってだけであるように，我々がそれによって指示されるかされないかを知っているようなある種の物の定義を，われわれがそれに付与しなければ，その名詞は固定的な意味を持たないのである。」(Jevons 1870:42-3)

ジェヴォンズのミル批判の論理は次である。A）ミルは「内包」を，主体（subject）を意味し，さらにその属性（attribute）をも意味するものとしている。一方で「非内包」を，主体もしくは，属性のいずれかのみを意味するものとしている。B）ミルは固有名の「非内包」の説明で，ダートマスやジョンという主体のみを意味するものであって，属性を意味するものではないとしている。その説明の際に一般的に誤解されるものとして語源的な意味や由来が利用される場合があるとミルは指摘している（たとえばダートマスならば，ダート川の口に位置していたとか，ジョンならばお父さんがジョンという名前だったとか）。しかしミルにしてみれば，この語源的な意味や由来は，内包的なものではないのである。C）ジェヴォンズは，ダートマスやジョンは語源的な意味が変化し元々の意味はなくなっているとしても，その属性は有しているのであって，固有名にも「内包」が存在するということになる。

ジェヴォンズの批判は「ミルは名辞の語源的な意味と，あるものに付与する事情とを混同している」というものであるが，ジェヴォンズの論理をさら

に明確にすれば，次のようになる。

　ミルは固有名を非内包としているが，内包である。ミルは名辞の語源的な意味が変化したことを理由に内包が存在しないと指摘しているが，内包するのは語源的な意味ではなく，事情や属性であり，ダートマスやジョンという固有名もそれを他と区別する事情や属性を内包することをミルは指摘できていない。

　このジェヴォンズの論理は，自身が認識できていないが，後にクリプキが整理した，固有名に関する次の2つの説を想起させるものである。つまり固有名には内包が存在しないというミル説と，固有名にも内包が存在するというフレーゲ・ラッセルの説である[7]。

2．ミル論理学批判

(1)「類似の代替」

　「類似の代替」論文（1869年）において，ジェヴォンズは自身の類似の代替の論理が，ミルの「関係の相似」と同じである例を挙げるなど，自身の論理学とミルの論理学との一致を指摘した後で，ミルの体系の問題とその原因を次のように指摘する。

　　「ミルの体系は変則的なものに満ちており体系性が崩壊していると感じざるを得ない。これらの事は，述語の量化（quantification of predict）という論理学的な発見を低く評価しているという，ミルが陥っている間違いが原因である。」（Jevons 1869:125）[8]

　フォグランによれば，実際にハミルトンは多くの誤謬を犯し，言語を利用しない説明方法のために，ド・モルガンがハミルトンの論理学における貢献を理解できずに，批判が容易になされてしまうほどであった。

　ミルの『論理学体系』におけるハミルトン批判と，1865年に出版された『ハミルトンの哲学の考察』における第22章の「形式論理学におけるハミルトンの改良について」とを利用して，ミルのハミルトン批判とジェヴォンズの評価を考察しよう。

　ジェヴォンズが批判の対象として利用している，ミルのハミルトン批判は，『論理学体系』の第2章「論証または三段論法について」の中で，論証における三段論法の第一格の重要性をミルが説いている文章の脚注52である。

ミルは，第2章を書きあげてから，ド・モルガンの二つの論文（「形式論理学，あるいは推論，必然性，確立の計算」と「論理形式の新しい分析」）が世に出た事実に基づき，論述している。したがって脚注は主にド・モルガンの新たな論理学に関するミルの考察であるが，ミルはド・モルガンの論理学に関する論文をハミルトンの著書の附録を通じて把握しているようであり，ド・モルガンの論理学のみならず，ハミルトンの著書への考察も指摘している。

　具体的には，次の内容である。ド・モルガンの三段論法における正確性を付与する試みに対して，論理学の進歩という面で一定の評価を与えつつも，論理学は実際の使用において誤謬を回避することを目的としており，「多くの」という形容詞を数量的に明確にするようなド・モルガンの試みは，逆に正確性に重点が置かれていることで，誤謬の回避という目的を果たすことができなくなってしまう可能性がある。

　既述したように，ミルは同じ注でハミルトンの論理学を批判している。

「ド・モルガン氏の理論のように，三段論法への現実的な追加であるし，ド・モルガン氏の「数的に定義された三段論法」を超える利益を有している。論証の正しさの検証として，それが提供する形態は利益である。…しかしながら，論理＜科学＞，つまり推論に関する精神的な過程の分析，への貢献という面で考えた場合，新しい学説は私には，思うに，余分なものというだけではなく間違ったものである。なぜなら新しい学説の形態は・・・頭の中にあるものを表さないからである。私はウィリアム・ハミルトン卿の，述語量が「常に頭の中で理解されている」と主張していることを正しいとは思えない。」(Mill 1843:172-3)

　引用中に表れる，「精神的な過程」「頭の中」などの記述は，ジェヴォンズが挙げたミルの『論理学体系』では理解が困難である。上に挙げた『ハミルトンの哲学の考察』をひも解いてみよう。

　ミルは，ハミルトンの三段論法への貢献と見なされている点を，次のように2つ挙げる。A) 二種類の三段論法（外延の三段論法と内包の三段論法）の学説。B) 述語の量化。(Mill 1865:385)

　A) に関するミルの分析には，『論理学体系』で指摘されているものと同じ内容が存在する。ミルの説明を利用すると，例えば「すべての雄牛が反芻する」という命題がある。この時にこの命題を偽りであると考える人はまずいない。その命題を聞いた人は，すべての雄牛の属性を心の中に内包的に抱

いており，反芻するという意味についても内包的に抱いており，それらが結びついている。しかし外延的にすべてを確認したのかと云えばそうではない。雄牛のすべてを外延的に確認したのか，反芻する生物すべてを外延的に確認したわけでもない。ハミルトンによれば，内包的に心に抱いているイメージについては外延的に把握されなければならないのであり，必然的に命題は外延と内包とが結びついていなければならないことになる。ミルにとって，このハミルトンの指摘は推論という面で間違いではない。しかしミルにとって三段論法は「推論する形態ではなく，推論を確かめる形態」(Mill 1865:390) なのである。ハミルトンがこのような指摘を行った背景には，論理学における三段論法が，真理を検証する手段ではなく，中世以後真理を発見する手段として利用されてきた事実が存在することを，ミルは指摘する。

さらにミルにとって，内包による言明（AはBに内包される属性を有する）と外延による言明（AはBに内包される属性を有する集団に属する）とは同じ作業を結果的に意味するのであり，ハミルトンの論理は三段論法の展開にとって「無用の長物，妨害物」である。(Mill 1865:394)

B) におけるミルの分析は，ミルの言葉では「心理学的に間違っている」ということになる。この説明は次である。

まず上に挙げたのと同じ雄牛の説明で，「すべての雄牛が反芻する」かどうかを判断する場合に，雄牛以外の反芻する動物を外延的に探索する人はいないであろうとミルは分析する。つまり主語によって，述語の外延化は限定されるとともに，この事例では述語は属性を示す表現と認識されるのであり，聞いた人の中で述語の数量化が考えられることはない。

しかしハミルトンが指摘する伝統的な命題を超える8つのうちの第二の命題を事例に，ミルは問題を提起する。その命題とは，「Every A is some B.」[9]である。この命題は，ド・モルガンによっても，そしてミルによっても次の命題と等しいものであるとされる（「Every A is B.」）。ハミルトンの第二命題の表現は一般的ではなく，かつ次の理由によっても理解は困難であるとミルは指摘する。

「Every As is Bs.」という命題は「Some Bs is As.」と同じであることを表現するものである。しかしこの内容は記号だけで理解しようとしても困難であって，AまたはBに具体的な内容を入れる（例えばAに人間を，Bに動物を入れる）ことで，理解できるものである。このように述語において量化した意識を人間は有してはいないのである。

つまりハミルトンの命題は，一般的な表記ではないこと，さらにハミルト

ンがマトリクス的に分類した命題について記号だけで理解しようとしても困難なものであるとミルには把握された。したがってこのハミルトンの学説はミルによって次のように表現された。

> 「三段論法の通常の学説よりも，より正しい表現でありかつ推論の正しい分析である，量化された述語の学説はそれゆえ，心理学的に間違っている」(Mill 1865:398)

ミルは最終的に，ド・モルガンも含めた量的な論理学の可能性を認めてはいるが，現実の問題を解消する手段としては邪魔なものであると結論付けている。(Mill 1865:403)

ジェヴォンズによる，ド・モルガン，ハミルトンに対する批判に戻ろう。結局ミルが『ハミルトンの哲学の考察』の最後に指摘した，量的な論理学の可能性を認めているという記述にジェヴォンズが触れていることは確認できない。つまり，ミルの『論理学体系』だけしか読んでいないとすれば，ジェヴォンズが指摘するように，量的な論理学に対するミルの肯定的な叙述を見出すのは難しい。さらになぜミルが『論理学体系』の段階から，その点を叙述できていなかったのか，またなぜミルが『ハミルトンの哲学の考察』(ド・モルガンではなく)を展開したのかなど興味深い点が残る。しかし次のジェヴォンズの批判は少なくとも上に指摘した，その後に展開する記号論理学の展開や，『ハミルトンの哲学の考察』においてミルが見出そうとしているフレーゲへと展開する量化の論理学への可能性をジェヴォンズは認識していないことを明らかにする。

> 「ブール博士のもっとも独創的な発見に関して，発見できる限りでは，ミル氏の1862年の『論理学』において，ブール氏の1847年の『数理分析』と1854年の『思考法則』の出版を意識している言葉の一つも存在しない。ジェレミー・ベンサムの学説の弟子そして有能な支持者として数えられるが，彼の偉大な師匠に，あるいはいずれにしてもベンサムの草稿に見いだされるおいの仕事に受け継がれる述語の量化の学説には気づいていない様に思われる。」(Jevons 1869:126)

(2)「ミル哲学のテスト」

「ミル哲学のテスト」は雑誌『コンテンポラリー・レビュー』に1877年

から1879年にかけて掲載された論文である。最初の論文「幾何学的推論」において、ジェヴォンズは自身のミル論理学研究が1857年頃から始まり、ミルの著作の不完全さに1867年頃から気付き始めた（Jevons 1890:202）としており、『経済学の理論』初版が出版された1871年には、いまだミル体系の不完全さの中で、ミル論理学と格闘中であったことが理解できる。

　ジェヴォンズはいくつもの細々とした論点を指摘しながら、重要な論点として論理学の問題を提示する。最初の問題は、幾何学に関する問題である。ミルは幾何学を「知的実験（mental experimentation）」に寄りかかっており、平行の条件を満たす直線すらも、日頃の経験を基にした知的実験でその存在を確認できると考えているように思えた。ジェヴォンズが問題視したのは、次の2点である。

　まず、幾何学が対象とする自然現象について、過去の哲学者でも、それを人間の知的な操作に依存させて説明する者がいなかったのに、ミルがそれを行った点である。つぎに、ミルにしてみれば、「考え方の処理（handling of idea）」は操作としては怪しいものであるのにも拘らず、直線という自然現象の説明に用いた「知的実験」の過程は科学の中でも最も完全で確実なものであると主張しているのであり、これらは明確に矛盾しているように思われた。（Jevons 1890:213-4）

　そもそも幾何学的な領域について、経験的な側面から主張することは出来ないはずである。ミルはその事実を認め、説明方法を考慮すべきであったが、経験哲学の領域から出ようとはせず、それらを利用して説明を行おうとしており、首尾一貫性も喪失しているというのが、ジェヴォンズの分析である。そしてミルの他の論理的、形而上学的哲学においても首尾一貫しない説明が展開されている点が問題であった。

　したがってジェヴォンズのミル批判は、次の2点においてさらに展開される。それについて少し説明をしておこう。

⑵-①「類似（Resemblance）」[10]

　ジェヴォンズにとって、ミルの有名な四つの実験方法のうち、一致法（Method of Agreement）、差異法（Method of Difference）、一致差異併用法（Joint Method of Agreement and Difference）は、少なくとも「類似」が関係していた。ミルの四つの実験方法はミル体系における「中心的な柱」であるから、「類似」はミルの中でも重要な概念とされるはずであった。しかしながらミルは「類似」は、科学や知識とは関係のないものであると考え

ている。(Jevons 1890:227)

　ジェヴォンズは，ミル自身がいかに「類似」を実験方法以外においても重要なものとして利用しているかについての説明を展開する。ジョン・ロックやベインが科学や知識において重要であると指摘し，ミル自身も随所で重要であると認識している「類似」関係を，ミル自身が「自然の中で残された法則」，「事実の希少な問題」，「例外的な事例」と主張する背景に，ジェヴォンズは父ジェームズの「遺伝的な先入観」を見出す。

　ジェームズは『人間精神の現象の分析』において，「類似」を，「嫌疑のある原理」であるとし，観念連合論者によって定義される「頻度の法則（law of frequency）」の一事例に還元した。このこと自体をもちろんジェヴォンズは批判するが[11]，先の遺伝的な先入観との関係では，ジェームズが同書の後半部分において，「類似」が知的な活動が依存する原理であって，「厳密に分析された」原理であると主張し，恰も正反対に主張されているように，ジェヴォンズには理解されたのである。

(2)-②実験的方法

　ジェヴォンズによれば，ミルの論理学体系の屋台骨に当たるのが実験的方法である。しかしこの実験的方法は，ミル自身が考えたものではなく，フランシス・ベーコンが残余法以外の方法をすでに提示しており，さらにハーシェルが明確に提示しており，ミル自身もハーシェルに依存していることを認めているものであった。

　そこでジェヴォンズが問題として提示するのが，過去の方法の提示者よりもミルが優れているか，である。これに対する回答は否である[12]。

　　「ミルの実験的方法の正しさの根拠を提示しなければならないが，そうするとミルが完全に＜循環論法＞に陥っていたことを証明することになる。実験的方法は原因と結果との結びつきを証明する唯一の方法である。しかしその方法の正しさは，原因と結果との結びつきの確実さや普遍性，つまり，因果法則の普遍性に依存する。」(Jevons 1890:252)

　ジェヴォンズの疑問は，次にある。ミルの論理学体系の屋台骨の実験的方法が依存する因果法則は何に依存するのか。論理学体系の目的が人間の内的な面に，因果法則の原因を求めないことがあることを指摘したうえで，ジェヴォンズは，それが経験であることを指摘する。そしてミル自身の，帰納的

方法の最新の結果によって厳密な正確性が与えられるという考え方を前提にするならば，因果法則は最新の実験的方法によってその正確性が与えられるということになる。

ミルはこの問題を認識しており，最初の因果法則は厳格な帰納からではなく，「不正確（loose）」で，「不確実（uncertain）」な帰納から引き出されたものであると叙述する。さらにミルが単純枚挙による帰納をその事例と挙げ，対象数が増加するにつれ，確証度が増すと指摘していることを受け，ジェヴォンズは，厳格な因果の法則の土台になり，因果の法則が依存する不正確で不確実な帰納をミルが評価していない点を批判する。

さらに，因果法則に例外は存在しないのかという問をジェヴォンズは立てる。ジェヴォンズの狙いは，ミルが確率論の重要性を指摘していない点である。その論理は次である。因果法則と考えられているものが普遍性を確保するのは，ミルによれば差異法にあたる。つまりある普遍的な仮説を立て，その仮説は個別の事例で否定されなければ（例外がなければ）普遍性に近づくものであるという想定である。しかしこれは我々が利用している言葉で表現すれば，因果法則は反証可能性を有しているのみであり普遍的なものとは言えないし，前件から後件が導出されることについての不確実性は存在する。

したがって確率を高めるためには，差異法以外の方法も利用して，因果法則を確認しなければならないのである。

こうしてジェヴォンズがミルの実験的方法に対して総括する批判は次のようになる。

> 「ミルを厄介な状態に導いた（ミルの）間違いを指摘するのは困難ではない。ミルは実験的方法を因果法則の上に構築した。・・・しかし主要な失敗は，帰納法を因果の一般的な法則を確認するために用いたのではなく，・・・因果の法則を実験的方法を支えるために用いたことである。」（Jevons 1890:267）

結び

見てきたように，ジェヴォンズはミルへの批判を，論理学に関する格闘の中で深化していった。

ジェヴォンズの『経済学の理論』初版において，数学を利用するリカードウが批判されたのは，価値が効用によって説明されていないこと，数学が利

用される対象が効用ではないことなど，主に経済学を数学的な科学として見る見方から発するものであった。これに対して，第二版では，次元という概念が挿入されたこと，労働者の賃金の格差が大きく平均賃金が意味を持たないこと，など単純に数学的な科学を主張する論拠ばかりではない。労働者の賃金決定理論は労働者の効用に依存させられるべきこと，価値は最終効用度によって決定し，最終効用度は供給によって決定されること，供給は生産費によって決定されることという，因果法則が明示化された。この認識は財・資源価格の同時決定というワルラスの一般均衡理論からの乖離であり，理論の不徹底性とも認識される。その原因は何か。

本論で見たように，ジェヴォンズはミルの論理学と向き合い，ミル論理学が「質」「量」に関する論理的な整合性が取れていないこと，ミルが「geniality」を保守的に利用していること，因果法則において前提を発展するための帰納の操作が重要視されていないことなどを認識した[13]。そしてそれらの問題をミル論理学への批判とするのみではなく，自らの経済学の展開に，あるいは改訂にジェヴォンズは利用した。

最後に，今後の研究課題としてさらなる興味深い視点を提示しよう。

「ミル思想のテスト」の「功利主義」（1879年）という論文では，ミルが非論理的である原因の一つとしてミルの「geniality」が指摘される。(Jevons 1890:278) これはミルの『自伝』からジェヴォンズが抽出した概念である。ミルが以前の複数の学問を何とか融合させようとする試みであり，質の功利主義も，プラトンとエピキュロスの融合を目的としたものであると分析される。

しかし一方で，ジェヴォンにとって不満であったのは，倫理学説において当時展開していたスペンサーの学説への「geniality」が存在しないことである。それまでの倫理学説は大きく修正を被る可能性も有し，特にミルの功利主義には打撃になる可能性があるが，受け入れる必要があるとジェヴォンズは指摘する。(Jevons 1890:294)

「1.」でも指摘したが，ミルがブールの著作を認識していながら考慮しないなど，ミルの学問姿勢に対する保守性をジェヴォンズは認識する。

このようにドライに功利主義を捉えている点において，また「間主観性」という問題点からも，ジェヴォンズ自身は功利主義哲学または功利主義思想に対して距離を置いていたように思われる[14]。

その背景には当時進捗しつつあった進化論思想の存在がある。ベンサムの功利主義，それを法律の面で体現しようとした法律学者オースティンからの

影響を受け，社会全体の幸福とそれを実現するための教育，その教育の可能性をミルは考慮していたのに対して，進化が持つ危険な思想，つまり人間は本来平等ではないという考え方をダーウィン，スペンサー，比較法学のメインとから影響を受け，単純で安易な社会分析に対する疑問をジェヴォンズは有した。

　モッセルマンの指摘する，「外延」に重きを置くジェヴォンズ論理学そしてその論理学に土台を置くジェヴォンズ経済学に，新古典派的な要素を与える可能性を有する半面，「内包」の困難性から，統計的な処理で問題を解決しようとした問題点は確かに存在する。しかしその問題点の背後には，保守的な説明方法（論理学）に基づき，新たな説明方法とその方法が依存する現象の把握へと進もうとはしないミルへの不信が存在したと指摘できるかもしれない。

　その後のジェヴォンズ経済学における変遷については，後続の課題とする。

【注】

1) Keynes 1952:138 ／訳:311。ジェヴォンズの教え子のコレットの発言として，ケインズは指摘している。ケインズ自身は論理学と同様に経済学についても反感を有しているとしている。

2) 井上 (1987:110) では「数学マニア」とされているが，ミルの叙述では，データを用いて複雑化することで，問題の解答を妨害する「マニア」とされている。ミルはさらにブール，ド・モルガン，ハミルトンなども同様の存在と見なしている。(Mill 1871:1862-3)

3) Jevons 1874:83, Leslie 1879:160 参照

4) Jevons 1863:13, 井上 1987:106-8 参照

5) この例で使用されている内容が Tom 宛の手紙でも解説されている。(Jevons 1863: 33)

6) 『純粋論理学及び一連の論文』は 1890 年に出版されているが，所収論文「純粋論理学」は 1864 年に世に出されている。また所収論文「類似の代替」は 1869 年に世に出されている。したがって年代順に配置するならば，本論文では「類似の代替」を『論理学入門』(1870 年) よりも前に提示すべきであるが，

名辞の「内包」と「外延」というテーマの関連性から，このような配置にした。

7）クリプキは，ジェヴォンズが利用したミルのダートマスの事例を用い（Kripke 1980:26-7／訳:28-9），固有名の内包問題を改めて整理し，ジェヴォンズ同様にミル批判を展開したフレーゲ，ラッセルを批判している。

8）「述語の量化」については，Hamilton[1859-60]の本文と Appendix V :New Analytic of Logical Forms-General Results-Fragments の 'Ⅲ Quantification of Predict-Immediate Inference,-Conversion-,Opposition' を参照。Fogelin[1976]は，19世紀後半に，展開される「量化理論」（フレーゲの『概念記法』）以前に，量の論理学への道を提示した点は評価すべきであるとする。

9）ハミルトンの命題は，次である。1)All A is all B. 2)All A is some B. 3)Some A is all B. 4)Some A is some B. 5)Any A is not any B. 6)Any A is not some B. 7)Some A is not any B. 8)Some A is not some B. ミルは「All」を「Every」と表現している。（Hamilton 1859-60:534) また Fogelin 1976:217 も参照。

10）ジェヴォンズは，第一論文を引きずり，次の点から出発する。
幾何学的な問題を，経験的な側面から把握しようとするミルは，時に幾何学は帰納的であると説明する。またミルは他の箇所で演繹科学の類であると主張する。さらに観察と実験の問題であるとも指摘される。ここから，ミルは帰納と演繹に差異はなく，差異が存在するのは，演繹と実験科学の間であることを発見した。さらにミル自身が帰納的方法として四つの実験方法を提示していることを前提にするならば，論理的に演繹と帰納法との間に差異が存在するという結論が導かれるのであり，ミルが帰納と演繹に差異があるという主張とは矛盾することになるのである。

11）1つの個体を見れば，複数の個体を見ていることになるというジェームズの説明に対して，そもそも同様の（したがって類似している）個体であるという，類似性を判断する根拠が何も提示されていないのであり，還元できていないというのがジェヴォンズの批判である。（Jevons 1890:244）

12）この一つに，「対象の処理」としての実験と，実験の結果から法則への一般化とをミルが混同しているという批判がある。ミルの混同は差異法において，差異法が一般法則を与えるという論理に結びついている点をジェヴォンズは批判している。（Jevons 1890:251）

13）「帰納法」に関する文献として，千賀[2010]，内井[1995]を参照。

14）このようにドライに功利主義を捉えている点において，また「間主観性」という問題点からも，ジェヴォンズ自身は功利主義哲学または功利主義思想に対して距離を置いていたように思われる。この考え方は必ずしも Nathalie[2002] とは乖離しない。ナタリーの指摘するようにジェヴォンズは快楽計算を自身の数学的経済理論に展開していることは間違いない。しかしベンサムが快楽計算で考慮する7つの要素のうち「強度」「持続」「確実性」「近さ」までが利用できるものであると考えた。それ以外の部分こそが功利主義思想にとっては重要だとしてもジェヴォンズ経済学では重要視しない。

【参考文献】

井上琢智 [1987],『ジェヴォンズの思想と経済学』日本評論社.
内井惣七 [1979],「19世紀イギリスの科学方法論（１）」『人文研究』（大阪市立大学）第31巻第2号,5-23.
千賀重義 [2010],「第5章 ジェヴォンズにおける帰納と演繹」只腰親和・佐々木憲介編『イギリス経済学における方法論の展開』昭和堂，所収（第五章）.
馬渡尚憲 [1997],『J.S. ミルの経済学』お茶の水書房.
Fogelin, R.J.[1976],Hamilton's Quantification of the predicate, *The Philosophical Quarterly*,pp.217-28.
Hamilton,W.[1859-60], *Lectures on Metaphysics and Logic*, edited by the Rev. H.L. Mansel and John Veitch, W. Blackwood.
Jevons,W.S.[1862], *Letters and Journals of William Stanley Jevons*, ed.by Harriet Jevons, London, 1886.
Jevons,W.S. [1863], *Papers and Correspondence III*, ed. by R.D.C.,Black, Macmillan, 1977.
Jevons,W.S. [1864], Pure Logic or the Logic of Quality apart from Quantity, Pure Logic or the Logic of Quality apart from Quantity, in *Pure Logic and Other Minor Works*, ed. by R. Adamson and H.A.Jevons, London, 1890.
Jevons,W.S. [1869], The Substitutions of Similars, Pure Logic or the Logic of Quality apart from Quantity, in *Pure Logic and Other Minor Works*, ed. by R. Adamson and H.A., Jevons, London, 1890.
Jevons,W.S. [1870], *Elementary lessons in logic: deductive and inductive: with copious questions and examples, and a vocabulary of logical terms*, London, 1918
Jevons,W.S. [1874], The Progress of the Mathematical Theory of Political Economy, *Papers and Correspondence VII*, ed. by R.D.C.,Black, Macmillan, 1981.
Jevons,W.S. [1879],*The Theory of Political Economy*, London,1888（小泉他訳『経済学の理論』近代経済学古典選集，日本経済評論社,1984年.
Jevons,W.S. [1890], Part Ⅱ John Stuart Mill's Philosophy tested, *in Pure Logic and Minor Works*, ed. by R. Adamson and H.A., Jevons, London.

Keynes, J.M. [1952], *Essays in Biography*（熊谷尚夫・大野忠男訳『人物評伝』, 岩波書店 ,1992 年）.

Könekamp,R.[1972],Biographical Introduction, *Papers and Correspondence I*, ed. by R.D.C.,Black, Macmillan, 1972.

Kripke,S.A.[1980],*Naming and Necessity*, B.Blackwell and Harvard University Press（八木沢敬・野家啓一訳『名指しと必然性』, 産業図書 ,1985 年）.

Leslie, T.E.C. [1879],Untitled Review of the Second Edition, *Papers and Correspondence VII*, ed. by R.D.C.,Black, Macmillan, 1981.

Mill, J.S.[1843],A System of Logic, Ratiocinative and Inductive, being a connected view of the principles of methods of scientific investigation Book Ⅰ - Ⅲ ,ed. by J. M. Robson, *The Collected Works of John Stuart Mill, Volume VII*, Univ. Toronto Press, 1974.

Mill,J.S.[1865],An Examination of William Hamilton's Philosophy, ed.by J. M. Robson, *The Collected Works of John Stuart Mill, Volume IX*, Univ. Toronto Press, 1979.

Mill,J.S.[1871], To John Elliot Cairnes, The Later Letters of John Stuart Mill 1849-1873 Part IV, *The Collected Works of John Stuart Mill, Volume XVII*, Univ. Toronto Press.

Mosselmans, B. [1998], William Stanley Jevons and the Extent of Meaning in Logic and Economics, *History and Philosophy of Logic*, Vol. 19, Taylor & Francis.

Nathalie, S.[2002], Jevons's Debt to Bentham: Mathematical Economy, Morals and Philosophy, *The Manchester School*, vol.70, No.2 March.

第11章 若きビアトリス・ポッターの
経済学の形成

佐藤　公俊

はじめに：若きビアトリス・ポッター（・ウェッブ）の経済研究

　本稿は，ビアトリス・ポッター・ウェッブ（1858年生-1943年没）の結婚前のビアトリス・ポッターの＜修業・弟子の時代＞における，経済情勢や経済学説の研究とそこにおける古典派政治経済学原理への批判の社会経済学的意義を考察する。＜修業・弟子の時代＞というのは，ビアトリスが自身の青年時代を My Apprenticeship（『私の修行（徒弟）時代』）というタイトルの自伝的評伝で論じているからである（Webb,B. 1926a）。

　ビアトリス・ポッター・ウェッブは，現代でもイギリス労働党のシンクタンクであるフェビアン協会の1890年代から1910年代にかけてのリーダーの一人であり，社会改革家として知られている。ビアトリス・ポッターは，鉄道王といわれた大富豪リチャード・ポッターの八女として生まれ，少女時代から家庭教師で生涯の恩師のハーバート・スペンサーから社会哲学の薫陶を受けた。ビアトリス・ポッターは，フェビアン協会の創設メンバーのシドニー・ウェッブと結婚以前の，1880年代社交界にデビューした青年時代から，自身の基本問題として社会の貧困の解決を目指して，個人活動として慈善事業のボランティアに従事した。貧者救済と社会的貧困の撲滅を願って慈善活動をした彼女は，それだけでは，貧困の社会的解決に不十分であると悟り，貧困の原因として劣悪な環境での低賃金の苦汗労働などに携わる女性労働者の社会調査をおこなった。彼女は都市で働く女性の貧困の原因をスウェッティングシステム（苦汗制度）と規定し，スウェッティングシステムをなくすために，その実情を調査し，その専門家として議会の委員会で報告した。

　本稿では，若き慈善家・社会調査の専門家のビアトリス・ポッターが，社交界で自由党のリーダーのジョゼフ・チェンバレンとの恋に破れて，1886年1月から惨憺たる思いで救いを求めてとりかかった経済研究の成果を検討する。彼女は貧困問題の一般的社会的な解明・「診断」（diagnosis）（Webb,B. 1886）のため，貧困を生産する原因となる社会経済状況の分析と対策の追求・「診断」の理論を経済学に求めたのである。そこで経済理論の歴史について

の研究者として修行して自律し，恩師のハーバート・スペンサーの弟子から独立することとなったのである。

　ビアトリスは，経済の研究を論文にまとめることで，経済研究者としてのアイデンティティを形成していったのであるが，経済理論の研究では，スペンサーと古典派政治経済学原理への批判と対抗，および，当時の新進気鋭の経済学者アルフレッド・マーシャルの経済思想を参照することによって，制度進化的観点から社会学的経済学と福祉経済学を志向し，徐々にそれらを形成していった。こうして，ビアトリスは，結婚前のビアトリス・ポッター時代に経済学者としての自立を果たしたのであり，また，こうした彼女の青年時代の経済学研究が熟年期の制度進化的社会経済学の原点となったのである。[1]

　後年のビアトリス・ウェッブの貧困問題解決の方策は，シドニー・ウェッブと結婚後の Partnership（共同事業）の一環である共著『産業民主制論』（1897年）で示された。Partnership（共同事業）というのは，ビアトリスはシドニーとの共同事業時代を *Our Partnership*（『私たちの共同事業』）というタイトルの自伝的評伝で論じたからである（Webb,B. 1948）。『産業民主制論』では，ナショナル・ミニマムを基準とした政府の法律による企業への規制によって，労働者に最低限の人間らしい労働条件を保障して，労働者の健全性と生産性の向上を促し，他方では，そうした条件を確保できない非効率な企業を寄生的と呼んで政策的に排除して，低効率な低賃金労働，例えば苦汗労働を社会的に淘汰・撲滅するという，社会進化論的方策が示されている。（ウェッブ，S.&B. 1990）

　本稿では以下で，ビアトリスの＜修業時代・弟子の時代＞での経済学のアイデンティティの形成のポイントとなる時期として，1886年の初めから1887年の春までの1年強の期間に注目する。そして，その時期のビアトリスの草稿でのリカード政治経済学原理の批判と修正，社会的病理の診断，それに対するスペンサーからの，リカード政治経済学原理と自由放任哲学に基づいた批判，ビアトリスの日記に示された反批判を検討して，古典派政治経済学原理批判の意味を考察する。

1．従来の研究状況

　1886年のビアトリスの経済学の形成については，以下のビアトリスの草稿，および，スペンサーからの手紙と彼女の日記における「論争」を検討す

る必要がある。本節では，これらについての従来の研究状況を概観する。しかしながら，リカード政治経済学原理へのビアトリスの批判と修正の問題を考察する手がかりとしては，いささか物足りない状況である。

　1880年代の青年期のビアトリス・ポッターの新たな経済学の構想と古典派批判とを，青年期固有の議論としてその時代の資料にもとづいて論じているのは，以下の大前眞氏の「イギリス経済学の歴史」についての議論，江里口拓氏のビアトリスとスペンサーの「論争」についての議論，および，筆者の研究（佐藤 2010, 2012, 2013, 2014a, 2014b）の他にはほとんど見当たらない。

　欧米のほとんどの研究者は1926年の *My Apprenticeship* 付録の「経済科学の本性について」（Webb, B. 1926b）を，1886年の草稿「イギリス経済学の歴史」（Webb,B. 1886）と1887年の草稿「カール・マルクスの経済理論」（Webb,B. 1887）と同一視して，熟年期の「経済科学の本性について」によって，若きビアトリスの経済研究，青年期の社会経済学の業績と議論を論じているのである。

　ビアトリスが社会学的経済学研究として，青年期から制度進化的観点で社会経済を把握して，それを熟年以降も構築し展開していったことは事実である。しかし，1926年に出版した評伝的自伝『私の修行時代』（*My Apprenticeship*）においては，上記の二つの草稿，「イギリス経済学の歴史」と「カール・マルクスの経済理論」をまとめ，彼女の熟年期までに展開された社会経済学のアイディアをちりばめて書き直した。それを「経済科学の本性について（（1）自足して，分離し，抽象的な政治経済学への私の反論と（2）価値の理論）」（" On the Nature of Economic Science", ((1) My Objections to a Self-contained, Separate, Abstract Political Economy and (2) A Theory of Value)）と題して付録Dとしてこの自伝に収録したのである。それゆえ，「経済科学の本性について」は，「イギリス経済学の歴史」と「カール・マルクスの経済理論」の二つの草稿をまとめて書き直し，新たな見解や観点を加えたもので，二つの草稿とは別の論文として扱わなければならない。したがって，これらの時代別の論稿から，若きビアトリスの社会経済学の原点と，熟年のビアトリスの成熟した社会経済学とを相対的に独立した議論として把握し，また，前者が数十年かけて熟成し，後者に進化したものとして関係づけて考察しなければならないのである。（佐藤 2008）

　ビアトリスの青年期の経済学や経済思想について，熟年期の文献から検討した欧米の研究として，以下のものを挙げることができる。これらは，ビア

トリスの完成形に近い社会経済学を評価する際必須のものであるが，そのままでは青年期の議論を論じたものではないことに注意すべきである。

ビアトリスの My Apprenticeship の社会経済学の見解については，G.D.H. コール（Cole 1943）とマクブレア（McBriar 1962），および，トムソン&ポーキングホーン（2008）の見解がある。

コールが，1943年に亡くなったビアトリスを追悼した論文で，ビアトリスを自律した経済学者として認めず，社会学者としたために，彼女の経済学が軽視されてきた面があると考えられる。

マクブレアはフェビアン協会の政治論の検討で1890年前後のビアトリスの歴史主義導入の先進性を評価している。

近年では，トムソンとポーキングホーンが共著でビアトリスを制度派経済学者として認めており，再評価が進んでいるといえる。

アメリカ制度学派では，塚本隆夫氏が「制度主義者のコモンズは，「制度経済学」の源流の一つとして，ウェッブ夫妻の貢献を挙げています」というように，ジョン・コモンズがウェッブ夫妻を制度経済学の源流の一つとして位置づけている。（ソースティン・ヴェブレンはビアトリスの師匠のスペンサーから進化主義を受け継いだといわれている。）

2．「イギリス経済学の歴史」における諸論点

ビアトリス・ポッターの提起した古典派の政治経済学原理の批判問題を検討するために，ビアトリスの経済学体系構想の出発点でもある，彼女が1886年8月－9月に完成した草稿，"The History of English Economics"（「イギリス経済学の歴史」）を検討する。そこでは，彼女はマーシャルの経済理論の方法を，「経済学の現状」"The Present Position of Economics"（マーシャル1991）で参照し，欲望と能力の結合から新たな経済学体系を構想した。彼女は「真の経済科学」を提起して，経済理論の新構想を提示し，政府の介入政策を想定する進化主義的社会経済学の方向性を示した。

ビアトリスの1926年の『私の修行時代』の本文の説明によると，若きビアトリスはリカードらの古典派政治経済学の抽象的演繹的方法を批判して，歴史的方法を提起した。この「歴史的」という言葉は，「進化的，発生的，動的，比較的方法」の意味で使用していると注記されている（Webb, B. 1926）。したがって，彼女は，「進化的，発生的，動的，比較的方法」での経済学を提起したわけである。ただ，熟年ビアトリスは「これらのエッセイの中に何

か本質的な独創性がある，とは私は思わない」と謙遜しているが，実際には，1926年までに書かれた「経済科学の本性について」論文では，彼女の1886年の社会学的経済学の個人主義的方法と対象領域から，集合主義的で進化的な社会科学的社会経済学への発展がみられる。筆者はこれらに共通する「本質的な独創性」があると考えるものである。(佐藤 2008)

こうしたビアトリスの「本質的な独創性」と「先駆性」を確認するため，彼女のリカード政治経済学原理批判と原理修正の問題を考察しなければならない。そのためまず，以下に彼女の手書き草稿「イギリス経済学の歴史」を筆者が英文タイプ書きに直した草稿から翻訳して，若きビアトリスの経済学体系に関するポイントとして，古典派政治経済学原理批判と新たな経済学と経済学者の任務の提起などを紹介する。それらは，①スミス評価，②ビアトリスのリカード政治経済学原理批判，③ ビアトリスがマーシャルに見出した正統派からの救い，④ ビアトリスの新しい経済学の観点：経済現象の三層構造，④-1.Ⅰ経済学の心理的現象，④-2.Ⅱ物質的現象，④-3.Ⅲ物質的要素と心理的要素の両方を含む現象，⑤交換価値の測定の「多くの『撹乱の原因』」，および，⑥能力と欲望の退化という社会病理の診断法である。[2]

(1)スミスの改革者としての評価

ビアトリスによる，改革者スミスの評価は以下のように示されている。

「アダム・スミスの偉大な著作はそれゆえ二重の性格を持った。彼は，一国の富の総体を増加させるという実践的目的をもって，生産を規制する法則の発見を意図した。…社会的弊害の改革者として，…彼は，世界が発明家，生産者・働く者のものであるために，活動の自由を提唱した」(Webb,B.1886, 佐藤公俊 2010:47)

したがってビアトリスはスミスの政府による介入主義を次のように評価する。

「彼は，利己的な階級規制の悪徳の中に，神の政府の自然法への偉大な対立者を見た：しかし，彼は国家による義務教育を認めた：彼は，全国民に対する国家的軍事教練を提唱した。彼は，科学の振興として，自由業に従事するための国家試験を考えた。そして，最後に，彼は，国家が労働者の側に立って，雇用者と労働者の間に介入したとき，その介入は常に『公正で公平で』ある

と宣言したのである。」(Ibid., 同上 :49)

　ロイドン・ハリスンは，ビアトリスがスミスの人間生活と経済活動の関係を重視し，「歴史的感性」を見出したことを強調する。

「スミスは，経済人と呼ばれるような，矮小化され奇形化された人間性の概念に頼ることはなかった。経済活動を，それを取り囲む人間生活から抽象したりはしなかったのである。彼は歴史的感性を持っていた。ビアトリスが自分に課した苦行は，これらの結論を再発見させ，彼女はそれが自分自身のものであるかのように感じることができた。」(ハリスン, L. 2005)

　ビアトリスが把握した政府や国家の役割について，大前眞氏は，「ビアトリス・ポッター（ウェッブ）と政治経済学」論文で1886年「イギリス経済学の歴史」論文の検討から，ビアトリスによるスミス分業論の社会進化論的評価に注目する。「そこではスミスは科学的研究者であると同時に社会改良家であったとされ，彼の分業論は前者を，そして労働価値説は後者を代表するものと論」（大前眞1994）じたビアトリスは，社会改良家としてのスミスを高く評価した。「スミスの議論には，ベアトリスの言う『病理学 pathological 』…が認められた」（同上）からである。
　大前氏は，スミスの「経済の歪みを正そうとする政策的提言」を彼女が高く評価したことを次のように指摘している。

「すなわち，スミスが重商主義的規制に反対して『自由放任 laisser-faire 』を鼓吹しながら，『国家による義務教育制度を是認し…対（ママ）には国家が使用者と労働者の関係に干渉するときに，『労働者の側に立つ』であれば，その干渉は常に『正しくまた公平である』と論じた』ことを（ビアトリスは：引用者）高く評価する」（同上）

　スミスの政府や国家の役割についての評価として，大前氏が指摘したように，ビアトリスは，スミスの「自由放任 laisser-faire」下での国家・政府による労働–使用者関係への干渉を「労働者の側に立つ」社会改良のためのものである場合，「正しくまた公平である」として，高く評価したのである。こうしてビアトリスは，自由主義政策下での政府の労働–使用者関係への干渉を本質的介入として重視したのである。

⑵リカードの基礎的前提条件批判

　ビアトリスのリカード政治経済学原理批判は，主に，歴史主義ないし帰納主義の立場によって，当時歴史学派からの批判にさらされていたリカード派の演繹的な政治経済学原理の二大前提を激しく批判したものである。ビアトリスは，「純粋な競争の実在と自由契約の可能性との怪物的双子という『まったくもっての鼻つまみモノ』」にとどめがさされたという。すなわち，彼女は，「帰納的推論，または歴史的調査による前提や結論についての検証をしないままでの演繹法だけの使用に反対してきた，マルサスからクリフ・レズリーとアーノルド・トインビー」側によって，「一つまた一つとリカードの仮定はその性格を修正されてきたし，結局は拒絶されてしまった…純粋な競争の実在と自由契約の可能性との怪物的双子という『まったくもっての鼻つまみモノ』」について，「経済思想の世界でとどめの一撃を受けた」として，リカードら古典派の政治経済学原理の基本仮定の非現実性を批判するのである。(Webb B. 1886, 佐藤 2012:31)

⑶マーシャルの援用：正統派からの救いをマーシャルに見出す

　ビアトリスは，抽象的な古典派政治経済学原理を批判して，マーシャルに「正統派からの救いを見出す」。

「それでは我々は，いずこに正統派からの救いを見出すのであろうか。マーシャル教授（ケンブリッジ大学の政治経済学講座のフォーセット教授の後継者）は彼の優れたパンフレット『経済学の現状』において，経済科学の真の性格を定義したと，考えるものである。この論文で彼は我々に次のように述べている。経済学という科学は『具体的な真実の集合体』ではなくて，交換価値を有していてそれゆえに貨幣のタームで測定しうる人間性の部分についての『研究の装置 (organ)』なのである，と。」(Ibid., 同上)

　マーシャルが「経済学の現状」論文で，「経済学という科学は『具体的な真実の集合体』ではなくて，交換価値を有していてそれゆえに貨幣のタームで測定しうる人間性の部分についての『研究の装置』(organ)」とした点を，ビアトリスは「経済科学の真の性格を定義した」と高く評価している。彼女は，演繹的にマーシャルの「交換価値を有していてそれゆえに貨幣のタームで測定しうる人間性の部分」を分析対象として受け継ぐが，しかし，それ

を意味づける彼の「研究の装置」(organ) の方法は受け継がなかった。

このように、ビアトリスは「イギリス経済学の歴史」において、古典派正統派のリカード政治経済学原理の抽象性を激しく批判し、使用価値や労働価値でなく、貨幣タームでの評価というマーシャルの経済学の方法にならって、新たな経済学を提起したのである。彼女は、「人間の経済的性質が『貨幣によって測ったり、また、均衡させたり』できるような能力と欲望とである、と定義」することは、「経済的能力は、経済的欲望に対するその交換価値に従って測られる」という。それは、「人間の経済的性質を決定する諸法則」、「『抽出』産業の収穫逓減の仮説」などの「富の生産に直接にまたは間接に使われる自然の物質の利用可能な供給を規制する諸法則」、および、「通貨の微妙な問題を含む商品の交換価値に関するすべての問題」を含むものであるといって、彼女は、能力と欲望の結合が現象する市場経済とその自然的外部との関係の存在を暗示するである。

(4)新たな経済学の構想を提起

ビアトリスは、「イギリス経済学の歴史」において、つながる人間関係を社会的本質とし、その人間関係における欲望と能力が経済的な欲望と能力であり、それらのつながりが交換価値関係として現れるとして、それらの経済現象を①心理的・②物質的・③心理的／物質的の三層で把握して表現するものとして新たな経済学の構想を提起したのである。

(5)能力と欲望の退化という社会病理の診断法の研究
　：経済学の目的と経済学者の役割

ビアトリスは、経済学の「生物学的かつ実証的理論」の科学性と実践的効用を強調する。

「経済科学の生物学的かつ実証的理論は、より真なる科学性を有すると信じられることばかりでなく、より優れた実践的効用を有すると信じられるため、経済学の機械的かつ形而上学的方法と区別された」((Ibid., 同上:32)

ビアトリスは経済学の実践面について次のように述べる。

「実践の観点から、われわれの眼前の社会問題に直面して、経済科学の中で病理学を無視するいかなる理論も無用である。偉大な国民として我々が存在

199

することは，おそらくその問題の正しい解決にかかっている。それは，一方は部分的な（ある人は原理的なというかもしれないが），他方は全体的な経済の病気の問題という，二つの問題のためなのである。」((Ibid.，同上))

　こうしてビアトリスは，経済科学の理論を「実践の観点から，われわれの眼前の社会問題に直面して，経済科学の中で病理学を無視するいかなる理論も無用である」といい，病理学的理論を社会問題解決の手段として重要視する。さらに，彼女は旧来の経済学派の研究者が，科学的な姿勢を取っていないと批判し，経済学研究者の役割を経済の非効率な能力と欲望という「特有な病気を診断すること」とする。

「不幸なことに，旧来の経済学派の研究者は，自由放任の経済的教訓から紡いだテキストを政治家に講義するというというたやすい仕事に満足してしまっている。彼らは自分たちが科学的な人間であることを忘れている」(Ibid.，同上)

「明らかに，経済学研究者の役割は，こうした細切れの能力や非効率な能力，そして，非効率な欲望という特有な病気を診断することである。」(Ibid.，同上:33)

　こうして，ビアトリスはスミスの改革性を評価し，リカード政治経済学原理の基本前提を批判し，マーシャルの方法を援用して経済学の新構想を提起して，さらに，経済学者と経済学の任務として，非効率な能力と欲望という社会的な病気の診断の理論の必要性を強調するのである。

3. スペンサーとの知られざる「論争」

　1886年後半のビアトリスのスペンサーとの「論争」は，これまでほとんど注目されてこなかった。この知られざる「論争」を検討し，原理の修正問題を考察する。そのために，彼女にとっての偉大な師ハーバート・スペンサーからの「イギリス経済学の歴史」に対する真っ向から批判と，ビアトリスが日記に「H.S.(ハーバート・スペンサー)は歴史的感覚がない」と書いて，師には提出しなかった「反論」からなる「論争」の社会経済学的意味を検討しよう。

　1886年9月ビアトリスは完成した「イギリス経済学の歴史」のアブスト

ラクトをスペンサーに送った。その内容に対して，進化的・生物学的社会哲学の師であるスペンサーから，経済理論的方法の混乱として，激しい批判を受けた。ついには，ビアトリスは日記に＜スペンサーには歴史的センスが無い＞と認めることで師の古典派的方法から決別し，自身の制度理論的自律を自覚し，制度進化主義的な経済学者として，師から独立した道を歩むこととなったのである。

この「論争」において，ビアトリスは，スペンサーから進化主義を受け継ぐも，スペンサーの個人主義的自由放任論に対して，社会学的経済学から集合主義的な社会科学的政策論と社会進化論の立場へ移行し，歴史主義として，政策による介入主義を強調し，制度的社会的方法を展開した。ビアトリスの1886年のこうした経済学の方法の変化は，対象とする経済について，人間の本質・原理が現象する社会学的および政治経済学原理の個人主義の観点から，各社会領域間の現象の関係を論ずる社会科学と政策論の方法に移行したことを意味した。また，これは集合主義的な経済学の出発点となり，後の彼女の集団同士の集合的で制度進化的な福祉経済学へと展開していったのである。

(1)スペンサーからの批判

My Apprenticrship に引用された日記と記述における二人の「論争」を紹介して，「国家支援」の必要性の問題を検討しよう。

ビアトリスによると「イギリス経済学の歴史」に対するスペンサーの批判は1886年10月2日付のスペンサーからの手紙に示されている。その批判は，「社会病理学の研究を含む経済学の領域についての私（ビアトリス）の定義」(Webb,B. 1926a) が主な対象である。「事実上，社会病理学の研究を含む経済学の領域についての私の定義は，私の尊敬する教師，ハーバート・スペンサーの独善的な結論に反対する姿勢をはっきりさせた」(Ibid.) がゆえの，スペンサーからの批判なのである。

「論争」においてなぜビアトリスはスペンサーから激しく批判されたのであろうか。ビアトリスの立場が自由放任的政策論から政府の介入策を伴う社会科学的政策論に変化して，自由放任の哲学から離反したゆえに，スペンサーは手厳しく批判したのであろう。スペンサーは，リカードの古典派の政治経済学原理と自由放任論に執着していたのである。ビアトリスの「スペンサーの独善的な結論に反対する姿勢」を示す「思考に対する彼の反論」は，「先達の政治経済学者の学説に対して貴女がなしている反論は，…正しくなされ

てこなかった類のもの」(Ibid.) ということである。スペンサーはビアトリスの政治経済学への批判は,「正しくなされ」なかったと述べて,その理由として4点の批判を手紙に書いている。ここでは3点目と4点目の論点を取り上げる。

　批判の（3）点目として,スペンサーは,以下のように社会の「病理的状態」を,「産業活動の正常な関係の説明」する政治経済学では「まったく認識することはでき」ないと論ずる。(Ibid.:283)

「（3）正しく呼ばれる政治経済学を構成する,産業活動の正常な関係の説明についても,まさにそれが当てはまる。産業活動の中の無秩序,あるいは,産業活動への障害について,政治経済学によっては何の説明もされえないのである。政治経済学は病理的状態をまったく認識することはできず,さらにまた,これらの病理学的な社会状態の理解は全面的に,社会生理学の内の政治経済学からなる部分のそれ以前の確立に依存するのである。」(Ibid.)

　批判の（4）点目として,スペンサーは治療が「自由競争と自由契約とを確立すること」であるという。彼によると「病理的状態」の「治療の過程」は「政治経済学の原理の修正でなく」原理的状態を確立することである。つまり,「病理的状態が,政治経済学の前提する自由競争と自由契約とが妨げられたことによるのならば,治療の過程は,政治経済学の原理の修正でなく,できる限りに自由競争と自由契約とを確立すること」なのである。(Ibid.)
　スペンサーは,ビアトリスのようにこれとは逆に「病理学的状態を実践的に知覚するように,政治的―経済的原理を訂正する」ならば,それは「病理学的状態を組織するだけ」にすぎず,「物事はよりいっそう悪くなってしまう」と批判する。彼は「病理学的状態を実践的に知覚」することも,「政治的―経済的原理を訂正すること」も否定して,ビアトリスの理論的営為の意義を全否定するのである。

「私が理解したように,もし貴女が病理学的状態を実践的に知覚するように,政治的―経済的原理を訂正するつもりならば,そのとき,貴女はただ病理学的状態を組織するだけでしょうし,物事はよりいっそう悪くなってしまうでしょう。」(Ibid.)

(2)ビアトリスの反論

ビアトリスは，1886年10月4日付けの日記で以下のように，スペンサーの（3）と（4）の批判に反論して，社会経済学の一分野としての経済理論の立場から，彼の原理としてのみ政治経済学を見る立場を批判している。

ビアトリスは，スペンサーの批判点（3）について「政治経済学が産業内部の正常な諸関係についての説明であることを想定している」として，「これらの諸関係が何であるのかを見つけ出」して，「種々の経済的な病の理解によって，我々は，何が正常かを，あるいは言うならば，何が健康かを発見する」点は認める。しかし，リカードの政治経済学原理の方法は「発見することを企てない…ただ想定する」だけの演繹的仮定法であり，彼は「仮定が事実を代表することを証拠だてていない」と反論する。つまり，ビアトリスは演繹的仮定法だけでは政策に対して根拠がなく実証性がないと批判しているのである。

また，スペンサーの批判点（4）について，彼が「経済科学を統治の技術の一分野として扱っており，社会学の一分野として，すなわち人間性の一部についての科学の一分野として扱っていない」点，即ち，スペンサーの認識と実践との混同，「経済科学を統治の技術の一分野として扱って」サイエンスをアートとして扱う点を批判する。つまり，彼女は，「何らかの社会理念に従ってそれがどうあるべきか」というイデオロギー的主張を語る必要がなく，「ことが何であるかを見いだすこと」というイデオロギー的判断を避けた科学主義が重要と主張するのである。(Ibid.:284)

「4番目の命題について。再び治療の問題。『貴女がすべての病理学的状態を実践的に知覚するように，政治的―経済的原理を修正するのでしょう』。なんと奇妙な！明らかに彼は経済科学を統治の技術の一分野として扱っており，社会学の一分野として，すなわち人間性の一部についての科学の一分野として扱っていない。科学の目的はことが何であるかを見いだすことであり，何らかの社会理念に従ってそれがどうあるべきかについて我々に語ることではないのである。」(Ibid.)

(3)ビアトリスの議論の長所と欠点

1886年10月初めのスペンサーとの間の社会生理学／社会病理学の位置づけの「論争」にににおいて，ビアトリスが病理学的方法と進化論的方法の立

場から，いわば歴史主義的に反論したことから，それまでの彼女の社会学的経済学が社会進化論と社会経済学的な政策論とに展開したのである。

以上の「論争」について，ロイデン・ハリスンが指摘するようにスペンサーが，政治経済学原理のような「学問の固定的部門分け」に固執して「論点回避」の「詭弁」を弄したことに対する，ビアトリスの批判は全てではないが，かなりの部分で正当である。(ハリスン，L. 2005)

ビアトリスは1886年前後には，社会の貧困と言う「病気」の治癒のため社会改革とその調査，福祉経済の分析にのりだしていた。これは「特定の社会的理念に沿ってどうあるべきかを語ること」を行うことであって，「科学の目的は何であるかを発見すること」を旨とする科学者としての行動ではない。したがって福祉経済を分析し，福祉に向かって社会を改善する改革者としての立場では「特定の社会的理念に沿って」語るのは当たり前である。科学者としてビアトリスはスペンサーの「論点回避」の「詭弁」を批判できるが，実践家／改革者としてのビアトリスは，「同じ目的に向かっていて」，スペンサーが「特定の社会的理念に沿ってどうあるべきかを語ること」を批判できないはずである。ビアトリスも自由放任批判の介入主義のイデオロギーに相当こだわっているからである。

ここでの問題は，どちらのイデオロギーが正しいかではなく，理論的認識と実践的認識との相互の関係を妥当に認識する手順を踏むことが必要なのである。

ビアトリスは，1926年の *My Apprenticrship* で1886年当時の自身の経済学研究の状況を概観している。その中で恩師からの批判の手紙に「回答」した反論について，同年12月には日記で，自身の「ハーバート・スペンサーの独善的な結論に反対する姿勢」を強調している。[3]

ビアトリス自身は，1886年12月には，介入主義の立場を強調した。彼女は1886年12月の日記で「経済的な病理を注意深く観察することの重要性を示しなさい。このことと全ての工場法を例証するため，1834年の青書[Blue Book 英国の議会または政府の報告書]を使いなさい。自由放任と国家支援との問題を述べなさい。一方でのこの生産と他方での窮乏との謎を自分で解いてみなさい」と書いている[4]。彼女はこのように「経済問題」，つまり，社会の「経済的な病理」が「自由放任」政策によって治療できずに悪化するとして「自由放任」論を批判し，その治療のためには「国家支援」，つまり介入政策が必要であると述べた。そうした観点から，彼女は独自な進化的な病理学的理論を提起したのである。

この点について江里口拓氏は，自立期のビアトリスのスペンサー批判を「1886年10月（ビアトリス28才）のスペンサーとの文通には，経済学の『サイエンス』と『アート』をめぐるスペンサーの自由主義的混同について，容赦ない批判が記されている（B.Webb 1926,280-283）」（江里口 2007:5）とし，「リカードウ以降の経済学の『自然』・『正常』という概念は，あくまで想定にすぎない以上，これを直接的に『統治のアート』とみなす事も誤りである。ビアトリスのいう『社会学』とは，新しい時代の経験に照らし社会科学を実証的基礎に立脚させる試みであった。ビアトリスは，こうして現実の説明能力を回復した経済学を『科学』と呼び，その上で『統治のアート』と区別していた（B.Webb 1926,284）。」（同上:17）とビアトリスとスペンサーの主張を整理している。

　以上に見た，My Apprenticeship に引用された上掲の10月4日付けの日記では，ビアトリスはスペンサーのアートとサイエンスの「取り違え」，「歴史感覚」のなさ，原理・理論至上主義，リカードの政治経済学原理の演繹主義，自由放任政策主義を批判する。そしてこれらに反対して，「病理学的状態を実践的に知覚するように，政治的―経済的原理を修正」すること，つまり「現実の説明能力を回復した経済学」の構築に対するスペンサーの頑なな拒否を，彼女は「H.S. には歴史がない」と批判したのである。

　ただし，ビアトリスの「社会理念」に従う必要がなく，「何であるかを見いだす」ことが重要というイデオロギー的判断を避けた科学主義の主張は，社会改革を志向する彼女には不似合いである。師への単なる感情的反発に見える。スペンサーの「自由競争と自由契約とを確立すること」という自由放任の政策とその問題点を批判するのはよいが，集合主義や社会主義の実践の立場をとらずに，科学主義の立場に閉じこもってしまったように思える。

　ともあれ，理論的な問題では，ビアトリスは＜歴史的に社会の病理と生理との研究から社会病理学（社会的貧困問題の研究）と社会生理学（政治経済学を含む）とが成立した＞ことを主張する。スペンサーの頑なな拒否は，自由主義や自由放任という社会理念を絶対視して，それを基準に正常状態と病理状態を判断して，思考停止になってしまい，社会の「病理学的状態を実践的に知覚するように，政治的―経済的原理を修正」できないこと，つまり社会の変化を知覚しうる理論を構築できないことであるといえよう。すなわち，ビアトリスは，新しい進化段階かもしれない「病理学的状態」を知覚できるように「政治的―経済的」理論を「修正」するのである。しかし彼女は，自由競争と自由契約の確立を至上化して原理だけにこだわるスペンサーの立場

では，新しい進化段階を見逃す結果となるという意味の批判をする。そうであるならば，＜歴史的に社会の病理と生理との研究＞の進展から，すなわち観察される経験的事実の集積から，＜社会的生理学（政治経済学の理論を含む）の修正＞も現出するということになる。ビアトリスの理論の「修正」は，演繹至上主義に対して，帰納と演繹との相互補完の検証を含む過程として理論と事実観察からの認識との関係をとらえる，より健全な見方である。ただし，説明の基準となる理論が変化しても，それを基礎づける原理は共通であろう。二人の対立は，スペンサーの原理至上主義と，ビアトリスによる理論の現実的修正との，論理次元の異なる系列の擦れ違いに見える。

　こうして原理の修正問題の解答となる論理次元をスケッチすれば，原理―社会経済の理論―イデオロギー―政策論―政府論という理論系列になるであろう。

むすびに代えて：ビアトリス・ポッターの自律と独立

　ビアトリス・ポッターとハーバート・スペンサーの，1886年9月から10月にかけて行われた社会病理学をめぐる知られざる「論争」において，社会の生理／病理診断の理論的問題と経済学との関わりの問題を見た。そして，この「論争」から社会の病理の根本問題の原理的な政治経済学的説明の論点と，自由競争と自由契約によって発生する社会的問題の放任政策に反対して，その解決のための手段ないし制度や政策という介入主義の視点が導かれたのである。自由競争と自由契約が放置する能力と欲望の退化から生ずる貧困という社会の病気を，学問的に診断して原因を追及する社会病理学という形で，彼女の1886年年初の社会診断の学を執筆する意図が表現されたともいえる。彼女の問題解決の方向は，個人でなく社会に起因する貧困という病気の治療法が，自由放任政策でなくて政府による何らかの干渉政策が必要であるという介入主義に向かうのである。

　こうしてビアトリスの師との「論争」を対象にして，スペンサーの社会生理学・古典派政治経済学原理至上主義，演繹主義，歴史の無視，政策提起主義，これらを批判するビアトリスの進化主義的社会病理学，帰納・歴史主義と科学主義を確認することができた。

　方法論についての現代の考え方では，帰納および演繹による検証主義が妥当であろうし，動態も見るし，政策の考察に際しイデオロギーをも対象とするであろう。原理／理論／実証／イデオロギー／政策／社会思想／実践の体

系の関係については，理論からの実証認識と，実証認識とイデオロギーにもとづく政策的実践，および，社会思想に基づく実践との関係を，ひとつのレベルだけに絞って，それを至上化するのではなく，それぞれの関係を精確に把握して相互の位置関係を社会的総体的に明確に位置づける学問的方法が必要なのである。

原理の修正問題の解答をスケッチすれば，原理―社会経済の理論―イデオロギー―政策論―政府論という系列になり，これに現代の議論を当てはめると流通形態の先行規定性の原理論―資本関係が社会経済を包摂することを示す社会経済学という，段階論の基礎理論―歴史的段階分析・現実政策論・グローバル資本主義の系列ということになるであろう。

ビアトリスのこうした制度進化主義の方法以外にも，社会学的経済学として市場外領域への展開も忘れてはならない。スペンサーの批判に反論することで，ビアトリスは「社会学的経済学」を進化主義と社会科学的社会病理学による介入主義的政策論として展開し，それを根拠づける社会経済学を，原理の基礎条件の修正によって得ることで経済学研究者として自律したのである。かくして，ビアトリスはこの「論争」で経済学研究者として自律して，スペンサーと異なる立場に立って，＜スペンサーには歴史的センスがない＞と独立を宣言したのである。

謝辞

本稿をまとめるに際して学術研究助成基金から以下のように助成を受けた。ここに記して感謝したい。基盤研究（C），課題番号：25380260，研究課題名：ビアトリス・ウェッブの福祉経済学の研究。

【注】

1) 江里口拓氏も，ビアトリスとスペンサーの関係について，「社会科学者ウェッブに目を向ける時，実は，そこにはスペンサーの社会進化論から着実に学びつつ，自己の社会理論を形成していったビアトリスの姿が隠されている」（江里口（2007），p 2.）として，両者の実際の継承関係を強調している。

2) 佐藤（2010）と佐藤（2012）とに掲載された，Webb,B.（1886）の手書き草稿をタイプスクリプトした，英文からの翻訳による。

3）スペンサーの手紙自体は1886年10月2日付けのものであり，実際にLSEライブラリーに現物が残っている。また，ビアトリスの日記の各ページの草稿の写真と記述のタイプスクリプションは，現在では便利なことに，かなりの部分がLSE（ロンドン大学政治経済学院）ライブラリーのウェッブページの"Beatrice Webb's Diaries"から見ることができる。

4）Webb, B., Beatrice Webb's Diaries, http://digital.library.lse.ac.uk/collections/webb, "Beatrice Webb's Typescript Diary, 15 February 1886-December 1888" ,page 148 of 391

【参考文献】
＊外国語文献
Cole G.D.H. [1943], BEATRICE WEBB AS ECONOMIST, *Economic Journal*, 1943 Dec
McBriar, A.M. [1962], *Fabian Socialism and English Politics 1884-1918*, Cambridge at The University Press
Webb,B.(Potter,B.) [1886],The History of English Economics, PASSFIELD Collection, 7/1/3
Webb, B. (Potter,B.) [1887] ,The Economic Theory of Karl Marx, PASSFIELD Collection, 7/1/5
Webb,B. [1926a],*My Apprenticeship*, Longmans, Green and Co., New York,1926.Paperback edition published by the Press Syndicate of the University of Cambridge ,1979
Webb, B. [1926b] , On the Nature of Economic Science, ((1) My Objections to a Self-contained, Separate, Abstract Political Economy and (2) A Theory of Value), in Webb, B.,*My Apprenticeship*, as Appendix D, pp.422-430, Longmans and Green Company, 1926
Webb,B. [1948],*Our Partnership*, Longmans, Green and Co., New York,1948
Webb, B., Beatrice Webb's Diaries, http://digital.library.lse.ac.uk/collections/webb, "Beatrice Webb's Typescript Diary, 15 February 1886-December 1888"

＊邦語文献
ウェッブ，S.&B. [1990],『産業民主制論』，法政大学出版局
江里口拓 [2007],「福祉国家形成期における社会理論の一断面―ビアトリス・ウェッブの「応用社会学」とスペンサー」,『愛知県立大学文学部論集』（社会福祉学科編），第56号
大前眞 [1994],「ベアトリス・ポッター（ウェッブ）と政治経済学」,『經濟學論叢』，45(3), 同志社大学経済学会
佐藤公俊 [2008],「ビアトリス・ポッター・ウェブ『経済科学の本性について』の紹介と翻訳」,『長岡高等専門学校研究紀要』，第44巻，第1号

佐藤公俊 [2010],「ビアトリス・ポッターの 1886 年論文 The History of English Economics の原稿のトランスクリプションと解説（1）」,『長岡高等専門学校研究紀要』第 46 巻

佐藤公俊 [2012],「ビアトリス・ポッターの 1886 年論文 The History of English Economics の原稿のトランスクリプションと解説（2）」,『長岡高等専門学校研究紀要』第 48 巻

佐藤公俊 [2013],「ビアトリス・ウェッブの経済学の方法」, 経済理論学会第 61 回大会ホームページ：http://www.isc.senshu-u.ac.jp/~the0698/jspe61.html

佐藤公俊 [2014a],「ビアトリス・ポッター（・ウェッブ）によるマルクスの労働価値説批判」,『長岡高等専門学校研究紀要』第 50 巻 ,2014 年

佐藤公俊 [2014b],「ビアトリス・ポッター（・ウェッブ）の経済学研究：1886 年の独立；"The History of English Economics" 草稿へのハーバート・スペンサーからの批判への反論」,『社会理論研究』第 15 号掲載，平成 26 年 11 月

トムソン ,D.R., ポーキングホーン ,B. [2008],『女性経済学者群像』, お茶の水書房

ハリスン，L. [2005],『ウェッブ夫妻の生涯と時代』, ミネルヴァ書房

マーシャル ,A. [1991],『経済学論文集』, 岩波ブックサービスセンター ,1991 年 (Marshall, A, The Present Position of Economics,1885. In Collected Essays 1872-1917, OVERSTONE PRESS,1997)

第12章　シュンペーターの社会主義論における矛盾について
——ヴィジョンとワルラス的方法との間で

本吉　祥子

1．問題提起：シュンペーターの矛盾

　シュンペーターのウィーン大学時代の学友で，スイスの銀行家であったフェリックス・ゾマリー（Felix Sommary）は自身の回想録の中で1章を使ってシュンペーターについて触れている。1918年にゾマリーはマックス・ウェーバーの希望によってシュンペーターとの会合を設定した[1]。ゾマリーはシュンペーターを，ウェーバーは歴史家のフォン・ルドー・ハルトマン（von Ludo Hartmann）を連れて，ウィーン大学の向かいにある「カフェ・ラントマン（Café Landmann）」で会った。ゾマリーはその時の様子を次のように書いている。

　「話題はロシア革命になり，シュンペーターはそれについて喜びを示した。社会主義は机上の理論に留まらず，生存能力を示すに違いない，というのだ。ウェーバーは興奮して率直に共産主義はロシアの発展段階において犯罪である，と説明した（彼はロシア語を話すし，ロシアの問題に深くかかわっていた）。その経過は聞いたことのない人間特有の惨憺たる状態になり，ひどい結末を迎えるかもしれない。『確かにそうかもしれない！』とシュンペーターは言った。
　『でもそれは私たちにとって非常に良い実験室になるでしょうね。』
　『死体の積み重なった実験室だがね』とウェーバーは怒り出した。『解剖教室はいつもそうですけどね』とシュンペーターは返した。
　（話の）方向を変えるために，私はその戦争が，もしそうでなかったとしたら全然違うものになっていただろう社会発展の方向をいかに変えるのか，言葉を差し挟んだが，ウェーバーは，彼が自由主義に方向転換したと非難したイングランドについて，私に賛成して，シュンペーターが異論を唱えたことを，例として挙げた。ウェーバーはどんどん興奮して声高になり，シュンペーターは辛辣で静かになっていった。」（Sommary 1956:173）

最終的にウェーバーは我慢できなくなり，カフェを出ていったのだが，ここで確認したいのは，シュンペーターがロシア革命に対して肯定的な立場を示していることである。しかしながら彼は逆に『租税国家の危機』の中で，ロシア革命による社会主義を否定的に捉えている。

「おもうにロシアの崩壊は，全く特殊な，ここに入らない事例である。——そこでは，政治的行動力を持つ上層階級の完成を阻止するのにちょうど見るだけの力しか持たなかった，粗野なデモクラシーに張り付けられたあの独特の専制政治が崩壊したのであり，したがって，ちなみに言えば，ロシア革命そのものが，きわめて典型的な特殊的地位をしめるのである。財政的崩壊も，そこでは，ただ，反資本主義的な志向のひとつの結果にすぎない。」(Schumpeter 1918:117 ／訳 51-52)

　また，『資本主義・社会主義・民主主義』の「社会主義の前進」の中では自分が社会主義者であることを否定している。

「私は社会主義を擁護するものではない。また，私はその意味のいかんにかかわらず，その望ましいことや，あるいは望ましからざることを論ずるなんらの意図ももっていない。ただそれよりもいっそう重要なことは，私がそれを『予言』したり，または予見したりするものではないということを，はっきりさせておくことである。」(Schumpeter 1950:416 ／訳 790)

　シュンペーターの業績を考えた時に，それは非常に広範囲にわたる。また，シュンペーターに関する研究も多岐に渡っている[2]。しかし彼の究極の研究目的が何であったかを考えると，それは絶えず動き続ける資本主義のダイナミズムの把握・分析にあったのではないだろうか。だとすれば何故彼は社会主義を擁護するような発言を行ったのだろうか。
　坪井（2007-2010）は，ゾマリーを引用して，シュンペーターの矛盾した態度はテレジアヌムで身に着けた教養によるものだとしている。テレジアヌムの生徒達は徹底してディベートの方法を叩き込まれる。ディベートをする場合，自分の信条は関係ない。自分に与えられた立場で相手を論破することが重要である。シュンペーターはウェーバーとの会話を一種のゲームとして捉えていたかもしれない。マクロウ（2007）は次のように述べている。

211

「シュンペーターの社会主義に対するスウィフト的なアプローチは，若い時にウィーンのコーヒーハウスで教授した愉しみを想起させる。そこでは政治や芸術の議論がしばしば真夜中まで続いた。そのような雰囲気のなかでは，どんな主張も，条件や例外で防御措置を施す必要があるほど愚かでも微妙でもなかった。話し手は議論の説得力だけではなく，皮肉と機知についても負けず劣らず賞賛を浴びた。ある一つの視点を台無しにするために一方でそれを賞賛するということが，特によしとされた。」(McCraw 2007:360／訳 426)

また，ハーバラー（1955）はシュンペーターの性格的特徴について触れている。

「彼は,人を驚かすこと,殊に人を驚かせたがる人を驚かすことを好んだ(そして彼は一時に右に左に俗物共を衝き，それに敵対しようとした）し，時には議論のために，実際には左袒していなかったような立場を防衛するという離れわざをやってのけた。」（ハーバラー，ハリス編 1955:91）

以上を見ると，確かにシュンペーターの習慣や性格が，彼の発言の矛盾に結び付いているようにも思える。しかし，それだけなのだろうか。彼は社会主義計算論争で社会主義においても合理的計算が可能であると主張している。まずは彼が社会主義をどのように捉えていたのかを『資本主義・社会主義・民主主義』(1950) の第 16 章「社会主義の青写真」から考えてみたい。

2．社会主義の青写真

シュンペーターは社会主義を生産手段に対する支配，または生産自体に対する支配が中央当局にゆだねられており，社会の経済的な事柄が原理上私的領域にではなく公共的領域に属している制度的類型に他ならない（Schumpeter 1950:167／訳 302）と定義している。そしてさらにそれにはギルド社会主義（Guild Socialism）やサンジカリズム（Syndicalisme）やその他の型の社会主義は含まれていないと述べ，もっぱら経済的な点に依拠しているとしている[3]。

しかし，シュンペーターはそれまでの多くの社会主義者たちが経済的側面を唯一の重要なものと考えず，「胃の腑を満たすといったことよりもはるか

に高遠な目標を目指している」ことを指摘している。つまりそれは経済的価値以上のものであり，「新しい文化的世界」を意味しているのである。

そこから社会主義がどのような文化的世界かという問題が出てくる。ここでそれまでの社会主義者たちが何を言ったのかを考えてみる。あるものは搾取からの自由，またあるものは平和と友愛について述べている。つまり様々な理想像を掲げており，社会主義の文化世界を一般化することは困難である。シュンペーターはこれを社会主義社会の「文化的不確定性」の問題としている。しかしここで使用されている「不確定性」という言葉は，社会主義的特徴や傾向を見出す試みにとってなんら絶対的な障害となるものではない。さらに合理的な仮説を付加することも不可能ではない，つまり社会主義は「文化的プロテウス[4]」であり，その文化的可能性を明確にするためには何かしらの特殊な場合を語ることに甘んじなければならないのである。

シュンペーターは次に社会主義経済の純粋理論に関して誤っている点がないかどうかを考えている。具体的には「想定された種類の社会主義体制が与えられる場合に，その与件と合理的行為の準則とからして，なにものを，いかに生み出すかについての一義的に定められた決定を引き出す」(Schumpeter 1950:172／訳312) ことができるかどうかを検討しなければならないとしている。シュンペーターはこの問いに対して肯定的である。

経済学者の立場から見ると，「生産」とは諸要素を合理的に結合することである。そしてそれによって個々人の所得が発生するから，「生産」と「分配」は同じ過程の異なった側面を表わしていると言える。この二つの側面は資本主義社会では市場を通じて行われる。しかし，社会主義社会では「分配」は政治的決定によるものであり，恣意的にならざるを得ない。つまりそれは平等にも不平等にもできるのであり，そこには一定の準則（ルール）が必要となる。

シュンペーターはここで自分が考える社会主義共同体について話を進めている。そこでの倫理主義的信条は平等主義的であり，それは各人に指図証券を与えることによって満される。この指図証券は当該期間中に生産されたか，または現に生産されつつあるすべての財の請求権という形で具体化される。そして「価格」に商品の現存量を掛け合わせたものが同志(comrade)たちの請求権の合計とならなければならない。それでは「価格」はどのように決定されるのか。シュンペーターは「生産省はただ最初に暫定価格を提示すればこと足りるのであって，なにも個々の『価格』を確定する必要はない」(Schumpeter 1950:174／訳317) と述べている。さらに嗜好と同様の「ド

213

ル所得」が与えられるならば，同志たちはどのような価格で生産物を購入するかを示すので，生産者は同志たちの示した価格を受け入れるしかなく，「配分均等の原理がきわめて賞賛すべき意味と一義的に示された仕方とにおいて実現されることになる」(Schumpeter 1950:174-175 ／訳318) のである。つまり，シュンペーターは最初に中央当局が市場に「暫定価格」を同志に「所得」を与え，後は市場にまかせていけば，分配が適切になされると考えたのである。

しかしこれは各財の一定量がすでに生産されていることを前提とした理論である。シュンペーターは真の問題は「利用しうる資源，技術的可能性，およびその他の環境的諸条件によって課せられた制約のもとにおける消費者の極大満足をもたらすような仕方で，生産がいかにしてなされうるか」(Schumpeter 1950:175 ／訳318) である。つまり生産財市場においての生産手段価格や産業管理者 (industrial managers) の購買量について考えている。シュンペーターはそれも消費財市場の「価格」とは異なり，中央当局が生産手段価格を一方的に設定すれば，生産手段もうまく生産管理者に配分されると考えた。彼は「‥‥わが社会主義共同体の産業管理者も，生産手段の『価格』が公布せられ，そして消費者がその『需要』を明示しさえすれば，何をいかにして生産するかということ，および，どれだけの量の生産要因を中央当局から『購買する』かを知る」(Schumpeter 1950:177 ／訳322) ことができる，と述べている。そして生産手段の「価格」は中央当局によって一方的に設定されるものであるが，それには準則が必要であるとして2点あげている[5]。

シュンペーターは次にそれまでの静態理論の過程を動態理論の分析にまで進めているのだが，その時にも大きな困難は生じないとしている。彼はまず，技術革新が生じた場合を考察している。その場合は単純に利潤が生じて終わりである。その次に投資が行われる場合を考察している。この時には追加的な生産要素（時間外労働など）や貯蓄（消費されない所得）が必要となる。しかし，資本主義の下で行われる大規模投資と同様のものをこれで賄うのは無理である。シュンペーターはここで「利潤」からの蓄積や信用創造に類するようなものが必要だと述べているが，「しかしはるかに自然なことは，問題を中央当局と国会ないし議会とにゆだねて，それらの決定を社会予算の一部として行うことである。」(Schumpeter 1950:180 ／訳327-328) としている[6]。シュンペーターはここで社会主義経済における技術革新の存在を認めているし，資本主義経済での信用創造に代わる中央当局の金融を推奨して

いると考えられる。つまり，「創造的破壊」という言葉を使ってはいないものの，社会主義の基本的な枠組みは資本主義のそれとそれほど違っていない。彼は次にその類似性に言及し，その類似がどのようなものであるか，またそれが何に起因するものであるかを明確にしようとしている。

彼はそのためにまず「地代」について分析をしている。資本主義社会では土地の地代が土地所有者に支払われる。しかし社会主義下ではそうではない。それは「それは，労働や他の型の生産資源とまったく同様に，経済的に使用され，合理的に配分されねばならぬこと，またこの目的のためには，それはその経済的重要度の指標‥‥を付せられねばならぬ」(Schumpeter 1950:181／訳330) ことを意味している。また，「賃金」について，それは中央当局が同志に与えた「所得」ではないとしている。そしてそれが意味していることは「もっぱら合理的配分の目的のためにあらゆる型と等級との労働に結び付く経済的重要度の指標たること」(Schumpeter 1950:181／訳331) である。つまりシュンペーターにとって社会主義社会の生産要素価格はそれを提供したことの報酬ではない。中央当局が同志に何かしらを配分するための指標，つまり尺度に過ぎない。そこでは「資本主義社会に属するいっさいの意味内容が失われている」(Schumpeter 1950:181／訳331) のである。

資本主義と社会主義が根本的に別の物であることを前提として示したうえで，シュンペーターは両者の類似性の理由を，何らかの合理的行為が他の合理的な行為とある種の形式的な類似を有することは当然だからだとしている。そして完全競争市場について「あらゆる個々の企業の受動的反応の大量的効果が市場価格や生産量に示されるのであるが，この市場価格や生産量が，われわれの社会主義経済の青写真において経済的重要度の指標や生産指数がもつのと同様の若干の形式的特性をもっている」(Schumpeter 1950:183／訳334) と指摘している。そしてさらに消費財の市場動向によって生産が決定される方法を短期的で相対的なものにすぎないと批判する社会主義者に対して，理解できるものの，「社会主義の真の約束」とは「人間のための新しい文化様式」や「新しい人間そのものを夢見る」ことにあるのだと述べている。また消費者には嗜好選択の自由が与えられているものの，消費財の種類によっては選択が不可能であることも指摘している。

そこで彼は自分が設定した「市場」を放棄した場合に，合理性や一義的確定性が保持されるのかという問題を取り上げる。彼は価値判断をなす当局，すなわちあらゆる消費財に対してその重要度を決定する当局が存在すればそ

れが可能であると考える。また社会主義計画の実行不可能性についても，理論的な問題が解決しているのだから実際に機能するのは当然であると考えている。その過程について，中央当局は適切な生産に必要な情報を持っていると考えている。その後は実際の状況を鑑みて「錯誤試行[7]」を行うことにより調整される。これより社会主義経済と商業経済との間には大きな相違は存在しないが，社会主義的管理者の直面する問題の解決は商業的経営者の直面する問題よりも容易に解決できる。実際の経済は不確実性に満ちているが，「社会化された産業や工場の管理者は，他の仲間がしようとしていることを正確に知ることができるであろうし，協定した行動をとるための相談をするのを妨げられることもまったくないだろう。中央当局は——少なくとも包括的カルテルの事務局と同じ程度に——情報の交換者として，または決定の調整者として，行動しうるようになるし，ある程度まではまた不可避にそうなっていく」(Schumpeter 1950:186／訳 339-340) からである。

　以上からシュンペーターにとっての社会主義には中央当局が重要になってくる。まず，ワルラスの一般均衡理論に登場する競り人のような価格調整的役割がある。またそれだけではない。投資について考えているように，体制安定という長期的視野を持った計画設計者でもある。資本主義社会における市場メカニズムや，企業者・銀行といった機能を一手に引き受ける存在なのである。

3．シュンペーターにとってのワルラス

　シュンペーターの議論を見る限りにおいて，彼は社会主義の運営を信頼し，好意的な立場をとっているように見える。実際，社会主義計算論争において，彼はハイエク・ミーゼスといったオーストリア学派の経済学者たちに反対して，社会主義において経済計算が可能であるという立場をとっている。シュンペーターはウィーン大学で学生時代を過ごしており，年代が違うとはいえハイエク・ミーゼスと同じ思想的土台を持っているはずである。それにもかかわらず何故彼は彼らと反対の意見を持つに至ったのだろうか。カイザー（Keizer）は自身の論文の中で，その理由についてシュンペーターがワルラスの一般均衡理論に対して過剰に注目していたからではないかと述べている。確かに『経済分析の歴史』(1954) を見てみるとワルラスの一般均衡モデルの解説に 30 ページも費やしている。また，次のように述べている。

「相互依存の経済諸量の体系における（静学的）均衡を定義している彼の方程式体系は，経済理論のマグナ・カルタなのである。」(Schumpeter 1954:242／訳506)

「純粋理論に関する限りでは，ワルラスが私の意見ではあらゆる経済学者の中で最も偉大なものだろう。彼の経済均衡の体系は，現に見られるように，「革命的」な独創の性質と古典的な総合の性質を結びつけているものであって，経済学者による著作のなかでは，理論物理学の成果とよく比較されるのに堪える唯一のものである。……それは厳格ないし厳密科学に達しようとする経済学の旅程において聳え立つ一里塚であり，今日では流行に遅れたものとなったとはいえ，なお現代の最良の理論的著作の多くのものの背後に立っているのである。」(Schumpeter 1954:827／訳1740-1741)

「ワルラスの名を普及にするものは経済均衡の理論，すなわち，その結晶のように透明な論旨が純経済関係の構造を<u>一個の根本原理</u>を以って照明する，あの偉大な理論である。……なるほど彼の根本思想は幾多の実際的重要性をもつ成果を彼に生ましめている。……しかしながら，すべてこれらのことは，経済現象の認識の点で彼がわれわれに与えたものにくらべればものの数ではない。」(シュムペーター 1952:112)

以上を見ると，シュンペーターがワルラスを賞賛していたことがよくわかる。また，彼の処女作である『理論経済学の本質と主要内容』(1908)はワルラスの一般均衡理論を基本して書かれたものである。さらにシュンペーターが来日し，東大で講演を行った後に，安井琢磨が経済学の勉強を何から始めたらよいか尋ねたところ，ワルラスから勉強するように言われたというエピソードもある（安井 1980:44）[8]。それでは何故彼はワルラスの体系にこだわったのだろうか。カイザーは，一般均衡モデルは経済的体系におけるすべての変数間の相互依存関係を示し，すべてのミクロ経済学的理論モデルを単一の普遍的なモデルの中に統合したからだ，と述べている。そして，シュンペーターのワルラスに対する賞賛は，特に数学的な定式化を使った純粋なもしくは抽象的な理論に対する深い敬意から派生している，としている。彼が数学的手法を重要視し，いかに固執していたかについては数名の経済学者達が証言を見ると理解できる[9]。また，彼自身計量経済学会の創設者となり，後に2年間にわたって副会長，さらにもう2年間にわたって会長をつとめ

ている。ここからも数学的手法に対する親和性が見て取れる。

　しかし，シュンペーターは数学があまり得意ではなかったようである。シュンペーターは数理経済を賛美しながら，その技量に欠けていたのだ。サミュエルソンは次のように述べている。

「ところで，その彼が真に謙虚な態度を示していた一分野があった。それは数学に関するものであった。（中略）成程，彼は経済学に対する数学の効用という問題については，いつでも数学の有用性を強調するのに飽きなかった。そしてまた彼が，全く困難な（数学の）諸問題を，あたかも初歩的であり容易であるものの如く，人々に思い込ませていたことも少なくなかった。にも拘わらず，彼は，自分が数学を自由自在に操りえないことを充分に自覚しており，自分が数学的技術を習得，保持するのに少なからず困難を感じていたことを進んで認めていた。」（サミュエルソン，ハリス編 1955:141-142）

　塩野谷は数学的方法とシュンペーターのヴィジョンについて，次のように述べている。

「この時期に数理経済学は著しい発展を遂げたが，シュンペーターは彼のヴィジョンを具体化する方向にその研究をリードすることができなかった。彼が新興の数理経済学および計量経済学の勢力を引きつけることができなかったのは，単に彼の数学的才能が欠如していただけではなく，彼のヴィジョンが数学的展開になじまなかったためでもある。」（塩野谷　1995:105）。

　シュンペーターのヴィジョンと数学的方法に関して，カイザーは，もしシュンペーターが優秀な数理経済学者ならば数学を使用することは自然なことかもしれないが，彼の複雑で自己表現する文学的な表現はワルラスの抽象的な理論化・定式化の対極にあると指摘している。また，彼の業績は歴史的，社会学的そして進化的で，イノベーションや企業者といった概念や広範な歴史的ヴィジョンはマルクス，ウェーバーやゾンバルトといったドイツ的な流れに属するものであり，クールノーやワルラスといったフランス的なものではない，としている。（Keizer 1997:89）

　ミンスキー（Minsky）は，ワルラスとシュンペーターのヴィジョンについて比較している。前者のそれは根本的に還元論的で，経済を原子的な個々

人と企業の行為の結果として見ているが，後者のそれは全体論的で，経済を実体として見ている，と述べている。

また，両者の市場像の相違についても言及している。ワルラスのヴィジョンは独立した単体が相互依存的均衡を導くものであるが，それはオリジナルではなく，アダム・スミスの「見えざる手」のヴィジョンと同様で，競争的均衡はパレート最適であるという存在定理の証明はスミスの妥当性を証明するものである，としている。しかし，シュンペーターはそうではない。彼の場合は相互依存的な市場が資源創出の循環的過程へと導き，やがて経済発展へと導くものである。これは分散化している市場が先行決定されている資源を効率的に配分するものではない(Minsky, edited by F.M. Scherer and M. Perlman 1992:367) [10]。

さらに，カイザーは，シュンペーターのワルラス理論に対する彼の信仰があまりにも大きかったので，彼の論理とヴィジョンのあらゆる矛盾が彼自身のアイディアを捨てることによって解決されているのだ，と述べている。また，シュンペーターは1930年代の失業問題に無関心であったのだが，それはワルラス体系に従ったためであることを指摘し，静態状態では利潤がゼロであることについて，ヴェーム＝バヴェルクとの不必要な論争に巻き込まれている，としている。さらに，社会主義計算論争においても同じことが言えるのであり，シュンペーターはオーストリアの批判家達とワルラス的一般均衡分析の土台で争っている，と指摘している (Keizer 1997:89-90)。

4．結語

シュンペーターが社会主義の擁護者か否かを問われたときに，ほぼすべての人が「擁護者ではない」と答えるのではないだろうか。彼の経済発展論や景気循環論といった業績を考えると，「資本主義の申し子」といっても過言ではないように思われる。しかし，最初に確認したように，彼は実際に社会主義を擁護する発言をしている。また，『資本主義・社会主義・民主主義』の中では，「青写真」という言葉を用いながらも，その存続可能性・実行可能性に期待だけではない自信を見て取れる。

その矛盾の理由を考えたときに，一般均衡理論の提唱者であったワルラスの存在が非常に大きい。シュンペーターは彼の数理的な一般均衡理論に多大な信頼を寄せていた。一種の憧憬と言ってもよいだろう。しかし，それは彼の抱いていたヴィジョンを明確にする方法としては適していなかった。それ

にもかかわらず，シュンペーターはワルラス的方法に固執し続けた。それが社会主義の経済計算可能性を主張する立場へと反映され，さらに彼のヴィジョンとの狭間で社会主義を擁護するような発言や文章に結びついたのではないかと考えられる。

カイザーは，シュンペーターが社会主義経済の合理性を主張した結果として，経済学者達が彼に不信感を抱いて中央計画経済の彼の見解だけではなく，彼の創造力豊かな主張の受け入れをも拒んでおり，一般均衡理論や計算論争の信念によって，他の理論的な貢献に関して高い犠牲を払っているのだ，と述べている (Keizer 1997:91)。

それは確かにそうだろう。シュンペーターが矛盾を犯しているのは事実であるし，「シュンペーター学派」が形成されなかった理由の1つとも言える。しかし，この矛盾の理由をを明確にすることは，単なる「性格」という漠然とした理由として片づけられるのではなく，むしろシュンペーターの体系を把握する1つの手段であるように思う。

【注】
1）シュンペーターはこの後に再度ウェーバーに会っている。対話記録を記したのは社会学者のトリッチュ (Walter Tritsch) で，1953にフランス語で発表し，大野 (1994) が邦訳・解説をしている。

2）シュンペーター体系研究の導入・展開については金指 (1996) が詳しい。金指によるとシュンペーター研究に関して，戦前と戦後を分ける一番大きな特徴は理論経済学者としてのシュンペーターと経済社会学者としてのシュンペーターという点にある，としている。

3）西部 (1996) によると，「ギルド社会主義」とは1910年ごろからイギリスで「フェビアン主義」批判という形で開始され，展開された社会主義思想・運動で，フランスの「サンジカリズム」とは労働組合によるゼネストなどの「直接行動」により労働者階級の要求と社会改革の実現を目指した労働運動とその思想のことであり，前者は後者の流れを汲んでいる（西部 1996:143）。

4）プロテウスとはギリシャ神話の海神で，予言の力と変身の力を有する。

5）1つは，当局は，すべての種類と性質との生産財にそれぞれ単一の価格を設定すること。もう1つは，その価格では生産財の未使用部分の手持ちが

全然なく，またいかなる付加量も要求さないかどうか配慮すること，である（Schumpeter 1950:177／訳 323）。

6）平井（2000）はその理由について次のように述べている。「おそらく後者（信用創造など）による方法は『資本主義』的だからだろう。とりわけシュンペーターにとって，「信用創造」は「商業社会」一般と「資本主義社会を識別するメルクマールであったことを想起してみれば，この点は明らかだろう。」（平井 2000:268）

7）原文を見ると，trial and errorであり，「試行錯誤」と同様の意味である。また，西部（1996）はシュンペーターが資源配分の方法について，ランゲの試行錯誤法を一定の範囲で利用することを認めている，と指摘している（西部 1996:161）。

8）安井（1980）で早坂忠は，あらゆる経済量の一般的相互依存関係をマーシャルも十分に掴んでいたことをシュンペーターが協調している，と述べているが，それは一般均衡理論の重要性を説きたいために，影響力の強いマーシャルも一般均衡理論だと言っている面が強い，と指摘している（安井 1980:191）。

9）スミッシーズはシュンペーターが毎日自己評価を行っていたと述べ，彼の所見をあげている。「大部分の時間をベッドに伏せっていた，数学を全然やらず，その他何もせず。」「数学を全然やらず，ギリシャ語も全然やらず。」「(a) 思索のためと，(b) ほんの少しの数学のために決して時間を惜しまなかった。」（スミッシーズ，ハリス編 1955:70-71）

　また，ハーバラーも次のように述べている。「数学的方法に対する彼の熱心さは，彼自身がそれを用いることの少なさと面白い対照をなしていた。（中略）シュムペーターは，元々数学的性向の持主ではなかったのに，大いに数学の使用を称揚した。そして彼の熱意は，経済学における数学的分析方法を活用し，完成せんとする多数の研究者を刺激するところ
大なるものがあった。」（ハーバラー，ハリス編 1955:87）

10）ミンスキーはまた，シュンペーターの矛盾について明確にするために，ミッチェルの景気循環論に対するシュンペーターの意見を引き合いに出している。「そしてこれは２つの――ただ２つより他はないが――景気循環論の根本的に異なる群れのひとつを形成する。経済過程は本質的に波動のないものであって，したがって循環現象の説明は他の変動と同じくこの平静な流れを攪乱する特別の（貨幣その他の）事情のうちに追求されねばならぬという「論理」がある。‥‥もうひとつ，経済過程それ自体は本質的に波動的である。――この循環現象は資本主義発展の形態である――という理論があって，ミッチェルが彼の権威の重きを懸けねばならなかった理論である。」（Schumpeter 1951:252／訳

352-353)

ミンスキーはシュンペーターのこの発言を受けて，シュンペーターとミッチェルのヴィジョンは，経済を内生的に「圧迫と緊張（stress and strain）」を引き起こす動態的な体系として見なしていた点で似ている，と述べている（Minsky, edited by F.M. Scherer and M. Perlman 1992:368)。

【参考文献】

大野忠男 [1994]，『自由・公正・市場』，創文社．
金指基 [1996]，『シュンペーター再考』，現代書館．
セイモア・E・ハリス編，中山伊知郎・東畑精一監訳・坂本二郎訳 [1955]，『社会科学者シュムペーター』，東洋経済新報社．
塩野谷祐一 [1995]，『シュンペーター的思考』，東洋経済新報社．
坪井賢一 [2007-2010]，『シュンペーターの冒険』，ダイヤモンド社，ウェブページ．
西部忠 [1996]，『市場像の系譜学』，東洋経済新報社．
濱﨑正規 [1996]，『シュムペーター体系の研究』，ミネルヴァ書房．
平井俊顕 [2000]，『ケインズ・シュムペーター・ハイエク』，ミネルヴァ書房．
安井琢磨 [1980]，『近代経済学と私―安井琢磨対談集―』，木鐸社．
Keiser, W. [1997], Schumpeter's Walrasian Stand in the Socialist Calculation Debate, edited by W.Keiser, B.Tieben and R,Zijp, *Austrian Economics in Debate*, Routledge.
McCraw, T.K. [2007], *Prophet of Innovation : Joseph Schumpeter and Creative Destruction*, Harvard University Press, (八木紀一郎監訳・田村勝省訳『シュンペーター伝―革新による経済発展の預言者の生涯―』，一灯舎，2010 年)．
Scherer, F.M. and Perlman. M. [1992] *Entrepreneurship, Technological Innovation, and Economic Growth*, University of Michigan Press.
Schumpeter, J.A. [1950], *Capitalism, Socialism, and Democracy*. 3rd ed. Harper & Brothers, (中山伊知郎・東畑精一訳『資本主義・社会主義・民主主義』，東洋経済新報社，1951-1952 年)．
Schumper, J.A. [1950a], The March into Socialism, *American Economic Review*, Vol.40, No.2, (『資本主義・社会主義・民主主義』所収)．
Schumpeter, J.A. [1951], *Ten Great Economists from Marx to Keynes*, Oxford University Press, (中山伊知郎・東畑精一訳『十大経済学者』，日本評論社，1952 年)
Schumpeter, J.A. [1954], *History of Economic Analysis*, Oxford University Press, (東畑精一訳『経済分析の歴史』，岩波書店 ,1955-62 年)
Somary, F. [1956], *Erinnerungen aus Meinem Leben*, Verlag Neue Züricher Zeitung,

第13章 カレツキの有効需要理論
——マルクスとの関係で

栗田　康之

はじめに

　カレツキは，ケインズに先行して有効需要理論を展開した経済学者として知られている。カレツキ自身，最晩年の著書『資本主義経済の動態理論』(Kalecki 1971) の「序文」において，この著書の「第1部は，ケインズの『一般理論』が出現する以前の1933年，1934年，1935年にそれぞれポーランド語で発表され，私が『一般理論』の本質的な部分を含んでいると確信する3つの論文を含んでいる」。また，「有効需要に関する理論は，最初の諸論文で，すでに明確に定式化されている」(Kalecki 1971: 訳vii - viii) と述べている。

　他方，カレツキの経済学はマルクスの強い影響を受けており，彼の有効需要理論の基礎にマルクスの再生産表式論があることもよく知られている。例えば，T．コヴァリクによれば，「彼（カレツキ）の経済問題への関心はポリテクニークで勉強している間に始まった。その時期に，彼はとりわけカール・マルクスの経済理論の主要な流れを熟知するようになった。マルクスの再生産表式はカレツキに強い印象を与えた」(Kowalik 1964:1, ( ) は引用者) ということである。実際，後にも検討するように，カレツキは，初期から晩年にいたる諸著作において，彼独自の有効需要理論を展開する際に，しばしばマルクスの再生産表式に言及している。あるいはマルクスに言及していなくても，マルクス再生産表式にもとづく2部門ないしは3部門分割による独自の表式的議論を展開している。

　したがって，カレツキの経済学はマルクス殊にその再生産表式論から強い影響を受けているのであり，単にケインズに先行して有効需要理論を展開したと言うだけでなく，その有効需要理論は，マーシャルに代表される「イギリスの古典派的（あるいは正統派的）伝統」の中で「成長」し「離脱」(Keynes 1936:xxv) を図ったケインズとは自ずと異なる独自的性格を持っている点が注意されなければならない[1]。

　以下，まず，1．カレツキの経済理論（資本主義経済論）について，その

中核をなす有効需要理論を中心に概観する。その上で，2．その背後にあるマルクスの影響をマルクス再生産表式の改作であるカレツキ表式にそくして検討しよう。

1．カレツキの有効需要理論

⑴ 1933年『景気循環論』における有効需要理論

　カレツキの最初の著書は，ポーランド語で書かれた『景気循環論』(Kalecki 1933) である。そこでは，すでにカレツキ理論の中核をなす有効需要理論が，景気循環論として体系的に展開されている。

　はじめにも述べたように，カレツキは，『資本主義経済の動態理論』(以下『動態理論』と略す) の「序文」において，同書に収録した1933年，1934年，1935年の「諸論文」において，すでにケインズ『一般理論』に先行して「有効需要に関する理論」を「明確に定式化」していると述べていたが，それらの「諸論文」の中でも最初の1933年の「論文」こそ，このカレツキの最初の著書『景気循環論』から抜粋された「論文」に他ならない。カレツキは，1933年の著書『景気循環論』を構成する第1部から第3部（第1部「一般理論の概説」，第2部「数学的展開」，第3部「応用」）(Kalecki 1990:65-108) のうち，主要部分である第1部「一般理論の概説」を，一部の省略・訂正・増補を加えてではあるが，あらためて最晩年の著書『動態理論』の第1部，第1章「景気循環理論概説」として配置したのである[2]。

　そこで，まず，カレツキが「有効需要に関する理論」を「明確に定式化」しているという『景気循環論』の第1部「一般理論の概説」をみると，A. アフタリオンおよびJ. ティンバーゲンに言及した「序論」（『動態理論』第1部，第1章「景気循環理論概説」では省略されている）につづいて，次のように展開されている。

　まず，「われわれは，実質粗利潤Pとは，単位時間当たりの減価償却費を含む資本家の実質所得であり，彼らの消費と貯蓄からなると考える」とした上で，

$$P = C + A \qquad (1)$$

と規定する。ここで，Cは「資本家の消費財」を示し，Aは「粗蓄積」を示す。「粗蓄積」は，「――労働者による貯蓄，あるいは労働者の『資本家』所得を捨象しているので――在庫の増加のみならず固定資本の再生産と拡大に使用される全ての財を含む」。

ところで，資本家消費Cを「固定的な部分」B_0と「粗利潤に比例する部分」から成るとすれば，

$$C = B_0 + \lambda P \qquad (2)$$

ここで，λは小さい定数。

したがって，(1)(2)より

$$P = B_0 + \lambda P + A$$
$$P = (B_0 + A) / (1 - \lambda) \qquad (3)$$

すなわち，「実質粗利潤Pは，資本家消費の固定的部分B_0と粗蓄積Aの合計$B_0 + A$に比例するのである」，と（Kalecki 1990:68-9）。

ここでは，まず(1)式によって，「粗蓄積」すなわち「在庫の増加」(在庫投資)および「固定資本」の「再生産と拡大」を含む粗投資Aと資本家消費Cが「粗利潤」Pを決定することを示し，(2)式を媒介として，(3)式により(B_0とλは一定なので)「粗蓄積」(粗投資)Aが利潤Pを決定する，と定式化しているかにみえる。但し，上記の(1)式における「粗蓄積」Aについては，実物的にとらえられた「粗投資」が資本家消費を超える残余として，同時に「貯蓄」として把握されているにすぎないとも読める。その場合には，(1)(2)(3)の3式は単なる恒等式にすぎない。

しかし，カレツキは，つづいて「総在庫は景気循環をつうじて不変と仮定する」として在庫投資を捨象した上で，「投資活動」を「固定資本」に限定して(ⅰ)「投資注文」I，(ⅱ)「投資財の生産」A，(ⅲ)「完成設備の引き渡し」D，というタイム・ラグを伴って進行する3段階に区別する（Kalecki 1990:69-70）。したがって，先の(1)式および(3)式における「粗蓄積」Aは「投資財の生産」としての「投資」であり，それに先行する「投資注文」すなわち資本家による投資決意Iによって，一定のタイム・ラグを伴って決定されることになる。かくして，(1)式および(3)式は，単なる恒等式ではなく投資決意IによるAの決定という時間的な因果関係を前提とする利潤決定式であることが明らかとなる。

さらに，カレツキは，資本家による「投資注文」Iの決定にかんして，その「資本設備の量」Kに対する比率I/Kを，「粗利潤率」P/Kの増加関数，利子率iの減少関数として，$I/K = f(P/K, i)$と規定する。但し，利子率iの変動は緩慢であるとして無視した上で，先の(3)式を考慮して線形の投資関数，

$$I = m(B_0 + A) - nK$$

を導出し，I，A，DおよびKのタイム・ラグによる周期的変動として，「景

気循環」を展開する（Kalecki 1990:73-8）。

　その上で，あらためて「投資財産業」と「消費財産業」の2部門分割を前提として，景気循環における需要と雇用の波及を，投資財生産の増加→投資財産業の雇用の増加→それによる「消費財需要」の増加→消費財生産の増加→消費財産業における雇用の増加とそれによる消費需要の増加→総生産量と物価のレベルの上昇→それによって実質利潤が，投資財生産の増加とバランスするまで増加する，と展開する。さらに資本家消費財の増加についても同様に展開されるとして，「総生産と物価は，結局，実質利潤の増加が投資財生産量および資本家消費の増加に等しくなるまで増加する」（Kalecki 1990:79）と結論する。なお，このような投資財と消費財の2部門分割ないしは消費財をさらに賃金財と資本家消費財に分けた3部門分割による需要と雇用の波及過程の分析には，マルクスの再生産表式論をベースとするカレツキ独自の表式論の視点がみられる。

　このような表式論的展開を前提として，カレツキは，「もしある資本家達が投資財か消費財を購入するために貨幣を支出するならば，彼らの貨幣は利潤の形態で他の資本家達に手渡される。ある資本家達による投資や消費は他の資本家達の利潤を作り出すのである」。「このように，資本家全体としては，彼らの投資や個人消費の額によって彼ら自身の利潤を決定するのである」（Kalecki 1990:79）と，結論する。また，さらに「資本家たちが投資財生産や彼らの個人的消費を増加させるための手段がどこからくるのか」という「疑問」に対して，「貨幣市場の『技術的』要素を捨象すれば，上にみたように，資本家たちの支出は他の資本家たちの利潤に移しかえられるのであるから，資本家全体としては，このことを達成するのに貨幣を必要としない」とし，例えば「銀行預金」から「より多くの貨幣」が支出されても「利潤という形態をとって銀行に環流してくる」から「預金合計額は変化しない」（Kalecki 1990:80）と，マルクス再生産表式論における資本家階級のもとへの貨幣の環流の議論につながる資金調達論を展開している[3]。

　かくして，上記の（1）式および（3）式は，あらためて，「投資（および資本家消費）が利潤を決定する」という利潤決定式としてとらえられることになる。カレツキが，すでに1933年の時点で「有効需要に関する理論」を「明確に定式化」しているというのは，この「投資（および資本家消費）が利潤を決定する」という命題の提示を意味するといってよいであろう。

　なお，上記の式における$α$はケインズで言えば「限界消費性向」である。ケインズ的にCを資本家と労働者の区別のない単なる家計の「消費」の集計

ととらえ，λを国民所得に対するその変化率（$\Delta C/\Delta Y$）としての「限界消費性向」として前提すれば，先の（1）（2）（3）の各式の利潤Pは国民所得Yに置き換えられて，国民所得の決定の展開となる。しかし，それでは，資本家と労働者の両者における所得と消費の関係における基本的差異は抹殺されてしまう。ケインズにおいては，労働者の消費と資本家の消費は，同じく消費者（家計）の消費として，賃金と利潤との区別のない「所得」に対する平均「消費性向」に集約され，さらに「限界消費性向」の逓減が「心理法則」（Keynes 1936: 訳 97, 113）に依拠して説明されることになっている。

それに対して，カレツキのモデルでは，「労働者による貯蓄，あるいは労働者の『資本家』所得」は，「捨象」されており，労働者は受け取った賃金をすべて消費に支出し，基本的に貯蓄をしないと仮定されている。（1）式と（3）式は利潤決定式であり，（2）式はあくまで資本家消費を規定する消費関数である。なお，カレツキにおいては，さらに賃金と利潤との分配関係が与えられれば，先の表式的展開に示されるように「総生産」すなわち国民所得が決定される。分配関係は，後に価格設定と独占度の分析を前提として展開されることになる[4]。

(2)資本主義経済論の体系

カレツキの有効需要理論の独自性は，「投資（および資本家消費）が利潤を決定する」という基本的命題に集約されている。上にみたように，カレツキの最初の著書は，すでに，この命題を軸とする有効需要理論を展開している。

しかし，彼の経済理論の全体像が体系的に示されるのは，英語で書かれた最初の著書である『経済変動理論論集』（Kalecki 1939）以後においてである。それは，個別企業の価格設定からはじまって景気循環論に至る経済理論体系である。その論理展開は，以後，『経済動学の研究』（Kalecki 1943），『経済変動の理論』（Kalecki 1954a），さらに最晩年の『動態理論』（Kalecki 1971）まで大きくは変わっていない。その基本的な論理展開は，最終版としての『動態理論』の理論部分をなす第Ⅱ部，第5章〜第11章の表題に即して言えば，以下のようになる[5]。

（1）「費用と価格」（第5章）……企業による価格設定とそこに「反映」される「独占度」の分析。
（2）「国民所得の分配」（第6章）……「独占度」の分析を前提とする，国

民所得に占める「賃金（および給料）の相対的分け前」（労働分配率）の分析。
（3）「利潤の決定要因」（第7章）……投資（および資本家消費）による利潤のマクロ的決定の分析。
（4）「国民所得の決定と消費の決定」（第8章）……先の（1）（2）による労働分配率と（3）による利潤のマクロ的決定を前提とする国民所得の決定の分析。
（5）「企業者資本と投資」（第9章）……企業による投資資金の調達と「逓増する危険」の分析。
（6）「投資の決定要因」（第10章）……企業による投資決定（投資関数）の分析。
（7）「景気循環」（第11章）……以上を前提とする景気循環の分析。

　カレツキの経済理論の分析対象はまさに「資本主義経済」であり，その課題は「資本主義経済」の「動態」すなわち「景気循環」の展開である。この点は，カレツキの1933年の最初の著書『景気循環論』以来変わってはいない。また，カレツキ理論の中心が「投資（および資本家消費）による利潤の決定」という独自の有効需要理論にあることも『景気循環論』以来変わってはいない。しかし，1939年の『経済変動理論論集』以降1971年の『動態理論』に至る資本主義経済論の展開においては，さらに企業による価格設定を体系の出発点において，資本主義経済を編成する「主体」が「企業」であることを明確にして，企業による価格設定にはじまり景気循環に終わるという「資本主義経済」の「動態論」の理論的体系化を進めたと言える。
　なお，カレツキにおける，資本主義経済の「主体」が「企業」であるという認識の背後にあるのは，言うまでもなくマルクス的な階級観である。カレツキにおけるマルクス的階級観は，上記の体系化された資本主義経済論の（1）（2）の価格設定論や分配論においてだけでなく，（3）〜（7）の利潤決定論，資金調達論，投資決定論，景気循環論の全体に貫徹している点が注意されなければならない。
　以下，さらに，カレツキ有効需要理論の独自性を明らかにするために，カレツキ理論の最終版である『動態理論』の第Ⅱ部にそくして，上記のカレツキの資本主義経済論の体系のうち（3）および（5）を中心に概観しよう。

⑶カレツキの有効需要理論と投資理論
　①投資（および資本家消費）による利潤の決定論

カレツキの有効需要理論は,「投資（および資本家消費）が利潤を決定する」という命題を軸とする。それは，彼の諸著作の中で，しばしば「粗国民生産物の貸借対照表」(Kalecki 1971: 訳79)の提示によって説明されている。すなわち,「粗国民生産物の貸借対照表」において，一方では「粗利潤＋賃金と給料＝粗国民生産物」であり，他方では「粗投資＋資本家消費＋労働者消費＝粗国民生産物」である。ここで,「労働者は貯蓄しないと仮定すれば」,「賃金と給料＝労働者消費」である。したがって,「粗利潤＝粗投資＋資本家消費」となる。ところで，資本家は，投資と自らの消費を「決意」できるが，利益を「決意」することはできない。したがって，この等式は，右辺の「投資と資本家消費」が左辺の「利潤」を「決定する」ことを意味する (Kalecki 1971: 訳 79-80)。ここで，利潤をP，投資をI，資本家消費をCとすれば，$P = I + C$である (Kalecki 1971: 訳 87)。

ところで,「粗利潤＝粗投資＋資本家消費」の両辺から資本家消費を差し引けば「資本家粗貯蓄＝粗投資」 $S = P - C = I$ となる。したがって,「投資および資本家消費が利潤を決定する」という命題は，言い換えれば「投資が資本家貯蓄を決定する」となる。このことは,「投資が一度実行されれば，それは，自動的にその資金を調達するのに必要な貯蓄をもたらす」ということを意味する。すなわち，具体的には,「もしある資本家が自ら保有する流動的な準備金を用いて投資を増加させたならば，他の資本家の利潤はそれと同額だけ増加し，かくして，投下された流動的な準備金は後者の手に引き渡される」。さらに,「もし追加的投資が銀行信用によって調達されるならば，この額の支出は，それと同額だけの銀行預金として蓄積される利潤からの貯蓄を生み出すであろう。かくして，投資を行った資本家は，同額の社債を発行し，銀行信用を返済することの可能性を発見するであろう」ということになる。この議論から導かれる「重要な結論」は,「投資は『それ自らを調達する』(investment 'finances itself') ので，新資本の需要と供給によって利子率が決まることはないということである」(Kalecki 1971: 訳 84-5)。かくして，カレツキによれば，主流・新古典派経済学が主張するように利子率をパラメーターとして「貯蓄」と「投資」が均衡するのではない。投資が利潤を決定し，したがって貯蓄（資本家貯蓄）を決定するのである。

なお，同様の展開は，すでにみたように，萌芽的な形では1933年の『景気循環論』にもみられたが，同じくカレツキの初期の論文である「景気上昇のメカニズム」(Kalecki 1935) では，より明確に展開されている。そこでは，まず,「追加的な投資のための資金は，いわゆる購買力 (purchasing power)の創出によって調達される。銀行信用に対する需要が増加し，それらの信用は銀行によって供給されるのである」(Kalecki 1935, Kalecki 1971: 訳29) と，銀行信用に対する企業の資金需要に応じて，「購買力」すなわち信用貨幣の創出（信用創造）がなされるとされており，ポスト・ケインズ派のいわゆる「内生的貨幣供給」を基礎付ける視点が明確に提示されている。そのうえで，マルクスから受け継いだ「投資財産業」と「消費財産業」の２部門分割による表式的な分析によって，「追加的な投資支出は，直接的に，あるいは間接的に労働者の消費支出を通じて，資本家達のポケットに流れ込む」ことによって同額の利潤を形成し，「追加的な利潤額だけ預金が増加する」(Kalecki 1935, Kalecki 1971: 訳29) 関係が分析されている。

②企業の資金調達および投資決定論

「投資（および資本家消費）が利潤を決定する」とすれば，さらに，独立変数としての「投資」そのものの決定が問題になる。資本主義経済の主体が企業であるとすれば，それは企業（資本家）による投資決定（「投資決意」）として分析されることになる。但し，カレツキは，企業の投資決定を分析する前提として，まず，企業規模との関係で，個々の企業が投資のための資金（資本）を調達する条件（いわゆる「危険逓増の原理」）を分析する（『動態理論』第９章「企業者資本と投資」）。

すなわち，まず，企業規模を制限するものとして，一般に，①大規模化の不経済と②市場の制限があげられるが，前者①については，例えば最適規模の工場が増設されるとすれば技術的に問題なく，根拠はない。管理上の問題も「分権化」で解決される。②については個々の製品市場について制限はあるが，それだけでは同一産業に大企業と小企業が存在することは説明できない。

企業規模を制限する決定的な要因は，それらの要因ではなく，企業者資本（自己資本）の額である。すでにみたように，企業者資本に加えて，銀行からの借り入れさらに債券発行によって外部資金を調達することは可能である。しかし，それには制限がある。何故なら，第１に，その企業の企業者資本（自己資本）と比較してあまりに多くの債券を発行しようとすれば，発行分が全て引き受けられることはないであろう。企業が高い利子率で債券を発行しようとしても，それ自体が将来の支払い能力への疑念を招く。第２に，企業者資本に比して，借り入れによる投資が増えれば増えるほど事業が失敗に終わったときの損失とさらに倒産の危険性が増大するという「逓増する危険」によって，企業自身が外部資金の調達を制限する。

同一産業内における企業規模の格差の存在は, 以上のような企業者資本（自己資本）の格差とそれによる外部資金の調達能力の格差によって説明できる。また, 以上から, 企業の「当期利潤」からの「粗貯蓄」(減価償却と未配当利潤（内部留保))は, 企業者資本としてその企業の事業に直接投資されうるだけでなく, 借り入れによる新規投資の拡大をも可能にすることが分かる。

なお, 上のような企業者資本（自己資本）による外部資金の調達能力の格差に関連して, カレツキは,「多くの経済学者は, 少なくとも彼らの抽象理論においては, 企業者能力を持っている人なら誰でも事業を始めるための資本を入手できるというビジネス・デモクラシーの状態を仮定している」。しかし, そのような「仮定」は「非現実的である」として,「企業者をして企業者たらしめる最も重要な要件は資本の所有である」と強調する (Kalecki 1971: 訳110)。他方, すでに見たようにカレツキは, 労働者については, 基本的に賃金をすべて消費に支出し貯蓄はしないと仮定する。すなわち, 労働者は基本的に無産労働者として前提されている。マルクスと同じく, カレツキは, 資本主義経済は貨幣と生産手段を所有する資本家と無産労働者とによって構成され, 資本主義経済を主導する経済主体は企業（資本家）であると考えていたことを再度確認しておこう。

さて, 以上の投資資金の調達とその制約にかんする議論を前提として, つづいて企業の投資決定が分析されとになる（『動態理論』第10章「投資の決定要因」)。

まず, 企業の投資のうち固定資本投資（いわゆる「設備投資」)については, 企業の「当期利潤」からの「粗貯蓄」さらに資本家の「個人的貯蓄」を含む「粗貯蓄」S, 総利潤の変化率$\Delta P/\Delta t$, 固定資本ストックの変化率$\Delta K/\Delta t$, 等の諸要因によって「投資決意」(投資注文) Dが決定される。投資決意Dは, 粗貯蓄Sおよび総利潤の変化率$\Delta P/\Delta t$の増加関数であり, 固定資本ストックの変化率$\Delta K/\Delta t$の減少関数なので, 線形の関係を仮定すれば次式で規定される。

$$D = aS + b(\Delta P/\Delta t) - c(\Delta K/\Delta t) + d$$

但し, dは「長期的な変化, ことに技術進歩によって変化する定数」。なお, 粗貯蓄Sのうちの特に「企業の粗貯蓄」は, 上にみたように, 外部資金の調達に対する制約（「危険逓増の原理」による貸し手および企業自身のリスクの増大）を緩和することによっても, 投資を拡大させる。

「実際の」固定資本投資（投資財の生産）Fは, 上の「投資決意」Dに定のタイム・ラグを伴って決定される ($F_{t+\tau} = D_t$)。

さらに，企業の投資のうち在庫投資（一定期間の在庫の増加分）については，1933年の『景気循環論』では捨象されていたが，ここでは，「在庫投資についてみれば『加速度原理』は適当な仮定であるように思われる」(Kalecki 1971: 訳122) という形で考慮される。したがって，次式のように，在庫投資Jは一定のタイム・ラグを伴って，一定期間の「産出量」（なお，この「産出量」は，民間部門の「実質」粗生産物O＝粗国民生産物Y＋間接税E (Kalecki 1971: 訳103) である）の増加分$\Delta O_t / \Delta t$によって決定されることになる。

$$J_{t+\theta} = e\ (\Delta O_t / \Delta t)$$

かくして，固定資本投資Fと在庫投資Jを含む「投資全体I」が決定される。なお，このような投資関数を前提に景気循環論が展開される。

2．マルクス再生産表式論とカレツキ表式

カレツキは，その諸著作において，特に彼独自の有効需要理論を展開するにあたって，しばしばマルクス再生産表式論に言及し，初期の著作にもみられたように2部門分割（投資財部門，消費財部門）あるいは3部門分割（投資財部門，資本家消費財部門，賃金財部門）によるカレツキ独自の表式論を展開している[6]。まず，カレツキ表式論の前提となるマルクスの再生産表式論について概観しておこう。

(1)マルクス再生産表式

マルクスにおいては，①労働者は労働力を所有するだけの無産労働者であり，賃金はすべて消費に支出し，貯蓄はゼロと仮定されている。②貨幣と生産手段の所有者は，資本家階級である。そのような資本・賃労働の階級関係を前提として，マルクス再生産表式論では，基本的には生産手段生産部門と消費手段生産部門との2部門分割と$w = c + v + m$の価値構成を前提として，社会的総資本の再生産とそれを媒介する流通が分析される。

資本蓄積による拡大再生産表式を記号で示せば，下のようになる。

I $w_1 = c_1 + v_1 + m_1c + m_1v + m_1k$
II $w_2 = c_2 + v_2 + m_2c + m_2v + m_2k$

記号は，wは年間の総生産物，cは不変資本，vは可変資本，mは剰余価値，mcは追加不変資本，mvは追加可変資本，mkは資本家消費，添え字1は生産手段生産部門，添え字2は消費手段生産部門，を示す。

なお，拡大再生産における部門間需給の均衡条件式は，以下のように示される。

$$v_1+m_1v+m_1k=c_2+m_2c$$

再生産が順調に進行する限りでは，部門間および部門内での商品交換において資本家階級が支出した貨幣はすべて資本家階級のもとへ環流する。労働者は，資本家から受け取っただけを支出するのみである。

但し，それらのことは，マルクス再生産表式における貨幣が，商品交換を媒介する単なる流通手段として前提されていることを意味しない。固定資本の更新や拡大再生産における資本蓄積の分析においては，「一方的販売」(「購買なき販売」，「単なる売り」)による蓄蔵手段としての貨幣の流通からの引き上げと，蓄蔵貨幣の投下〔さらに金生産者による貨幣金の供給や信用の利用〕による「一方的購買」(「販売なき購買」，「単なる買い」) (Marx 1963: 訳(5), 384-5, 389-91)が前提されている。なお，いわゆる「貯蓄」(粗貯蓄)は「一方的販売」であり，「投資」(粗投資，在庫投資も含む)は「一方的購買」である。

(2)カレツキ表式

カレツキは，初期から晩年に至る諸著作において，しばしばマルクスの再生産表式に言及し，また彼独自の表式的分析を展開している。その際，カレツキは，3部門分割（投資財部門，資本家用消費財部門，賃金財部門）による表式的分析と2部門分割（投資財部門，消費財部門）による表式的分析をしている。3部門分割においては，資本家消費と労働者消費との区別が明示されることによって，階級関係がより明確になる。

しかし，カレツキは3部門分割においても2部門分割においても，常に資本家の消費と労働者の消費を区別して議論しており，労働者の貯蓄はゼロと仮定している。また，カレツキの表式では，3部門分割と2部門分割のいずれにおいても，各部門の生産をそこに行き着く原材料の生産を含む最終生産物の生産としてとらえる「統合生産」の視点が前提されている。それによって，各部門の生産物は，使用価値的には最終生産物であり，価値的には付加価値であり賃金と利潤に分割されることになる。

3部門分割の表式論については，カレツキ最晩年の論文「マルクスの再生産の方程式と近代経済学」(Kalecki 1968)において，次のような表式を提示して詳細に分析している。

投資財部門　　　　　　$I = W_1 + P_1$
資本家消費財部門　　　$C_k = W_2 + P_2$
賃金財部門　　　　　　$C_w = W_3 + P_3$
国民所得　　　　　　　$Y = I + C_k + C_w$,　　$Y = W + P$

　記号は，Iは粗投資，C_kは資本家消費，C_wは労働者消費，Wは賃金，Pは粗利潤，Yは粗国民所得，添え字1は投資財部門，添え字2は資本家消費財部門，添え字3は賃金財部門，を示す。
　カレツキはこの3部門分割の表式を「国民所得の経済表」(*tableau economique* of the national income)（Kalecki 1991:459）と名付けている。
　2部門分割の表式論については，特に1939年出版の著書『経済変動理論論集』の第2章や1954年の論文「経済開発の金融問題」(Kalecki 1954b)で，マルクスに言及しつつ詳細に展開している。それは，次のように表される。
投資財部門　　　　　　$I = C_1 + S_1$
消費財部門　　　　　　$C = C_2 + S_2$
　記号は，Iは粗投資，Cは消費，Sは貯蓄，添え字1は投資財部門，添え字2は消費財部門，を示す。
　この2部門分割の表式も，$Y = I + C$，$Y = C + S$となる国民所得の表式である。3部門分割と2部門分割のいずれにせよ，カレツキの表式は，マルクスのいわゆる「商品資本の循環」の視点から展開されている再生産表式を「国民所得の経済表」に改作したカレツキ独自の表式であり，カレツキ表式とも言うべきものである。
　ところで，カレツキは，これらのマルクス再生産表式を国民所得論的に改作した3部門分割および2部門分割の表式における取引を分析して，マルクスの拡大再生産表式における部門間需給の均衡条件式（$v_1 + m_1 v + m_1 k = c_2 + m_2 c$）にあたる部門間交換の「基本的方程式」を導出している。
　3部門分割における部門間交換の「基本的方程式」　$P_3 = W_1 + W_2$
　2部門分割における部門間交換の「基本的方程式」　$C_1 = S_2$
　「$P_3 = W_1 + W_2$」は，投資財部門および資本家消費財部門の労働者の賃金$W_1 + W_2$によって，賃金財部門の剰余の賃金財（賃金財部門で生産された賃金財から賃金財部門自体の労働者によって買われた賃金財部分W_3を除いた残りのP_3部分）が買われて賃金財部門の利潤P_3が実現することを意味する。「$C_1 = S_2$」は，投資財部門の資本家および労働者の消費需要C_1によって，消費財部門の部門内での消費C_2を超える剰余消費財部分が買われて貯蓄S_2が形成されることを意味する。

カレツキは，3部門分割，2部門分割におけるそれぞれの「基本的方程式」から，「投資および資本家消費による利潤の決定」および「投資による貯蓄の決定」という有効需要理論の命題を示す方程式を導出する。すなわち，

「$P_3 = W_1 + W_2$」の両辺に$P_1 + P_2$を加えれば，「$P_1 + P_2 + P_3 = P_1 + W_1 + P_2 + W_2$」故に「$P = I + C_k$」。

「$C_1 = S_2$」の両辺にS_1を加えれば，「$C_1 + S_1 = S_1 + S_2$」故に「$I = S$」。

かくして，カレツキ表式の3部門分割の分析では，$P = I + C_k$すなわち「投資および資本家消費が利潤を決定する」の命題が導出され，2部門分割では$I = S$すなわち「投資が貯蓄を決定する」の命題が導出される。

ところで，「投資が貯蓄を決定する」の命題はケインズと同じだと言ってもよいが，カレツキの場合は，マルクス的階級観を前提として労働者の貯蓄はゼロと仮定されている。したがって「貯蓄」はすべて資本家の貯蓄（企業および資本家個人の貯蓄）である。したがって，「投資が貯蓄を決定する」の命題は，カレツキにおいては「投資が資本家貯蓄を決定する」となる。その点は，3部門分割の表式においても，資本家消費が利潤から支出されることを考慮して，「投資および資本家消費が利潤を決定する」$P = I + C_k$の両辺から資本家消費C_kを差し引けば$P - C_k = I$となり，左辺は資本家貯蓄であるから「投資が資本家貯蓄を決定する」となる。

なお，カレツキは1954年の「経済開発の金融問題」における表式的分析においても，「投資が資本家貯蓄を決定する」ことを意味する「$I = S$」について，「この方程式は，ある意味で投資はそれ自らを調達する (investment finances itself) ことを示している」(Kalecki 1993:25) として，企業が自己資金だけでなく，銀行信用さらに債券や株式の発行また長期の銀行信用による外部資金の調達によって，投資を拡大することの可能性を示す。

(3)カレツキ表式の意義

カレツキが，マルクス再生産表式を前提としつつも，その改作によって「投資および資本家消費が利潤を決定する」あるいは「投資が資本家貯蓄を決定する」という独自の有効需要理論を提起しえたの何故か。カレツキ表式の方法的視点から考えてみる。

先に述べたように，カレツキの表式においては，マルクスの階級観を継承して労働者は貯蓄をしないという仮定をおいている。さらに，各部門の生産をそこに行き着く原材料の生産を含む最終生産物の生産としてとらえる「統

合生産」の視点が前提されている。それによって，各部門の生産物は，使用価値的には最終生産物であり，価値的には付加価値であり賃金と利潤に分割されることになる。

　ここでは「統合生産」の方法的前提によって，原材料（流動不変資本）はいわゆる「中間生産物」として最終生産物ないしは付加価値に吸収されている。したがって，原材料（流動不変資本）部分は，マルクス再生産表式におけるような直接的な分析対象から排除されている。資本蓄積は固定資本投資（設備投資）と在庫増加（在庫投資）としてとらえられ，更新投資としては固定資本の更新のみが現れる。需要としては，「消費需要」以外はマルクスのいわゆる「一方的購買」（販売なき購買）としての新投資（設備投資と在庫投資）および固定資本更新投資のみが現れる。それに応じて「一方的販売」（購買なき販売）としての減価償却費の回収および留保利潤（蓄積資金）および資本家の個人的貯蓄が「消費」Cを超える「貯蓄」Sとして現れる。

　かくして，消費手段の売買を除けば，マルクス再生産表式における，「一方的購買」（販売なき購買）＝「投資」と「一方的販売」（購買なき販売）＝「貯蓄」の関係だけが分析対象として現れる。ここで，マルクス的階級観によって，貨幣の所有者が資本家（企業）であり，労働者は受け取った賃金をすべて消費に支出するとすれば，「投資および資本家消費が利潤を決定する」および「投資が資本家貯蓄を決定する」というカレツキ的有効需要理論に行き着く。さらにそこから「投資はそれ自らを調達する」という「内生的貨幣供給」論を基礎づける投資資金調達（投資金融）論が導出される。

　なお，カレツキは，上述の「マルクスの再生産の方程式と近代経済学」の最後の部分において，マルクス『資本論』の第3巻,第15章のいわゆる「剰余価値の実現」の問題に触れて，「マルクスは，明らかに，資本主義の動態に対する有効需要の影響を深く認識していた」。しかし，マルクスは，「有効需要の問題の帰結として資本主義に内在する矛盾という観点から，彼の再生産表式によって叙述されている過程を体系的に吟味することをしなかった」(Kalecki 1991:465)と批判している。

　カレツキ表式は，『資本論』第2巻次元において「社会的総資本の再生産」の条件を分析したマルクス再生産表式を前提としながらも,それを『資本論』第3巻の利潤論次元における利潤決定論へ改作することによって，そこでの「剰余価値の実現」問題を「有効需要の問題」として解決するものであった，と言えよう。3部門分割のカレツキ表式にそくしてみれば，第1部門の「投資財」と第2部門の「資本家消費財」は，いわゆる「最終生産物」のうち第

3部門の「賃金財」を除く残余としての社会的な「剰余生産物」に他ならない。カレツキ表式は，資本家と労働者との階級関係を前提として，各部門を賃金と利潤に分割された付加価値で表示しつつ，同時に使用価値的には「賃金財」と「剰余生産物」としての「投資財」および「資本家消費財」を部門分割によって直接的に表示することになっている。そのようなカレツキ表式を労働タームでとらえてみれば明らかなように，マルクスの「剰余価値の生産」すなわち必要労働と剰余労働との関係は，労働量表示の付加価値（マルクスの「価値生産物」）の賃金部分と利潤部分とへの分割として表示されると同時に，賃金財部門と剰余生産物生産部門としての資本家消費財部門および投資財部門への「生きた労働」の部門間配分として表示されることになる。それらの諸関係の結節点が，カレツキの「基本的方程式」であろう。

　カレツキ表式をこのように解釈すれば，一方で「剰余価値の実現」をカレツキ的有効需要理論によって「投資（および資本家消費）による利潤の決定」としてとらえるとともに，他方で，「剰余価値の生産」を社会的「剰余価値」および「剰余生産物」の生産ととらえることができる。さらに，両者を資本主義経済における個別諸資本の競争・信用の展開と社会的実体的関係との関係として，また，前者による後者の牽引・媒介と後者による前者の制約という重層的関係においてとらえることも可能となるであろう。

【注】
1）J．ロビンソンは，ケインズ『一般理論』の序文から「困難は新しい観念にあるのではなく，大部分のわれわれと同じような教養を受けた人々の心の隅々にまで拡がっている，旧い観念からの脱却である」というよく知られた叙述を引用しつつ，カレツキとケインズとの学説的背景の相異にかんして，次のように述べている。「カレツキはケインズに対して1つの重大な強みをもっていた――つまり，彼は，正統派経済学を学んだことがなかったのである。……／カレツキはそのような教育を受けていなかった。彼の学んだ唯一の経済学はマルクスの経済学であった。ケインズは，マルクスに関してはさっぱり理解できなかった。……マルクスから出発していたら，彼は，多くの困難を切り抜けることができたであろう。……われわれが1931年に『貨幣論』について議論していた『サーカス』で，カーンは，資本財産業の周囲に非常線を想定し，次にそれと消費財との間での取引を研究することによって，貯蓄・投資の問題を説明した。彼は，マルクスの表式を再発見するために奮闘していたのである。カレツキは，その点から出発していたのだった」(Robinson 1964:338／訳

47-8）と。

2）カレツキが 1933 年の「論文」としている『動態理論』の第 1 章「景気循環理論概説」は，カレツキが言うように，もとはカレツキの最初の著書『景気循環論』(Kalecki 1933) を構成する 3 つの部のうち理論的概要を展開している第 1 部「一般理論の概説」を抜粋したものである。但し，カレツキ全集の編者オシャティンスキによる編者注（Kalecki 1990:436-7）および山本（2009）第 2 章の詳細な検証によれば，それは，1935 年のフランス語要約版からの「貨幣市場にかんする補足」の追加や部分的な訂正を含む形で，1962 年にポーランド語で出版された論文集に収録され，1966 年の英訳（Kalecki 1966）を経て，1971 年の著書『動態理論』に収録されることになったものである。したがって，1971 年の著書で 1933 年の「論文」とされている第 1 章「景気循環理論概説」は，部分的な増補・訂正を含む。

3）なお，カレツキはこのような議論を前提として，「有効支出 A」すなわち「投資」は「それ自らを調達する」('finances itself')（Kalecki 1990:81）という後に繰り返される命題を提示している。他方，「上に述べた貨幣市場の技術的要素」として「投資準備」と「通貨への需要」を指摘して，それらの変動によって景気循環は「信用インフレーション」（Kalecki 1990:80-1）を伴うとして，あらためて第 3 部「応用」の「1．貨幣市場」（Kalecki 1990:93-8）で詳論している。但し，このような初期カレツキの信用インフレの議論は，後には見られなくなる。

4）なお，賃金と利潤との分配関係については，カレツキは，1933 年『景気循環論』では，第 3 部「応用」の「2．生産，物価および賃金」において，まず $P/K = (P/Y) \times (Y/K)$ として，「粗利潤率」P/K を「粗利潤マージン」（利潤分配率）(P/Y) と「資本設備の利用度」(Y/K) に「分解」（Kalecki 1990:98）する。景気循環において，I, A, D の変動とともに P/K も変動するが，P/Y と Y/K は P/K の増加関数であり，景気上昇期には P/K とともに P/Y と Y/K も上昇し，下降期には三者とも低下するとされる。そこで，景気循環における投資活動によって P と K が与えられれば，（自由競争のもとでは）P/K の関数である Y/K によって Y が決まり，「労働者の実質所得」（実質賃金）「$Y-P$」と「労働者の分け前」（労働分配率）$(Y-P)/Y$（Kalecki 1990:101）も決まる，と展開する。但し，カレツキは，これまでは「暗黙のうちに自由競争を仮定」（Kalecki 1990:100,106）してきたとして，さらに「3．景気循環とカルテル」（Kalecki 1990:106-8）において，カルテル（独占）が支配的であれば「粗利潤マージン」P/Y は不変（設備利用度 Y/K は弾力的）に維持されると「仮定」する。カレツキは，1939 年（Kalecki,M.［1939］）以降には，周知のように「独占度」を前提として理論体系を構築していく。なお，『景気

循環論』における「自由競争」の「仮定」については，オシャティンスキーの編者注（Kalecki 1990:467）および山本（2012）が参考になる。

5）なお，『動態理論』の理論部分をなす第Ⅱ部，第5章～第11章は，いずれも『経済変動の理論』（Kalecki 1954）から抜粋された諸章で構成されており，抜粋された各章の叙述は，『経済変動の理論』の第3章「利潤の決定要因」と第4章「利潤と投資」が統合されて『動態理論』の第7章「利潤の決定要因」を構成している点や前者の第11章の表題「景気循環のメカニズム」が後者の第11章の「景気循環」になっている点を除けば，変更されていない。カレツキは，『動態理論』の「序文」において「第Ⅱ部は，私の著書 *Theory of Economic Dynamics*, Georg Allen and Unwin, London, 1965から抜粋された諸章からなっている。しかし，これらはすべて，私が以前に発表した論文や著書の諸章の決定版である」（Kalecki 1971: 訳vii）としている。

6）カレツキのマルクス再生産表式への言及およびカレツキ独自の表式の展開の詳細ついては，栗田（1994）を参照のこと。

【参考文献】

栗田康之［1994］「カレツキ表式論の検討」（秋田経済法科大学『経済学部紀要』，第20号）（栗田［2008a］の第5章として収録）．

栗田康之［2008a］『資本主義経済の動態―原理的展開と日本経済の現状分析―』，御茶の水書房．

栗田康之［2008b］「カレツキ表式論の再検討―経済理論と有効需要の視点―」（「大淵利男先生追悼論文集」刊行委員会編『社会科学の理論と現代的課題』八千代出版）．

栗田康之［2011］「カレツキとマルクス」（経済理論学会『季刊・経済理論』，第47巻，第4号）．

栗田康之［2012］「カレツキの資本主義経済論―マルクスおよび宇野理論との関連で―」（「宇野理論を現代にどう活かすか」第2期第8号－通巻第20号－ http://www.unotheory.org）．

鍋島直樹［2001］『ケインズとカレツキ―ポスト・ケインズ派経済学の源流―』，名古屋大学出版会．

山本英司［2009］『カレツキの政治経済学』，千倉書房．

山本英司［2012］「カレツキと階級闘争」（奈良産業大学『社会科学雑誌』，第5巻）

Kalecki, M.［1933］*Essay on the Business Cycle Theory*, translated from the Polish in Kalecki, 1990.

Kalecki, M.［1935］"The Mechanism of the Business Upswing", translated from the Polish in Kalecki, 1971.

Kalecki,M. [1939] *Essays in the Theory of Economic Fluctuations*, Allen & Unwin, reprinted in Kalecki,1990.

Kalecki,M.[1943]*Studies in Economic Dynamics*, Allen & Unwin, reprinted in Kalecki,1991.

Kalecki,M.[1954a]*Theory of Economic Dynamics*,2nd ed.,London:Allen & Unwin,1965. (宮崎義一・伊東光晴訳,『経済変動の理論』改訂版, 新 評論, 1967 年.

Kaleckii,M.[1954b]"The Problem of Financing Economic Development", translated from the Spanish in Kalecki,1993

Kalecki,M.[1966]*Studies in the Theory of Business Cycles 1933-1939*,Oxford:Basil Blackwell

Kalecki,M. [1968] "The Marxian Equations of Reproduction and Modern Economics", *Social Science Information*, vol.7, no.6, reprinted in Kalecki,1991.

Kalecki,M. [1971] *Selected Essays on the Dynamics of the Capitalist Economy: 1933-1970*,Cambridge:Cambridge University Press (浅田統一郎・間宮陽介邦訳,『動態理論』, 日本経済評論社, 1984 年)

Kalecki,M. [1990] *Collected Works of Michal Kalecki*, Vol. Ⅰ, *Capitalism:Business Cycles and Full Employment*, ed. by Osiatynski,J.,Oxford:Clarendon Press.

Kalecki,M. [1991] *Collected Works of Michal Kalecki*, Vol. Ⅱ, *Capitalism Economic Dynamics*, ed. by Osiatynski,J.,Oxford:Clarendon Press.

Kalecki,M.[1993] *Collected Works of Michal Kalecki*, Vol. Ⅴ ,*Developing Economies*, ed. by Osiatynski,J.,Oxford:Clarendon Press.

Keynes,J.M. [1936] *The General Theory of Employment ,Interes and Money*, Macmillan. (塩谷祐一訳『雇用・利子および貨幣の一般理論』, 東洋経済新報社, 1983 年).

Kowalik,T[1964]"Biography of Michal Kalecki", in PWN-Polish Scientific Publishers (ed.) [1964].

Marx,K. [1962,63,64] *Das Kapital*, Ⅰ, Ⅱ, Ⅲ in *Marx-Engels Werke*,Bd.23,24,25,Dietz Verlag,Berlin. (K. マルクス『資本論』第 1 巻, 第 2 巻, 第 3 巻 (岡崎次郎訳, 大月書店, (1) ～ (9), 1972 年～ 1975 年)).

PWN-Polish Scientific Publishers (ed.)[1964]*Problems of Economic Dynamics and Planning: Essays in Honour of Michal Kalecki*, Warszawa:PWN-Polish Scientific Publishers.

Robinson,J.[1964]"Kalecki and Keynes ", in PWN-Polish Scientific Publishers (ed.)[1964] (「カレツキーとケインズ」J. ロビンソン著, 山田克巳訳,『資本理論とケインズ経済学』, 日本経済評論社, 1988 年, 所収).

第14章　構造学派とは何か
―― そのビジョンと方法について

岡本　哲史

はじめに

　本稿では，構造学派の学史的な紹介を試みたい[1]。
　「構造学派」とここで呼ぶのは，経済学の領域において structuralist（英語）や estructuralista（スペイン語）として言及される一群の研究者，ないしはその研究者たちの理論や方法的スタンスのことである。この学派の興味深い点は，誕生からほぼ70年が経過した今日でも，構造学派と名乗る学派が死滅することなく存続し，開発，成長，貿易などをめぐる分野で華々しい知的成果を挙げ続けている点である。宇野学派の誕生と絶頂と崩壊が，たかだか20～30年の出来事だったのを想起すると，これは驚くべき出来事といえよう。
　構造学派はなぜこれほど長命なのか？　そもそも構造学派とはどのような学派なのか？　本稿では，構造学派と呼ばれる研究者集団の誕生と，コアとなる人々の学説を時系列的に整理しながら，構造学派のおおよその輪郭を浮かび上がらせ，上記の疑問に答えたい。

1. 構造学派の誕生

(1)インフレ論争

　構造学派という語が指し示す最も基本的な意味は，1930年代以降のケインズ革命に刺激を受けて，50～60年代のラテン・アメリカで誕生した経済理論や方法，またはそれに基づきラテン・アメリカの開発研究を行う一群の研究者のことである。
　文献によっては同時代の欧米で生まれた開発経済学（例えば，ローゼンシュタイン＝ロダン，ヌルクセ，ミュルダール，ハーシュマン，ルイス，チェネリーなど）のことを「構造派」開発経済学（structuralist development economics）と呼称するものもあるが[2]，これはそれほど広く共有されている分類ではなく，学史的な区分では，発展途上国一般を扱った欧米生まれの

開発経済学は「初期」開発経済学，これから述べる，ラテン・アメリカ生まれの開発経済学のことは構造学派とよぶのが，より一般的である。

　時系列はやや逆転するが，まずは構造学派という言葉の起源を探ってみよう。

　構造学派 estructuralista という名称自体は，1950年代の南米チリの高率インフレの原因をめぐる論争に起源を有していたというのが定説である。ラテン・アメリカではすでに第2次世界大戦の戦時中からインフレ傾向が現れはじめていたが，なかでもチリはその傾向が強く，50年代には年率70％台にも及ぶインフレが記録されるようになっていた。当時のチリの親米保守政権は，アメリカからクライン＝サックス経済使節団（la Misión Klein-Sacks）を招聘してインフレの原因を調査させるが，伝統的な自由主義経済学を信奉する使節団は，チリ独自の歴史進化や制度・構造実態を踏まえず，抽象的な新古典派理論をそのままチリに応用する形で，高率インフレを単なる貨幣供給量の問題であると捉え，厳しい緊縮財政の実施を勧告してチリ人の憤激を買った。

　これに対し，後に構造学派と呼ばれることになるラテン・アメリカ出身の経済学者たち（O. スンケル，A. ピント，J.F. ノヨラ，C. フルタードなど）は，インフレがマネタリーな現象として伝播していくことは否定しないものの，現地特有の遅れた構造的・制度的特質（例えば，前近代的な不在地主制の存在や経済・教育インフラの未発展，技術開発能力の欠如など）が，供給面の硬直性を生み出して需給ギャップ型のインフレを引き起こしていることを指摘し大きな論争となった。

　この論争の過程で，途上国の構造的，歴史的，制度的な特殊性を考慮して理論形成を行う後者のようなラテン・アメリカの異端的な開発経済学（者）のことは，いつしか「構造学派」と呼ばれるようになり，そう呼ばれた人々も，そのようなレッテルを拒絶せず，1960年代頃からは自ら進んで，その理論的立場を estructuralista と呼ぶようになっていったのである。他方，現実妥当性の乏しい仮定から演繹的に推論して，インフレをただ通貨供給量の問題として捉える新古典派経済学者のことは，構造学派との対比で，モネタリスタ（monetarista）と呼ばれるようになったが，こちらのレッテルは定着することなく，その後，フリードマン的な新古典派マクロ経済学を指す言葉として変質し，50年代のチリでもっていた元々の意味を失っていった。

　特筆すべきは，1950年代後半から60年代初め頃まで続いたこの論争が，スペイン語，ポルトガル語，英語などの多言語で行われたため，日本の労農

論争や「宇野派 vs 講座派」論争のような，地域限定の「コップのなかの嵐」とはならず，欧米の経済学者にも大きな刺激を与え，論争が世界的な規模のものになった点である。例えば，50年代には，ポスト・ケインズ派のカルドアがチリに滞在して現地調査を行い，チリ富裕層に過剰な浪費性向があること，これが国内貯蓄の低迷と奢侈財生産に偏った生産構造を生み出しインフレ圧力（＝賃金財供給の制約）になっていること，などを主張する論文を発表し話題になった（Kaldor 1959）。また，同時代のハーシュマンなど，初期開発経済学に属する多くの経済学者もこの論争に関心を持ち，さまざまな関連出版物を刊行することで，構造学派の議論が世界中に紹介され，その名称が認知されていったのである。

(2) ヨーロッパ構造主義

構造学派の「構造」という語の起源は，いまみたように，チリのインフレ論争に起源があるのであるが，周知のように，構造主義（structuralism, estructuralismo）と呼ばれる思想潮流は，当時のヨーロッパにも存在していた。ラテン・アメリカ構造学派と，これとの関わりはあるのだろうか？

ヨーロッパ構造主義は，ソシュール言語学の方法的特徴に対して付与されて流布していく言葉であり，1950年代から文化人類学（レビ・ストロース）や精神分析（ラカン），歴史学（フーコー），心理学（ピアジェ），マルクス主義の再解釈（アルチュセール）など幅広い学問分野に応用されて流行し，60～70年代の思想界で大きな影響力を持った方法論ないしは知的スタンスであった。ヨーロッパ構造主義の存在は，もちろん，ヨーロッパ移民の多いラテン・アメリカでも知られていたので，これは推測の域を超えないが，ラテン・アメリカで構造学派という言葉が使われるようになったのは，おそらくは当時の思想的な流行とも無縁でなかったと思われる[3]。

ヨーロッパで流行った構造主義が何であったかを述べるのは難しいが，誤解を恐れずに単純化していえば，さまざまな事象や現象の背後に隠された何らかの構造を発見し，その構造との関連で，事象の成立根拠や変容のプロセスなどを明らかにする研究プログラムであったように思う。このように考えるならば，ヨーロッパ構造主義の知的流行は，新古典派のような，経済変数だけを追って制度や歴史を扱わない機械的，数理的経済分析よりも，言語を用いた哲学的，歴史記述的な政治経済学の分析手法との方が親和性が高く，ラテン・アメリカで構造学派という名称が定着するのに，プラスの効果をもたらしたであろうことは想像に難くない。

⑶ラウル・プレビッシュ

　ところで，構造学派という言葉の起源が，ラテン・アメリカ，なかでも南米の小国チリに関わりがあったというのは，単なる偶然の出来事ではなく，必然性があった。それは，第2次世界大戦後の1948年に，ラテン・アメリカの経済動向や経済政策を調査・研究する国連のシンクタンクとして「国連ラテンアメリカ経済委員会（CEPAL セパル）」がチリの首都サンティアゴに設立され，ここが異端派経済学者の一大拠点に成長していったからである。

　CEPAL が構造学派の拠点となったのは，構造学派の祖とか，「ラテン・アメリカのケインズ」とも称される，アルゼンチン人経済学者のプレビッシュ（Raúl Prebisch）が，CEPAL の初代事務総長に就任（1948～62年の在任）したことが2つの意味で決定的に影響していた。

　1つには，アルゼンチンの中央銀行総裁を歴任したことのあるプレビッシュが，自らの高い行政・実務能力を CEPAL の人事に生かし，新古典派に批判的でラテン・アメリカの事情に通じた研究者を多く採用し，構造学派の研究者を恒常的に輩出する仕組みを作ったことである。また，プレビッシュの手腕はそれだけにとどまらず，1952年には CEPAL 内部に教育機関を設け，1954年にチリ大学の組織として設けられた ESCOLATINA（大卒者対象のラテン・アメリカ経済研究プログラム： Programa de Estudio Económico Latinoamericano para Graduados）と共同で，CEPAL 内外の若手研究者の育成や，ラテン・アメリカ各国の中央銀行などから派遣されてくる経済官僚の研修・教育を行ったことである。CEPAL の教育機関は，1962年には ILPES（ラテン・アメリカ経済社会計画院： Instituto Latinoamericano de Planificación Económica y Social）と組織替えされ，1962年から92年の30年間に，300を越えるコースとセミナーに12000人が参加し，卒業後は ILO など世界中のさまざまな機関に就職していった。

　2つ目には，プレビッシュ自身が傑出した異端派経済学者だったことである。プレビッシュは，後に構造学派のマニフェストとも呼ばれることになる有名な論文（「ラテン・アメリカの経済発展とそのいくつかの主要問題」）を1949年に，その後立て続けに別の2本の論文を発表して，ラテン・アメリカの知識人に大きな衝撃を与えた。これをきっかけとして，CEPAL やその周辺に多くの異端派経済学者が多く集まってくるようになり，新古典派とは異なる視点からのラテン・アメリカ研究が組織的に進んでいくことになったのである（Prebisch 1949）。

(4)交易条件不利化説

　1949年から50年代初めにかけて発表されたプレビッシュの論文は，当初は，構造学派とは呼ばれなかったが，今日ではラテン・アメリカ構造学派の出発点をなす記念碑的労作とされている。プレビッシュがそこで述べていたのは，今日，開発経済学や国際経済学の教科書で「交易条件悪化説」とか「中心−周辺理論」として解説されている理論であるが，ニューヨークの国連職員であったシンガー（Hans Singer）もほぼ同時期に同じような説を唱えたために，「プレビッシュ＝シンガー・テーゼ」と呼ばれることもある。

　プレビッシュは，発展途上国の構造的特質（技術進歩率の低さ，過剰労働の存在，労働保護法制の不在など）と，一次産品と工業製品の需要の所得弾力性の違い（一次産品は，所得が増えても需要がそれほど増えにくい）に着目し，この条件下で周辺部（一次産品輸出国）が中心部（工業製品輸出国）と自由貿易を行えば，周辺部は交易条件の悪化を被ることを19世紀からの長期統計を用いて理論的・実証的に明らかにし，ラテン・アメリカの低開発は一次産品輸出に過剰依存した経済構造が原因であることを喝破した。彼は，そこからの脱却を国家主導型の工業化戦略に求め，交易条件の悪化によって被る損失よりも，保護貿易によって被る損失の方が少ない限り輸入代替工業化（ISI）は正当化されると主張し，ラテン・アメリカ社会経済システムを国家の開発行為によって近代化する必要性を強調した。

　この論文は，当時，新古典派経済学に違和感を感じながらも，それへの批判を独力ではみいだせなかったラテン・アメリカ知識人に大きな衝撃を与えると同時に，事実上，両大戦間期から進んでいたラテン・アメリカの工業化の進展を理論的に正当化する役割をも果たし，その後，およそ1970年代頃まで続く，保護主義的なISI戦略の理論的根拠とされるようになっていった。

　プレビッシュなどCEPALに勤務経験のある構造学派は，ラテン・アメリカ構造学派のなかでも，特に，セパル主義者（セパリスタ cepalista）とか，セパル派構造主義（estructuralismo cepalista）と呼ばれて区別されることがある。構造学派の最も狭い意味での用法は，これらCEPAL勤務の構造学派のことを指すのである。

　セパリスタは，国際公務員である以上当たり前といえば当たり前であるが，理論的な体系化にこだわる大学や他の研究機関に在籍した構造学派よりも政策志向が強いという特色があり，ISI戦略をはじめ，ラテン・アメリカの地域統合や金融，為替，税制，土地政策など，ラテン・アメリカの開発に関わ

りのある多くの実践的なテーマについて構造学派の立場から政策を立案し，ラテン・アメリカの各国政府に提言を行った。セパリスタが推奨した国家による積極的な経済開発路線，つまり，工業部門を定礎し，遅れた社会経済を構造改革する主体として国家に強く期待するような姿勢のことは，ラテン・アメリカでは「デサロジスモ（開発主義 desarrollismo）」と呼ばれる。

(5)構造学派の源流

　ところで，プレビッシュその他のラテン・アメリカ構造学派の知的源流はどこにあったのだろうか？　学史的な観点からは，ドイツ歴史学派やシュンペータ，ケインズなどから大きな影響を受けていることがよく指摘される[4]。ISI 戦略はドイツ歴史学派が唱えた幼稚産業保護論の 20 世紀版だと考えられるし，工業化の必要をイノベーションや技術進歩との関連で考察する手法も，シュンペーター的な発想である。しかし，構造学派の一番の源流は，ケインズにあったとするのが最も妥当であろう（図 -1 を参照）。

　その第 1 の理由は，ラテン・アメリカ構造学派の祖たるプレビッシュが，ケインジアンであったという事実である。

　プレビッシュがケインズの「一般理論」をいつ頃入手し，どの程度深く理解したのかは判然としないが，1936 年に出版され，以後世界中で広がったケインズ革命の影響をいち早く受けたことは間違いなく，「一般理論」刊行後わずか 10 年ほど後の 1947 年には，スペイン語圏で初となるケインズ理論の解説書（「ケインズへの入門 Introducción a Keynes」）を刊行していることからも，早い時期からのケインズ革命への没入がうかがわれる。

　第 2 の理由は，ケインズ派の有効需要理論との類似性というよりも，ケインズが有していた反新古典派的研究ビジョンへの共感である。

　実は，ケインズの「一般理論」と，プレビッシュの交易条件悪化説やその他構造学派によるインフレ理論などとの間には，理論の具体的な特徴において類似性は乏しく，むしろ，相違点の方が多い。例えば，構造学派のインフレ理論は，今日的な言葉でいえば，構造改革をなし終えた後のより長期の理想的なマクロ均衡から逆照射して，いま現在，市場の機能を妨げているさまざまな構造的障害を問題視するという手法である。これは，ケインズが目指した短期のマクロ均衡分析の手法とは真逆であり，新古典派マクロ経済学の長期均衡分析と似てさえいる。また，ラテン・アメリカ国内の供給制約がインフレの主因であると主張することは，需要サイドを議論の中心に据えたケインズの手法とも大きく異なっていた。さらにいうと，ケインズの「一般理

図1 構造学派の源流（筆者作成）

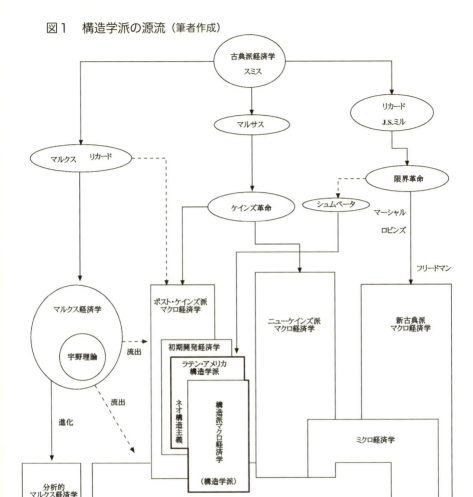

注）四角の部分が現代の主要な学派。重なりの部分は，分析手法や理論体系などに共通する点があることを示している。

論」は，対外部門を捨象した閉鎖体系のマクロモデルなので，プレビッシュの交易条件悪化説が，そもそも，どの程度までケインズに通じるものなのかも，判然としない[5]。

　しかし，それにもかかわらずラテン・アメリカ構造学派の知的源流の1つがケインズであるといえるのは，そのビジョンへの共感にあったと思われる。

ケインズが一般理論を執筆した大きなきっかけとなった出来事は，よく知られているように，1930年代の世界恐慌という現実であった。世界恐慌による驚くほど大量かつ慢性的な失業の発生は新古典派経済学の主張する自発的な失業とは考えづらく，セー法則体系とは異なるタイプの経済理論の構築をケインズに決意させた。その結実が，それまでの伝統的な経済学を180度転換させる「一般理論」の執筆であり，以後，1960年代まで世界中ですさまじい勢いをもって伝播したケインズ革命であった。

　ケインズが成し遂げたこの知的ドラマが，プレビッシュをはじめとするラテン・アメリカの知識人の胸中に，心の底からの共感を生み出したであろうことは容易に想像できる。なぜならば，19世紀以来のラテン・アメリカは，典型的な一次産品輸出国としてイギリスを中心とした自由貿易体制に組み込まれた地域でありながら，比較優位理論が説くような便益が生じるどころか，自由放任政策が及ぼした害毒は，ヨーロッパよりも遥かに深刻だったからである。天然資源の開発権を外資に奪われたり，度重なる一次産品価格の騰落によって国内景気が乱高下して社会不安が高まるなど，自由主義経済のデメリットは至る所で観察できた。この現実を前にラテン・アメリカ知識人は，正統的な自由主義的経済学のどこかがおかしいと感じていたものの，それを言葉で表すことができず悶々としていた。しかし，ケインズが現れたことでようやくこの閉塞状況が打ち破られ，ラテン・アメリカ知識人は理論と現実とのギャップを埋めることができるようになったのである。

2．構造学派の試練

(1)分極化する社会

　時系列的にもう一度整理すると，プレビッシュ率いるCEPALがフル稼働する1950年代は，ラテン・アメリカ経済が比較的順調に推移し，CEPALを中心として世界に広がりを持った構造学派の知的活動がもっとも輝いていた時代であった。

　この時期には，国営企業・公的金融機関の創設による工業部門へのテコ入れや，輸入制限・為替管理による対外不均衡の改善と国内幼稚産業の保護など，構造学派が推奨した国家主導型のISI政策が本格化し，工業化の進展が，やがてはラテン・アメリカの対外的脆弱性や遅れた経済社会構造の変革につながるかも知れないという希望が強く感じられた時代であった。

　しかし，1960年代になると，早くもラテン・アメリカ経済は失速をはじ

め，保護のもとで効率性を犠牲にしたISIの限界が露呈してくる。深刻な問題の一つは，工業化の進展によって資本財・中間財輸入が増大したために，国際収支制約がさらに強まり，外貨不足という以前からの構造的問題が悪化しはじめたことであった。また，この時代はキューバ危機など冷戦構造がピークに達した時期であり，ラテン・アメリカの世論が大きくラジカル化，両極化する時代でもあった。それゆえ，構造学派が重視した構造改革路線は，もともとは長期の課題として設定されていたものであったが，工業化の進展によっても貧困の解消など経済社会問題の顕著な解決がみられなかったため，国民は（それまでの期待が高かっただけに）ISI政策に対する苛立ちを急速に募らせはじめた。

　構造学派はこのような状況を前に，さまざまな分析を行い，政策提言にも変化が現れてくる。その最も特徴的な変化が，農地改革や累進的な課税制度の導入など，工業化より一歩踏み込んだ所得分配政策の提唱であった。とりわけ，農地改革は，スペイン植民地時代以来続いたアシエンダ制（住み込みの農業労働者によって耕作される，前近代的な大土地不在地主制）に手を付けるもので，各国の政治状況の分極化と結びつき，賛否両論が渦巻いた。他方，1960年代には，ラテン・アメリカの工業化が持つ非輸出志向的な歪みを問題視するようになり，輸出部門の多様化を図ることが対外制約を緩和し，工業化に必要な資源を確保する重要な手段であることなどが主張されはじめた。

　対外的脆弱性を克服する方策としては，長年，世界市場におけるコモディティ価格の安定化を希求するプレビッシュらの働きかけが成功し，国連にUNCTAD（国連貿易開発会議）が設立され，一次産品輸出の不安定な価格動向に歯止めをかける世界的な取り組み（新国際経済秩序 NIEO）が始まった（1963年）。プレビッシュは，CEPALからUNCTADの事務総長へと栄転し最後のキャリアを積んでいくが，皮肉なことにこの時期が実はCEPALやラテン・アメリカ構造学派の栄光のピークであり，その後，徐々にその知的権威は低下し，左派からはあまりにも微温的なブルジョア改革だと批判される一方，右派からは財産権を侵害する共産主義という扱いを受け，左右両派から激しい攻撃に晒されるようになる。

　左派からの批判を受ける形で，プレビッシュの交易条件悪化説は，いわゆる従属理論という，より歴史主義的な理論にスピンオフされ，1970年代頃まで，一定の影響力を持つようになった。最も急進左派的な議論としては，A.G.フランクなどマルクス派の議論があり，彼らの議論では，欧米帝国主

義の搾取に抗して鎖国路線を採用することこそが，従属的な低開発から脱出する唯一の道だとする悲観論が提起された。また，よりマイルドで現実的な従属理論としては，後にブラジル大統領となるF.H.カルドーゾの従属論が有名であり，そこでは従属的な低開発の事実は認めるものの，国家が適切な政策を採用して多国籍企業をコントロールすれば，従属はかならずしも停滞にはつながらず，開発に結びつくことがあるという楽観論が提示された。

他方，右派からの攻撃は，より政治的なものであり，悲劇的なものであった。

そのきっかけとなったのは，ラテン・アメリカで燃えさかってきた農地改革や多国籍企業をめぐるイデオロギー対立である。当初は，アメリカの後押しもあって，例えば，ブラジルのゴラール政権（1961～64年）やチリのフレイ政権（64～70年）などでは，微温的な性格のものではあるが，農地改革の取り組みが行われた。しかし，地主勢力の強い抵抗もあって，この試みはほとんど中途半端なものにとどまり，左派のフラストレーションを高めてしまう。これは当然，おりからの政治的直接行動主義（ボランタリズム）の高揚と相まって，農場占拠などを引き起こし，世論が激しく二極化していくこととなった。

他方，アメリカにおける「進歩のための同盟」路線が，ケネディーの死後弱まると，アメリカは対ラテン・アメリカ政策をより強硬なものへと変更しはじめ，左翼民族主義による米系多国籍企業への攻撃が高まるような国々では，秘密裏に政権転覆を支援して米系企業の権益保護を図る動きを加速させた。

このようななかで，ブラジルでは1964年に右派による軍事クーデターが，チリでも1973年にピノチェによる残虐な軍事クーデターが発生し，60年代までのCEPAL的な構造改革路線は突如終焉を迎える。クーデターはその後，アルゼンチンやウルグアイに波及し，以後20年近く続く暗く長いラテン・アメリカの冬の時代が始まっていったのである。

(2)苦難の時代

1970～80年代は，ラテン・アメリカ構造学派の苦難の時代であった。

それにはいくつか理由があるが，まず第1は，上記のような南米南部地域で頻出したクーデターによって多くの有能な人材が亡命によって追われ，ラテン・アメリカにおける自由で闊達な経済学研究が困難になったことである。とりわけ，CEPALのあったチリでのクーデターは，構造学派の研究に暗い影を落とした。チリにいた異端派経済学者のなかには殺害されるものも

多く，CEPALだけで4人の死者が出る有様だった。

　第2の理由は，構造学派の知的信認を低下させるような，経験的な事実が出現しはじめたことである。ISIはすでにみたように，1960年代後半頃から慢性的な国際収支危機を引き起こし，経済成長は一進一退の状態をみせるようになっていた。さらに，70年代になると，ISIとは対照的な輸出主導型の工業化戦略を採用したアジア新興国の躍進がみられるようになり，構造学派の主張する保護主義的なISI政策への疑義は日増しに高まっていった。

　見逃せないのは，1970年代以降，欧米でもスタグフレーションの顕在化によって，ケインズ経済学自体が危機に陥り，新古典派経済学の力が隆盛しはじめたことである。この頃には，開発経済学の分野でも，新古典派的な途上国分析が流行しはじめ，70年代後半頃からは，新古典派経済学による初期開発経済学への批判が強まった。

　これに追い打ちをかけたのが，1980年代の累積債務危機と，その後の「失われた10年」である。70年代にISIの減速に苦しんだラテン・アメリカ諸国は，オイルショック以降，先進国からの借り入れによって経常収支赤字をまかない経済破綻を先送りしていたが，80年代初頭のレーガノミクスによる高金利政策によって利払い負担が急増すると，債務危機がラテン・アメリカ各地で連鎖的に発生してしまう。以後，「失われた10年」という深刻な経済的低迷がラテン・アメリカでみられるようになったが，この間，輸出志向型のアジアの新興国は力強い成長を続けたため，保護主義的なISI政策や，それを提唱してきたCEPAL的構造学派の信認は大きく傷ついた。

　ラテン・アメリカは1980年代以後，厳しい借り入れ条件（コンディショナリティ）の付いたIMF融資や世銀融資に頼らざるを得なくなり，どの国でもIMF・世銀やアメリカ国務省の意向に沿った新自由主義的な緊縮政策（いわゆる，ワシントン・コンセンサス）が実施されるようになった。

　後から振り返るならば，この時期は，ラテン・アメリカ構造学派にとって，ある意味，次のステップへの脱皮を模索する雌伏の時代であったのかもしれない。CEPALではこの時期，これまでのような構造学派のスター執筆者による理論志向の研究が姿を消し，個人名の出ないCEPAL名義の地味な論文が多くなった。例えば1970年代には，いかにしてオイルショックなどからくる対外制約を切り抜けるかが，80年代になると，国際金融界といかに協調して累積債務問題を解決し，構造調整プログラムにどう対応するか，などのより実践的な課題への取り組みが最優先で議論され，過剰保護された工業化プロセスの歪みや一次産品輸出による外貨獲得の重要性などが強調される

ようになった。

　しかし，構造学派の良心は，新自由主義の隆盛や軍政による抑圧によっても消せるものではなく，ネオ・リベラル改革を真正面から批判するというよりも，改革が引き起こす負の効果を丹念に調査し，それを緩和させるような社会政策を提起する研究が軍政下でも地道に続けられ，これが次の時代の飛躍へとつながっていくのである。

3. 構造学派の復活と再生

(1)ネオ・リベラリズムとラテン・アメリカの民主化

　構造学派が再び，大きな思想潮流として復活するのは，興味深いことに，ネオ・リベラリズムが最高潮に達する1990年代以降のことである。この時期になると，構造学派は，状況に対応して，新しい進化をみせるようになった。ラテン・アメリカにとって見逃せない90年代の重要な変化は，この時期が，暴虐の限りを尽くした軍事政権の終焉期であり，経済の自由化だけでなく，政治の自由化が進行した時期でもあったことである。ネオ・リベラリズム全盛期のまっただ中で，構造学派が再び蘇ってくるのは，このような事情とも無縁ではなかったと思われる。

　1990年代は，ラテン・アメリカの全域で，輸入や資本移動の自由化，緊縮財政による福祉の切り捨て，公企業の民営化，労働市場の柔軟化などのネオ・リベラル改革が実施され，思想面では，ちょうどこの頃に生じた社会主義体制の崩壊と相まって，資本主義こそが最高の経済制度であり，自由競争こそがすべての問題を解決する特効薬であるとするようなネオ・リベラリズムが世界中で猛威を振るうようになった時代であった。しかし，構造学派は，このような時代環境のなかで，2つの方向に進化して，ネオ・リベラリズムに対抗していく。

(2)ネオ構造主義

　1つは，CEPALを中心とした旧来の構造学派が，新たに，ネオ構造学派 (neoestructuralista) へと進化していったことである。

　1950年代のインフレ論争の時に，構造主義という言葉が生まれたように，ネオ構造主義 (neoestructuralismo)，ネオ構造学派という言葉は，80年代末のブラジルやアルゼンチンのハイパーインフレの分析をきっかけとして誕生した。

1990年代以降のネオ構造主義者と呼ばれる人々の議論は多岐にわたるため、一言でその特質を表現するのは難しいが、ほぼ共通していえる特徴は、ネオ・リベラル改革が持つ負の側面から目を背けずにそれへの対案を提起していること、イノベーションの重要性を認識し、技術進歩というCEPAL初期にもあったシュンペーター的な問題意識に再度焦点をあて、60年までとは異なる視点から、ラテン・アメリカにおける工業化の必要性を論じるようになったことなどである。

　ネオ構造学派と呼ばれるようになった人々には、F. ファインシルベルや、O. スンケル、R. フレンチ＝デービス、J.A. オカンポ、P. メレルなどがいるが、ここでは、メキシコ人経済学者のファインシルベル（Fernando Fajnzylber）の議論を紹介したい。

(3)フェルナンド・ファインシルベル

　ファインシルベルは、1990年に「ラテン・アメリカにおける工業化、ブラックボックスから空欄へ：工業化の現代的パターンの比較」という論文を発表し、これが大きな反響を呼んだ（Fajnzylber 1990）。

　ファインシルベルの論文のこの奇妙なタイトルは、成長と所得分配の関係に着目して生まれる4つの類型分類に由来している。すなわち、①成長したが所得分配が不平等なケース、②所得分配は公平であるが低成長のケース、③成長もせず所得分配も不平等なケース、④高成長を遂げかつ所得分配が平等なケースの4類型のことである。ファインシルベルが、ラテン・アメリカ諸国がどのタイプなのか1970〜84年の統計データを用いて分類したところ、すべての国が①〜③に分類され、④に該当する国が1つもなかったことを突き止めた。彼が「空欄 casillero vacío」と呼んだのはこのことであり、縦軸に成長の高低、横軸に所得格差の大小をとって4通りの象限を設けると、第4象限に当たる部分（④タイプ）が空欄になってしまうことを表現したものなのである。

　ファインシルベルの結論はシンプルであり、成長と所得分配は両立すること、つまり、極端な所得格差を生まない社会の方が、技術進歩の普及スピードが速く、社会が不平等で不均質であればあるほど、イノベーションが阻害されるという主張である。

　ファインシルベルは、ラテン・アメリカ諸国に対して経済自由化と天然資源の開発路線に邁進することを推奨するネオ・リベラル派の議論が、無時間的、静態的な比較優位理論である点を批判し、ラテン・アメリカにとって真

に必要な政策は，動態的な競争優位を作り出すことであるとして，工業化路線の必要性を訴えた。しかし，ファインシルベルは，ロー・ロード的な発展，すなわち，低賃金や為替レートの減価などを利用した輸出競争力を「表層的な競争力 competitividad espuria」と呼び，ラテン・アメリカに必要なのは，このようなものではなく，技術進歩を取り入れることで生まれる「真の競争力」であるとした。

　この点においては，戦後のISIも批判の対象となった。ラテン・アメリカのほとんどの製造業は，中心部で用いられた技術の粗雑なコピー（copia burda）に基づいており，創造性を発揮することや，その後に続く技術進歩に必要な学習（aprendizaje）過程への配慮が不足していたからである。

　ファインシルベルは，周辺部の開発の成功は，持続的な技術進歩に依存していると考え，その継続は，工業活動全体の拡張を必要としており，その活動において，技術進歩が優先的に形作られていくこと，競争力は，生産の主体と物的ないしは教育的なインフラとの間のすべての結びつきを含むようなシステミック（sistémico）な性格を持つことなどを主張する。それゆえに，技術進歩の成功と継続性は，広くそれを支持する社会的基盤がなければ不可能なのであり，深刻な経済格差によって，開発の恩恵から排除されている人々が多ければ多いほど，技術進歩のための社会基盤が脆くなり，技術進歩や経済成長が阻害される。すなわち，技術進歩を有する成長は，公正さと補完関係にあり，公正さのある生産の転形（transfomación productiva con equidad）こそが，ラテン・アメリカに求められている開発課題である。ファインシルベルはこのように主張して，ネオ構造主義の論陣を張った。

(4) 構造派マクロ経済学

　1990年代以降みられた構造学派のもう一つの進化は，ラテン・アメリカという地域的な限定を乗り越えて，旧来の構造学派の方法論や着眼点を，マクロ経済学の応用に生かす，いわゆる構造派マクロ経済学（structuralist macroeconomics）や構造派マクロ「開発」経済学（structuralist development macroeconomics）という方向への進化である

　構造学派マクロ経済学と，構造派マクロ「開発」経済学の違いは，分析対象の違いであり，前者が先進国と途上国の両方を，後者は途上国分析だけを対象として理論形成を行っている点に違いがある。しかし，ここでは，特に両者を区別せず，構造派マクロ経済学と一括して表記したい。

　構造派マクロ経済学の特色は，第1に，これまでの伝統的な構造学派が長

期の開発課題を重視したのに対し，より短期のマクロ均衡を問題にした点である。

フレンチ＝デービスが主張するように[6]，伝統的な構造学派にあった欠点の1つは短期的なマクロ変数をどう管理するのかという点への関心が少なく，分析のほとんどを不均衡の起源をめぐる歴史的，体系的探求に集中させていたことであった。構造派マクロ経済学はこの欠点を補う性格を有しており，使われる分析手法も，旧構造学派とは異なり，数学を使った手法が主流となってくる。数学的なマクロモデルの構築や仮説の計量的検証を重視することで，旧構造学派のような長期的な関心は後退するが，他方で，現代マクロ経済学との対話が可能になり，理論をより精密な形で展開させ，経済学全般のレベル向上に貢献する可能性が高まった。

第2の特色は，そのような短期のマクロ経済分析を，制度・構造面でのリアリティある諸仮定と接合させている点である。

例えば，通常のマクロ経済学の教科書で常識のように語られる，政府支出の増大は民間投資のクラウディングアウトを引き起こす，というような定理に関していえば，財政赤字がクラウディングアウトになるかクラウディングインになるかは，当該経済の制度・構造面での特質によって異なった結果が引き起こされるのであって，そのどちらか一方だけをアプリオリな定理として受容することを，構造派マクロ経済学は拒絶する。大事なことは，当該経済システムの構造的特質を熟知することであり，リアリティのある仮定から理論を出発させ，短期のマクロ経済の運行が，そのような構造的特質によってどのように影響されているかを分析する視角である。

第3の特色は，経済学のビジョンや直観にかかわる点であり，構造派マクロ経済学が，反労働運動的なバイアスを持たず，賃上げ容認的で，貧困と所得分配の問題に強い関心を示している点である。所得分配への関心は，賃上げが利潤の上昇と矛盾しない「賃金主導型成長体制」の分析に現れており，この点は，構造派マクロ経済学が，ポスト・ケインズ派のカレツキ的な問題意識と通底していることを示している。また，国家が生産の主体になることは推奨しないが，国家が積極的な産業政策や為替政策（＝自国通貨安誘導）を行って工業部門の競争優位を創出する必要性を強調する点は，ネオ構造主義の議論とよく似ている。

構造派マクロ経済学の論者としては，L. テイラーやL. ブラセル＝ペレイラ，J. カッツ，M. チモリ，A.K. ダット，J. ロスなどがいる。その一部をかいつまんで紹介しよう。

構造派マクロ経済学の提唱者として有名なテイラー（アメリカ人）は，1970年代初頭にCEPALに研究滞在した経験もある人物で，80年代頃から構造派マクロ経済学の方法論や数々のモデル分析を行いその才能の高さを示した。彼は，計算可能な一般均衡モデル（CGE）と呼ばれる計量的なシミュレーションの手法を磨き上げ，各国の構造分析に用いている[7]。

　チモリ（イタリア系アルゼンチン人）は，プレビッシュにあった交易条件の不利化説を，技術ギャップモデルと呼ばれる数理的な南北貿易モデルへと進化させて注目を集めた。新古典派経済学が推奨するような自由化政策では，成長とともに先進国への技術従属が深まるだけで，技術革新を生み出す能力が失われてしまい，19世紀以来の対外脆弱性の問題は解決されない。チモリはこのような視点に立って，イノベーションにつながるような産業政策の必要性を訴えている[8]。

　ブラセル＝ペレイラ（ブラジル人）は，旧構造学派が重視していたような供給サイドの研究は，ブラジルなどの新興国ではもはや不要であり，ケインズ的な需要サイドの経済学へ回帰することを主張している。旧構造学派が掲げた古いデサロジスモ（開発主義）は「新しい開発主義」へと改訂されるべきであり，工業化のために国家がもっとも気を配るべきマクロ経済変数は為替レートであると強調する。なぜなら，輸出天然資源が豊富なラテン・アメリカでは，為替レートがオランダ病によって割高化する傾向があるため，これを放置すると，国内工業の輸出産業化が不可能になってしまうからである。外資の流入も同様の傾向があるので，対外借り入れに依存しない成長を目指すべきだとされる[9]。

おわりに

　時代とともに，構造学派の中身もかなり変わってきているとはいえ，学派成立以後70年も立った今日，なぜ構造学派と名乗る人々が跡を絶つことなく，今日まで強い生命力を維持し続けているのだろうか？　そこには，次の2つの要因が影響していると考えられる。

　第1は，構造学派の制度的な拠点であるCEPALが健在なことである。最近ではCEPALでも構造学派の洗礼を受けない研究スタッフが増えているため，将来的にCEPALがどのような性格の機関となるかは見通せないが，少なくとも，現在のCEPALは，新古典派経済学以外に拒絶反応を示すIMFのような狭量な機関とは異なり，構造学派をはじめ，種々の異端的な研究を受

け入れかつ発信している。このような拠点から，論文や書籍，セミナーなどを通じて定期的にCEPALの原点たる構造学派への言及が行われることで，構造学派への関心が絶えず喚起され，忘却の対象にならないことが，学派長命の1つの理由なのである。

第2は，C. カイが指摘しているように，「構造学派は，過去に凍結したままのものというより，変化する歴史状況に適応する能力」を持っている点である[10]。つまり，構造学派と呼ばれる個別の理論は，時代とともに現実とは合わなくなっていくが，どのように変化しても，構造学派は，新しい理論を生み出せるだけの柔軟な研究プログラムを有しているということである。

すでにある程度上でも触れているが，構造学派が新古典派と大きく異なると（陰に陽に）自認していたことは，帰納主義的，歴史構造主義的（histórico-estructuralista）な方法で，現実に適合した仮説群を設け，言葉による推論を用いてそこから演繹を行い，有益な結論を導き出す方法的スタンスのことである。より通俗的な表現でいえば，理論のための理論や，現実を理論の「しもべ」にするような分析手法を拒絶し，まずは現実をしっかりと熟知した上で，理論的な営為を行う姿勢である。ブラセル＝ペレイラは，このような方法を，歴史的演繹法（historial-deductive method）と呼んでいる。

要するに，構造学派には，その集合に含まれる個々の理論や政策提言だけでなく，時代を超えて構造学派というアイデンティティのもとに研究者をつなぎ止めるコアの部分が存在しており，そのコアの部分にあたるのが，構造学派のビジョンや方法なのである。このビジョンと方法が堅持されているために，新古典派や軍政などから度重なる攻撃を受けながらも，構造学派は今日まで死滅せずに生き残っているのである。

構造学派のコアにあるビジョンと方法は，きわめて素朴なものである。簡単にいえば，対抗理論たる新古典派経済学の欠陥を強く意識しながら，当該経済の構造的制度的特質に充分目を配った上でリアリティのある仮定から帰納主義的な推論を行い，経済発展が社会的弱者を排除することのない，公正さを伴った成長を目指せ，というものである。

こう考えるならば，なぜ，構造学派と呼ばれる人々が，今日でも死に絶えず再生産され続けているかが理解できよう。1950～60年代の構造学派の議論を，そのまま墨守することが構造学派なのではなく，構造学派が有していたプロブレマティークやビジョンや方法的指針に敬意と共感を感じ，その延長線上に自らの研究的営為を目指す人々のことが，いつの時代も構造学派なのである。

【注】
1）本稿の叙述は，参考文献一覧に掲げてあるさまざまな書籍，論文によるものであるが，紙幅の制約が厳しいため，直接的な引用をしている箇所以外では，細かな引用先を書くのは省略している。ざっと概観しておくと，構造学派＝初期開発経済学に触れた日本語の文献としては絵所（1997）が詳しい。ラテン・アメリカ構造学派について最も詳しい解説書は Rodríguez(2006) であり，本書もこれに多く依っている。日本語で有益なのは，大原（1971），谷（2004），ラテン・アメリカ政経学会編（2014）である。また，CEPAL（1998a, 1998b）は，CEPAL 発足 50 周年を記念して発刊された論文集であり，過去の主要な構造学派の一次文献を数多く収録しているため，きわめて有益である。

2）例えば，絵所 [1997] や Bresser-Pereira[2012], Gibson[2003] などはそのような分類をしている。

3）ギブソンは，構造派マクロ経済学の源流に，ヨーロッパ構造主義があったことを指摘している（Gibson 2003: 55-56）。ヨーロッパ構造主義の概要は，北沢（1968）や橋爪（1988）を参照。

4）ラテン・アメリカ構造学派の知的源流についての議論は，Love（2005）が詳しい。

5）細かく見れば，構造学派の理論にも，ケインズ理論とよく似た箇所は存在しており，ビジョンの共有だけがすべてというわけではない。特に，初期の構造学派の議論は，ケインズと同じく，貯蓄投資バランスからマクロの経済動態を考察する手法が目だち，貯蓄不足による投資不足が，ラテン・アメリカの低開発の主因であると論じるケースが多かった。また，不平等による貧困の蔓延が国内消費市場の低迷につながり，需要が低迷しているがために投資機会が少なく供給サイドの非効率性と供給制約をもたらされているという議論は，ケインズ派やポスト・ケインズ派の議論とも通底している。さらに言えば，国家が開発の主役にならなければならない，というデザロジスモの発想も，ケインズが有効需要の創出という点で国家に期待した構図と通じるものがあったといえる。

6）Ffrench-Davis（1988: 38）．

7）Taylor（2004）などを参照せよ。テイラーは，旧構造学派が盛んであった 1970 初頭のチリ・CEPAL で研究滞在を行ったことがあり，カリフォルニア大学時代の論文指導教授は，初期開発経済学者の H・チェネリーであった。テイラー

が早い時期から自らの理論を構造派マクロ経済学と積極的に自称している背景には,このような出自や,構造学派への深いリスペクトがあったためと思われる.

8) Cimoli and Correa（2005）, 岡本(2008) などを参照せよ.

9) Bresser-Pereira（2012）などを参照せよ.

10) カイ（2002: 347）．

【参考文献】
絵所秀紀 [1997],『開発の政治経済学』日本評論社．
大原美範 [1971],『プレビッシュ理論とラテン・アメリカ経済』白桃書房．
岡本哲史 [1990],「チリにおける安定化政策の始まり－1950年代のインフレ加速と第1期安定化政策－」『研究年報・経済学』（東北大学）第52巻第3号．
岡本哲史 [2000],『衰退のレギュラシオン－チリ経済の開発と衰退化 1830-1914年－』新評論．
岡本哲史 [2008],「成長理論と2つの格差問題」吾郷健二，佐野誠，柴田徳太郎編『現代経済学』岩波書店，所収（第9章）．
カイ，C.[2002],『ラテンアメリカ従属論の系譜－ラテンアメリカ：開発と低開発の理論－』（吾郷健二　監訳）大村書店．
北沢方邦 [1968],『構造主義』講談社現代新書．
小池洋一・堀坂浩太郎編 [1999],『ラテンアメリカ新生産システム論－ポスト輸入代替工業化の挑戦－』アジア経済研究所．
谷洋之 [2004],「考える実務家／行動する理論家―ラウル・プレビッシュ」，今井圭子編著『ラテンアメリカ開発の思想』日本経済評論社，所収（第9章）．
西川潤 [1976],『経済発展の理論－第二版－』日本評論社．
ハイルブローナー, R.／ミルバーグ, W.[2003],『現代経済学のビジョンの危機』（工藤秀明　訳）岩波書店．
橋爪大三郎 [1988],『はじめての構造主義』講談社現代新書．
間宮陽介 [1999],『市場社会の思想史－「自由」をどう解釈するか－』中公新書．
馬渡尚憲 [1990],『経済学のメソドロジー－スミスからフリードマンまで－』日本評論社．
ラテン・アメリカ政経学会編 [2014],『ラテン・アメリカ社会科学ハンドブック』新評論．
Barcena, Alicia et al.[2011], *Homenaje a Raúl Prebisch(1901-1986)*, CEPAL, UN.
Bielschowsky, Ricardo[2009], "Sesenta años de la CEPAL: Estructuralismo y neoestructuralismo", *Revista CEPAL*, Vol.97, Abril.
Bresser-Pereira, L.C.[2012], "Structuralist Macroeconomics and the New Developmental-

ism", *Brazilian Journal of Political Economy*, Vol.32, No.3(128).
Cardoso, E./ Helwege, A.[1992], *Latin America's Economy: Diversity, Trends, and Conflicts*, The MIT Press.
CEPAL[1998a][1998b], *Cincuenta años de pensamiento en la CEPAL: Textos selecionados, volúmenes I,II*, CEPAL ／ Fondo de Cultura Económica.
Cimoli, Mario/ Correa, Nelson[2005], "Trade Openness and Technology Gaps in Latin America: a "Low Growth Trap" ," in Ocampo[2005].
Di Filippo, Armando[2009], "Estructuralismo latinoamericano y teoría económica", *Revista CEPAL*, Vol.98, Agosto.
Dutt, A.K./ Ros, J.(eds.)[2003], *Development Economics and Structuralist Macroeconomics: Essays in Honor of Lance Taylor*, Edward Elgar.
Gibson, Bill[2003], "An Essay on Late Structuralism", in Dutt & Ros (eds.)[2003].
Fajnzylber, Fernando[1990], "Industrialización en América Latina: De la caja negra al casillero vacío", *Cuadernos de la CEPAL*, No.60.
Ffrench-Davis, R.[1988], "Esbozo de un planteamiento neoestructuralista", *Revista de la CEPAL*, Vol.34.
Hounie, Adela et al.[1999], "La CEPAL y las nuevas teorías del crecimiento", *Revista de la CEPAL*, Vol.68.
Infante, Ricardo (ed.)[2011], *El desarrollo inclusivo en América Latina y el Caribe: Ensayos sobre políticas de convergencia productiva para la igualdad*, CEPAL ／ UN.
Kaldor, Nicholas[1959], "Probremas económicos de Chile", *El Trimestre Económico*, No.102, Abril-Junio.
Love, Joseph L.[2005], "The Rise and Fall of Structuralism", in V. FitzGerald & R. Thorp (eds.), *Economic Doctrines in Latin America: Origins, Embedding and Evolution*, Palgrave.
Meier, Gerald M. & Seers, Dudley (eds.) [1984], *Pioneers in Development*, Oxford Univ. Press.
Ocampo, José Antonio[2005], *Beyond Reforms: Structural Dynamics and Macroeconomic Vulnerability*, Stanford University Press.
Porcile, Gabriel[2011], "La teoría estructuralista del desarrollo", en R. Infante (ed.)[2011].
Prebisch, Raúl[1949], "El desarrollo económico de la América Latina y algunos de sus principales problemas", en *Estudio Económico de la América Latina*, 1948, Naciones Unidas.
Rodríguez, Octavio[2006], *El etructuralismo latinoamericano*, CEPAL ／ Siglo XXI.
Sunkel, Osvaldo / Infante, Ricardo (eds.) [2009], *Hacia un desarrollo inclusivo: El caso de Chile*, CEPAL ／ UN.
Taylor, Lance [2004], *Reconstructing Macroeconomics: Structuralist Proposals and Critiques of the Mainstream*, Harvard Univ. Press.

第Ⅲ部　歴史・現状分析

第15章　アベノミクス再論
——量的金融緩和政策を中心に

星野　富一

はじめに

　アベノミクスは「失われた20年」から日本経済を「取り戻す」ことを建前とした第2次安倍政権の経済政策である。しかし，それが政権の本来の狙いなのかと言えば決してそうではあるまい。第1次安倍政権以来，安倍氏が強い信念としたものこそ，武器の使用を放棄し日本国憲法9条を中心とする平和国家を国是とした「戦後レジーム」から「日本を取り戻」し，右派の政治家として安倍氏が理想とする「戦前レジーム」への回帰を実現することであった。その狙いをもつ安倍政権であってみれば，アベノミクスは経済を第1の関心事とする国民世論を引きつけ，安倍氏が理想とする「日本を取り戻す」政策を実現する長期安定政権樹立のための最も手っ取り早い手段の1つだと見なしているのかもしれない。その点を一応念頭に置きつつも，このアベノミクスを経済学の観点から見た時に，果たしてその目的が成功したのかどうかを検討することは，それ自身また独自の課題があることは言うまでもないことであろう。

　筆者はちょうど3年前になるが，こうしたアベノミクスのいわゆる3本の矢を批判的に検討したことがある（星野2013。のち，星野2014、第7章に収録）。その時から今日までの日本経済や経済政策の推移を見ても，訂正すべき大きな誤りはなかったと思うし，その時の検討内容や結論は現在でも基本的に有効性を失ってはいないと考えている。しかし，3年前はアベノミクスの最も中心的な柱となる第1の矢である量的金融緩和政策がスタートしてほんの間もない時期であり，その現実経済への影響ないし効果も推測の域を出るものではなかった。また，2014年4月には，日本経済の行方に大きな影響を及ぼしかねない消費税の8％への引き上げが実施されるなど，大きな変化が見られた。そこで本稿は，最近までの日本経済の変化を踏まえつつ，アベノミクスの特にその中心的な政策とも言うべき第1の矢である量的緩和政策を中心に再考しようとするものである。なお，本稿では紙数の制約もあり，準備したほとんどのデータは削除せざるを得なかった。ご寛恕

頂きたい。

1. アベノミクスの第一の矢と黒田日銀の誕生

　過去20年間において日本経済が、いわゆる「失われた20年」と言われる経済の長期低迷を経験したことは周知の通りである。しかも、それは先進諸国のなかでも異例の経済現象の1つであるデフレをも伴うものであった。そして2010年には経済成長著しい中国が、日本を抜きアメリカに次ぐ世界第2の経済大国へと台頭したのであった。2013年には中国のGDPは9兆5千億ドルに達し、日本のGDP4兆9千億ドルの約2倍の規模に達している（図1　IMFデータ、2015年4月）。アベノミクスの3本の矢の中の第1の矢と位置付けられる大胆な金融緩和政策は、こうしたデフレを伴う日本経済の長期低迷に対処することを課題としたものであった。とはいえ、日本経済の低迷状況に対して白川総裁率いる日銀が実施してきた金融政策は、安倍氏を始めとした批判派があしざまに罵るほど消極的な金融政策であったのかといえば、決してそうではなかったことは強調しておく必要がある。日本

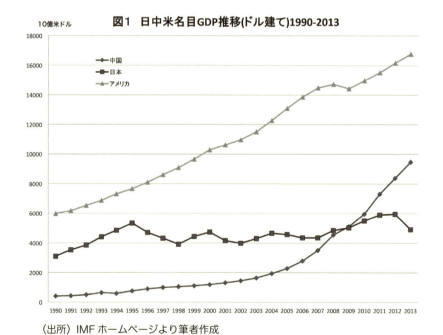

（出所）IMFホームページより筆者作成

経済の長期低迷に対し，ゼロ金利政策から量的緩和政策へと大きく踏み込むなど，非伝統的な金融政策に果敢に挑戦していたからである。アベノミクスによる量的緩和政策が実施される直前の 2013 年 4 月時点では，金融機関が持つ無利子の日銀当座預金残高は 50 兆円強の巨額に達するなど，過去最大規模の金融緩和政策が実施されていたからである。にもかかわらず，いわゆる金融の「ひも理論」が示す如く，金融政策だけでデフレからの脱却を進めることには大きな限界があった。風が吹き凧が上空に舞い上がっている場合には，凧につないだひもを引く強さを調節することによって，人は凧の飛ぶ高さを自在にコントロールすることが出来る。しかし，もし風が止み凧が地上に落下してしまった場合には，いくらひもを引いても凧を舞い上がらせたり凧の飛ぶ高さをコントロールしたりすることは困難である。こうした例えに示されるように，実体経済の活発さを反映して企業や家計など民間部門での資金需要が強いか，あるいは金融危機の時のように民間の金融機関の資金需給が極度に逼迫し実体経済が悪化している場合には，金融政策のひもに相当する金利水準や資金の供給量を調整することによって，実体経済の動きをコントロールすることが出来る。しかし，そもそも民間部門ないしは金融機関の資金需要が弱い場合には，いくら金利水準や資金の供給量を変動させようとも，実体経済の動きをコントロールすることは出来ないというのが，金融の「ひも理論」であろう。何よりも白川日銀の大規模な量的緩和政策にも関わらず，民間部門や金融機関の資金需要が弱いため，金融機関の貸出は増えず日銀当座預金残高が一方的に積み増しされるだけであって，実体経済をコントロールすることが出来なかったという事実がそのことを如実に示していた。主流派の経済学が主張する所とは異なり，金融政策は決して実体経済を政策当事者の思うまま自由自在に操ることなど出来ないのであり，万能な政策手段では決してない。

　にもかかわらず，以上のような見やすい事実を認めようとしない主流派経済学は，問題はアメリカの FRB やヨーロッパ中央銀行（ECB）のように量的緩和政策をもっと大胆に実施しようとはしない日銀の消極的な「緊縮政策」にあるとの批判を強めてきた。今日の日本経済が「失われた 20 年」といわれる長期の低迷を続けてきた主要な責任は，もっぱら日銀の金融政策にあるというのであった[1]。主流派経済学の主張によれば，大幅な量的金融緩和政策を実施すれば，人々の間で自ずとインフレ期待が高まらざるをえないという。いかにもこれは非現実的な想定だといわざるをえないが，主流派の経済学者によれば，これは疑いの余地を入れうべからざる絶対的仮定だと

見なされているのである。そして，この仮定に基づき，人々はインフレが発生する前に商品を購入しようと合理的に予測して行動するため，必然的に需要が拡大せざるを得ないという。そのため，デフレの原因となってきたいわゆる GDP ギャップが解消し，デフレから脱却し経済成長率が上昇する，というのが彼らの想定する論理である (岩田 2013 年を参照)。あるいは量的緩和政策によって資金の供給量を増やせば，物価が必然的に上昇しデフレから脱却できるというやや素朴な貨幣数量説が想定されているのかも知れない[2]。そして，こうした主張を鵜呑みにする安倍首相は，それまで「1％の物価上昇を金融政策の目途」としていた白川日銀の物価政策は極めて不十分だとし，13 年 1 月，「暗闘 1 か月」の後に「2％の物価上昇率目標を織り込んだ共同声明」を結ばせることに成功する。さらに，それから間もない 2 月 5 日には白川総裁は，新日銀法の下での中央銀行の独立性を事実上無視した安倍政権による強権的な介入にほとほと嫌気が差したのか，4 月の任期切れ前の 3 月 19 日に 2 人の副総裁の任期切れと共に「前倒しで辞任する」ことを表明した (日本経済新聞電子版　2013/2/5)。そして翌 3 月 20 日，黒田東彦総裁と岩田規久男副総裁という 2 人の日銀批判派（＝リフレ派）の主導する新日銀体制が誕生したのである。そしてリフレ派急先鋒の岩田氏は，就任に先立つマスコミとのインタビューで，今後 2 年間に 2％の物価上昇目標がもし実現出来なければ引責辞任もありうることを示唆するなど超強気の姿勢をとり，自信満々で就任したのである。しかし，これが大きな誤算だったことが後にみるように，判明する。

2．異次元の量的金融緩和政策と物価水準

　周知のように，黒田日銀は発足間もない 2013 年 4 月 4 日に開いた金融政策決定会合で，「量・質共に異次元の金融緩和」を決定した。金融緩和指標を，翌日物金利から（市中の金融機関から日銀が買い入れる金融資産規模で見た）マネタリーベースへ変更すること，マネタリーベースを年々 60 兆円から 70 兆円増加させること，長期国債を年々 50 兆円ずつ買い増すほか，上場投資信託（ETF）や日本の不動産投資信託（REIT）などのリスク性資産の買い増しも行うこと，買い入れる国債の平均残存期間を 3 年弱から 7 年程度へ拡大すること，国債の買入残高を日銀券の発行残高以内にするという「日銀券ルール」を一時停止すること，などから成る大胆な量的緩和政策を発表したのである（　日本銀行「〈量的・質的金融緩和〉の導入について」，

2013年4月4日。日本経済新聞「日銀,新たな量的緩和」,2013年4月4日夕刊,1面も参照)。

そして,黒田日銀による金融政策は実際にも,以上の方針に従って忠実に実施されたのである。

なお,さらに付け加えれば,翌2014年10月31日には,後述する消費税8％への引き上げや原油価格の大幅な下落の影響で「物価の下押し要因」が働いており当初に期待したような成果が上がっていないとして,日銀政策委員会・金融政策決定会合で日銀総裁を含む9人の委員中,かろうじて5人の賛成を得て追加の量的緩和政策の実施を決めた。ほかの4人の委員が反対したのは,「これまでの金融市場調節方針を維持することが適当」「これまでの資産買入方針を維持することが適当」であるとしたからだという。では,5人の賛成を得て実施されることになった追加の量的緩和政策の内容とは何かと言えば,(1)マネタリーベースの増加額を年間約10〜20兆円追加して年間約80兆円のペースで増加するように金融市場調節を行うこと,(2)資産の買入額を拡大すると共に長期国債の平均残存期間を長期化させること,の2点がそれである。

以下,その量的緩和政策をデータに基づいて具体的に見て行こう。

マネタリーベース(ストック)の増加は「量・質共に異次元の金融緩和」で予告したほぼその通りに実施された。2012年末には138兆円だったものが,15年3月末には282兆円へと急増した。金融機関が保有する国債の買い入れを急増させたことがその主要な理由である。国債残高は12年末の89兆円から15年3月末には220兆円へと増加したのである。しかし,それだけではない。これも既に予告されていたことではあるが,日経平均株価や東証株価指数(TOPIX)などを組入れた投資信託であるETFや日本国内の不動産を資金の運用対象とする投資信託であるJ-REITから成るリスク性資産の買入に伴ってリスク性資産残高も急増している。このうちETF残高は,2012年末の1.5兆円から15年3月末の4.5兆円へ,またJ-REITの残高も2012年末の0.11兆円から15年3月末の0.2兆円へと,それぞれ増加している。

それでは,こうした黒田日銀の量的緩和政策は,白川日銀が同じく量的緩和政策を実施しながら成功しなかった金融機関から民間企業や家計などへの資金の供給を増加させ,実体経済を押し上げることに果たして成功したのだろうか。それを具体的なデータで検証してみよう。まず日銀当座預金残高は,12年末の47兆円から15年3月末には198.3兆円,へと150兆円も急増

した。因みに，日銀当座預金残高の中の法定準備預金額は無利子だが，それを超える部分に対しては，08年11月16日以降0.1％の付利が行われている[3]。このように，法定準備金を超える部分に対しては若干の付利が行われているとはいえ，民間金融機関からすれば，出来るならばそれを貸出の増加に充当したいのが本心である。にもかかわらず，彼らがそうはせずに日銀当座預金残高を積み上げざるをえないのは，言うまでもなく民間での資金需要がないからである。日銀当座預金残高が急膨張しているにも関わらず，国内銀行(都市銀行と地方銀行)の貸出残高はそれに反して極めてわずかな増加しか見られない。日銀当座預金残高は過去2年あまりの間に150兆円も増加しておりながら，同じ期間の国内銀行の貸出残高は12年末の421兆円から15年3月末の446兆円へと，わずか25兆円の増加に留まっているのである。しかも，設備投資資金の貸出残高は12年末の196兆円から15年3月末の209.3兆円へと13兆円しか増加していない。少なくとも金融機関に対する資金需要の側面から見る限り，実態経済への波及効果はほとんど見られなかったのである。

　それでは，アベノミクスの第一の矢である大胆な金融緩和政策が最も重要な目的とした「2％の物価上昇率目標」の達成自体はどうだったのだろうか。その目的は達成されたのだろうか。

　以上でみた異次元の量的金融緩和政策の結果として，消費者物価も確かにインフレへと向かう変化を示したことは事実である。しかし，問題はその物価上昇のメカニズムである。2013年（平成25年）からの物価上昇は，主流派がいうインフレ期待の増加に基づく内需拡大（＝デマンドプル・インフレ）によって生じたものでは全くない。まず何よりも，それは後述するような円・ドル為替相場が円安へと転換したことでもたらされた輸入物価の上昇であった。類別では石油・石炭・天然ガスの上昇率が最も大きく，次いで食料・飼料などが続いている。これら輸入物価の上昇は言い換えればコストプッシュ・インフレに他ならず，長年に亘って所得の低迷が続いてきた家計を直撃したほか，輸出比率が低いため円安の恩恵を受けにくい中小零細企業などに対しても輸入原材料費の上昇を通じて業績を圧迫するなど，望ましくない物価上昇であった。卑近な言葉で言えば「悪い物価上昇」である。それに加えて，2013年（平成25年）後半からは2014年4月に予定されていた消費税率8％への引き上げ前の広範囲な駆込み需要が発生したことによる物価上昇も加わったのである。しかし，消費税率8％への引き上げ前後の物価動向については後述しよう。

3. 為替相場の円安への転換と企業業績・雇用・実質賃金

　2012年12月の民主党野田政権崩壊から自民党第2次安倍政権誕生前後の時期に生じた大きな経済現象の1つは，リーマン・ショックや東日本大震災後のピーク時には1ドル76円台にまで進んだ急激な歴史的円高が一転，円安へと転換したことである。この円安現象は，安倍氏が総選挙前後に進めた口先介入が一定の効果を挙げたことに加え，リーマン・ショックからのアメリカの景気回復やギリシャを始めとするユーロ圏の財政危機が一段落したことなどの結果として，それまで緊急避難的に比較的安全通貨とされる円へシフトしていた資金が，再びドルやユーロにシフトしたことなどの背景が無視できない。その意味で，円安が浜田宏一氏や岩田規久男氏などのリフレ派

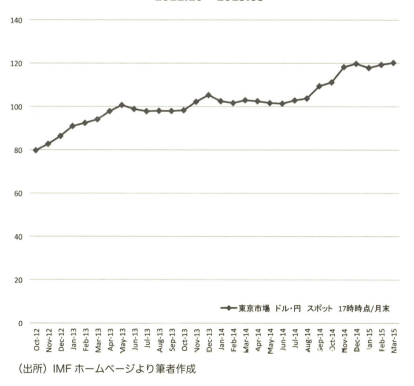

図2　東京市場におけるドル・円スポット相場（17時時点/月末）
2012.10―2015.03

（出所）IMFホームページより筆者作成

が主張する量的金融緩和によって生じた成果なのかどうかは疑問なしとしない。というのは、これらの現象はそもそも異次元の量的金融緩和政策が発動された2013年4月4日以前からすでに生じていた変化だからである。しかも量的緩和政策が実際に発動された後の2013年4月以降になると、為替相場にはマネタリーベースの増加ほどに大きな変化がないことがそのことを示すように見える(図2)。

しかし、為替相場がこれまでの極端な円高から円安へと転換したことで、輸出向け大企業を中心にして企業業績が大幅に改善したことは事実である。戦後最長の景気拡大期の四半期別経常利益はピーク時には約16兆円であったが、アベノミクス下での四半期別経常利益はピーク時には約18兆円と過去最高益を更新したのであった。特に資本金が10億円を超える大企業の場合には業績の増加は顕著である。しかしながら、円安は輸出の金額(円建て評価額)を増加させても、輸出の数量(実質輸出)自体を増加させる効果は極めて乏しかったことにも注意しなければならない(図3)。例えば、日本の代表的な輸出産業である輸送機械器具製造業（集約）を取り上げてみよう。戦後最長の景気拡大期のピークであった2007年第4四半期には、同産業の

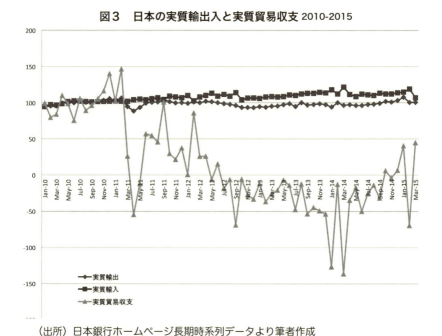

図3　日本の実質輸出入と実質貿易収支 2010-2015

（出所）日本銀行ホームページ長期時系列データより筆者作成

経常利益は1兆2,800億円と過去最高益を記録したが、2014年第4四半期にはさらにそれを越える1兆9,600億円の最高益となった。しかし、2013年〜2015年6月までの2年半における四輪車の四半期別輸出台数は、ほとんど変わらないか、むしろ減少さえしている（図4）。しかも、そうした輸出額の増加にもかかわらず、アベノミクスの恩恵を最も受けてきた製造業や非製造業の大企業をとってさえ、その設備投資はほとんど拡大してはいないのである。

しかしそれは兎も角、この間、企業業績が増大したことは事実であり、こうした企業業績の改善を先取りしたり、異次元の金融緩和が国債相場の上昇による利回り低下を嫌気した資金が国債から株式にシフトした効果もあり、株価が大幅に上昇したことにも注目しておかなければならない。しかも、異次元の量的緩和政策を進める日銀が長期国債だけでなく、日経平均株価など株価指数に連動するリスク性資産であるETFの購入をも進めたことは、その投資信託の価格水準を押し上げただけではなく、同時にまた株式や株価指数を多く組み入れる投資信託ETFの設定額を増加させ、間接的に株価水準の引き上げ効果を持つであろう。同様に、日銀が不動産を対象とする投資信

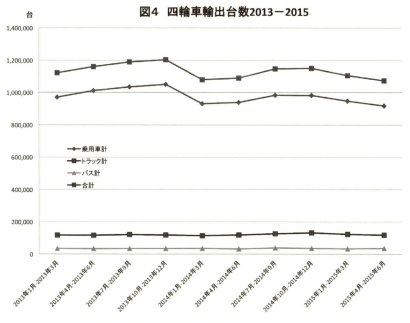

図4　四輪車輸出台数2013−2015

（出所）日本自動車工業会『自動車統計月報』各号のデータより筆者作成

託であるJ-Reitを積極的な買入れ対象とすることは、J-Reitの価格を押し上げ、その新規の設定額を増加させる効果を持つことによって、全国的に見ればバブル崩壊以降、未だ下げ止まらない地価のテコ入れをも狙っていたとも考えられる。とはいえ、日銀が直接的な地価の上昇を意図したというにはほど遠く、あくまでもそれは間接的な効果を狙ったのに留まるというべきであろう。

なお、株価対策では以上の日銀の金融面の政策に加えて、安倍政権による公的年金の積立金を使った直接的な株価対策にも言及しておくべきであろう。政府は公的年金積立金の中、国内株式での運用割合を年々増加させ、意識的に株価を押し上げて来たからである。すなわち、公的年金積立金の中の国内株式運用額は2015年3月末には31兆6,704億円であり、その構成比も23.04％となるなど、金額、構成比とも過去最大を記録している。しかも、円安による輸出額の増加が企業業績を増加させただけではなく、株価上昇もまた時価会計導入後の企業業績を改善する効果を持ったであろう。営業利益に比べて概ね経常利益が上回っているのは、そうした株価の上昇が大きく寄与したためであろう。

しかし、他方で、輸出比率が小さいか、ほとんど輸出しない中小企業や零細企業にとっては、円安メリットがほとんどなかっただけではなく、むしろ輸入物価の上昇による原材料・燃料コストの上昇に見舞われることになった。しかも、そうしたコストの上昇にもかかわらず、この間の国内での製品の販売価格は上昇するどころかほとんど横這いで推移していた。このため、急速に進んだ円安は中小零細企業の業績を大きく圧迫し、その経営を悪化させる結果ともなった。過去に余り耳にすることがなかった「円安倒産」現象さえ進行したのである（次頁図5）。

さらに、雇用情勢や賃金もほとんど改善しないか、むしろ悪化さえ見られる。まずこの間の雇用者数は、2012－14年に5,522万人から5,586万人へと64万人の微増である。しかし、正規雇用者数は3,340万人から3,278万人へと減少するなど、これまでの長期的なトレンドには一向に歯止めが掛かっていない。正規雇用者はますます減少し、それが非正規雇用者に置き換えられたのである。また正規雇用者数対非正規雇用者数の比率も、この間に64.8％対35.2％から62.6％対37.4％になるなど、非正規雇用者数は4割へと限りなく接近しつつある。このままで行けば近い将来、非正規雇用者比率が5割と言われる韓国並みの水準になることも決して非現実的な想定ではないのである。また名目賃金が目立った上昇をしない中で、円安による輸

図5 円安による企業倒産の推移2013－2015

（出所）帝国データバンク『帝国ニュース北陸版』各号のデータより筆者作成

入物価の上昇や後述するような消費税率引き上げの影響を加えた消費者物価の上昇の結果，名目賃金指数を消費者物価指数で割った実質賃金水準も，マイナスが続いている。但し，直近の2か月ほどは消費者物価指数の低下からプラスに転じている。

　このような雇用・賃金動向の悪化ないし横這いを反映して，2015年7月現在，被生活保護世帯数は162万8千世帯と過去最高を更新し，被保護実人員も216万5千人と今年3月に記録した217万4千人よりは微減ではあるものの，対前年同月比では依然として増え続けている。

4．消費税8％引上前後の物価水準と景気動向

　既述の如く，14年4月に消費税が5％から8％に引き上げられる前には，高額品や耐久消費財（貴金属，住宅，乗用車等）を中心に大規模且つ広範

囲な駆け込み需要が発生した。しかし税率が引き上げられて以降，これらの業種では，それへの反動減から個人消費需要が大きく落ち込んだ。それは，消費税が3％から5％へ引き上げられた1997年4月の橋本内閣の下でのいわゆる政策不況の場合とよく似た現象だと言えよう。しかも，消費税率引き上げによる個人消費の反動減からの回復傾向ははかばかしくない。

　例えば，消費税増税前に特に駆け込み需要が大きかった分野の1つに高額品の代表ともいうべき住宅（マンションや一戸建て）の建設や中古住宅の購入がある。土地代を除く建物や仲介手数料などに掛かる消費税率の引き上げは当事者にとっては大きな負担となるから，税率の引き上げ前には住宅の建設や中古住宅の購入を先取りする形で駆け込み需要が発生すると共に，税率の引き上げ後にはその反動として住宅建設や中古住宅の購入が減少したのは当然である。こうした住宅建設の動向を示す代表的な指標の1つである新設住宅着工戸数の推移を見てみよう(図6)。新設住宅着工戸数だけを見ると余り目立った変化は見られないが，その対前年比伸び率で見ると14年中はほぼ駆け込み需要の反動減が長引いていることが顕著である。そして15年年初に急回復するなど漸く底入れの兆しが見えているように思われる。新車登録台数（軽自動車を含む）も対前年同月比で1年近く駆け込み需要の

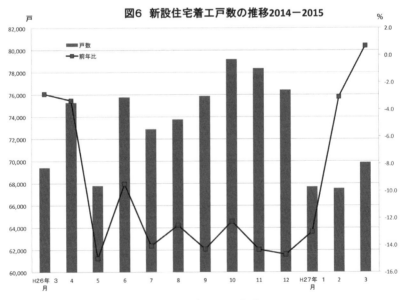

図6　新設住宅着工戸数の推移2014－2015

（出所）国土交通省ホームページのデータより作成

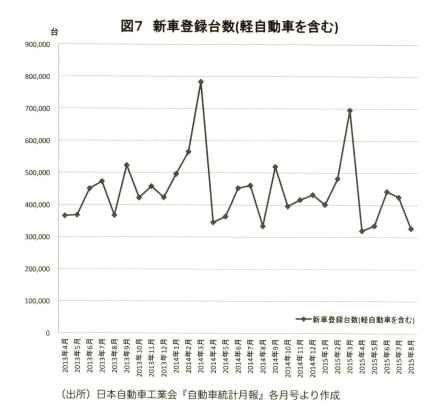

図7 新車登録台数(軽自動車を含む)

(出所) 日本自動車工業会『自動車統計月報』各月号より作成

反動減が続いた。「増税による落ち込みからの需要回復を期待しているが，想定よりも回復がやや遅れている」(日本自動車販売協会連合会，14年8月)。14年4月には軽自動車税の1.5倍の引き上げも加わり，2015年時点でも依然として駆け込み需要の反動減が尾を引いているのである(図7)。なお，こうした住宅投資や自動車以外でも，家電大型専門店，ドラッグストア，ホームセンターそれぞれの販売額は，消費税引き上げ直前の2014年3月のピークを下回ったままである。こうした個人消費の低迷を反映し，14年4月以降，鉱工業生産指数も下落傾向が続いている。

むすび

　以上，本稿ではアベノミクスの第1の矢である量的緩和政策の成否を検討してきたが，最後にもう一度その問題点を結論的に取り纏めよう。

まず第1に，物価上昇目標と目標達成の時期を明示しない逃げ道を用意する金融政策は全く意味がないと白川総裁を手厳しく批判してその早期の退陣に追い込み，過去に例のない「量的にも質的にも異次元の金融緩和政策」によって，今後2年間程度で「2％の物価上昇目標」を達成すると内外に高らかに宣言した黒田日銀であったが，それから2年後，その目標の達成は完全な失敗だったことが明らかになった。就中，白川日銀の金融政策に対して最も厳しい批判を展開していたリフレ派の岩田規久男副総裁の場合，その就任に先立つ会見に際し，もしこの2年間で成果を上げることが出来ない場合，その最高の責任の取り方は辞任であると強い自信と不退転の決意を表明した。しかし，その2年後の結果が無残なものに終わったにもかかわらず，相変わらずその椅子に座り続けているのは何と評すべきであろうか。2％の物価目標が達成できなかったのは輸入原油の価格が下落したからだなどと，苦しい弁解を続けているが，かつて白川日銀に対して問答無用の批判を浴びせ，そして現在は日銀の副総裁という金融政策の最高責任者の地位の1つに就いた人物の言葉である以上，当然それなりの責任の取り方があってしかるべきであろう。

　第2に，物価上昇目標の未達成とも密接に関係することだが，政策当局が金融政策の目標と期間を明示して異次元の金融緩和政策を大々的に実施したにも関わらず，主流派経済学が主張するような「合理的期待仮説」は実証されなかったことである。「合理的期待仮説」によれば，中央銀行から民間金融機関へのベースマネー（資金供給）が増大すれば，経済主体は将来のインフレ期待を高め，インフレが進む前に商品への購買行動を高め，必然的に需要は供給を上回りデフレギャップが解消されるはずであった。需要増大といういわばデマンドプル（需要の牽引）による物価上昇が生じるはずであった。確かに物価は上昇した。しかし，現実に起きた物価上昇は黒田日銀が約束したデマンドプル効果によるものではなく，全く別のメカニズムによるものであった。つまり円安による小麦や原油など輸入原材料品の価格が上昇したことによるコストプッシュ（生産費用の増大）による物価上昇なのである。しかも，そうした物価上昇でさえ，黒田日銀が掲げた2年間で2％の物価上昇という目標からはほど遠いものであった。

　第3に，この2年間の見るべき成果としてあげられるのは，円安と株高くらいであった。為替相場の円高から円安への転換は輸出産業にとっては，ドル建て輸出代金を円に還元すれば，確かに円ベースでの業績は増大したことになる。そうした企業業績の増大が，量的緩和や公的年金資金の国内株式

運用比率の拡大などとも相俟って株価を上昇させることとなったことも事実である。しかし，注意すべきことは，そうした円安にもかかわらず輸出数量を意味する実質輸出はほとんど増大しなかったという点である。しかも，急激な円安による輸入物価の上昇は，中小零細企業や労働者，年金生活者などに対しては少なからずマイナスの影響をも及ぼすこととなった。すなわち，輸出比率が低い中小企業では，輸入物価上昇による原材料高の反面，国内企業物価がほとんど上昇しない（下請け企業からの納入単価引き上げ要請を大企業等が認めない）ため，業績が悪化して円安倒産に見舞われる企業も少なくない。また，官製春闘と言われた割りには賃上げが進まない中，円安による消費者物価の上昇や消費税率の引き上げなどとも相俟って，実質賃金の下落が進行したのである。

さらに，2014年4月からの消費税の5％から8％への引き上げ前の高額品や耐久消費財に対する駆け込み需要の増大に対するその後の反動減で，日本経済は約1年余りに亘る停滞を続けてきた。

以上，アベノミクスにはその声高な宣伝にもかかわらずほとんど見るべき成果は見られないが，最後に，アベノミクスの象徴の1つともいうべき株高をみても，中国バブル崩壊やアメリカ金利引き上げへの懸念から相次ぐ株価の暴落が繰り返されるなど，いまやその先行きには大きな暗雲が垂れ込めている。アベノミクスはいつ崩壊してもおかしくない状況なのである。

【注】
1）例えば白川方明総裁を戴く日銀の金融政策に対する批判派の急先鋒の1人である浜田宏一氏は，東京大学経済学部時代の自分のかつての教え子であり「その聡明さには大変な感銘を受けた」白川氏をその著書の中で次のように厳しく批判した。「白川総裁には，何度となく落胆させられた。彼は出世への道を進むと同時に，世界でも異端というべき〈日銀流理論〉にすっかり染まってしまっていったのだろう。／〈日銀流理論〉とは何か？　畏友の早稲田大学教授若田部昌澄教授が2008年に書いた原稿から引用しよう。〈私のみるところ，それは「一連の限定句」，平たくいうと「出来ない集」である。つまり，原則として日銀は民間の資金需要に対して資金を供給しているので物価の決定についても限定的であり，取りうる政策手段も限定的であり，政府との協調関係も限定的であるべきというものである。例えば長期国債の購入によって貨幣供給量を増やすということは，それが財政政策の領分に入るので禁じ手であるとされる〉（浜田　2013年，18〜20頁）。私にはここで浜田氏が厳しい批判の対象とし

ている「日銀流理論」にそれほど大きな過ちがあるとは到底思えない。むしろ,従来の経済学の理論に照らし合わせても,ごくまっとうな主張だといえる。金融政策は実体経済の情況にはお構いなく,自由自在に動かせるほど万能なものではないのである。しかし,それへの反論は兎も角として,それでは一体,「日銀流理論」の何が問題だというのか。浜田氏によれば,これまでの日本経済の主要な問題点は誤った日銀の金融政策にあるというのである。すなわち,「1998年に新日本銀行法が施行されて以降,・・・日本経済は世界各国のなかではほとんど最悪といっていいマクロ経済のパフォーマンスを続けてきた。主な原因は,日本銀行の金融政策が,過去15年あまり,デフレや超円高をもたらすような緊縮政策を続けてきたからだ」(浜田 2013年,25-26頁) と。

2) 結城剛志氏は,アベノミクスの第一の矢である量的緩和政策をもっぱら貨幣数量説に関連させて立ち入った批判的考察を行っており,参考になる (結城剛志 2015)。ただ,結城氏は今日の主流派の経済学で強い影響力を持っている「合理的期待仮説」の問題点にも言及すべきではないかと思う。

3) 深尾光洋氏(慶応大学教授・日本経済研究センター参与)は従来は無利子であった日銀当座預金への付利が行われることになったこの間の経緯を次のように述べている。有益なので,やや長いが引用する。「日銀への当座預金は,2008年10月までは,無利子であった。しかし,補完当座預金制度が08年10月に導入されたことにより,法定準備預金額を超える準備預金の保有(いわゆる超過準備額)に対して,日銀が利息を払うことになった。当初この制度は,08年11月16日から09年4月15日までの臨時の措置であったが,その後延長され,現在でも実施中である。この金利は制度導入の当初,日銀が誘導目標とする翌日物無担保コール金利から0.2%差し引いた水準と規定されていたが,08年12月に誘導目標が0.1%まで引き下げられたため,支払い金利も0.1%と同じ水準に設定されることになった。日銀は銀行などの準備預金制度の対象となっている金融機関(以下では「銀行等」と呼ぶ)が日銀に保有している当座預金のうちの法定準備預金額を超える部分に対して,この制度により年利0.1%の利息を支払っている」と。その上で深尾氏は,短期市場金利の誘導目標を0.3%以上に引き上げる必要が生じるまでは,以下の3つの理由から「補完当座預金制度の付利を廃止してゼロ%に」することを主張している。「(1) この金利をゼロにすることにより,短期金融市場取引を活性化し,同時に市場金利をさらに低下させることが可能になること,(2) 日銀が得る通貨発行益を増加させることで,日銀納付金を増加させて,財政赤字を多少なりとも軽減できること,(3) 銀行が貸し出しを拡大するインセンティブを多少なりとも強化できること」(深尾 2014)。興味深い指摘である。

【参考文献】

岩田規久男［2013］,『リフレは正しい』PHP研究所。

岡部光明［2014］,「経済政策〈アベノミクス〉の評価における2つの盲点―期待依存と円安依存の限界－」慶應義塾大学SFCディスカッションペーパー SFC-DP2014-005, 2014年12月（http://gakkai.sfc.keio.ac.jp/dp_pdf/14-05.pdf）。

国際通貨基金［2015］, ＩＭＦデータ（Homepagehttp://www.imf.org/external/pubs/ft/weo/2015/01/weodata/index.aspx）

嶋村紘輝［1982］,「期待形成と財政・金融政策の安定効果」『早稲田商学』第293号, 1982年2月。

浜田宏一［2013］,『アメリカは日本経済の復活を知っている』講談社。

深尾光洋［2014］,「2014年7月25日　日銀は準備預金への付利を廃止せよ」, 日本経済研究センターホームページ「深尾光洋の金融経済を読み解く」（https://www.jcer.or.jp/column/fukao/index660.html）。

星野富一［2013］,「アベノミクスと日本経済の行方」大下敦史編『情況』2013年第4期第7・8月号合併号。

星野富一［2014］,『現代日本の景気循環と経済危機』御茶の水書房。

日本銀行［2014a］,「〈量的・質的金融緩和〉の導入について」, 2014年4月4日。

日本銀行［2014b］,「〈量的・質的金融緩和〉の拡大」2014年10月31日（https://www.boj.or.jp/announcements/release_2014/k141031a.pdf）。

結城剛志［2015］,「〈大胆な金融政策〉からの脱却に向けて」現代の理論デジタル版2015年第5号（http://gendainoriron.jp/vol.05/rostrum/ro01.php）。

第16章 「量的・質的金融緩和」の本質と課題

石橋　貞男

はじめに

　日本銀行が2013年4月4日に始めた金融政策「量的・質的金融緩和」は，2年が経過した時点から振り返ると，その本質と課題がより鮮明になってきたように考えられる。金融政策の目標はデフレ脱却に置かれ，2％の物価上昇を目指すとされた。このインフレターゲットは，日本経済に活性化をもたらす1つの方向性を明示していた。しかし，2％の物価上昇目標とそれを実現するものとしての金融政策とが理論的にも現実的にも，合致したものであったのかどうかというと，必ずしもそうではない。

　2％の物価上昇目標は，本来の狙いを実現するための建前になってしまっているおそれがあり，その狙いは他にあったのではなかろうか。そして現実に政策の実効性をみると，掲げられた目標ではなく，隠されていた狙いがこれまでのところ見事に実現されてきたといえる。しかし，このずれにこそ大きな課題が残されている。

　金融政策の内容とは，端的にいえば，政策目標を2％の物価上昇に置き，その手段としてマネタリーベース[1]を2倍に増加することでその目標を実現しようとすることであり，そのために長期国債を買入れるということであった。しかし，マネタリーベースを2倍に増加させることが，なぜ2％の安定的な物価上昇に結びつくのかという点については，疑問とされ続けてきた[2]。

　この金融政策の本質は，むしろ直接的には円高対策の意味合いが大きかったのではなかろうか。つまり無担保コール翌日物金利を政策目標から外し，さらなる金融緩和ということで意図されたのは，まず長期国債を無制限に買入れることで長期金利の安定的な引き下げをもたらすことだったのではないか。これは単なるオペレーションとしての国債売買ではなく，以前の「量的金融緩和」(2001年～2006年)とも異なる次元の違う金融政策であり，あくまで間接的ではあるが，国債市場における大きな需要圧力となっている。国債の購入は日銀当預残高の増加によるのでマネタリーベースは当然，増加

せざるを得ない。マネタリーベースの量的な大きさを2年で2倍にするという目標が置かれた。しかし「出口戦略」が時期尚早として封印されてしれば，マネタリーベースは2倍を無期限で維持していくことも意味した。このことがデフレ脱却に役立つとされたわけである。

長期国債の買入れは効果覿面(てきめん)であった。それは，もとより国債の日銀引受けのような「財政ファイナンス」ではなく，あくまでデフレ脱却のための金融政策であるとされた。しかし，結果的には，国債の価格を高く維持することにつながり，長期金利の低位安定基調がもたらされた。長期金利の低下は，すでに緩和縮小に向かっていた米国と日本の金利差を開き，円安を実現することになる。金融緩和で円安をもたらす為替政策であったともいえる。政府にとっては低金利という有利な条件によって，国債の借換え，債券市場の安定を可能にする点では国債管理政策をも意味する。円安は，輸入インフレによる物価上昇への可能性を持ち，輸出関連企業を活気づけ，株高へとつながった。

このように「量的・質的金融緩和」は，それ自体を金融政策として掲げて追求することが困難な為替政策および国債管理政策を本質的には含んでいたとすれば，それは見事に実現されたといえる[3]。

とはいえこの隠された本質は，「次元の違う」と自ら言わざるを得ないマネタリーベースの量的緩和によって実現されており，15年8月末現在，2%の物価上昇目標が達成されない限り，さらにマネタリーベースは拡大し続けざるを得ないものとなっている。どのようにして異次元から伝統的な金融政策に戻ってくることができるのかが全く明らかにされていない。現状では，われわれにはいわば片道切符しか渡されていないのであって，マネタリーベースの拡大の本質を考え，「量的・質的金融緩和」の課題について論じたい。

1.「量的・質的緩和」の策定と拡大

まず，「量的・質的金融緩和」とその後の拡大策をみておく(日本銀行HP)。すでに安倍内閣発足後の2013年1月に，政府と日本銀行（白川方明総裁）とは「政策連携」を強化しており，共同声明の形で「物価安定の目標を消費者物価の前年比上昇率で2%とすることとした」と発表していた[4]。これに基づき，4月4日に日本銀行（黒田東彦総裁）は「量的・質的金融緩和」の導入を決定した。さらに2014年10月31日に「量的・質的金融緩和」の拡大を決定している。

「量的・質的金融緩和」とは，2％の物価安定目標を「2年程度の期間を念頭に置いて，できるだけ早期に実現する」ため，「マネタリーベースおよび長期国債・ETFの保有額を2年間で2倍に拡大し，長期国債買入れの平均残存期間を2倍以上に延長するなど，質・量ともに次元の違う金融緩和を行う」ということであった[5]。

　マネタリーベース・コントロールの採用とは，金融市場調節の操作目標を無担保コール翌日物レートからマネタリーベース量へ変更することであり，マネタリーベースが「年間約60〜70兆円に相当するペースで増加するように金融市場調節を行う」ことであった。この方針の下で，2012年末実績138兆円のマネタリーベースは，2013年末200兆円，2014年末270兆円となるとされていた。ところで2014年10月末には，マネタリーベースは年間80兆円に相当するペースで増加するように拡大がなされた。マネタリーベースは2015年末には，約355兆円に達する見通しである。同時に，国債保有残高も年間80兆円に相当するペースで増加するように買入れられることになった[6]。

　重要なのは，金融緩和の量的な拡大ということよりも，その時点で「量的・質的金融緩和」の継続が既定のようになってしまった点である。2年程度の期間を念頭に置いてできるだけ早期に実現するとしていた2％の物価安定目標についても，「これを安定的に持続するために必要な時点まで継続する」と付記されていたが，継続が拡大という形で示されることになったわけである。2％という「量的・質的金融緩和」の終了の要件は明確化だったが，逆にいうと，2％の物価安定目標が達成されない限り，いつまでも「量的・質的金融緩和」が継続されることになりかねない。ただ，継続については「経済・物価情勢について上下双方向のリスクを点検し，必要な調整を行う」と断ってはいる。

　さて，日本銀行がマネタリーベースを増やすためには，市中銀行が日本銀行に保有する日銀当預の残高を増やすしかない。日本銀行が長期国債を銀行から買うことによって日銀当預を増やすことになる。日本銀行は，銀行等の日銀当預の口座に預金を設定することによって代金を支払うことができる（次頁図1）。信用創造そのものであるが，日本銀行は機能的には無限に，銀行の日銀当預を使うことによって，つまり自らの負債を増やすことによって国債等の金融資産を買い取ることができる。しかし，このようなバランスシートの両建ては果てしなく継続できるのであろうか。

図1　政府・中央銀行・民間銀行

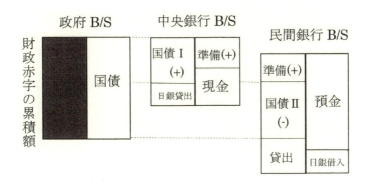

　日本銀行は，これまで国債の購入については制限を設けてきたが，「量的・質的金融緩和」を決定するに際してそれを外してきた。1つは，日本銀行保有の中・長期国債残高は日銀券の発行残高を上限にするという「日銀券ルール」である。日銀券は流通手段として一定量が必要であり，長期の安定的な資金調達手段とされる(斉藤 2013)。これは，量的な面からの歯止めが無くなったことを意味する[7]。もう1つは，日銀による国債買い入れは2002年1月から発行年限別の直近発行2銘柄を除いていた（それ以前は「発行後1年以内のもの」）。しかしこのルールも撤廃した。それまでの基金（資産買入等の基金の運営として行う国債等買入)による国債買い入れ（残存3年以下）にはこれが適用されていなかったが，2年債だけでなく，5年債，10年債等もこの制限なしに買入れが可能になった[8]。

　日銀総裁は，日銀の国債買入れは「財政ファイナンスを行うものではありません」と強調する[9]。しかしその手段が,たとえ法律で禁じられている「国債の引き受け」ではないとはいえ，いったんは市中消化されているとはいえ，日本銀行にその保有残高が年間80兆円に相当するペースで増加するように，国債が「量的・質的」に制限なく直ちに買い入れられるような状況にあっては，「国債の引き受け」にきわめて近くなっているおそれがある。そして日銀総裁が財政ファイナンスではない根拠として大量の国債を購入に対して付けている理由は，「これはあくまでも金融政策運営上，二％の物価安定の目標を実現するために必要な手段として行っているもの」ということであるが，この目標とそれを実現する手段との関連に齟齬があれば，上のおそれは大き

くなる。

2. 効果波及メカニズム―想定と現実

「量的・質的金融緩和」が，2％の物価安定目標を達成するメカニズムとその結果について見ておきたい[10]。

日本銀行企画局 (2015) によると，金融緩和効果の波及径路は，①2％の「物価安定の目標」に対する明確なコミットメントとそれを裏打ちする大規模な金融緩和によって予想物価上昇率を引き上げる。②巨額の長期国債の買入によって，イールドカーブ全体にわたって名目金利を押し下げる。③上記の①と②によって実質金利を押し下げる。そして，この実質金利の押し下げが起点になり，④実質金利の低下効果が民間需要を刺激することで，景気が好転し，需給ギャップが改善する。⑤需給ギャップの改善は，①の予想物価上昇率の上昇とあいまって，現実の物価上昇率を押し上げる。⑥現実の物価上昇率が，人々の予想物価上昇率をさらに押し上げる。⑦この間，金融面では，株価や為替相場などの資産価格が，上記のような経済・物価の動きを反映し，あるいはその動きを先取りする形で形成される。⑧ポートフォリオ・リバランス効果のためリスク性資産の価格に対するプラスの影響のほか，金融の量的側面でも，貸出の増加などが期待される，というものであった。

ここで考えられているメカニズムで重視されているのは，起点としての③「実質金利の押し下げ」である。実質金利の押し下げがあれば，⑥までは，民間需要を刺激し，景気が好転し，それが現実の物価上昇率に至り，さらなる「予想物価上昇率」の上昇に結びつくといくサイクルである。ところが⑦と⑧はそれまでの理論的な流れとは異なる。外国為替相場，株価の動きとポートフォリオ・リバランスならびに貸出の増加という新たな要因が説明なしに入り込んでいる。

①から⑥までを検討しよう。「実質金利」は「名目金利」マイナス「予想物価上昇率」で算出されるという。名目金利については，大規模な長期国債買入れで，実際に資本市場へ働きかけるのであって，現実に長期金利は低位で推移してきた（次頁図表2）。このメカニズムは国債市場への事実上の介入として，了解しやすい[11]。

それに対して，予想物価上昇率については議論の余地がある。日本銀行企画局 (2015) では，「2％『物価安定の目標』への強く明確なコミットメント」が「人々の予想物価上昇率」を上昇させるという想定になっている。日銀が

図2　主要国の長期金利（10年物国債利回り）

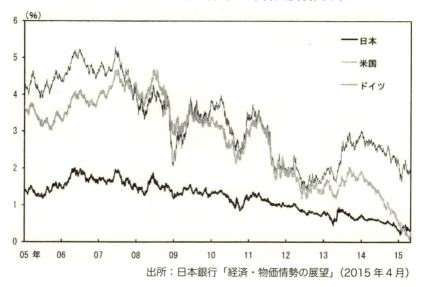

出所：日本銀行「経済・物価情勢の展望」（2015年4月）

　2年で2％の物価上昇にするとコミットメント（約束）していることが，はたして予想物価上昇率を引き上げることにつながるのであろうか。そのためには，日銀の約束は必ず実現されるという期待が，確実なものとして形成されなければならない。現実にインフレが起こってくると，インフレ期待が上昇する可能性も出てくるが，まずインフレ期待が先行しなければならない。そしてその期待は，日銀の金融政策によって醸成できるというのが，「量的・質的金融緩和」のポイントとなる。経済主体が物価上昇という期待をもてば，自己実現的に物価上昇が起こるというものであり，デフレ・マインドさえ転換できればインフレに転換するということになる。

　日本銀行がそのコミットメントを実現するための政策手段が「大規模な長期国債の買入れ」である。国債の買入れによりマネタリーベースは増加するが，マネタリーベースの増加自体が予想物価上昇率を引き上げるかどうかはまさに未踏の領域であり，その連関が問われる[12]。また，マネーストック（通貨供給量）が増大すれば，実際に物価上昇に影響するとみられるが，マネタリーベースがマネーストックを押し上げる径路は説明されていない。マネタリーベースの増大が，たんに心理的に予想物価上昇率を上げる効果があるという点だけでは不十分であると考えられる。しかし，「量的・質的金融緩和」は，この心理的な効果の連関に成否が全て懸かる構図になっている。

それにもかかわらず，いやそれゆえにこそ，「期待」を抜本的に変えインフレ期待を醸成するためには，金融緩和の意図が「強いコミットメント」と「分かりやすい説明」を通じてよりストレートに市場や企業，家計に伝わらなくてはならない，ということにならざるを得ない。量的な金融緩和を行う指標として「マネタリーベース」が選択され，それを2年で2倍というように「分かりやすく」拡大しようとしたのも[13]，「戦力の逐次投入」あるいは gradualism を採らずに，「やれることは何でもやる」と強調する理由は，すべてこの「期待」を転換するためであったともいえるであろう(黒田 2013)。

　しかし，「量的・質的金融緩和」が2年を経過した後の物価上昇率は，次のようになっている(図3)。日本銀行(2015:1)によれば，「消費者物価の前年比（消費税率引き上げの直接的な影響を除くベース）は，当面0％程度で推移するとみられるが，物価の基調が着実に高まり，原油価格下落の影響が剥落するに伴って，『物価安定の目標』である2％程度に向けて上昇率を高めていくと考えられる」。そして，予想としては「2％程度に達する時期は，原油価格の動向によって左右されるが，現状程度の水準から緩やかに上昇し

図3　消費者物価

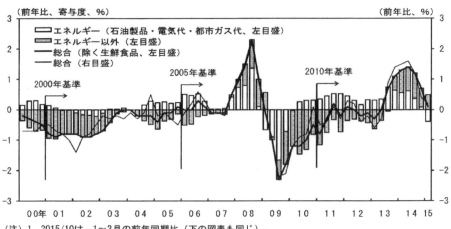

(注) 1. 2015/1Qは，1～2月の前年同期比（下の図表も同じ）。
　　 2. エネルギー（石油製品・電気代・都市ガス代）およびエネルギー以外の寄与度は，指数から作成。ただし，2005/4Q以前は前年比を加重して作成（（2）および図表28の総合＜除く生鮮食品・エネルギー＞の前年比も同じ）。
　　 3. 2014/2Q以降は，消費税率引き上げの直接的な影響を調整した試算値。

出所：日本銀行「経済・物価情勢の展望」（2015年4月）

ていくとの前提にたてば，2016年度前半頃になると予想される。その後次第に，これを安定的に持続成長経路へと移行していくとみられる」としている。2年を経過した時点での物価上昇率は0％であり，予想として2％に達する時期は，1年半ほど遅延するということになっている。それも，原油価格が「1バレル55ドルを出発点に，見通し期間の終盤にかけて70ドル台前半にかけて緩やかに上昇していく」との想定にたっていて，エネルギー価格の寄与度は＋0.1〜0.2％ポイント程度と低いものの外的要因に依存している。結局，物価上昇率については，2％の物価安定目標は2年で実現されなかった。

それに対して，為替相場と株価については，安倍内閣発足に合わせて顕著な影響がみられた(次頁図4・図5)。円安と株高の推移には，大きな動きが2つあったと考えられる。まず，1つめは，2012年11月の衆議院解散が決まったあたりから，1ドル70円台後半から円安・ドル高に為替相場が動き出した。それに歩調を合わせて，株価も8千円〜9千円台から1万5千円台へと徐々に上昇し始めた。2013年4月の「量的・質的金融緩和」導入を経て，円は年初来の最安値103円台，株価は同じく最高値の1万5627円まで上昇していたが，5月23日に反転した。これは，主にFRBの金融緩和の早期縮小観測によるものであった。その後，「量的・質的金融緩和」を導入する以前の円高・株安に振れる局面を経て，株価は1万5千円を挟む動き，為替は1ドル100円台前半の円相場が続いた。

2つめの大きな動きは，2014年10月末の「量的・質的金融緩和」の拡大後にあった。拡大を契機に，その前から少し円安に振れていたが，1ドル120円台さらには125円をうかがう円安へと進んだ。この一段の円安への動きに合わせ，株価についても2万円台へと上値を切り上げた。この間に限っていえば，円安と株価との高い連動性がみられる。一般的にいえば，為替が円安に動けば株高になるという連動性がない場合もある。

しかし，当時は連動性を促す状況があった。2010年頃から円相場は100円を超し，とくに2011年10月末には75円32銭の史上最高値を記録した円高基調にあった。円高は，デフレ基調をもたらし，輸出関連産業には手取りを減らすなどして不利であり，日本経済全体は停滞してきたといえる。そのような円高基調に対して，自民党・安倍晋三総裁のデフレ脱却・円高是正・政府と日銀の政策協定（アコード）・日銀法改正の検討等，日銀に大胆な金融緩和を求める選挙を意識した訴えは，市場関係者の「期待」に大きな影響を与えたようにみられる。実際，衆議院解散・総選挙のスケジュールが決定

図4　円／ドル為替相場の推移（2012年〜2015年）

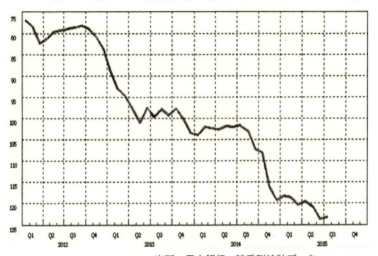

出所：日本銀行：時系列統計データ
http://www.stat-search.boj.or.jp/index.html

図5　日経平均株価の推移（日次終値）

（2012.4.1〜2015.8.26）
出所：日経平均プロファイルより作成
http://indexes.nikkei.co.jp/nkave/index

された辺りから明らかに円安が，それを受けて輸出関連株を中心に株価上昇が進んだ[14]。そのような状況の下で，円安と株高は連動してきた。

　「量的・質的金融緩和」によって，マネタリーベースを増やしても，企業等の借入れが増えなければマネーストックは増えないし，また「予想物価上

昇率」の上昇をもたらして実際の物価上昇を実現するかどうかは不確定であるといえるが，マネタリーベースの拡大に意味がないわけではない。マネタリーベースの拡大は，国債等の資産を買入れることになり長期金利を押し下げる効果がある。そしてドル／円相場は，経常収支のほかに金融収支（資本収支）にも大きな影響を受ける。日本と日本より金利が高いアメリカとの金利差が開けば，アメリカへの資本移動のトレンドが強くなり，円安へ振れる。このような日米金利差に着目するとき，われわれは改めて，世界経済の中の日本について考えざるを得ない。

そもそもアベノミクスの前提となった 2007 年から始まる円高基調は，リーマンショックを契機にさらに加速していた。グローバル金融危機後にドルの暴落も懸念される中で，ドルは主要通貨に対してむしろ上昇したが，円に対しては下落した。原因は，量的金融緩和・ゼロ金利政策など低金利で先行していた円を調達し海外投資するキャリー・トレードの巻き戻しがあったともいわれた。

さらに重要なのはアメリカの3度の量的金融緩和 QE（Quantitative Easing）である[15]。FRB（連邦準備制度理事会）はグローバル金融危機，政府機関債・MBS（1.25兆ドル）を主として長期国債（3000億ドル）も購入した QE 1（2008 年 11 月〜2010 年 6 月）を開始した。これは，バーナンキ FRB 議長が信用緩和（Credit Easing）と呼んだように，危機に陥った住宅金融市場へ資金注入する信用維持を狙いとしていた。そして，QE2（2010 年 11 月〜2011 年 6 月）では，長期国債（6000億ドル）の買入れを行い，短期国債を売って長期国債を買うツイスト・オペレーションも行った。さらに，QE3（2012 年 9 月〜2014 年 10 月）では，初めオープンエンドで毎月 400 億ドルの MBS を購入することから始まり，13 年 1 月からは同じく毎月 450 億ドルの長期国債の購入する大規模な資産購入プログラムとなっていた。

このような FRB の長期国債等の買入は，リスクプレミアムを縮小し，2011 年頃より長期国債の利回りの低下となって現れていた。それが日米金利差を縮小させ円高圧力になっていたのである。リーマンショック後の G20 が一致した対策に，保護主義や通貨切り下げ競争を排除することがあった。中国の人民元売り介入とアメリカの量的緩和策とは，通貨切り下げ競争を目指しているのではないかとの指摘には，G20 の懸念があった。

日本の「量的・質的金融緩和」は，グローバルな視点ではアメリカの量的金融緩和からの遅れを取り戻すが如く始まったとみられる。逆にアメリカは，

日本の「量的・質的金融緩和」導入と歩調を合わせるように，13年5月にテーパリング（追加購入額の縮小）を示唆し，14年初めから追加購入額を減らし，10月末には追加購入を終えた[16]。日銀の「量的・質的金融緩和」の拡大は，まさにこの追加購入の終了と軌を一にして始まっていた。

みられるようにマネタリーベースの拡大は，1つには円安・ドル高という為替政策の色合いが濃いといってよい。それは国債を買うという側面と関係しており，中央銀行の資産側である。それでは，マネタリーベースのもう1つの面として財政ファイナンスについて考えたい。中央銀行が資産を形成する際に見合いとなる負債側をみることになる。

3. 日本銀行バランスシート拡大の含意

日本銀行は，マネタリーベースを2倍にするために，日銀当預の口座をもつ銀行から国債を購入して，その代価として日銀当預を設定するしかない。それでは，日銀のような中央銀行が，バランスシートを拡大することの意味について考えてみたい。

まず，各経済主体のバランスシートを単純化した形で利用し，日本を念頭に金融構造を

図6　民間非銀行 B/S

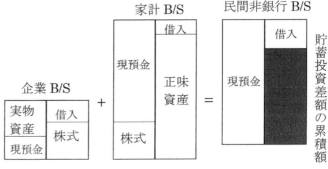

出所：池尾［2013］（第3章）より作成

図7　統合銀行 B/S

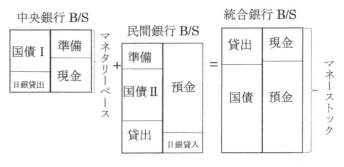

出所：池尾［2013］（第3章）より作成

確認したい[17]。単純化するための前提は次のものである。①海外部門は捨象する。②個人の国債保有は無視する。③政府預金と硬貨、および中央銀行と民間銀行との自己資本は無視する。またここでは、④政府B/Sにも、企業B/S同じく建設国債による実物資産があるはずであるが、負債・資産両面で無視されている。

日銀の「量的・質的金融緩和」は図1に示されていた。中央銀行は民間銀行から国債Ⅰを買取り、準備（日銀当預）を増やす。民間銀行では、それに応じて準備が増えて、民間銀行保有の国債Ⅱが減る。日銀は、直接政府から国債を購入することは禁じられているから、民間銀行が買った国債を買取るしかない。政府B/Sの資産側は、負債側の国債発行残高に見合う「これまでの赤字財政の累積額」(池尾2013:156)である。

経済部門としては、政府と金融のほかに企業と家計がある。企業と家計を民間非銀行として統合する(図6)。2つを統合すれば株式は相殺される。企業B/Sの実物資産とは投資の累積額である。家計のB/Sの正味資産とは貯蓄の累積額に相当する。正味資産から実物資産を控除したものは、「これまでの民間の貯蓄投資差額の累積額」である(池尾2013:156)。

次に、金融部門である中央銀行と民間

図8　政府・統合銀行・民間非銀行

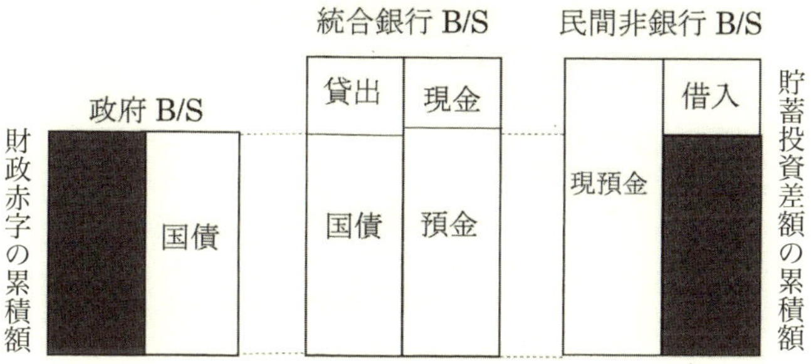

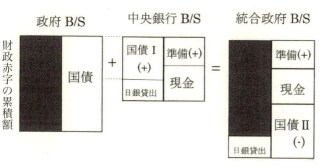

図9　統合政府B/S

出所：池尾[2013]（第3章）より作成

銀行を統合銀行B/Sとして統合する(図7)。ここでは,日銀貸出と日銀借入,そして日銀の債務である準備と民間銀行の債権である準備とが相殺される。統合銀行の資産に残るのは民間非銀行B/Sにある借入に見合う企業・家計に対する信用供与である貸出と政府に対する信用供与である国債とである。それに対する負債側として,統合銀行は現金と預金という負債をもつ。現金と預金の合計はマネーストックである。「銀行が国債購入や貸出に応じて供給した以外にお金の出所はない」ということになる(池尾2013:168)。

さて,経済全体の資金の流れは,政府B/S,統合銀行B/S,民間非銀行B/Sを並べると分かる(図8)。「右からみていくと,民間非銀行は現金の保有と預金を通じて銀行部門に資金を提供している。そのうちの一部は,貸出(借入)という形で民間非銀行に戻ってくるが,それ以外の部分は銀行部門が国債を購入することを通じて政府に貸し付けられている」。統合銀行としての金融部門は,政府の負債を流動性が高い負債(通貨)に転換する信用創造の仲介機関としてあり,「財政赤字の累積額」(一番左の塗りつぶした部分の大きさ)は,「民間の貯蓄投資差額の累積額」(一番右の塗りつぶした部分の大きさ)に等しい。「民間の貯蓄のうちで投資に使われなかった部分が,財政赤字の穴埋めに使われていることになります」という(池尾2013:170-2)。

ここでは,「これまでの財政赤字の累積額」はなぜ資産側にあるのか,債権になるのかと問い直してみたい。図8を逆方向に左から右にみてみよう。もとより財政赤字は,政府が税金による歳入を超過して歳出したことによる。今は徴税できなかったので,国庫債券という債務証書を出し,最終的には民間非金融部門から借金をして財政支出したものである。この借金は,将来,民間非金融部門に対して課税し徴税することで返済することができるということを担保にしている。つまり,資産としての「これまでの財政赤字の累積額」とはとりもなおさず国民からの徴税権という債権に他ならない。

民間非金融部門も,政府の徴税権を信じて,銀行部門を介してではあるが,政府に対して信用を与えているのに他ならない。ところが,徴税権とは政府に信用を与えている民間非金融部門そのものから政府が税金を取り立てる権利に他ならない。徴税権は貯蓄投資差額と見合っているのである。このように左から右にみてみると,政府が徴税権としての債権を行使せず,「これまでの財政赤字の累積額」が存在しているから,民間非銀行の「貯蓄・投資差額の累積額」が存在すると考えられる。本来は,徴税されて歳出されて使われるべきものが,歳出だけされて「貯蓄・投資差額の累積額」としてあると考えられる[18]。「これまでの財政赤字の累積額」は徴税権が行使されなけれ

ば減らない。徴税権が行使されれば，国債が返済され，国債が減る。同時に，徴税は民間非銀行B/Sにある預金から支払われ，預金が減り，「貯蓄・投資差額の累積額」が減ることになる。

　以上の見方には，留意するべきことがある。まず1つは，財政赤字があると，必ず貯蓄・投資差額になるということにはならない。これは，海外要因を捨象していることと結びつくが，家計が消費・投資を活発に行い自らの貯蓄以上に消費・投資を行えば，海外から借金をすることで補填せざるを得なくなる。財政と経常収支の「双子の赤字」もあり得る。ここでは，家計・企業が税金で徴税されなかったものを貯蓄しているという前提がある。

　もう1つは，全体的な資金の流れとしては，「財政赤字の累積額」が「貯蓄・投資差額の累積額」に支えられており，「財政赤字の累積額」が解消されるためには，徴税により「貯蓄・投資差額の累積額」と相殺されなければならないということは，その通りである。しかし，そのような関係はすべての個別経済主体にとっては同じような関係として一律に当てはまるわけではない。預金の保有者と徴税対象者とは同じように対応するわけではない。まず企業と家計との間で，現預金の保有と税の負担との違いがある。そして企業同士，家計同士でもその中で，各経済主体の現預金の保有額そのものが異なり，税負担のあり方もそれに比例しているわけではないということである。さらに，財政赤字と課税との時間的ずれについても考えなければならない。現実の国債発行と徴税とは時間的にずれる。世代間の受益と負担の問題が発生する[19]。

　最後に，中央銀行B/Sと政府B/Sを連結して，統合政府B/Sとしてみることにより，「財政ファイナンス」について考えてみたい（293頁図9）。日銀貸出を無視すると，中央銀行の保有する国債は統合政府内で相殺され，これまでの財政赤字の累積額は，銀行により保有されている国債Ⅱとマネタリーベース（準備と現金）によってファイナンスされていることになる。このようにみると，準備を増やすことさえできれば，市中消化を通してはいるが，統合政府は自らの財政赤字の累積額を「国債」という負債ではなく，「マネタリーベース」という負債によってファイナンスすることもできる。

　そのようなマネタリーベースの拡大に問題はないのであろうか。池尾(2013:197)は「財政ファナンス」であるかどうかは「いくら大量に国債を買っていても，売りたいと思ったときに中央銀行自身の判断で売れるなら，財政ファナンスをしているとはいえません」という。日本銀行は「物価の安定」を目的としている。デフレ脱却後は，金融を引き締めなければならない局面

に直面することになろう。しかし，その時に，国債を売却しマネタリーベースを減らすことができるのかどうかである。準備はそれをもとにして，市中銀行は準備率に応じて貸出（マネーストック）を増やすことができる。超過準備は過剰な貸出の可能性につながることもある。その場合は，一転して，物価上昇は2％の「安定的な物価水準」をはるかに超えることになりかねない[20]。

現在のところ，超過準備の解消については，国債の売却が長期金利の高騰につながるおそれがあり，現実的なものとは考えられていない。当面は，短期金利の上昇を目指すことになるとされているが，そのためには，超過準備付利の金利を現在の0.1％から上げていかなければならないとされている。これは実際に日銀のコストになる[21]。

銀行は，現在，日銀当預を超過準備としてもつわけであるから，「量的・質的金融緩和」の終了時にはこれまでのプロセスとは逆に，銀行はその日銀当預を使って国債を引取ることができるはずである。この点で日銀の国債売却が直ちに，国債の暴落につながるかどうかは分からない面もある。ただ，銀行は国債を売った時よりも当然，安く購入しようとするであろうことから，売買損が出ることは避けられず，これもコストになる。

このようなコストを払うことによってでも，異次元の「量的・質的金融緩和」から脱却できれば，それは金融政策のコストとして容認できるかもしれない。肝心なことは，金利上昇につながる金融引き締めが後手に回り，バブルの発生やハイパーインフレを引き起こさないようにすることである。

おわりに

どれだけのマネタリーベースの増加が，どれだけの「予想物価上昇率」の上昇に結びつくかということが不確定な中で，16年度前半と想定されている2％の「安定的な物価水準」になるまで，マネタリーベースの拡大をこのまま続けていくのは，金融政策として明らかに大きな問題がある。2年というコミットメントが果たされなかった以上，その段階で，もう一度，金融政策のあり方を考えるべきであったと考える。その意味で14年10月末の「量的・質的金融緩和」拡大は，政策の継続を暗黙裡に含意してしまっていた。いまの最大の課題は，いつ，どのように，まず量的な拡大を停止するのか，そして異次元の世界からの脱出の径路はどのように想定されるのかを明確にすることであると考える。

【注】
1) マネタリーベースとは,「日本銀行券発行高」+「貨幣流通高」+「日本銀行当座預金」の合計値である（日本銀行HP：マネタリーベース）。「資金供給量」ともいう。日本銀行券と「貨幣（政府発行）」は，必要がなければ日本銀行に還流するからマネタリーベースの増加は日本銀行当座預金（以下，日銀当預）の増加による。

2) 齊藤(2013)は次のようにいう。「物価下落という意味でのデフレの程度が『雀』であり，…『次元の異なる金融緩和』が『照準の合っていない大砲』である」。

3) 黒田総裁(2013)は，当初より「長期国債の買入れは，金融政策上の目的で日本銀行自身の判断で行うものであり，財政ファイナンスではありません」とし,「為替をターゲットとして金融政策をすることはありません」としている。逆に高田(2013:172)は,「過去10年あまりの日本銀行の金融政策は，そもそもマネーフローでは財政ファイナンスと為替誘導にあり,『異次元の金融緩和』は，一層，その度合いを強めるものとなる」という。

4) 内閣府・財務省・日本銀行「デフレ脱却と持続的な経済成長の実現のための政府・日本銀行の政策連携について」（共同声明）平成25年1月22日(日本銀行HP)。日本経済新聞は「2014年から毎月13兆円の資産を無期限で買い入れる新たな金融緩和手法の導入にも踏み切った」ことを受けて，この段階で「未踏の領域に入る金融政策は，出口のない戦いになるリスクと隣り合わせだ」と報じている(日本経済新聞:2014.1.22)。

5)「『量的・質的金融緩和』の導入について」2013年4月4日(日本銀行HP)。「量的」とはマネタリーベースを2倍にすること,「質的」とはETF，J-REITというリスク性資産を購入すること，長期国債買入れの平均残存期間を2倍以上に延長することを意味する。

6)「『量的・質的金融緩和』の拡大」2014年10月30日(日本銀行HP)。拡大策は5対4で採択された。理由は,「消費税引き上げ後の需要面での弱めの動きや原油価格の大幅な下落が，物価の下押し要因として働いている」からであるとされた。同日，約130兆円の公的年金資金を運用する年金積立金管理運用独立行政法人（GPIF）が，国内債券への運用の目安を60(±8)%から35(±10)%に引き下げ，国内株式・海外債券・海外株式への運用を増やすとした(日本経済新聞:2015.11.1)。平仄が合っている。

7) それまでの「日銀券ルール」について斉藤(2009:46)は,「非正統的（非

伝統的）な金融政策をとらざるをえなくなった中央銀行としての最後の規律の表明であった」という。

8）須藤(2009:98)は30年固定利付き国債・変動率国債・物価連動国債はもともと買入対象では無かったが2008年12月から買入対象となっていると指摘している。

9）黒田総裁は，「この量的・質的金融緩和のもとで大量の国債を購入しているわけですが，これはあくまでも金融政策運営上，二％の物価安定の目標を実現するために必要な手段として行っているものでありまして，財政ファイナンスを行うものでは全くありません」と繰り返す(衆議院HP：第187回国会・財務金融委員会・第5号(平成26年11月12日)会議録)。REUTER(ロイターHP：2014.11.12)。

10）日本銀行企画局[2015]から多くを学んでいる。それは，黒田総裁の最初の講演を受けている。①国債等の買入は長めの金利の低下を促し，資産価格のプレミアムに働きかけ，資金調達コストの低下を通じて，企業などの資金需要を喚起する。②長期国債の大量の買入は，それに投資していた投資家や金融機関が株式や外債のリスク資産へ運用をシフトさせたり，貸出を増やしたりするポートフォリオ・リバランス効果がある。③物価安定目標の早期実現を約束し次元の違う金融緩和の継続により，市場や経済主体の期待を抜本的に転換する効果がある。予想物価上昇率が上昇すれば，現実の物価に影響するだけでなく，実質金利の低下などを通じて民間需要を刺激することも期待できる(黒田2013)。

11）クー(2013:140)は，「資産価格を変えようとする量的緩和も，当局による市場への『介入』であり，その基本的性格は為替介入と大差はない」という。

12）日本経済新聞(2013.6.25)によると，岩田(日銀・副総裁)氏は就任前に「当座預金残高が10％増えれば予想インフレ0.44％上昇する」との見方を示したという。「現在の当座預金は83兆円と半年で2倍に増えたが，予想インフレ率は横ばいにとどまっている」。

13）「2年で2倍」のうち2年は，2年で2％の物価上昇を目指す点で理解できるが，マネタリーベースを2倍にすることが，なぜ2％という物価上昇に結びつくのかの説明はない。物価上昇率に明確にコミットし，人が驚くような量的緩和を行えば，予想物価上昇率が上昇するのは当然という前提がある。

14）衆議院解散を受けて次のように報じられた。「自民党の安倍晋三総裁が『無

制限の金融緩和』に言及すると，追加緩和観測から外国為替市場では半円ぶりの円高・ドル安が進み，株価は上昇した」(日本経済新聞:2012.11.16)。

15) QE1・2・3については，池尾(2013:185-192)，クー(2013:第3章)，地主(2014)，小林(2014)，参照。

16) この示唆とともに，米国長期金利が上がり，同時に日本の金利は下がる傾向を続けたので，日米金利差はダブルで開いたことになる。円安・ドル高が進んだわけである。

17) 池尾(2013)から「第3講」を中心に多くのことを学んでいる。

18) クー(2013:112〜129)によると事態は全く逆になる。例えば，バブルが崩壊した1990年以降における貯蓄投資差額の累積額とは，貯蓄をしても，まさに個人・企業によって借り入れが行わずに投資されなかったものである。誰かが借りなければマネーストックが増えず，GDPも減少してしまう。したがって個人・企業の代わりに政府が財政赤字を作り出して借りるのは当然であるし，過剰な貯蓄は自ずと金融機関を経て国債に投資される，ということになる。資産価格の暴落を起因とするバランスシート不況下における，緊急的な政府の行動としては，当然の政策として説得力がある。とはいっても，そのことは財政赤字がやはり徴税権の先延ばしであり，将来返済されなければならないという事実に変化はない。また，高田は，バランスシート調整において「日本国債は過大な民間債務を肩代わりして，自ら膨れ上がった『身代わり地蔵』である」(2013:139)といい，その最終段階では，「日本銀行が国債購入の拡大で保有リスクを抱えることによりサポートする」という(2013:149-50)。

19) 「リカードとバローの中立命題」に関連すると考えるが，詳論できない(斎藤445)。

20) クー(2013:157〜164)は，この点について量的緩和の「本当のコスト」という。現在の法定準備預金額は約8兆7千億円，準備預金額は約206兆2千億円（日銀HP:2015年6月平均残高）であり，23倍になっている。

21) 翁(2015:174-185)は，量的・質的金融緩和の潜在損失について，「どのような形でゼロ金利から離脱するか，で異なっている」とし，有力な方法を3つ挙げている。①国債の売りオペによる日銀当座預金の吸収。これは国債市場の懸念により最も非現実的とする。②準備率を操作し金利の付かない所要準備の引き上げ。金融機関への大規模な課税措置になり，財政民主主義の観点からは一番問題が大きいとする。③超過準備への付利の引き上げ。国庫納付金を納め

る代わりに金融機関に利子を払うことになり，国民が不公平感を抱くことになりかねないとする．

【参考文献】
池尾和人 [2013]，『連続講義・デフレと経済政策―アベノミクスの経済分析―』日経 BP 社．
翁　邦雄 [2015]，『経済の大転換と日本銀行』岩波書店．
久保田博幸 [2015]，「ECB と日銀の国債買入は財政ファイナンスか」(BLOGOS, http://blogos.com/) 2015 年 6 月 18 日．
黒田東彦 [2013]，「量的・質的金融緩和―読売国際経済懇話会における講演―」(2013 年 4 月 12 日)．
小林正宏 [2014]，「FRB の QE3 と Tapering, 及び日銀の QEE」『中央大学経済研究所年報』第 45 号．
斎藤精一郎 [2003]，『ゼミナール現代金融入門』日本経済評論社．
齊藤　誠 [2013]，「異次元緩和の評価・下」, 日本経済新聞 (2013.4.16「経済教室」)．
斉藤美彦 [2009]，「国債累積と金融システム」斉藤美彦・須藤時仁『国債累積時代の金融政策』日本経済評論社，所収 (第 3 章)．
高田　創 [2013]，『国債暴落―日本は生き残れるか―』中央公論新社．
地主敏樹 [2014]，「米金融緩和　近づく出口・中 (経済教室)」(日本経済新聞：2014.10.16)．
須藤時仁 [2009]，「金融政策と国債市場―量的緩和期における日本銀行の買入国債の特徴―」斉藤美彦・須藤時仁『国債累積時代の金融政策』日本経済評論社，所収 (第 4 章)．
日本銀行 [2015]，「経済・物価情勢の展望 (展望レポート)」(2015 年 4 月)．
日本銀行企画局 [2015]，「『量的・質的金融緩和』：2 年間の効果の検証」(日銀レビュー，2015 年 5 月)．
リチャード・クー [2013]，『バランスシート不況下の世界経済』徳間書房．

(HP 一覧)
日本銀行 HP：「金融政策の概要」，「物価の安定と 2% の『物価安定の目標』」
　　　　　　http://www.boj.or.jp
衆議院 HP：http://www.shugiin.go.jp/
REUTER ロイター HP：「日銀総裁，国債大量購入は『財政ファイナンスに当たらず』」http://jp.reuters.com/

第17章 現時日本の資本蓄積レジーム
——実証と方法

芳賀　健一

はじめに

　現在も居座りつづける日本の資本蓄積レジームの機能不全について，近年いくつかの試論を発表してきた（芳賀　2010, 2011, 2013, 2014）が，その際に分析方法に関する説明はごく簡単に済ませてきた。しかし実証分析を深化させるために，本稿では，その際に依拠した「資本蓄積レジーム」論の方法に重きをおいて再検討してみたい。実証そのものは上記の試論に譲り，本稿で提示する統計数値等は最小限にとどめた。

1. 資本蓄積レジームの分析枠組み

　「資本蓄積レジーム」概念はおおよそ4つの要素から構成される。第1は，企業，家計，金融機関，政府などの主体（多くは組織体）である。いずれも受動的にせよ能動的にせよ何らかの戦略を構築して行動する。とりわけ重視するのは企業の戦略的な投資行動である。第2は，さまざまな社会制度であるが，ここでは2点のみ採り上げる。1つは市場であり，主体が取引する経済制度である。もう1つは主体間のコンフリクト（企業間競争や労使間の労働条件をめぐる紛争など）を調整し予測可能性を高める社会制度であり，それぞれの主体の戦略形成を促進ないし制約する効果をもつ。第3は，こうした経済主体の行動によって形成されるマクロ経済メカニズムである。企業は需要を予想して「生産」し，売上高から得られた付加価値は賃金と利潤に「分配」され，賃金は消費財に，利潤は資本財・生産財に「支出」される。この生産→分配→支出（需要）→…の循環がマクロ経済メカニズムの順調な進行のカナメである。第4は，資本蓄積レジームの歴史的なシフトである。既存の社会制度がコンフリクト調整に失敗し，マクロ経済メカニズムを不調に陥れば，投資の停滞や失業率の上昇，あるいはインフレーションやデフレーションによって既存の制度の正統性を弱め，社会集団間のンフリクトを高めて，あらたな社会制度が模索される。

ここで略述した「資本蓄積レジーム」概念は，アメリカ合衆国の「蓄積の社会的構造」論，フランスのレギュラシオン理論，国際政治経済学の「資本主義の多様性」論，そしてポストケインズ派理論から構築したものである（やや詳しくは，芳賀 2012 を参照）。これは現実世界に機械的にあてはめて裁断するための道具ではない。アグリエッタは自著への新しい後書きのなかで，「われわれはある理論よりもあるアプローチについて語らねばならない。受容されてきたのは十分吟味された一群の概念ではなく，ひとつの研究プログラムである」と述べている（Aglietta 2000）。「研究プログラム」は実証分析の導きの糸であり，必要に応じて改変し，あるいは新しい道具を組み込んでいくための自己発見的な枠組みと理解される。

2．日本の資本蓄積レジームの現状

　日本における蓄積レジームの時間軸上の転機は 1998 年であった。97 年末に激発し全面化した金融危機の過程で蓄積レジームは機能不全に陥った。それを示す経済指標の第 1 は名目 GDP の絶対減であり，97 年の 523 兆円を直近のピークとして 2002 年 499 兆円まで下落した後，若干回復したものの 12 年にも 474 兆円にすぎず，この 14 年間に 10％近く縮小している。第 2 は完全失業者(率)の高止まりである。直近では 02 年の 359 万人(5.4％)をピークに 2014 年 236 万人（3.6％）まで低下しているが，広義失業率の「U-6（新）」((完全失業者＋周辺労働力＋不本意型非正規)／(労働力人口＋周辺労働力))は依然として 9.2％に上る（内閣府政策統括室：67，154）。第 3 にデフレーションの持続である。GDP デフレータは 98 年以降，マイナスで推移してきた。

　機能不全を引き起こした有力な容疑者は金融危機である。97 年末に始まった金融危機は 2005 年 5 月に当時の金融担当相が「金融正常化」を宣言するまで 7 年半つづいた。この危機は 80 年代半ばから 91 年まで金融機関が土地関連の融資を拡大し地価バブルを金融面から支え，地価崩落とともに不良債権を大量に抱え込んだこと，さらに 91 年以降の不況のなかで新たな不良債権を増大させたことに起因する。土地関連融資の拡大は政府の戦略なき金融自由化に促されて金融機関が 80 年代初頭までに構築した「攻めの融資」戦略の帰結であるが，ここでは立ち入らない。金融自由化の掛け声とは正反対に「大きな政府」と「大きな（中央）銀行」が介入してパニックを何とか抑制するなかで，金融機関は不良債権の償却を進めたが，その総額は 91 年

から 2005 年までに 115 兆円を超える。これだけの価値が破壊され，銀行は戦後営々として溜め込んだ内部留保をほとんどすべて失った。

　この金融危機は当初，銀行の「貸し渋り」「貸し剥がし」の経路を通じて実体経済に悪影響を与えた。不良債権処理による自己資本比率の低下に対して，銀行は貸出資産の削減で対処しようとした。とくに中小企業への影響は大きかったが，政府系金融機関の民間金融機関貸出の肩代わりや政府による信用保証制度の拡大で被害の深化は食い止められた。さらに企業の設備投資がキャッシュフローを下回る状態が 1990 年代半ばからつづいている。実体経済が金融面から制約を受けて停滞しているとは考えにくい。

3．機能不全のメカニズム

　むしろ金融危機をきっかけに企業の戦略的行動が変化して，蓄積レジームを変調に陥れている可能性が高い。そのメカニズムは次のようである。まず 97 年末に発生した大型の金融危機を外的なショックとして受け止めて，企業は様子見から投資を減少させ，家計は失業や賃金カットを予想して消費を抑制し一時的に貯蓄率を高めた。この総需要の急減をうけて，企業は価格引き下げ競争を展開した。しかもこの時期にようやく低成長の定着を認識して，企業は市場シェア重視から利益重視に経営目標を転換していた。経営者は生産性向上や非価格競争による利益確保を願望してはいたが，現実には高度成長期以来の価格競争を選択した。価格引き下げで売上高が伸びないなか，利益を確保する方策が安直な人件費切り下げ戦略であった。本節では，まず日本企業の価格設定戦略を，次にマクロ経済レベルでの物価，貨幣賃金，労働生産性の関係を考察し，最後に企業の人件費切り下げ戦略を分析する。

(1)企業の価格設定戦略と競争的寡占構造

　企業の価格設定方式の基本が単位生産コストへのマークアップ方式である事実は，ホールとヒッチが行ったイギリスの経営者へのインタビュー調査によって明らかにされ（Hall and Hitch 1939），その後，ポストケインズ派の経済学者によって精力的に確証されてきたが，新古典派経済学からは無視されてきた。しかし近年，アメリカのブラインダーらのアンケート調査によって再発見され（Blinder 1991, Blinder et al. 1998），日本銀行の調査（日本銀行調査統計局 2000）や欧州各中央銀行の調査（集大成した著作が Fabiani et al.(eds.) 2007）によって再確認された（芳賀　2014: 20 〜

21)。

　価格は市場の需給関係で決定されるのではなく，供給主体である企業がマークアップ方式で設定して市場に提示する。企業は市場での需要を予想して生産する。ケインズの「有効需要の原理」である。例えば，ある自動車メーカーが年間20万台売れることを予想して設備投資を実行し，労働者を雇用し，原材料を購入するとしよう。標準的稼働率で20万台生産した場合，自動車1台当たりの平均生産コストが100万円であれば，それに例えば10%上乗せして販売価格を110万円に設定する。

　縦軸に価格・費用を，横軸に生産量をとれば，生産量20万台まで限界費用は不変であるから水平に，平均費用は生産量20万台まで右下がりに描かれる（企業のコスト曲線の形状はLavoie 2014, Figure 3.7:150参照）。ミクロの教科書で描かれる右上がりの供給曲線は，1台追加生産するたびに限界可変費用が上昇すること(限界費用逓増の法則)を意味する。しかしこれは，標準的稼働率を超えて生産した結果，製品の歩留まりの低下や残業時間の増大による能率低下で発生する異常事態であって，経営の失敗に他ならない。右上がりの供給曲線のリアリティを巡って，第2次世界大戦直後のアメリカ経済学会で繰り広げられた論争については塩沢1998および 塩沢・有賀編著 2014の第1章を参照されたい。

　この自動車への需要曲線は右下がりに描かれる。実際の売上高が予想を下回れば，メーカーは価格を引き下げるのではなく，稼働率を低下させて対処する。売れ行きが予想を上回れば，価格を引き上げるのではなく，稼働率を上げて生産量を拡大する。中期的に需要増加が期待できれば，限界費用上昇を回避するために，設備投資を行い，雇用者を追加する増産で対処する。総じて供給を担う企業が単位生産コストを基準にマークアップ方式で価格を設定し，需要が生産量を決定する。また需要の変動に対して，企業は価格調整よりも数量調整で対処する。

　この価格設定方式について4点，補足しておく。第1に，マークアップ方式は，ラヴォアが指摘するように，企業の目的が利潤の「最大化」ではなく「満足化」であることを含意している（Lavoie 2014:134-5.)。

　第2に，日本企業の価格設定が欧米企業のそれと比較して，市場の状況やライバル企業の価格に影響されやすいことである。2000年春に日本銀行が実施した「日本企業の価格設定行動」に関するアンケート調査によれば，「市場で受け入れられる上限のレベルに価格を設定している（…コストとの関係は薄い…）」が大勢を占め，固定マークアップ方式の位置づけは低い（日本

銀行調査統計局　2000)。カレツキーは企業の価格設定がマークアップ方式を基本としながらも，ライバル企業の価格にも影響されると判断しているが(Kalecki 1954/訳4～5)，日本企業には後者の要因が強く作用してきた。

　この価格設定方式は高度成長期に確立した競争的寡占構造に淵源する。名目GDPの年平均成長率が15％にも上る高度成長期にも「価格競争としての赤字競争」を繰り返し，また久々に設備投資主導の成長を記録したバブル期にも，多品種少量生産に伴って増大するコストに見合った価格を設定できず，本業では低収益に終始した（芳賀2011, 8～9）。90年代半ば以降に日本企業は生産性向上や非価格競争を志向しながらも，現実に需要が減少するなかで，価格戦略の「古層」にある価格競争に走ったといえる。欧米企業にあってマークアップ方式は利潤「満足化」を目標としており，競争の手段は主として商品差別化であって，価格競争は「破滅的」と形容されるのが常である。

　第3に，いくつかの価格決定方式が区別されねばならない。上記のマークアップ型の価格設定方式は主に企業が生産を担う財・サービスに妥当する。他方，農産物などの一次産品の多くは，垂直の供給曲線に右下がりの需要曲線が切るかたちで価格が決定される（農産物の価格支持政策が農家所得の保証に必要な理由でもある）。さらに土地や株式などの資産の価格はファンダメンタルズを超えて上昇・下落する。例えば地価のファンダメンタルズは理論的には地代などの将来収益の流列の割引現在価値で決定されるが，地価上昇の期待が地価を押し上げ，期待を自己実現していくメカニズムが作動しやすい。地価バブルの崩壊もまた自己実現的である。なお労働市場での貨幣賃金決定様式については後段で論じるが，貨幣市場での利子率決定様式については芳賀　2013: 29-30を参照されたい。

　第4に，輸入品の価格は為替相場に影響される。ここでは為替下落による輸入インフレの事例について，第1次世界大戦直後のドイツで発生したハイパーインフレ（1921～23年）の原因を貨幣数量説に依りながら「財政インフレ」に求めた著作へのロビンソンの批判的書評を紹介したい。この著作の立論に対し，彼女はドイツ財政赤字がそれほど巨額ではなかった事実を指摘する一方，賠償支払いでマルク相場が急落し，輸入価格が急騰したため，企業はこれを国内価格に転嫁したが，完全雇用状態の下で労働組合は実質賃金低下を回避するために賃金引き上げを要求し，企業はこの上昇分も価格に転嫁したと分析した。当時のハイパーインフレは為替急落による輸入価格の上昇および典型的な賃金・物価の悪循環の産物であった（Robinson

1938)。

(2)国民経済レベルでの価格,賃金,生産性

　こうした個々の企業の生産活動を集計したものが国内総生産（GDP）である。マクロ経済はミクロ経済とは違った相貌を見せる。中間投入財は相殺されるから,マクロ経済全体は輸入品に労働者が働きかけて付加価値を生産すると理解される[1]。この付加価値が粗利潤（固定資本減耗を含む）と賃金に分配され,利潤は資本財に賃金は消費財に支出される。

　このように国民経済を全体として捉え,またさしあたり輸入品を度外視すると,価格（P）は単位労働コストへのマークアップで決定されることになる。単位労働コストはWL／Yと定義される。Wは1人当たり貨幣賃金,Lは雇用者数,Yは実質GDPである。Y／Lは労働生産性λであるから,W／λにマークアップ率（θ）を掛けたものが国民経済の物価水準を規定する。すなわちP＝（1＋θ）W／λ。貨幣賃金が価格のアンカーである。

　いま労働分配率（ℓ）に沿って変化率を考える。ℓ＝WL／PYであるから,対数をとって時間で微分すると,$\hat{\ell}＝\hat{W}-\hat{P}-\hat{\lambda}$となる。これは単なる定義式であるから,行動方程式として読むと次のようになる。例えばWが5％上昇したとする。労働生産性上昇率が3％であれば,企業は資本分配率を維持するために賃金上昇率のうち2％を価格に転嫁する。緩やかなインフレーションが結果し,実質賃金上昇率は3％になる。

　個々の企業努力の結果である労働生産性上昇率を与件とすれば,国民経済レベルで団体交渉によって決定されるWが政策変数になる。石油危機に先立つ高度成長期には卸売物価（企業物価）は安定する一方,消費者物価は緩やかに上昇していった。これは前者を構成する製造業部門（第1部門）の生産性上昇率が消費財を生産する部門（第2部門）のそれを上回っていたことによる。例えば,これら2部門のGDPや就業者に占める構成比がちょうど半分ずつと仮定しよう。両部門ともに賃金上昇率は5％とする。後述する春闘方式による賃金水準の上昇と平準化による。同時に前者の生産性上昇率は5％,後者のそれはゼロと仮定する。貨幣賃金の上昇分は第1部門では生産性上昇で吸収されるから,価格上昇率はゼロ。第2部門では賃金上昇分が価格にそのまま転嫁される。後者を構成するサービス価格は概して価格弾力性が低く所得弾力性が高いから,価格転嫁も容易であった。国民経済全体として,貨幣賃金上昇率は5％,生産性上昇率と物価上昇率は共に2.5％となる。上述のように単位労働コストの上昇分2.5％が物価水準の上昇分2.5

％を規定している。高度成長期の実際の数値はもっと高いが，メカニズムは同じである。したがって国民経済レベルでの賃金決定のルールは，貨幣賃金上昇率＝労働生産性上昇率＋目標インフレ率となる。

(3)企業の雇用戦略と雇用レジーム

1997年末に始まる金融危機をきっかけに，企業は破滅的な価格切り下げ競争を展開すると同時に，利益重視への経営戦略転換をうけて人件費削減による利益確保を志向した。

人件費切り下げの方策は2つある。1つは正規（期間の定めのない）労働者（男性の家計維持者が想定）の賃金抑制である。その賃金カーブは漸次引き下げられてきた。もう1つは低賃金で，社会保険の負担回避や雇い止めが容易な非正規（有期）労働者の雇用比率の引き上げであった。名目雇用者報酬（＝賃金・俸給＋雇主の社会負担）は1997年の278兆円をピークに2012年246兆円まで絶対的に減少しているが，その主因は後者の非正規雇用の比率上昇であった。

こうした企業による人件費切り下げの雇用戦略採用を可能にしたのは，新旧の雇用レジームであった。まず正規労働者について検討する。

元来，雇用主（使用者）と労働者（従業員）が締結する雇用契約は形式的には平等だが，実質的には不平等を内包している。雇用主はどの労働者でも雇用できるが，個々の労働者は雇用されなければ生活を実現できないから，不利な労働条件を押し付けられやすい。労働組合の結成はこの劣勢を多少とも緩和する制度装置であって，労使を「同権化」するわけではない。とはいえ労働者の側には，願望する家族生活を実現するための〈雇用の基準〉がある。これはある水準の貨幣賃金（によって購入される消費財）と労働時間（によって規定される家族時間）から構成される。雇用主も労働者家族の生活様式に基づく〈雇用の基準〉を無視することはできない。雇用契約によって労働に関する指揮・命令権は雇用主に委ねられるが，解雇の威嚇だけでは雇い入れた労働者から最大限の労働努力の発揮を期待することはできない。労働には多かれ少なかれ労働者の主体的なコミットメントが不可欠である。マルクスは，「機械の自動体系」は「人間の助力なし」で作動するから，労働者の主体的関与は不要だと考えている（Marx 1962: 402/訳, 497）。しかし彼が想定する19世紀のハイテク産業，紡績工場でも精紡工は内部請負制のもとで配下のピーサーなどの労務管理も行う熟練工であった。すべての権力関係の行使がそうであるように，雇用主による指揮・命令の実行には被雇用

者の「同意」とそれにもとづく「志気」の実現が必要だ。そして「同意」の実現には〈雇用の基準〉を評価して設定される「公正」な貨幣賃金（と労働時間）の実現が必要条件である。雇用主が労働者に妥協せざるをえない原理的根拠である。

　労使の団体交渉による貨幣賃金の決定には市場要因と制度要因が作用する。前者は有効求人倍率や失業率に示される労働需給の状態であり，後者は労働組合組織率や団体交渉制度の在り方である。具体的には，日本では1955年以降に形成された「春闘方式」が貨幣賃金の水準引き上げと部門間への波及（平準化）を実現した。賃金引き上げ率は労働組合と経営者の企業別の団体交渉で決定される。春闘方式のカナメは，ナショナルセンターである総評がパターンセッターとなる産業を特定して，春季に一斉に企業別に並行して交渉を進めるが，先導するのは交渉力の強い企業別労働組合である。個別組合の抜け駆けや脱落を防止しつつ，先導する交渉で賃上げ率（ベースアップ＋定昇）が妥結すると，これが同一産業の他の企業における賃金交渉のベンチマークになる。さらに，他の産業にも影響し，組合組織のない企業にも「世間相場」として波及する。この方式を労使ともに受け入れた理由は賃金コスト面から同一産業の企業間の競争条件を変えないことにある。同じ産業のある企業だけが賃金を引き上げ，他の企業が追随しなければ，この企業だけが競争上不利になる。したがって経営者はもちろん企業別労働組合も自社の競争力低下を懸念して，賃上げの受容と要求をためらうことになる。春闘方式は，経営者・労働組合間だけでなく，経営者相互および労働組合相互の，ゲーム理論でいう賃上げをめぐる「協調の失敗」を回避する制度的工夫であった。日本賃金研究センターの金子美雄は，春闘方式について，労働側にとっては「企業別労働組合の劣勢を補うために，いわば女，子どもが夜道を手をつないで歩くのと同じだと太田合化労連委員長は説明」していると特徴づけ，また賃金上昇を「経営者側の経済合理性の範囲でコントロール」したから「春闘方式を必要としたのは労働者よりも，経営者側であった」と総括している（金子 1979: 247〜8）。ただし経営者が「労使は運命共同体である」と「本当にそう思って行動してきたのか…よくわからないのです」とも慎重に付け加えていた（同前:167）。

　この春闘方式のもとで1人当たり実質雇用者報酬は1955年度の109万円から1973年344万円へと3倍以上に上昇した（生産性労働情報センター 2010: 11）。生活様式の変化と向上が〈雇用の基準〉を押し上げていったが，賃上げは労働生産性上昇の範囲内に納まっていた。

第17章 現時日本の資本蓄積レジーム

そもそも企業という組織の存在理由はいわゆる取引費用の節約ではなく，組織能力の構築にある。組織能力は企業が市場と生産の不確実性に対処するなかで学習し，市場メカニズムを遮断した組織（経営者の「計画経済」）の内部に蓄積する人的能力（知識）と設備である。経営者は正規労働者には，「公正」な賃金を支払うだけでなく，教育訓練を施し，とくに 1960 年代以降，昇給・昇格を組み込んだ職能資格制度を採用して，個々の労働者に企業特殊的熟練の習得を動機づけた。

旧来の雇用レジームに備わっていた正規労働者の賃金引き上げの社会制度，すなわち春闘方式は，石油危機をきっかけに形骸化していった。日経連は石油危機前の 1969 年から「生産性基準原理」（上述の賃金決定ルールと同じだが，物価上昇率はゼロと想定）を提唱したが，いったん失業率が上昇すると，「雇用か賃金か」を組合に迫り，賃金引き上げ要求を押さえ込んだ。原油価格の大幅上昇は，日本から産油国への所得移転を意味するから，負担の増分を労使がどのように分担するのかが問題の核心であった。しかし労働組合がインフレ抑制優先の賃金決定を受容したものの，「企業の方は外からのインフレの価格転嫁を平然と」行い，「企業はインフレ抑止の犠牲をほとんど負担せず，家計が主に負担」した（春闘研究会編 1989: 75）。金子の懸念は的中した。今に至る正規労働者の賃金抑制はこうした雇用レジームの制度変化，とりわけ春闘方式の形骸化に規定されている。

他方，すでに高度成長期にあっても日本の雇用レジームは正規と非正規の「二重構造」あるいは「分断労働市場」を特徴としていた。「臨時・日雇」の不安定就業層が存在し，石油危機以降はとくに広義サービス業の拡大とともにパート労働の雇用が増加してきた。この旧来からの第 2 次労働市場に新しい制度が付け加わった。「労働者派遣法」が 1986 年に制定され，90 年代半ば以降，自由化されてきた。機能不全期に非正規労働者数（と比率）は 97 年の 1152 万人（23.2％）から，14 年の 1813 万人（35.2％）へと急増した。

非正規の賃金は，家計補助の主婦パートや学業の合間の学生アルバイトの〈雇用の基準〉に従って，多くは地域最低賃金で決定されてきた。企業はこれを人件費切り下げ戦略に活用した。非正規労働予備軍はバブル崩壊後の新卒者の雇用抑制で潤沢に補充されてきた。非正規労働者は教育訓練から排除され，企業の「組織能力」をヒトの面から劣化させてきた。低賃金と社会保険の適用回避は現在の非正規労働者の幸福を損なうだけでなく，将来の生活保護予備軍を大量に創出するものだ。業種別では，非正規労働者比率は第 3

次産業，とりわけ「卸売・小売業・飲食店」「サービス業」で高い（芳賀（2014），33 頁）。こうした産業では労働組合組織率も低く，団体交渉による労働条件の改善が困難な状況にある。

4. 企業の低賃金戦略のミクロ的・マクロ的帰結

　企業の低賃金戦略は新旧の雇用レジームによって促進された。その結果，企業の価格引き下げ競争はミクロのコスト面から裏打ちされた。通常，貨幣賃金引き下げはその硬直性のゆえに価格下落に遅れがちであるが，今回は並行した。全雇用者に占める低賃金の非正規雇用者の比率上昇が主因である。97 年末に始まる金融危機は総需要を急減させ，価格競争を激化させたが，一時的現象に止まらず，企業のコスト面からデフレーションを資本蓄積レジームのなかに埋め込んだ。しかも総需要への外的ショックは 08 年のリーマンショック，11 年の天災（東日本大震災・津波）そして人災（原発事故）と相次いだ。

　マクロ経済レベルにおいて，単位労働コストと GDP デフレータは統計的に有意の相関関係を示している（推定式は芳賀 2014: 28）。ただし因果関係としては価格引き下げが賃金引き下げに先行していると考えられる。

　企業の低賃金戦略は典型的な「合成の誤謬」を結果している。「賃金・俸給」は直近では 1997 年の 240 兆円をピークに下落傾向を辿り，12 年には 206 兆円まで減少している。これは総需要の約 6 割を占める家計消費を減少させ，名目 GDP を絶対減に陥れ，また価格引き下げ競争したがってデフレをマクロ経済面から促進している。

　ただし家計最終消費（除く持ち家の帰属家賃）は 1997 年 242 兆円から 2012 年 233 兆円へと，賃金・俸給ほどには減少していない。年金や公的扶助などの「現物社会移転以外の社会給付」が同期間に 59 兆円から 83 兆円に増加したからだ。また家計現実最終消費は政府による医療・教育などの家計への現物での給付を算入した数値であるが，334 兆円から 345 兆円に微増している。政府による現金と現物での所得再分配が内需の減少を食い止めている。欧州と比べて見劣りする日本の福祉国家であるが，社会保障システムは自動安定化装置の役割を果たしている。しかし景気を回復させるには力不足である。

　総需要の低下を補償したもう一つの要因は輸出であった。輸出は 98 年から 01 年まで 50 兆円台半ばで推移していたが，その後 07 年 91 兆円，08

年89兆円と急伸した。だがこれはアメリカの住宅ブームに伴う消費ブームによるもので，サブプライム危機とともに急減した。

さらに総需要の減少は企業の設備投資を低迷させている。上述のように企業が設備投資（とくに能力増強投資）の意思決定を下すのは，自社が生産する財やサービスへの中期的な需要増大を予想する場合である。『企業行動に関するアンケート調査報告書』によればGDPや業界需要の増加率の予想は89年度以降ほぼ一貫して低下してきた。予想は現実の需要の伸びを後追いする。同調査では能力増強投資の意思決定要因は，「内外の需要動向」77％，「収益水準」61％であって，金利の貢献度は8％ときわめて低い（芳賀2014, 30～31）。設備投資が停滞すれば，設備資金需要や運転資金需要も低迷する。ゼロ金利政策が何ら効果をあげない理由である。

労働需要は投資の派生需要である。更新投資を超える能力増強投資による資本ストックの増大が雇用を増加させるのだから，その停滞が失業率を高止まりさせ，設備のヴィンテージを上昇させ，生産性上昇を鈍化させる。「資本蓄積レジーム」と総称するのは，固定資本投資をレジーム動態のカナメと考えるからである。

機能不全の根源に居座る内需低迷の原因は賃金・俸給の絶対減にある。経営者の低賃金戦略を促進しているのは，雇用レジームの新旧の社会制度である。この社会制度がマクロ経済循環の「分配」を歪め，「支出」の家計消費を低迷させている。低賃金戦略はマクロ経済メカニズムを機能不全に陥れているだけではない。所得格差を拡大し，相対的貧困率を高めている。少子化や，自殺者数の増加などの社会病理の有力な要因でもある。日本社会はゆっくりと衰退している（芳賀 2014: 43）。

5. 新しい資本蓄積レジームの現実性

冒頭部で概説した方法的枠組みからすれば，蓄積レジームの不調は旧来の制度枠組みの正統性を動揺させ，社会集団間の対立を高め，新しいレジームの模索を開始すると予想できる。だが現時の機能不全は必ずしも社会的コンフリクトを先鋭化・全面化させてこなかった。その一つの原因は現行の社会保障レジームが最低限の歯止めとして作用していることだ。しかし，より重大な原因は，80年代以降，経済政策思想がケインズ主義からネオリベラリズムないし市場原理主義に転変したことだ。サブプライム危機後の2009年にアメリカ合衆国で8400億ドルの財政刺激策が採られ，ケインズ政策

の復活が期待された。しかし2009年秋のギリシャ債務危機の表面化とともに「拡張的財政緊縮」仮説（財政緊縮が成長を促進する）か登場し，たちまちネオリベラル政策に後戻りしてしまった（その経緯はKonzelmann 2014参照）。

　市場原理主義は，政府介入をできるかぎり排除し，市場を自由に機能させれば最適の資源配分が達成できると提唱する。現実世界の理想型はミクロ経済学の教科書に描かれる世界である。この原理主義に対して「市場の失敗」を指摘しても，そのハードコアには届かない。代替する「研究プログラム」の一つは上述の「資本蓄積レジーム」論であろう。このアプローチは，さまざまな社会制度やそれに誘導されて構築される企業戦略とそれをつうじて実現されるマクロ経済メカニズムの違いから，蓄積レジームが多様な形態で存在できることを明らかにする。ソ連崩壊を承けて，体制選択の焦点は「資本主義か社会主義か」から，「どのような資本主義か」にシフトしたと言われている。しかしこうした二者択一の問題設定そのものが誤りであり，認識論的障害を引き起こしている。私有財産と営利企業を認める体制は資本主義ではあるが，後述するように，先進国は「政府」と「計画」を蓄積レジームに深く埋め込んでいるし，株式会社が最適の企業形態でもない。まして，いわゆる市場原理主義にもとづく資本主義が唯一のレジームなのではない。

　そもそも「市場」は重要ではあるが，蓄積レジームを構成する要素の一つにすぎない。しかも市場を編成するのは企業であり，その価格設定戦略や雇用戦略や投資戦略である。また表層部の市場における競争力を決定するのは，各企業が深層部で，すなわち組織の内部で構築する「組織能力」である。その成否が戦略の構築と実行を左右する[2]。

　機能不全の蓄積レジームから脱却する政策の核心は，この分析によれば，賃金決定システムの制度改革である。機能不全の原因はマクロ的循環の「分配」にあるのだから，労働生産性上昇に見合った貨幣賃金引き上げを結果する団体交渉制度が労使間の合意で構築できれば，賃金主導型・家計消費主導型の蓄積レジームが安定的に成立する。

　貨幣賃金引き上げ率の決定ルールは，上述のとおり貨幣賃金上昇率＝労働生産性上昇率＋目標インフレ率である。労働生産性は政策変数にはならないし，短期的なフレも大きい。2002年からリーマンショック前の2007年までの比較的平穏であった時期にその年平均変化率は＋1.47％であった。これを与件とし，また目標インフレ率を2％と設定すれば，この賃金決定ルールからすれば，国民経済レベルでの名目雇用者報酬の引き上げ率は3.47％

となる（現実には－0.31％であり，デフレをコスト面から裏付けてしまった）。名目雇用者報酬引き上げ分のうちの1.47％は生産性上昇分で相殺され，2％が価格に上乗せされ，ゆるやかなインフレが期待できる。賃金はミクロ的には価格のアンカーであり，マクロ的には総需要の最大の源泉である。家計消費が増大すれば，価格引き下げ競争が停止し，インフレから脱却できる。また消費増加は内需向け設備投資を誘発し，資本ストックの増大は雇用を増加させ，失業率を低下させる。

では雇用レジームをどう変革するか。賃金低下の主因が非正規労働比率上昇であれば，最低賃金を全国レベルで政策的に引き上げると同時に，雇用形態を正規労働に一元化し（同時に就業形態を多様化し），社会保険も例外を認めずに適用することだ。大方の雇用主は単純労働に従事する非正規労働者には教育訓練は不要だと思い込んでいるが，賃金コストの上昇によって労働者のスキル向上を動機づけられる。実際，欧米では広義サービス産業でも，雇用保障と良好な労働条件を供与しつつ，教育訓練して生産性を引き上げる「ハイロード戦略」を採って成功している企業がある。非正規労働の容認は経営者に「ローロード戦略」採用の強いインセンティブを与えている（芳賀2014:33）。

正規労働者については「春闘方式」が再構築されねばならない。政府の誘導は必要だが，労使の自主的な団体交渉の制度化が鍵である。春闘方式のカナメは「協調の失敗」の回避である。上記のルールに従って賃金が決定され，国民経済に普及する仕組みが再生されねばならない。とくに経営者の役割は重要だ。80年代に日本的労使関係を自賛した経営者は90年以降，アメリカのニューエコノミーに眩惑され，雇用レジームの柔軟化に転向した。何の経営哲学もないのだ。経営者とその団体の劣化が再構築の最大の障害である。

現在，市場原理主義あるいは〈ネオリベラリズムの言語〉が政治家，官僚，メディアに加えて経営者の日常言語にも深く浸透している。〈硬直〉した雇用レジームを〈柔軟〉なそれに変革すれば，完全雇用が達成できると推奨されている。しかし日本の雇用レジームは従来から〈柔軟〉であった。高度成長期の春闘方式も市場要因の影響を強く受けていたし，また低賃金で不安定な非正規労働者も存在していた。1人当たり雇用者報酬は，97年から13年まで名目で516万円から471万円に，実質で483万円から476万円に低下をつづけたが，失業率は高止まりしている。労働市場柔軟化論への有力な反証例である。市場原理主義は〈柔軟〉化が十分に進まないからだと反論するかもしれない。しかし資本蓄積レジーム論の分析枠組みからすれば，マク

ロ経済的事実，すなわち「分配」面での柔軟な貨幣賃金切り下げは家計消費を減少させて，「支出（需要）」を低迷させる事実が見落とされている。賃金を上げれば，雇用が増えるのだ。

〈硬直〉と〈柔軟〉には，前者よりも後者が好ましいとする日常的語感が伴っている。しかしそれぞれを〈安定〉と〈不安定〉に置き換えれば印象は一変する。理論的にも実証的にも〈安定〉した，すなわち〈硬直〉した雇用レジームのほうが，資本蓄積レジームを順調に機能させるのである。

レジーム・シフトの方向は，企業や金融機関の経営権を認めた上で，その行動を社会的・公共的規範にしたがって規制し，競争条件を均等化することだ。その枠組みの下で，企業は創意工夫を発揮し，イノベーションに取り組むことになる。企業形態は株式会社だけでなく，協同組合やNPO，さらには公営など多様でありうる。生産する財やサービスの特性に見合った組織能力の育成が企業形態を決定する。規制の主体も政府だけではなく，多様な分権的な組織体が好ましい。

直近の課題は，雇用レジームを安定させ，貨幣賃金を社会保険料を含む社会賃金（social wage）として再構成することだ。代替策は多様でありうる。2000年代半ばにフランスでは組合組織率が8％程度だが，低賃金労働者の比率は11.1％と低く，しかも傾向的に低下してきた。他方，ドイツはそれぞれ20％，22.7％と高く，後者の数値は傾向的に上昇してきた。フランスでは交渉力の強い産業で取り決められた労働協約がその他の産業に拡張適用される「包摂型」の雇用レジームが存在するからだ。ドイツは日本と同じように二重構造のもとで，縁辺部で低賃金化を進行させてきた（Gautie and Schmitt 2010, 38）。日本の新しい資本蓄積レジームも，雇用レジームの制度改革を手始めに，他の先進国の経験に学びながらハイブリッド型に変革されねばならない。

【注】
1）ケインズも労働価値説を支持している。「私が古典派以前の学説に共感を覚える理由はここにある。それによれば，すべてのものは労働によって生産される。…労働が唯一の生産要素だということは，なぜわれわれが貨幣単位と時間単位…に加えて労働単位をわれわれの経済体系に必要とされる唯一の物的単位として用いてきたか，その理由の一端」である（Keynes 1936: 213-4/ 訳（上），299～300）。ケインズ派の総需要・総供給曲線が「労働単位」ないし

雇用単位で描かれる理由でもある（Weintraub 1966: Ch.II/訳第II章）。また馬渡（1997:355）は，ケインズがマクロ諸量を「賃金単位」で測って「実質」化していると指摘し，これは「支配労働量」による「実質」量の測定であると解釈している。

2）「計画経済」と「市場経済」は資源配分の様式を基準とした新古典派的な二分法である。「計画経済」失敗の原因を「市場」の欠如にのみ求めるのでは，1950年代のソビエト経済の「成長」を説明できないであろう（Popov 2006, 参照）。その盛衰の分析には，資本蓄積レジームを構成する企業の組織能力（イノベーション能力を含む）や付加価値「分配」制度などに社会主義システムが代替できなかった事実が究明されるべきではないか。同時に，先進国の蓄積レジームは社会保障システム，すなわち「政府」と「計画」を組み込んでいることに留意したい。ネオリベラリズムは先進国の（税＋社会保険料）対名目GDP比率の上昇を止めたが低下させたわけではない（芳賀 2014: 36 図表1-5参照）。

【参考文献】
金子美雄 [1979],『春闘十年――一九七〇年代―』(財) 交通協力会.
塩沢由典 [1998],「第8章　複雑系と進化」進化経済学会編『進化経済学とは何か』有斐閣，99-119 頁.
塩沢由典・有賀裕二編著 [2014],『経済学を再建する』中央大学出版部.
春闘研究会編 [1989],『Shunto 変わるのか』エイデル研究所.
生産性労働情報センター,『活用労働統計』生産性労働情報センター，各年版.
内閣府政策統括室 [2015],『日本経済　2014-2015』日経印刷株式会社.
日本銀行調査統計局 [2000],「日本企業の価格設定行動—「企業の価格設定行動に関するアンケート調査」結果と若干の分析—」『日本銀行調査月報』8月号.
芳賀健一 [2007],「企業の雇用戦略と雇用システムの変容」『季刊・経済理論』第43巻第4号.
―――― [2009],「日本の金融危機とネオリベラリズム」『現代思想』第37巻第1号.
―――― [2010],「日本の資本蓄積体制はどのように変化したのか――雇用システムを中心に」新潟大学人文社会・教育系研究プロジェクト研究報告書『グローバル金融危機と地域経済』.
―――― [2011],「日本における資本蓄積体制の機能不全と賃金デフレ」新潟大学人文社会・教育系研究プロジェクト研究報告書『グローバル金融危機と地域経済』.
―――― [2012],「現代資本主義分析の制度論的方法」新潟大学人文社会・教育系研究プロジェクト研究報告書『グローバル金融危機と地域経済』.
―――― [2013],「投資と金融—資本蓄積レジーム」『情況別冊』「思想理論編」

第 2 号．

-------------- ［2014］．「日本経済の機能不全と福祉国家」張英莉・堂野崎衛（編著），『現代社会における経済・経営のダイナミズム』社会評論社，所収．

馬渡尚憲［1997］，『経済学史』有斐閣．

Aglietta, M. [(1976)2000], *A Theory of Capitalist Regulation: The US Experience*, London: Verso.

Blinder, Alan S. [1991], Why are Prices Sticky? Preliminary Results from an Interview Study. *AEA Papers and Proceedings*. 89-100.

Blinder, Alan S., Elie R. D. Canetti, David E. Lebow and Jeremy B. Rudd [1998], *Asking About Prices: A New Approach to Understanding Price Stickiness*. New York: Russell Sage Foundation.

Fabiani, Silvia et al.(eds.)[2007], *Pricing Decisions in the Euro Area: How Firms Set Prices and Why*. Oxford: Oxford University Press.

Gautie, Jerome and John Schmitt (eds.) ［2010］, *Low- Wage Work in the Wealthy World*. New York: Russel Sage Foundation.

Hall, R. L. and C. J. Hitch ［1939］, Price Theory and Business Behavior. *Oxford Economic Papers*. no. 2, May.

Kalecki, M. [1954], *Theory of Economic Dynamics*. George Allen and Unwin.（宮崎義一・伊東光晴訳『経済変動の理論（改訂第 2 版）』新評論 ,1967 年）．

Keynes, J. M [1936], *The General Theory of Employment Interest and Money*, reprinted by Tokyo: Maruzen（間宮陽介訳『雇用，利子および貨幣の一般理論（上）』岩波書店 ,2008 年）．

Konzelmann, Suzanne J. [2014], The political economy of austerity, *Cambridge Journal of Economics*, 38, 701-741.

Lavoie, Marc [2014], *Post-Keynesian Economics: New Foundations*, Cheltenham, UK: Edward Elgar.

Marx, Karl [1962], *Das Kapital*, Erster Band, Buch I, *Marx-Engels Werke*, Band 23, Diets Verlag, Berlin.（岡崎次郎訳『資本論』第 1 巻第 1 分冊，大月書店 ,1968 年）．

Popov, Vladimir ［2006］.Life cycle of the centrally planned economy: Why Soviet growth rates peaked in the 1950s.*MPRA Paper* No. 28113.

Robinson, Joan [1938], A review of: *The Economics of Inflation* by Bresciani-Turroni, *Economic Journal*, Vol. 48, No. 191, 507-513.

Weintraub, Sidney ［1966］, *A Keynesian Theory of Employment Growth and Income Distribution*. Philadelphia: Chilton Books.（松坂兵三郎訳『ケインズ理論による雇用成長と所得分配』ダイヤモンド社 , 1968 年）．

第18章　リーマン・ショック以降のカナダ経済
―― 2015 年からの回顧

ブライアン・K・マクリーン
訳：芳賀　健一

　本章の発端は，2010 年 8 月に東北大学で開催された仙台経済学研究会での報告「リーマン・ショック以降のカナダ経済」である。馬渡尚憲教授はこの報告に出席され，私は教授の評価に励まされた。当該報告のための仙台への旅が，馬渡教授に直接お目に掛かかる最後の機会になった。そこで，この報告を発端とする論文が，教授の追悼論文集への寄稿文として適切であろうと考えた。

　本章は，カナダの経済と経済政策に関する私自身の分析に基づいているが，その一部はとくに本章のために行ったものであり，また一部は以前の共著論文によるものである[2]。しかし初めに注記すべきことだが，これは進歩派経済学の伝統――これについては 15 年前に発表した一章（マクリーン 2000）で初めて日本の読者に紹介したことがある――にたつカナダ経済研究に，とくに労働組合ユニフォアの経済学者であり進歩派経済学フォーラムの元代表，ジム・スタンフォードの論文と共著論文に依拠している。

はじめに

　リーマン・ショック以降におけるカナダ経済のマクロ経済面の実績に関する事例研究は，カナダ経済にとくに関心をもつ人々にとってばかりでなく，近年の日本を含む高所得経済の実績を説明する要因について広く考察する場合にもおそらく有意義であろう。カナダは長年にわたって，社会民主主義的なヨーロッパ諸国とアメリカ合衆国の「自由市場」モデルの双方を分かちもつような資本主義モデルを採ってきたが，2006 年以降はネオリベラルの保守党が政権を担っており，2011 年半ばに多数派政権の地位を獲得した。

　リーマン・ショックから経済回復に至るカナダのマクロ経済実績を分析する時機は，2010 年夏には（それ以前ではないとしても）すでにかなり熟していた。しかし，経済回復が始まって以降の時期を分析するタイミングが到来したのはようやく最近になってからであった。カナダ統計局（カナダの国立統計機関）は 2015 年初めに，カナダ経済の実質 GDP 成長率が 2 四半期

連続してマイナスを記録したと発表した[3]。カナダと合衆国の経済評論家の伝統的な経験則に従えば，カナダ経済は再び景気後退に後戻りし，その景気循環は 2008 年後期の谷から 2009 年半ばの山へ，そして 2015 年 9 月初めに始まる谷に落ち込んだ。

　本章の第 1 節はリーマン・ショックから経済回復までのカナダ経済を考察する。第 2 節はこの回復から 2015 年の現時点までを扱う。第 3 節は，本章の結論部であり，カナダで現在議論されているマクロ経済政策の選択について論じることにする。

1. 悪質なショックからの卓越した（と思われている）回復

　アメリカ合衆国を震源地として 2008 年秋に始まった金融パニックは，日本ではリーマン・ショックとして知られているが，直接的には合衆国の住宅バブル崩壊に起因する。このバブルは 2000 年代初頭から進行し，2006 年に崩れ始めた。これが 2008 年から 2009 年にかけてグローバルな景気後退を引き起こした。カナダ，日本，オーストラリア，その他多くの経済は，この金融パニックが信用危機，株式市場の崩落，そして輸出と民間部門投資の減少を生み出すにつれて，景気後退に落ち込んでいった[4]。

　カナダ経済はリーマン・ショック以降，通常よりも多くの注目を集め，多数の経済学者から卓越した成果を上げた国，すなわち住宅バブルを回避し，銀行破綻や銀行救済なしに金融システムの安定性を維持し，2008〜2009 年のグローバルな不況が引き起こした景気後退から比較的早く回復した国と見なされた。カナダの保守党政府はあらゆる機会を捉えてこの実績を自らの手柄だと吹聴した。

　カナダ経済はしばしば合衆国経済と比較されてきた。合衆国が 2007 年 12 月に景気後退期に入ったのに対し，カナダがこれに続いたのは 2008 年第 3 四半期であった。実質 GDP の減少は合衆国（5.4%）の方がカナダ（4%）よりも大きかった。両国は 2009 年第 3 四半期に景気後退から抜け出したから，景気後退期は合衆国よりもカナダの方が短かった。さらに，カナダの実質 GDP は 2010 年第 3 四半期までに，先行する 2008 年第 3 四半期の山を追い越したが，合衆国の実質 GDP は 2011 年第 2 四半期になっても先行する山に戻っていなかった。

　当然ながら，実質 GDP に関するこの情報を前提すれば，カナダの労働市場の実績は，広く利用されている指標では合衆国の実績を上回っていた。カ

ナダの雇用は2011年1月までに景気後退期前の山に戻っていたのに対し,合衆国の雇用が2004年半ばの水準に回復したのは2011年半ばであった。さらに,2011年半ばにカナダの失業率は景気後退前の低さを1.2%ポイント上回っていたが,合衆国の失業率は景気後退前の低さを4.2%ポイントも上回っていた。

リーマン・ショック直後におけるカナダのマクロ経済実績を評価するにあたって,次のような2つの基本的問題がある。1）カナダと合衆国のこうした比較に重大な意味があるのだろうか。2）この時期のカナダのマクロ経済実績はどの程度まで,カナダの経済政策,とりわけ保守党の連邦政府（2006年に初めて選出され2008年に再選された）による経済政策決定の結果だったのだろうか。

ジム・スタンフォードは2007・2008年から2011年にかけてのカナダのマクロ経済実績を包括的に比較研究した。彼の主要な発見は,カナダの比較実績を適切に理解するには,カナダの人口増加率が合衆国と比べても異例なほど高いことを考慮しなければならないことである。スタンフォード論文は,OECD（経済協力開発機構）加盟国の2010年までの5カ年平均の人口増加率を示す表を提示して,カナダの年平均人口増加率1.13%が合衆国の0.89%を大きく上回り,またOECD平均の0.65%をはるかに大きく上回り,さらにはもちろん日本およびその他OECD加盟国3カ国（ドイツ,ハンガリー,エストニア）のマイナスの人口増加率と著しく対照的であることを明らかにしている（Stanford 2012: 2）。スタンフォードは,カナダの経済回復を国際比較の見地から考察するにあたって,実質GDP総額よりも1人当たり実質GDPの増加を検討する方が,また全就業者数の変化よりも就業率の変化を検討する方が重要だと説得的に論じている。

カナダを合衆国だけでなくOECD加盟国全体と比較し,且つカナダの高い人口増加率を考慮しつつ,2011年を含むそれまでに期間について,こう結論する (Stanford 2012: 2-3)。

〈1人当たりの見地からすると,景気後退前の山（2007年）以降のカナダの実質GDP増加率はOECD加盟国34カ国のうち17位――ちょうど真ん中――に位置する。同様に,労働年齢人口の増加を調整すると,カナダの雇用実績は同じく中位である。景気後退前の山（2008年）以降,就業率変化の見地からすると（報告した33カ国のうち）再び17位に位置づけられる。〉

注目すべきことだが,2008～2011年のカナダの就業率低下は,日本よりも際だって大きかった。前者はマイナス1.2%,後者はマイナス0.7%で

第18章 リーマン・ショック以降のカナダ経済

あった。

　カナダが2007・2008年から2011年にかけて卓越した実績を上げた国だとする見解を吹聴する人々は，カナダの高い人口増加率を考慮しても，そのマクロ経済面の実績は合衆国を上回っていると主張するかもしれない——1人当たり実質GDPの低下は，カナダがマイナス1.4％に対し合衆国はマイナス2.6％であったし，また就業率の低下はカナダがマイナス1.2％に対し合衆国はマイナス3.8.％であった。

　これは先に提起した基本問題にわれわれを連れ戻す。「この時期のカナダのマクロ経済実績はどの程度まで，カナダの経済政策，とりわけ保守党の連邦政府（2006年に初めて選出され2008年に再選された）による経済政策決定の結果だったのだろうか。」

　最も重要な経済政策は財政政策，金融政策，為替政策，金融規制政策そして産業政策である。

　財政政策は確かに2009～2011年に反循環的措置であった。連邦政府の財政黒字は2007～2008財政年度にGDPの0.6％であったが，2008～2009財政年度には，2008年第3四半期に始まる景気後退および自動安定化装置の作用のゆえにマイナス0.3％の財政赤字に転化した。しかし2009～2010年度と2010～2011年度の巨額の財政赤字は主要には，2009年1月の連邦政府予算とともに始まった一連の裁量的な財政拡張政策によるものであった。

　この財政政策の対応は有益であったとはいえ，やや遅れたし，いくつかの国と比べて微弱であり，また減税に偏っていた。それは保守党政権に強制された政策であった。そもそも保守党政権は2008年に再選されて少数派政権の2期目に入ると，景気循環に対抗するいかなる措置の採用にも抵抗してきた。2008年後期に野党は政府に行動を起こすよう圧力をかけ，もし何らかの財政拡張政策を採らないのであれば，この少数派政権を打倒するぞと威嚇した。同じ頃，国際通貨基金は，多くの人を驚かせたように，政府が拡張的財政政策を採るよう唱道し始めた。2009年1月にカナダの保守党政権はようやく要求に応じた。

　金融政策の対応もまた有益であった。カナダ銀行〔カナダの中央銀行〕は実際には基本的な政策金利，すなわち〔インターバンク市場の〕翌日物金利目標を，すでに2007年12月の4.5％から2008年4月の3％まで漸次引き下げていた。2008年9月のリーマン・ショックのずっと前である。リーマン・ショックにつづいて，2008年10月から2009年4月までカナダ銀行

は一連の切り下げによって翌日物金利を 0.25% にまで引き下げ，これを「実効下限」と名づけ，また 0.25% の翌日物金利目標を 2010 年第 2 四半期末まで維持することを公に約束した[5]。(この公約は「フォワード・ガイダンス」と名づけられたが，日本銀行が 1999 年 2 月に導入した「ゼロ金利政策」を模倣したものであり，これに続いて 2001 年 3 月には量的緩和政策が導入された。) カナダ銀行は経済概況の改善と並行して 2010 年第 2 四半期末に翌日物金利目標を引き上げたが，しかし翌日物金利目標がすでに 1% に引き上げられていた 2010 年 9 月以降に再度引き上げられることはなかった。

　基本的な政策金利を切り下げる伝統的金融政策およびその政策金利を実効下限に 1 年以上にわたって維持することを公約する非伝統的金融政策の実施に加えて，カナダ銀行は大規模な信用緩和に取り組んだ[6]。この信用緩和に至る背景は，2007 年夏以降，カナダの短期金利が翌日物金利目標と比べて上昇したことであった。2008 年 8 月までに短期金利と翌日物金利目標の開きは 75 ベーシス・ポイントまで広がった[7]。カナダ銀行の信用緩和は，この開きの拡大を抑え，究極的にその伝統的な歴史水準にまで引き下げることを意図していた。それに伴って，カナダ銀行は流動性の乏しい資産を金融機関から買い上げて市場により多くの流動性を供給した。供給は信用緩和がもはや不要になったと判断された 2010 年 4 月までつづいた。

　この時期のカナダの金融政策は確かに国際的に高く評価された。それを示す指標の一つは，2008 年 2 月から 2013 年 6 月までカナダ銀行総裁を務めたマーク・カーニーがその後，イングランド銀行総裁の地位に抜擢されたことだ。

　しかし保守党政権がリーマン・ショック前後のカナダの金融政策に関して，たとえ手柄をあげたとしても，それが大きかったとは考えられない。カーニーの任命は保守党の財務大臣ジム・フラハティーの下で承認されたとはいえ，カナダ銀行の選任委員会が推薦する候補者を慣例に従って承認したように思われるし，またカナダの金融政策が 2 番目の総裁候補者の下であれば何か違っていたのかどうか定かではない[8]。

　カナダの財政・金融政策行動は，アメリカ合衆国やその他の国のそれと比べて，取り立てて斬新なものではなかった[9]。カナダと合衆国の政策に顕著な違いがあった一つの政策分野は金融規制に関わっている。2000 年代のカナダの住宅金融・銀行システムには，大規模な証券化，与信基準の緩和，その結果として合衆国が経験したような住宅バブルとサブプライム貸付の崩壊を阻止する多くの特質と法律条項が含まれていた[10]。しかし，カナダの住

宅金融・銀行システムのこうした側面が成立したのは，2006年に保守党政権が選出されるよりも前のことであった。事実，前自由党首相のジャン・クレティエンがリーマン・ショックから程なくして指摘したように，カナダの金融システムの安定性は，自由党政府の1998年の意思決定，すなわちカナダの大銀行の合併を認めず，そうすることでアメリカ合衆国市場での業容拡大に専念しようとする大銀行の計画を頓挫させた決定に負うところが少なくない[11]。概して保守党は金融へのよりレセフェール的なアプローチを提唱してきた。そしてリーマン・ショックの前には，カナダの政策策定者はアメリカ合衆国の金融規制緩和の動きを模倣する手段をいくつか採用したが，深く進行する前に，合衆国の金融規制緩和の否定的な帰結が表面化したから，カナダの政策策定者は金融規制緩和から手を引きはじめた。

またリーマン・ショック以降のカナダ経済の回復を助けたのは為替減価であり，それが純輸出したがって総需要を押し上げた。カナダ・ドルは2008年7月にアメリカ・ドルと等価で取引されていたが，2008年10月には0.90アメリカ・ドルにまで大幅に低下し，2009年3月の0.79アメリカ・ドルで底打ちしたが，2008年7月の高水準にもどったのはようやく2010年3月のことであった[12]。しかし為替減価がカナダの回復に貢献したとはいえ，この減価はカナダの政策決定の結果ではなかった。利子率の変化は為替相場に影響を与えうるが，カナダの利子率がアメリカ合衆国のそれを超えて低下することはなかった。さらにカナダ銀行が外国為替市場に介入することもなかった。実際，カナダ銀行がカナダ・ドルの動きに影響を与えるために外国為替市場介入は1998年9月以降なされなかった[13]。カナダ・ドルの対アメリカ・ドル相場を変動させるのは市場要因であるが，なかでも近年最も重要な要因は原油価格であり，その低下はカナダ・ドルを減価させる傾向がある[14]。

保守党が自分の手柄だと主張しうる，リーマン・ショックへの政府の対応策の要素は，その産業政策，より正確には自動車産業への緊急支援であった。自動車産業の産出高への需要の崩落は構造的ではなく，景気後退の一時的な産物であるとする主張に応えて，カナダ政府は合衆国政府と協力して，自動車産業に臨時的な援助を提供した。その狙いは，自動車メーカーそのものだけでなく，国内の部品業者と販売業者の回復によって，生産と雇用を維持することにあった。この介入は成功を収めた[15]。

要約すれば，カナダ経済はリーマン・ショック以降，通常よりも多くの注目を集め，多数の経済学者から卓越した成果を上げた国と見なされ，またカ

ナダの保守党政府もこの成果を自分の手柄だと大いに吹聴した。事実としては，実質GDPや雇用増加などのマクロ経済指標をカナダの例外的に高い人口増加率で調整すると，2007・2008年のカナダ経済のマクロ経済実績はおおよそOECD経済の平均であった。カナダの政策反応は概して健全であったが，しかし政権を担う保守党は，全般的に見てことさらの手柄に値するものではなかった。金融政策の対応はタイムリーで適切であったが，保守党政権の振る舞いによるものでは全くなかった。財政政策の対応もやや遅れたとはいえ有益であったが，微弱であり且つ減税に偏っていた。実際には政権党は野党からそうするよう強制されたのだ。金融システムの安定性は前の政権のおかげであったし，また事実として保守党は規制緩和しはじめていたのだ。加えて，回復に貢献した要因もあったが，それらはカナダが管理できないものであった。そうした要因はカナダの対外貿易に関わっており，新興市場経済の急速で力強い回復およびそれと関連する資源輸出価格の反騰に加えて，すでに触れたカナダ・ドルの減価がそれであった。保守党がとりわけ自分の手柄だと吹聴できる政府の対応策の要素は，自動車産業への緊急支援であったが，これは保守党の経済政策である全般的なレセフェール志向に反する策であった。

本節で最後に指摘したいのは，この分析は，2008〜2009年にカナダ経済が直面した外的ショックがOECD加盟国が直面したそれに匹敵するものだと暗黙に想定していることだ。異なる経済が被った外的ショックの相対的な規模を客観的にどう測定するかは明瞭ではないが，いくつかの経済，例えばカナダ（その貿易は合衆国に大きく偏っている）や日本は2008〜2009年に平均的なOECD経済よりも大きな外的ショックを被った。

2．期待はずれの拡張

前節では，リーマン・ショックから回復の初期段階まで——おおよそ2008年から2011年まで——のカナダの経済実績と政策に焦点を絞ったが，それより前の時期にも少しばかり注目した。1人当たりを基準に評価すると，カナダの経済実績は良好であったが，保守党政府が主張するように例外的なほど良好ではなかった。マクロ経済政策は，一般に保守党政権から予想されるよりも拡張的であったが，しかし政権は2008年から2011年まで少数派政権の立場にあったし，また国際的政策環境も2008年後期から2010年まで拡張政策を支持していた。

とくに政策評価の観点からは，2011年はリーマン・ショック後の後半期の分析を開始する上で適切である。なぜなら保守党が2011年半ばに多数派の連邦政府として選出されたからだ。それは2006年と2008年の連邦選挙で政権の座に就いたが，双方ともに少数派政権であった。2011年3月に保守党が提案した連邦予算は主要な野党3党——自由党，新民主党（NDP），ブロック・ケベコワ——すべてから否決されたが，再選挙後に「雇用と成長のための低税率計画」の副題を付けた予算を再度提出し可決された[16]。

2011年の連邦予算以降，カナダの財政政策ははっきりと拡張性を低下させていった。表1は，カナダ連邦政府支出の対GDP比率が2009・2010年度から2014・2015年度にかけて低下したことを，比較のために挙げた先行する10財政年度平均とともに証明している。景気後退後の連邦支出の対GDP比率の低下が，GDP(分母)の上昇と景気後退関連支出の減少の双方のせいであることは予想されるであろう。しかしカナダが経験したこの比率低下は，保守党が好む政府支出削減にも由来する。

表1：カナダ連邦政府支出の対GDP比率の低下

時期	総連邦支出の対GDP比率（％）
先行する10財政年度平均	15.5
2009-10年度	17.7
2010-11年度	16.5
2011-12年度	15.6
2012-13年度	15.0
2013-14年度	14.6
2014-15年度	14.2

予算の歳入面では，保守党政府はいくつかの税金（個人所得への限界税率ではない）を引き下げたが，しかし総需要拡大を意図してではなかった。政府はお定まりの法人税切り下げ路線を持続し，その根拠として法人税をカットすれば経済への投資が促進されると明言した。一つの評価尺度であるが，保守党は2006年から2015年にかけて法人税率を段階的に8％ポイント切り下げた[17]。加えて，さまざまな租税優遇措置を導入した。とりわけ目立つのは「非課税貯蓄勘定」であり，2009年初めに年当たり拠出限度額5000ドルで実施されたが，限度額は2013年に5500ドルに，2015年に1

万ドルに引き上げられた[18]。

　支出の対 GDP 比率と法人税率の引き下げに加えて，保守党経済政策のもう一つの柱は他の国々との「自由貿易」協定の推進であった[19]。例えば外務貿易開発省のウェッブサイトはこう自慢している——「2006 年以降，カナダは 39 もの国々と自由貿易協定を締結し，その総数を 49 カ国に引き上げたが，これはグローバル経済の半分以上を構成し，また全世界の国々の約 4 分の 1 に相当する。」[20]

　ここで私は 2011 年以降の時期——すでに述べたように，この時期がカナダ政府の政策のシフトと一致しているからだ——に焦点を絞るだけでなく，カナダの実績を英米圏の他の資本主義 5 カ国——オーストラリア，アイルランド，ニュージーランド，イギリス（連合王国），アメリカ合衆国——，さらには日本——本章が日本の読者向けに書かれていることを考慮して——と比較して考察したい。英米圏経済は理に適った比較集団をなしている。1 人当たり所得水準はほぼ同じであり，また多くの共通の制度的・文化的特徴を分有している。

　この比較の基本的データ源は，2015 年 4 月時点における国際通貨基金（IMF）の World Economic Outlook (WEO) データベースである[21]。比較する時期は 2011 年から 2015 年までの 5 年間であり，2015 年（およびいくつかの場合には 2014 年）のデータ数値は IMF の予測値である。

　比較の第 1 の変数は，1 人当たり実質 GDP の成長である。WEO データベースから 1 人当たり実質 GDP 水準の年次データが得られるが，ここから 1 人当たり実質 GDP の増加率を計算した。各国の 5 つの成長率の平均を使って，2011～2015 年の時期の 1 人当たり実質 GDP 年平均成長率を計算すると，オーストラリア 1.3％，カナダ 1.2％，アイルランド 1.8％，日本 1％，ニュージーランド 1.6％，イギリス 1％，アメリカ合衆国 1.6％が得られる[22]。だからカナダの実績は 1 人当たり実質 GDP の増加率で測れば，とくに良好なわけではなかった。

　比較の第 2 の変数は就業率の変化である。WEO データベースは毎年の就業率を直接に与えてはくれないが，毎年の就業者と毎年の人口を与えてくれるから，毎年の就業率を計算できる。この場合，状況は，表 2 に見られるように，当該時期のちょうど始点と終点の就業率にうまく示されている。この表が明らかにしているように，7 つの経済のうちニュージーランドは 2011～2015 年の時期に％ポイントで見た就業率の増分が最大であり，またカナダは 7 経済のなかで減少を記録した唯一の経済であった。

表2：英米圏経済と日本の就業率―2011年と2015年

経済	年		変化幅（%ポイント）
	2011年	2015年	
オーストラリア	49.8	49.9	+0.1
カナダ	50.2	49.9	-0.3
アイルランド	40.4	42.0	+1.6
日本	49.2	50.3	+1.1
ニュージーランド	50.5	53.0	+2.5
イギリス	46.4	47.9	+1.5
アメリカ	44.8	46.3	+1.5

　比較の第3の変数は労働力率の変化である。ここでの資料はOECDオンライン・データセットである[23]。今のところ，それは（15～63歳の年齢層の）労働力率を比較する7カ国のそれぞれについて2014年まで（この年を含む）提供してくれる。就業率がそうであったように，状況は，表3に見られるように，当該時期のちょうど始点と終点の各経済の労働力率にうまく示されている。再度，カナダの実績は可もなく不可もない。したがってカナダ政府が，カナダの労働力率を最大限に際立たせようとして（Government of Canada: 46），もっと広く比較するよりも，カナダに有利になるアメリカ合衆国と比較した理由がここにある

表3: 英米圏経済と日本の労働力率（%）― 2011年と2014年

経済	年		変化幅（%ポイント）
	2011年	2014年	
オーストラリア	76.6	76.3	-0.3
カナダ	77.8	77.8	0.0
アイルランド	69.5	69.7	+0.2
日本	73.8	75.5	+1.7
ニュージーランド	77.7	79.0	+1.3
イギリス	76.4	77.6	+1.2
アメリカ	73.3	72.7	-0.6

理想的には，カナダの実績と他の英米圏経済および日本のそれとの比較には，所得分配の指標が1つ以上含まれてよいであろう。確かにスティーヴン・ハーパー〔2006年から現在に至る保守党党首〕政権が実施した政策の多くは，所得分配に強い影響を与えてきたと予想できる。OECDは現在，所得分配統計の詳細な国際データベースをもっているが，今のところカナダのデータは2012年からしか入手できない[24]。所得分配の変化の評価は今後の課題である。

　要約すれば，2011～2015年のカナダの経済実績は，他の英米圏経済と1人当たり実質GDP成長率，就業率の変化，そして労働力率の変化の数値で比較すると可もなく不可もないし，また就業率の変化および労働力率の変化で日本と比較すると，カナダの実績は劣っている。入手できるデータの欠如から，2011～2015年の期間に他の国々と比較してカナダの所得分配に何が生じたのかについて結論を出すことは現時点ではできない。

　このデータに示されるカナダの期待はずれの経済実績は，カナダ保守党の主張と著しく対照的であり，したがってこの時期の経済政策の柱，とりわけ法人税切り下げおよび企業に親和的な貿易協定の飽くなき追求に疑問を投げかけるものである。

　法人税切り下げが提起されたのは，それが民間部門の投資と雇用創出を促進するという理由からであった。批判的な人々は，民間部門の投資を刺激するもっと効果的な方法は特定の形態の投資に税金還付を，すなわち実績に応じて減税を提供することだと反論した[25]。非住宅投資の対GDP比率は2011年から2014年までわずかに上昇した（10.6％から11.1％に）が[26]，そのほとんどは資源価格に突き動かされた高度に資本集約的な資源プロジェクトであった。2015年4月のWEOデータベースによれば，カナダ経済の投資対GDP比率は2011年から2015年まで下落したが，アイルランド，日本，ニュージーランド，イギリスそして合衆国の比率は上昇した。

　保守党政権が署名した多くの貿易協定の影響を見ると，その主要な帰結は，伝統的にカナダでそうであったように貿易黒字を持続するどころか（2005年の貿易黒字の対GDP比率は5.2％であった），2010年以降，毎年貿易赤字を記録し，2011～2014年の赤字の対GDP比率は年平均2.7％であった[27]。

　注目に値することだが，2011～2015年の政府の経済政策が，例えば1990年代初期のカナダの連邦・地方政府でそうであったように，カナダ銀行の政策によって掘り崩されることはなかった[28]。本章の前節で触れたよ

うに，経済回復によって翌日物金利は2010年9月に1%に引き上げられたが，その後は据え置かれている。2013年にマーク・カーニーは退任してイングランド銀行総裁になったが，その後を継いだのはスティーブン・ポロズであった。彼はカーニーと少なくとも同じくらい経済成長に気を配っているように見える[29]。ポロズのもとで，カナダの景気後退に対処するため，翌日物金利目標が2015年1月に0.75%ポイント，2015年7月に0.50%ポイント引き下げられた。

　前節の結論部でカナダ経済が2008～2009年に直面した外的ショックはおそらく平均的なOECD経済よりもかなり大きかったことを認めたのと同じように，この節でも結論として，2015年にカナダが経験した経済後退は外的ショックによって，とりわけカナダの原油その他輸出資源の価格急落によって引き起こされたことを認めるべきだ[30]。例えばカナダ銀行の一次産品価格指数は，カナダで生産される一次産品24品目から構成されており，生産・価格データで加重平均されているが，2014年6月の674から2015年の8月にはたった363に低落した。後者は2009年2月に記録された指数の谷の値394を大幅に下回っている[31]。もちろんわれわれがもし2015年の経済後退期における一次産品価格の下落が果たした役割を認めるのであれば，2009年2月から2014年6月までの一次産品価格の全般的上昇が果たした役割もまた承認すべきである。

3．結論：重大な岐路に立つカナダ経済

　本章を書き進めている時点で，カナダ人は連邦議会選挙の真っ只中にあるが，そこでの基本争点はカナダ経済の実績にある。カナダ保守党政府は，華々しいカナダ経済の実績をもたらしたのは自らの政策が機能したからだと論じる際に，2009年第2四半期の谷以降に始まる時期の経済実績を好んで提示してきた。例えば2015年4月の連邦予算（Government of Canada 2015: 43-47）では，カナダの経済実績に関するデータは概して2009年第3四半期から2014年第4四半期の時期について提示された。当然ながら，谷から山への比較は経済の強さを誇張するのが常である。

　2015年の連邦予算はカナダの経済実績を他のG7諸国あるいはアメリカ合衆国だけと比較しているが，どちらの比較であれカナダの経済実績をよくみせかける。またそれは実質GDP成長や就業率といった変数を選択しているが，これらの変数は，カナダの高い人口増加率に支えられており，カ

ナダの経済実績を1人当たり実質GDP成長や就業率の変化といった変数で測定するよりも良いものに見せる。この語り口は2014年9月にカナダ首相ハーパーのそれによく似ている。「私たちは大恐慌以降，最悪のグローバルな景気後退から抜け出して，疑いなく世界が羨むような経済を手にしている。[32]」

対照的に，保守党政府が主張する経済実績に対する第一級の批判であるスタンフォードとブレナンの論文（Stanford and Brennan 2015）は，16の経済指標を使って，カナダ経済の実績をハーパー氏の保守党政権3期すべて——2006〜2008年，2008〜2011年，2011〜015年——について評価し，ハーパー氏の下でのカナダの経済実績を，第2次世界大戦終結後の氏に先行するカナダ首相の下でのそれと比較した[33]。その結論はこうであった（Stanford and Brennan 2015: 1)——ハーパー政権は9つの戦後政権のランク付けでビリであり，しかもビリから2番目のマルルーニー保守党レジーム（1984〜93年）を大きく引き離している。

スタンフォードとブレナンはまた，スタンフォード（Stanford: 2012）が確定したパターンにしたがって，カナダの経済実績をOECD加盟国のそれと次のように比較している——「カナダはOECD加盟国の下半部に位置する。すなわち2006年以降の就業率の変化では34カ国中20位，1人あたり実質GDP成長率では34カ国中18位であった」（Stanford and Brennan 2015: 34）。

本章でカナダ経済の最近の経済実績を検討してきたのは，連邦選挙を目当てにカナダ連邦政府の政策形成を格付するためではなく，リーマン・ショック以降のカナダの経済実績と政策をよりよく理解するためである。この目的のために，リーマン・ショック以降の年はリーマン・ショックから回復の初期段階までと2011年から2015年までの2期に分けられた。

リーマン・ショックに続いて，カナダの経済政策はケインズ的意味で拡張的になった。連邦政府は拡張的財政政策を実施したが，これはカナダ銀行の拡張的な金融政策手段——翌日物金利目標の0.25％への引き下げ，翌日物金利目標をその「実効下限」に一定期間据え置く公約の表明，そして大規模な信用緩和——にも支えられた。適切に計測されたカナダ経済の実績はOECD加盟国と比べて輝かしいものではなく，むしろ平均的であったが，もしカナダ経済の直面した外的ショックが平均よりも厳しかったと判断されうる場合には，平均を上回っていたと言えるかもしれない。カナダでも，この時期の多くの国と同じように，回復は拡張的なケインズ的マクロ経済政策

の成果であった。同様に，リーマン・ショック前後のカナダ金融システムの安定性は，強力な金融規制の長期的政策が賢明であることを証明した。

　2011年半ばに保守党は2015年10月の任期満了まで多数派政権の地位を獲得して，管理下にある政策の舵をよりネオリベラルな方向にはっきりと切り替えた。カナダ経済は毎年潜在能力以下で運営されているとはいえ，またカナダの政府債務対GDP比率が低い——2011年〜2015年平均で連邦政府のそれは32％，全政府レベルで37％——にもかかわらず，連邦政府は財政政策を緊縮モードに転換した[34]。法人税を切り下げ，また企業に親和的な国際貿易協定を相次いで締結する状況で，連邦政府はカナダの生活水準引き上げと雇用創出にサプライサイド・アプローチを採っているのだと主張してきた。しかしカナダの経済実績は他の英米権諸国のそれと比較して計測すると貧弱であった。法人税引き下げは投資の増加に効果がなかったし，また貿易協定はカナダ経済の恒常的貿易黒字から恒常的赤字への移行と連動していた。

　カナダの有権者はカナダの経済実績に失望してきたし，この失望が保守党への支持の低下と左翼中道派の新民主党（NDP）および中道左派への支持増大を説明する一つの要因である。今回の選挙までに行われた多くの世論調査によれば，新民主党は人気投票で前例のないリードを保っている。現時点（2015年9月21日）の予測では，10月19日の連邦選挙で保守党は全体の3分の1を少し上回る議席を得るが，残る議席のほとんど全部が新民主党と自由党によって均等に分けられるであろう[35]。

　今回の選挙運動は，そのほとんどが新民主党を支持するカナダの進歩派経済学者にとって興奮させられる出来事であった。進歩派経済学フォーラムのメンバーである，少なくとも2人の進歩派が新民主党の候補者として出馬している。進歩派経済学フォーラムの元代表で鉄鋼労働者合同労働組合の経済学者，イェリン・ウェアがサスカチュワン州のリジャイナ・リューヴァン選挙区に，またベストセラーの著者で『トロントスター』紙コラムニストのリンダ・マクエイグがオンタリオ州のトロント・センター選挙区に立候補している[36]。

　選挙運動が始まると，経済政策をめぐる論争は，財政政策についてカナダの進歩派経済学者が分裂していることを明らかにした。少数の進歩派経済学者は新民主党の提案する財政政策を公然と批判し，新民主党よりも強く政府財政赤字を持続する意思を表明してきた自由党の提案を支持した。

　この背景には，カナダの有権者が一般に反循環的な財政政策を受け入れず，

政府が財政赤字を回避しうるか否かをもって，経済事象に関する政府の能力を判断する基本的指標として用いがちであることだ。カナダの有権者のこうした傾向は，例えば，2008年秋の連邦選挙で，当時すべての経済学者にとってグローバルな景気後退がすでに始まっており，したがってカナダの少額の連邦財政黒字がすぐに赤字に転じることが明白であるにもかかわらず，すべての主要政党――保守党，自由党，新民主党――が，もし選出されれば財政赤字を回避すると公約した理由であった[37]。

前述のように，保守党は2008年秋に政権に復帰し少数派政府を形成した後，姿を現しつつあった景気後退に対処するために，当初はいかなる裁量的な財政措置を採ることにも抵抗していたが，しかし結局受け入れたのは，野党からの圧力，そして加盟国に反循環的財政措置を提唱した国際通貨基金からの圧力によるものであった。カナダは2008～2009財政年度――カナダの財政年度は日本と同じく3月に終わる――に少額の連邦財政赤字を，また2009～2010財政年度に巨額の赤字（対GDP比率3.5％）を記録し，その後の年度も少額の赤字をつづけた。連邦債務の対GDP比率は，2007～2008年度に29.2％の低さにあったが，2012～2013年度に33.5％のピークにまで上昇した後，2013～2014年度に低下したのは，連邦債務の伸び率が名目GDPのそれに遅れたからであった。

野党は，保守党が経済状況を無視して，法人税減税と租税優遇措置を実施し，政府赤字と債務を増大させたと批判した。連邦選挙が公示される数週間前に，保守党は「連邦均衡財政法」を含む一括法案を可決したが，この法制化の狙いは，保守党こそは健全財政の管理者なのだと来るべき選挙で公衆に売り込むことにあった[38]。新民主党は，連邦政府に加わったことはなかったし，また一般大衆に自党の統治能力を確信させることを3大政党のなかで最大の難題としていたが，選挙で政権に就くならば均衡財政を必達目標にすると公約した[39]。自由党は，2006年までの第2次世界大戦後の大部分の期間に連邦レベルで政権を握り，また1990年代半ばから保守党が2006年に選出されるまで連邦政府黒字を統轄してきたが，一時的な財政赤字で新しいインフラストラクチャの資金を調達して，経済を景気後退から脱出させると約束すれば，先頭を走る新民主党から自党を差別化し，中道左派の有権者をより多く引きつけうると決断したように見えた。

一見したところ，財政政策で生じた進歩派経済学者の分裂は，主として支持政党の問題のように思われるかもしれない――ほとんどの進歩派経済学者は新民主党の忠実な支持者であるが，ポスト・ケインズ派のなかには自由党

支持者もいる。実際，ポスト・ケインズ派経済学者の一人は，新民主党の財政政策スタンスにきわめて批判的で，最近のブログで「個人的なことだが，私はいつも自由党に投票してきた…」と言及した[40]。さらに現在の新民主党の財政政策スタンスを支持する人々のなかには，今回の選挙が公示される前から，保守党の「緊縮」政策にきわめて批判的であった経済学者もいる[41]。しかし進歩派経済学者の分裂に深い基礎があることは明らかだ。

カナダのほとんどすべての学派の進歩派経済学者が反循環的政府支出を支持しているにもかかわらず，ポスト・ケインズ派は一貫してこう論じてきた――カナダ経済は潜在能力以下で運営されているし，またその潜在能力は所与ではなく，需要によって決定される。さらにカナダに固有の中央銀行がある限り，中央銀行は政府債務を買い上げて通貨を発行することができるから，連邦政府債務の対GDP比率に何の問題もないはずだ。ポスト・ケインズ派は常に財政赤字による支出を強く提唱して，また高い連邦政府債務の対GDP比率への懸念を手厳しく批判してきた[42]。

他の進歩派経済学者には政府の赤字と債務にもっと中道的立場をとる傾向がある。概して，彼らは均衡財政乗数概念をポスト・ケインズ派よりも受け入れている[43]。その多くはカナダ代替政策センターの「代替的連邦予算（AFB）」に関与してきたが，この「予算」の特徴は新しい収入源から調達する資金での追加支出を強調することにある[44]。例えば，カナダ代替政策センターの2014年のAFBは，財政均衡を実際の連邦予算と比べて1年だけ遅らせれば，「このAFBがカナダの債務負担を低下させながら，いかにして経済回復を推進しうるのかを明らかにしている」と論じた。これらの進歩派経済学者には，もし政府が高い政府債務対GDP比率のまま景気後退に陥れば，それは政府の不況対処能力を妨げるという議論をより受け入れる傾向がある。かれらは概してポスト・ケインズ派よりも，正常時に黒字をつづけ，したがって景気後退期に大規模な政府赤字なしでより拡張的な財政スタンスを採用できるという考えを受け入れやすい。どの政党ないし政党連合が10月19日の選挙で政権を取ろうとも，2015年前半の景気後退につづいて，確固たる経済成長を回復するという難題に直面する。

為替の減価は有益であった。カナダ・ドルは，2013年1月までアメリカ・ドルと等価で取引されていたが，それ以降はかなり着実に減価をつづけ，昨年は2014年9月の約0.91アメリカ・ドルから2015年9月には約0.76アメリカ・ドルにまで低下した[45]。

中央銀行は限定的な追加支援をするであろう。2007年後期から2009年

4月にかけて，迫り来る，そしてその後現実化するグローバル不況に対応して，カナダ銀行は翌日物金利目標を4.5％から0.25％にまで，合計4.25％ポイント切り下げた。今回，翌日物金利目標は1％で景気後退に落ち込み，早々に0.5％に切り下げられた。もし0.25％が翌日物金利目標の実効下限であれば，切り下げの余地は1％ポイントの4分の1しか残されていない。切り下げ幅の合計は0.75％ポイントになる。

連邦債務の対GDP比率がきわめて低いことを前提すれば，裁量的な政府赤字支出によるにせよ，均衡財政アプローチによるにせよ，財政刺激の余地は十分にある。研究が示唆するところでは，法人税減税は需要サイドからも供給サイドからも刺激効果は顕著ではなかったから，その逆転〔すなわち法人税増税〕は，経済成長を著しく鈍化させることなく，政府歳入にかなり貢献するであろう。

たとえ資源価格が景気後退前の水準に回復するとしても，政策策定者はカナダ経済のために新しい「成長のエンジン」を発展させる必要がある。ただしアルバータ州のオイルサンドその他の資源開発メガプロジェクトを成長のエンジンとして利用する企ては大した成功を収めていない。

一つのリスクが経済全体を覆っているが，その源泉は所得と比較してきわめて高くなった住宅価格であり，また高い住宅価格に密接に関連した高い家計負債対所得比率である。政府は，いくつかの失策が2008年のリーマン・ショックを結果して以降，住宅価格上昇に一連のマクロ・プルーデンス政策を採って賢明に対処してきたとはいえ，次のようなシナリオを想像することは難しくない。すなわち景気後退による所得低下が住宅ローン金利の上昇と結びついて住宅市場を崩壊させ，この崩壊が次には景気後退を増幅するというシナリオである[46]。

本章を始めるにあたって，リーマン・ショック以降のカナダの経験は他の高所得資本主義経済に与える一般的教訓の源になると示唆した。結論部で，その教訓を要約すれば次のとおりである。1) 拡張的な財政・金融政策は景気後退への対処に効果がある。少なくとも純債務の対GDP比率がほどほどの経済にとっては。2) ネオリベラル政策は必ずしも高い経済成長を生み出さない。少なくともカナダに似た混合経済では。3) 強力な金融規制とマクロ・プルーデンス政策が金融安定化のために，また低金利時代にあって住宅価格バブルを封じ込めるために必要である。

【注】
1) ニュー・ブランズウィク大学のアンソニー・マイアット博士の貴重な評価と訂正に感謝したい。残る誤りはすべて私に責任がある。
2) 関連する先行研究として Faroque and MacLean (2013) および Frank et al. (2012) がある。
3) 2四半期連続したマイナスの GDP 実質成長率に関するカナダ統計局の報道発表を論じたものとして Stanford (2015) を見よ。
4) これに先行するもっと詳しい説明は，Faroque and MacLean (2012) にある。
5) http://www.bankofcanada.ca/2009/04/fad-press-release-2009-04-21/ を見よ。
6) 非伝統的金融政策について MacLean (2015) でもっと全般的に論じたことがある。
7) 筆者はこの金利の開きについて Frank et al. (2012: 249-251) でかなり詳しく論じた。
8) カーニーの任命については，Viera (2007) を見よ。
9) 合衆国との比較については，Faroque and MacLean (2013) を見よ。
10) MacGee (2009) を見よ。
11) クレテェィエンのコメントについては Sinclair (2008) を見よ。銀行合併の提案に反対した基本文書は Peters and Donner (1999) であった。
12) カナダが合衆国と行う貿易の比率がきわめて高いことを前提すると，カナダ・ドルとアメリカ・ドルの為替相場の動向は貿易加重為替相場の動向と密接に並行している。
13) カナダ銀行は，「しかし，ときおりカナダは外国通貨の価値に影響することを目的にして，他の国々との協調介入に参加する。例えば2011年3月にカナダ銀行は合衆国，イギリス，ヨーロッパ，日本の当局者と結束して，日本円を安定させるために協調介入した。」
14) 例えば Antweiler (2015) を見よ。
15) この救済と事業再構築への合衆国の関与は Goolsbee and Krueger (2015) で分析されている。
16) Government of Canada (2011) を見よ。
17) http://www.tradingeconomics.com/canada/corporate-tax-rate を見よ。また純税率の変化については，tax rate, http://www.cra-arc.gc.ca/tx/bsnss/tpcs/crprtns/rts-eng.html を見よ。
18) http://www.cra-arc.gc.ca/tfsa/ をみよ。
19) カナダ政府は「自由貿易協定」ないし FTAs という用語を使っているが，批判的な人びとはこれら協定には，国際貿易から自由を奪う知的財産権保護や国際資本移動の保護が含まれていると指摘している。

20) http://www.international.gc.ca/trade-agreements-accords-commerciaux/agr-acc/fta-ale.aspx?lang=eng を見よ。
21) http://www.imf.org/external/pubs/ft/weo/2015/01/weodata/weoselgr.aspx を見よ。
22) もちろんこれらの増加率の背後では多くの要因が作用している。その1つとして，例えば，アイルランドが他の経済よりも規模の大きな景気後退から回復しつつあったことがある。
23) http://www.oecd.org/employment/onlineoecdemploymentdatabase.htm を見よ。
24) http://www.oecd-ilibrary.org/social-issues-migration-health/data/oecd-social-and-welfare-statistics/income-distribution_data-00654-en を見よ。
25) 例えば，ジャクソンの指摘によれば，「財務省の研究は，新規投資への資本コスト控除を引き上げれば，支出1ドル当たり1.35ドルだけ経済を押し上げ，法人税率1ドル引き下げの利得0.37ドルの約4倍になることを明らかにしている。」(Jackson 2015)。
26) これらの計算はカナダ統計局 CANSIM Table 380-0106 に基づく。
27) これらの計算もカナダ統計局 CANSIM Table 380-0106 に基づく。
28) 1990年代初頭におけるカナダの金融政策の否定的な帰結については，MacLean and Osberg (1996) を見よ。
29) カナダ銀行は政府とインフレ管理に関する5年間の協定を結んでいる。最初に政府との協定に署名されたのは1991年であったが，2016年に更新されることになっている。今年，初めてのことだが，カナダ銀行の内部に，これまで2%であったインフレ管理目標の引き上げを支持する（かなり弱いとはいえ）徴候がある。例えば Pitts (2015) を見よ。また，http://www.bankofcanada.ca/core-functions/monetary-policy/renewing-canadas-inflation-control-agreement/#optimal-inflation-target を見よ。
30) 例えば，近年カナダとオーストラリアが被った経済困難を比較した Economist (2015) を見よ。
31) http://www.bankofcanada.ca/rates/price-indexes/bcpi/commodity-price-index-monthly/ をみよ。
32) Hume (2014) を見よ。この見解は Stanford and Brenner (2015: 3) に引用されている。
33) スタンフォードはブレナンとの共著報告で発見したことに光を当てたユーチューブのビデオを作成もした。https://www.youtube.com/watch?t=1&v=6a0DgSWa48E を見よ。
34) カナダにおける全政府レベルの純債務の対GDP比率は2015年4月の国際通貨基金WEOによる。連邦政府純債務の対GDP比率はRBC (2015) による。カナダ経済が潜在能力以下で運営されつづけているという主張は，例えばカナダのGDPギャップに関するIMFの推計値によって，また間接的にはカナダ銀

行が 2010 年 9 月以降翌日物金利目標を引き上げられないでいることで裏付けられている。

35) CBC Poll Tracker: http://www.cbc.ca/news2/interactives/poll-tracker/2015/ (accessed September 22 2015) による。

36) ウェアについての詳細は，https://www.youtube.com/user/weirteam および http://www.erinweir.ca/ を見よ。マクエイグについての詳細は，http://lindamcquaig.ca/ および http://www.lindamcquaig.com/index.cfm を見よ。

37) McCracken (2008) を見よ。

38)「連邦均衡財政法」の全文はオンラインで入手できる。http://laws-lois.justice.gc.ca/PDF/F-5.8.pdf。カナダにおける均衡財政法制化の歴史と分析については Cameron and Lambert-Racine (2015) および Simpson and Wesley (2014) を見よ。

39) この政治力学は，例えば Walkom (2015) で論じられている。

40) Rochon (2015) を見よ。

41) 例えば MacEwan (2015) を見よ。

42) カナダのポスト・ケインズ派経済学者には，オタワ大学のマルク・ラヴォアとマリオ・セッカレシア，ヨーク大学のジョン・スミシン，私が勤めるローレンシアン大学の同僚，ハッサン・ブグリンとルイス＝フィリップ・ロションがいる。

43) 均衡財政乗数については，例えば Myatt and MacLean (2015) を見よ。

44) これは，例えば，2015 Alternative Federal Budget (Canadian Centre for Policy Alternatives 2015) の "Fair and Progressive Taxation" section, pp. 23-28 に見ることができる。この 2015 Alternative Federal Budget に参加した進歩派経済学者には，イグリカ・イヴァノヴァ，アンドルー・ジャクソン，マルク・リー，アンジェラ・マクイーワン，トビー・サンガー，ジム・スタンフォード，アルミン・ヤルニジァン，イェリン・ウェアがいる。

45) 為替レートの歴史データの便利な資料はブリティッシュ・コロンビア大学の the Pacific Exchange Rate Service of Werner Antweiler である。

46) カナダの住宅情勢を詳細に検討したのは Internaitonal Monetary Fund (2013) であり，またカナダで採られたマクロ・プルーデンス政策のより近年の検討は Krznar and Morsink (2014) である。私も住宅バブルに関連するより広範な問題に MacLean (2006) で言及したことがある。

【参考文献】

マクリーン，ブライアン・K [2000],「カナダの進歩派経済学―日本への教訓？―」天野・芳賀編著『現代資本主義の現実分析』昭和堂，所収.

Antweiler, W. [2015], "The Canada petrodollar," April 1, http://strategy.sauder.ubc.ca/antweiler/blog.php?item=2015-04-01.

Associated Press [2015], "Canada in recession; PM Harper denies it as election looms," *New York Times*, September 1, http://www.nytimes.com/aponline/2015/09/01/world/ap-cn-canada-election-economy.html

Bank of Canada [2011], "Intervention in the foreign exchange market," *Bank of Canada backgrounders*, http://www.bankofcanada.ca/wp-content/uploads/2010/11/intervention_foreign_exchange.pdf

Cameron, S., and M. Lambert-Racine [2015], "Legislating a balanced budget: requirements in Canada and abroad," *HillNotes: Research and analysis from Canada's Library of Parliament*, June 30, https://hillnotes.wordpress.com/2015/06/30/legislating-a-balanced-budget-requirements-in-canada-and-abroad/

Canadian Centre for Policy Alternatives [2014], *Striking a Better Balance: Alternative Federal Budget 2014*, Ottawa: Canadian Centre for Policy Alternatives.

The Economist [2015], "The woes of rich commodity exporters," *The Economist*, September 7, 2015, http://www.economist.com/blogs/freeexchange/2015/09/australia-and-canada-s-economies

Faroque, A., and B. K. MacLean [2013], "From the Great Recession of 2008-2009 to fiscal austerity: the role of inequality," pp. 49-79, in Tim Fowler, ed., *From Crisis to Austerity* (Ottawa: Red Quill Press).

Frank, R., B. Bernanke, L. Osberg, M. Cross, and B.K. MacLean [2012], *Principles of Macroeconomics, 4th Cdn. ed.*, Toronto: McGraw-Hill Ryerson.

Government of Canada [2011], *The Next Phase of Canada's Economic Action Plan: a low tax plan for jobs and growth*, Ottawa: Public Works and Government Services Canada, http://www.budget.gc.ca/2011/plan/Budget2011-eng.pdf.

Government of Canada [2015], *Strong Leadership: a balanced-budget, low-tax plan for jobs, growth and security*, Ottawa: Public Works and Government Services Canada, http://www.budget.gc.ca/2015/docs/plan/budget2015-eng.pdf

Goolsbee, A. and A. Krueger [2015], " A retrospective look at rescuing and restructuring General Motors and Chrysler," *Journal of Economic Perspectives*, 29, 2, pp. 3-24.

Hume, J. [2014], "Harper boasts about the economy," September 15, *Toronto Sun*, http://www.torontosun.com/2014/09/15/harper-boasts-about-canadian-economy

International Monetary Fund [2013], *Canada: 2012 Article IV consultation*, IMF Country Report No. 13/41, https://www.imf.org/external/pubs/ft/scr/2013/cr1341.pdf

Jackson, A. [2015]," Corporate tax cuts, lost revenues and lagging business investment," *The Broadbent Blog* (Broadbent Institute), July 11, http://www.broadbentinstitute.ca/corporate_tax_cuts_lost_revenues_and_lagging_business_investment

Krznar, I. and J. Morsink [2014], "With great power comes great responsibility: Macroprudential tools at work in Canada," *IMF Working Papers*, WP/14/83, https://www.imf.org/external/pubs/ft/wp/2014/wp1483.pdf

Lavoie, M. [2015], " The NDP goes down the 'sound finance' rabbit hole," *Globe and Mail*, August 31,
http://www.theglobeandmail.com/report-on-business/rob-commentary/the-ndp-goes-down-the-sound-finance-rabbit-hole/article26168909/

MacLean, B. K., ed., [1999] *Out of Control: Canada in an Unstable Financial World*, Toronto: James Lorimer.

MacLean, B. K. [2006], "Avoiding a Great Depression but getting a Great Recession," *International Journal of Political Economy*, 35, 1, pp. 84–107.

MacLean, B. K. [2015] "Quantitative easing," pp. 414-416, in L-P. Rochon and S. Rossi, eds., *The Encyclopedia of Central Banking* (Cheltenham, UK: Edward Elgar).

MacLean, B.K., and L. Osberg, eds. [1996], *The Unemployment Crisis: All For Nought?* Montreal: McGill-Queen's University Press,

MacEwan, A. [2015], " Balanced budget myopia breaks both ways," *Progressive Economics Forum blog*, August 31 2015,
http://www.progressive-economics.ca/2015/08/31/balanced-budget-myopia-breaks-both-ways/

McCracken, M. [2008], "No party will admit to running a deficit during a recession," *Toronto Star*, October 4,
http://www.thestar.com/news/politics/federalelection/2008/10/04/no_party_will_admit_to_running_a_deficit_during_a_recession.html

Myatt, T., and B. K. MacLean, "Is freshwater skepticism on fiscal multipliers rooted in theory?," *International Journal of Political Economy*, vol. 43, issue 3, 2015, pp. 1-15.

Peters, D. and A. Donner [1999], "Bank mergers: the public policy challenge," in B. MacLean, ed., *Out of Control: Canada in an Unstable Financial World*, Toronto: James Lorimer.
http://www.cbc.ca/news/canada/manitoba/would-an-ndp-win-mean-the-end-of-canada-1.3191645

Pitts, Don [2015], "Stephen Poloz may let inflation creep higher," *CBC News*, May 13,
http://www.cbc.ca/news/business/stephen-poloz-may-let-inflation-creep-higher-don-pittis-1.3070933

RBC [2015], "Canadian federal and provincial fiscal tables," *RBC Economic Reports*, September 15,
http://www.rbc.com/cconomics/economic-reports/pdf/provincial-forecasts/prov_fiscal.pdf.

Rochon, L.-P. [2015], "Would an NDP win mean the end of Canada?, *CBC News | Manitoba* online, August 14,

Simpson, W., and J. Wesley [2014], "Effective tool or effectively hollow?: balanced budget legislation in Western Canada," *Canadian Public Policy*, 38, 3, pp. 291-313.

Stanford, J. [2012], *Canada's Incomplete, Mediocre Recovery* (Ottawa: Canadian Centre for Policy Alternatives),

http://www.policyalternatives.ca/sites/default/files/uploads/publications/National%20Office/2012/01/Canadas%20Incomplete%20Recovery.pdf

Stanford, Jim [2015], "GDP recession a symptom of deeper failures," Progressive Economics Forum

blog,http://www.progressive-economics.ca/2015/09/03/gdp-recession-a-symptom-of-deeper-failures/

Stanford, J. and J. Brennan [2015], "Rhetoric and reality: evaluating Canada's economic record Under the Harper government," Unifor report, July,

http://www.unifor.org/sites/default/files/documents/document/909/harper_economic_critique_eng_0.pdf

Stewart, S. [2008], " Lucky or prescient? Chrétien takes credit for stronger banks," *Globe and Mail*, October 8,

http://www.theglobeandmail.com/report-on-business/lucky-or-prescient-chretien-takes-credit-for-stronger-banks/article17972537/

Vieira, P. [2007], "Carney vaults over heir apparent for Bank of Canada top job," *Financial Post*, October 4,

http://www.financialpost.com/story.html?id=4e6b4073-de51-4ab2-b79c-626e93627b45&k=8869

Walkom, T. [2015], "Mulcair's deficit fetish bad economics but good politics," *Toronto Star*, August 26, http://www.thestar.com/news/canada/2015/08/26/mulcairs-deficit-fetish-bad-economics-but-good-politics-walkom.html

(追記)

本章を完成したのは2015年9月半ばであった。これはカナダの連邦選挙運動が頂点を迎える投票日10月19日の約1か月前であった。そこで言及したように，カナダの進歩派経済学者は，今回の選挙がカナダ政府の政策を進歩的方向に転換させる見通しに興奮していた。当時の政治世論調査は，現政権の保守党，社会民主主義的な新民主党，そして中道左派の自由党による三つ巴の接戦を示していた。

選挙運動終盤の数週間に，自由党は追加的な支持者を獲得したから，最も可能性のある結果は新民主党に支援された自由党少数派政権であろうと推測された。しかし自由党の勢いは最後の世論調査が行われた後も数日間続き，「保守党以外ならどこでもよい」戦略の結果として有権者は新民主党から自由党に乗り換えたように見える。カナダ連邦議会338議席のうち，自由党は184議席を獲得し，保守党は99議席に転落し，そして新民主党は44議席に減少した（2011年以降で最大の減少であるが，2011年を除くすべて連邦選挙をわずかに上回っていた）。

　カナダの進歩派経済学者のほとんどは，新民主党を多数派とする政権，ないし少なくとも新民主党の支援に依存する自由党少数派政権が望ましいと考えていた。進歩派経済学者は自由党が進歩的な選挙綱領で選出されたことをともかくも歓迎した。より活動的な進歩派経済学者は，自由党政権にその公約を果たすように，また自由党政権に環太平洋パートナーシップ協定（TPP）を，少なくとも現行の形態では拒否するように圧力を与えつづける手段を活発に議論している。進歩派経済学フォーラムのメンバーは，元代表イェリン・ウェアがリジャイナ・リューヴァン選挙区で新民主党の国会議員として選出されたことを喜んでいる。（2015年10月31日記）

馬渡尚憲先生の経歴

1940 年 4 月 26 日　佐賀県生

学歴
1959 年 3 月	佐賀県立武雄高等学校卒業
1959 年 4 月	東京大学文科 I 類入学
1963 年 3 月	東京大学経済学部卒業
1963 年 4 月	東京大学大学院社会科学研究科修士課程入学
1965 年 3 月	東京大学大学院経済学研究科修士課程修了
1965 年 4 月	東京大学大学院経済学研究科博士課程後期課程進学
1969 年 3 月	東京大学大学院経済学研究科博士課程単位取得退学
1983 年 11 月	経済学博士（東京大学）

職歴
1968 年 4 月	法政大学経済学部特別助手
1969 年 4 月	法政大学経済学部専任講師
1971 年 4 月	同助教授
1974 年 4 月	東北大学経済学部助教授
1981 年 7 月	トロント大学・ヨーク大学客員研究員 (併任 1982 年 7 月まで)
1982 年 10 月	東北大学教授 (経済学部)(2003 年 3 月まで)
1988 年 1 月	デューク大学客員研究員 (併任 1988 年 10 月まで)
1991 年 3 月	東北大学評議員（1993 年 3 月まで）
1995 年 3 月	東北大学経済学部長・大学院経済学研究科長 (1999 年 2 月まで)
2000 年 4 月	東北大学副総長（総務企画担当）(2002 年 11 月まで)
2003 年 4 月	宮城大学長，東北大学名誉教授
2009 年 4 月	公立大学法人宮城大学理事長及び宮城大学学長（2011 年 3 月 31 日まで）
2013 年 4 月	埼玉学園大学経済経営学部教授

社会活動
1987 年 4 月	経済学史学会幹事（2002 年 3 月まで，2004 年 4 月から平成 2008 年 3 月まで）
1992 年 11 月	経済学史学会常任幹事（1998 年 11 月まで）
1993 年 6 月	経済学史学会年報編集委員会委員長（1995 年 10 月まで）
1997 年 11 月	経済学史学会辞典編集委員会委員長（2000 年 11 月まで）
1999 年 4 月	経済学史学会代表幹事（2001 年 3 月まで）

1999 年 4 月	日本学術振興会：科学研究費委員会専門委員 (2000 年 12 月まで)	
1999 年 4 月	大学基準協会：基準委員会委員 (2001 年 3 月まで)	
1999 年 4 月	日本学術振興会：科学研究費補助金経済学専門部会第 2 段階審査副委員	
2000 年 4 月	文部科学省：国立大学等の独立行政法人化に関する調査検討会議委員 (2002 年 4 月まで)	
2000 年 7 月	国立大学協会：設置形態検討特別委員会専門委員 (2002 年 4 月)	
2003 年 10 月	第 19 期日本学術会議会員 (2005 年 9 月まで)	
2006 年 4 月	大学評価・学位授与機構：国立大学教育研究評価委員会委員（2013 年 5 月まで。）	
2008 年 4 月	仙台学長会議副会長（2010 年 3 月まで）	
2008 年 10 月	学都仙台コンソーシアム運営委員会委員長（2010 年 3 月まで）	
2010 年 10 月	国立大学財務・経営センター：先端的大学改革推進委託事業調査委員会委員（2012 年 3 月まで。）	
2010 年 4 月	学都仙台コンソーシアム副会長（2011 年 3 月まで）	

2013 年 5 月 30 日　逝去

馬渡尚憲先生の業績

1969
「マルクス信用制度論―古典派との関係を中心にして」,『経済学研究』(東京大学大学院) 第 10 号 1969
書評:「宇野弘蔵『マルクス経済学の諸問題』」,『法大新聞』1969 年 11 月 10 日, 第 633 号.

1970
「景気循環過程―1830 年代における」, 法政大学『経済志林』第 38 巻第 1 号.
「マルサス評註」, 鈴木鴻一郎監訳『デイヴィッド・リカードウ全集』第 2 巻, 雄松堂.
「中教審『試案』の問題点」,『法政』2 月号, 第 19 巻第 2 号, NO.202.
書評:「古川哲『危機における資本主義の構造と産業循環』」,『法大新聞』4 月 10 日, 第 641 号.
『恐慌史研究』, 共著, 鈴木鴻一郎編, 1830 年代担当。

1971
「資本家と労働者の関係と資本家と資本家の関係」, 武田・遠藤・大内編『資本論と帝国主義論』上, 東京大学出版会, 所収.
「株式資本論の問題―R. ヒルファディングにおける」, 法政大学『経済志林』第 38 巻第 3・4 号.
書評:「大内秀明『宇野経済学の基本問題』」,『エコノミスト』1971 年 11 月 30 日号.

1972
『外国語経済学』, 法政大学通信教育部.
『経済学―資本論と現代』, 日本放送協会.
書評:「見田・横山・林編『マルクス主義経済学の擁護』」,『エコノミスト』1972 年 3 月 7 日号.
書評:「白川清『資本主義と貿易の発展理論』」,『エコノミスト』1972 年 12 月 12 日号.
書評:「川上忠雄『第二次世界大戦論』」,『ウニヴェルシタス』第 1 巻第 1 号, 1973 年.
書評:「鈴木鴻一郎編『マルクス経済学講義』」,『社会科学の方法』1 月号 vol.6, NO.1, 通巻 43 号.

1973
『恐慌史研究』, 鈴木鴻一郎編・共著, 日本評論社.
書評:「戸原四郎『恐慌論』」,『日本読書新聞』4 月 2 日, 第 1697 号.
書評:馬場宏二「世界経済―基軸と周辺」,『日本読書新聞』, 7 月 16 日, 第 1714 号.

東京大学・戦後世界経済研究会報告「現代アメリカのインフレーション」,12月．

1974
「『資本一般』と恐慌論」,『経済志林』,第41巻3・4号．
「学問・知識・実践」,『ウニヴェルシタス』1974 Spring.

1975
「W. ペティの経済学（上）」,東北大学『研究年報　経済学』第36巻4号．
「W. ペティの経済学（下）」,東北大学『研究年報　経済学』第37巻1号．

1977
討論：『経済学批判』,社会評論社,臨時増刊・宇野弘蔵追悼号．
「スタグフレーション」,『月刊労働問題増刊』,日本評論社．

1978
『経済学の古典（上）古典派とマルクス』,伊藤・小黒・小池田・桜井・平林・馬渡,有斐閣新書．
『経済学説史』,時永淑編,有斐閣双書．
「古典ライブラリー『諸国民の富』」,『東北大学新聞』7月号．
「経済学の方法論—J.S.ミルのばあい」,『社会科学の方法』1978年10月号 vol.11. 通巻112号．
「商品の価値形態と貨幣」（上）,東北大学『研究年報　経済学』第40巻3号．

1979
「商品の価値形態と貨幣」（下）,東北大学『研究年報　経済学』第40巻4号．
「近経のためのマル経入門」,『経済セミナー』,日本評論社,1979年5月号．
「恐慌論と現代資本主義」,『経済評論』,日本評論社,1979年7月号．
「論争・価値形態の機軸」,『経済学批判』第7号1979年11月号．
「価値論論争の現地点」,『経済評論』,日本評論社,1979年12月号．

1980
『経済学I』,桜井毅他編,有斐閣大学双書．
「解題」：P. ディーン『イギリスの産業革命』,八千代出版．
「日高普著"社会科学入門"をめぐって」,『書斎の窓』,有斐閣,1980年9月号．
「インフレーション理論綱要」,金融経済研究所『金融経済』,日本評論社,1980年10月号,第184号．
経済学史学会報告「J.S.ミルの経済学方法論」第44回全国大会,1980年11月8日,於城西大学．

1981
M. ブローグ『リカァドウ派の経済学』共訳,木鐸社．
書評：「美濃口武雄著『経済学説史』」,『週刊読書人』5月18日号．
座談会「経済学研究における段階論・現状分析の方法と課題」（上）,『書斎

の窓』,有斐閣,5・6月号.
座談会「経済学研究における段階論・現状分析の方法と課題」(上),『書斎の窓』,有斐閣,7月号.
書評「深町郁彌『現代資本主義と国際通貨』,『エコノミスト』,毎日新聞社,1981年6月9日号
現状分析文献研究会報告「70～80年代の資本主義―サーベイ・スタグフレーション論」.
「スタグフレーション―その特質と機構」,『経済学批判』,社会評論社,第10号.
M.デサイ『マルクス経済学』,共訳,御茶の水書房.

1982
Methods of Sciences-J.S.Mill's Methodology of Political Economy (I), 東北大学『研究年報経済学』第44巻2号.
Methods of Moral and Social Sciences-J.S.Mill's Methodology of Political Economy (II), 東北大学『研究年報経済学』第44巻3号.

1983
「河上肇と宇野弘蔵―日本のマルクス主義の心と理性」,『経済セミナー』1983年1月号.
「カナダの言語問題」,『経和会会報』第16号.
書評:「J.S.ミル『ミル自伝初期草稿』」,山下重一訳,『日本読書新聞』1983年5月9日.
「方法論から」,『経済評論』6月号.
Methods of Economic Sciences-J.S.Mill's Methodology of Political Economy (III),『研究年報 経済学』45巻1号.
Methods in Practice-J.S.Mill's Methodology of Political Economy (IV), 東北大学『研究年報 経済学』第45巻2号.
「マルクスの二つの自書本,没後100年目の再会」,『東北大学付属図書館報』,Vol.8.No.2.
報告:The Uno School:A Marxian Approach in Japan, ベルリン自由大学,9月12日.
報告: Stagflation and Industrial Relations:Working of Japanese Industrial Relations Since the First oil Crisis, ダムシュタット工業大学,9月22日.

1984
「マルクスの二つの自書本」,『UP』,東京大学出版会1984年3月号.
「ミルとマルクス―方法の関係」,『経済学史学会年報』第22号.

1985
「科学論と経済学の方法」, 東北大学『研究年報経済学』50周年記念号.
「ラシャトル版『資本論』」,『東北大学付属図書館報』, vol.9.No.4.
「トロントのJ.S.ミル」,『日本ミルの会・会報』NO.6.

「生産期間と流通期間」，山口重克・平林千牧編『マルクス経済学・方法と理論』，時潮社．
「一冊の本から」，『東北大学新聞』第165号．
「古典派経済学」，平凡社『大百科事典』．
「ボシスキン」，平凡社『大百科事典』．
「ロートベルツス」，平凡社『大百科事典』．
「リカード派社会主義」，平凡社『大百科事典』．
インタビュー：「科学論と経済学」，『経済セミナー』日本評論社，1985年5月号．
解説：M.ブラウグ「マルクスとシュンペーターの企業者像」，『経済評論』日本評論社，9月号．
The Uno School:A Marxian Approach in Japan,*History of Political Economy*, Vol.17,No.3,Fall,1985.
「アメリカの景気拡大と労使関係」，『日本労働協会雑誌』，1985年10月号．
書評：「高須賀義博『マルクスの競争・恐慌観』」，一橋大学『経済研究』第36巻4号．

1986

History of Economics Society Meeting 報告，コロンビア大学,1986年6月．
書評：S.Hollander, The Economics of John Stuart Mill,『経済学史学会年報』第24号．
J.S.Mill's Methodology in Theory and Practice，東北大学『研究年報経済学』第48巻3号．
「J.S.ミルの経済学方法論」，早坂忠編『古典派経済学研究Ⅲ』，雄松堂．

1987

「学会展望：J.S.ミル研究」，『経済学史学会年報』第25号．
Stagflation and Industrial Relations:Working of Japanese Industrial Relations Since the First Oil Crisis, J. Bergmann and S. Tokunaga (eds.) ,*Economic and Social Aspects of Industrial Relations*, Campus Verlag.

1988

「スタグフレーションについて―批評にお答えする」，東北大学『研究年報経済学』第49巻4号．
「J.S.ミル『原理』の目的」，東北大学『研究年報経済学』第50巻1号．
「J.S.ミル『原理』の構成」，東北大学『研究年報経済学』第50巻2号．
Japanese Economics: From A Sociolosical Perspective, *Bulletin*,10:2, Fall,1988.
「カールメンガー文書」，『経済評論』,日本評論社，1988年5月号．
「スタグフレーション論の総括」,『経済理論学会年報』第25号,1988年6月．

1989

『経済学の現在―マルクスの射程から』，編著，昭和堂．
書評：「平田喜彦・侘美光彦編『世界大恐慌の分析』」，『社会経済史学』第55巻第1号1988年5月．
書評：Samuel Hollander, The Economics of John Stuart Mill, *History of Political Economy*, Vol.21,No.2,Summer 1989.
「研究動向：方法論の歴史から」，『経済学史学会年報』第27号．
書評：William Thweaft, Classical Political Economy: A Survey of Recent Literature『経済学史学会年報』27号．

1990

「家電成長工場のFAとCIM―（日立）東海工場の事例」，共著，『FAからCIMへ―日立の事例研究』，徳永重良・杉本典之編，同文館，所収．
『経済学のメソドロジー―スミスからフリードマンまで』，日本評論社．
The Method of J.S.Mill's Applied Economics, 東北大学『研究年報経済学』第52巻2号，10月．

1991

「J.S.ミル社会思想の原理」，東北大学『研究年報経済学』第52巻4号．
書評「サミュエル・ホランダー『古典派経済学』」，『エコノミスト』，毎日新聞社，1991年11月5日．毎日新聞社，

1992

「J.S.ミルの社会科学方法論」，杉原四郎他編『J・S・ミル研究』，御茶の水書房．
『現代の資本主義―構造と動態』，編著，御茶の水書房．
Uno Kozo, *Biographical Dictionary of Dissenting Economists*, Edward Elgar.
「J.S.ミルの分配論」，『広島大学経済論叢』第16巻1・2号，7月
経済学史学会報告「マルサスとJ.S.ミル―方法・思想・理論・政策の関係」第56回大会，11月．
「方法論の歴史」，『経済学史―課題と展望』，経済学史学会編，所収．
「J.S.ミルの生産論」，東北大学『研究年報経済学』，第54巻2号．

1993

「ジェボンズ」，『エコノミスト』，世界の経済学者，毎日新聞社,1993年1月26日号．
「セー」,『エコノミスト』，世界の経済学者，毎日新聞社,1993年3月16日号．
「ミル」,『エコノミスト』，世界の経済学者，毎日新聞社,1993年5月25日号．
「クールノー」,『エコノミスト』，世界の経済学者，毎日新聞社,1993年8月24日号．
「ジェムズ・ステュワート」,『エコノミスト』，世界の経済学者，毎日新聞社,1993年11月9日号．
「J.S.ミルの価値論―形成」，東北大学『研究年報経済学』第54巻第3・4号．
「J.S.ミルの価値論―構造」，東北大学『研究年報経済学』第55巻第1号．
「マルクス経済学の有効性について」，『経済理論学会年報』第30号．

1994
「ペティ」,『エコノミスト』世界の経済学者, 毎日新聞社, 1994年2月15日号.
「シスモンディ」,『エコノミスト』世界の経済学者, 毎日新聞社, 1994年3月29日号.
「テュルゴー」,『エコノミスト』世界の経済学者, 毎日新聞社, 1994年7月5日号.
「カンティロン」,『エコノミスト』世界の経済学者, 毎日新聞社, 1994年11月22日.
「列島学者群像2」,『経済学がわかる』アエラムック1, 朝日新聞社, 1994年5月号.
「J.S.ミルの動態論」, 東北大学『研究年報　経済学』第56巻第1号.

1995
「賃金論―古典的再構築」, 東北大学『研究年報経済学』第56巻3号. 1月.
「地代論再考」, 東北大学『研究年報経済学』第56巻4号, 1月.
書評:「中村廣治編著『市場経済の思想像』」,『エコノミスト』, 毎日新聞社, 1995年1月31日号.
『経済学の現在―マルクスの射程から』(第2版), 編著, 昭和堂.
「J.S.ミルの社会主義論―市場社会主義の原型」, (増補) 杉浦克己・高橋洋児編著『市場社会論の構想』社会評論社, 所収

1997
『J.S.ミルの経済学』, 御茶の水書房.
『経済学史』, 有斐閣.

1998
「J・Sミルの経済学―市場均衡に最適な制度とは」,『経済セミナー』, 日本評論社, 1998年4月号.
「時代の問題に根源的にかかわる-スミス, マルクス, シュンペーターの現在的効用」, アエラムック, 朝日新聞社, 1998年6月号.

1999
「夏休みに読む30冊の本」,『経済セミナー』, 日本評論社, 1999年7月号.
書評:「杉原四郎『ミル・マルクス・エンゲルス』」,『週間読書人』, 1999年10月29日.
「ケインズとスラッファ」, 野家啓一編『ウィトゲンシュタインの知88』, 新書館.

2000
「経済学1年生の頃」,『経済セミナー』, 日本評論社, 5月号.
「日本の経済学史研究と経済学史学会」,『経済学史学会年報』, 第38号, 11月.
『経済思想史辞典』, 編著, 丸善.

2001
「J.S. ミル研究の今後」,『経済学史学会年報』, 第 39 号, 5 月.

2004
『岩波　現代経済学辞典』, 編著, 岩波書店.

2005
「循環型社会のコスト負担」, 日本学術会議『循環型社会形成への課題―もの活かし大国にむけて―』, 所収.
書評:「『ウィーンの経済思想・メンガー兄弟から 21 世紀へ』, 八木紀一郎, ミネルヴァ書房, 2004 年」,『季刊経済理論』, 第 41 巻第 4 号.

2006
Marx and J.S.Mill on Socialism, *Marx for the 21st century*（H.Uchida　ed.）
「関西学院大学経済学部『70 年史』を読んで」, 関西学院大学『經濟學論究』, 第 59 巻第 4 号.
「公立大学について思うこと」,『大学と学生』, 日本学生支援機構, 第 23 巻.

2007
講演:「東北大学文系のレガシー:東北大学 100 周年, 文系 85 周年によせて」, 東北大学創立記念日講演会（2007 年 6 月 22 日:東北大学）

2008
「"実学"で新たな地域づくりに貢献」,『東北ジャーナル』, 建設新聞社, 2008 年 3 月号。
「Mark Blaug 先生逝く」,『経済学史学会ニュース』, 第 39 巻第 19 号.

2013
「労働賃金の基礎理論―実証主義的考察」, 経済理論学会『季刊経済理論』, 第 50 巻第 1 号, 2013 年 4 月.

【索　引】

●アルファベット

C
CEPAL　*244, 245, 248, 249, 250, 251, 252, 253, 256, 257, 258*

G
geniality　*187*

I
ISI　*245, 246, 248, 249, 251, 254*

●かな

あ
アプリオリの方法　*104, 105*
アベノミクス　*263, 264, 265, 268, 270, 271, 275, 277, 278, 289*
アローの一般可能性定理　*74*

い
一般均衡理論　*12, 14, 72, 73, 74, 75, 76, 79, 81, 82, 83, 187, 216, 217, 219, 220, 221*
一方的購買　*233, 236*
一方的販売　*233, 236*
インフレ期待　*265, 268, 276, 285, 286*
インフレターゲット　*280*

う
宇野学派・宇野派　*241, 243*

え
演繹的・法則的説明　*116, 119*
演繹法　*103, 105, 198, 257*
円安　*15, 268, 269, 270, 272, 276, 277, 281, 287, 288, 289, 290, 297*

か
外延　*178, 179, 181, 182, 188, 189*
介入主義　*196, 201, 204, 206, 207*
開発主義　*246, 256*
価格設定方式　*301, 302, 303*
格差原理　*92, 93, 94*
価値形成労働　*12, 55, 65, 66, 67, 70*
価値非形成労働　*55, 65*
株価　*15, 267, 271, 272, 277, 284, 287, 288, 297*
為替（政策）　*15, 75, 245, 248, 254, 255, 256, 268, 269, 270, 276, 281, 284, 287, 288, 290, 295, 296, 297, 303, 318, 320, 330, 332, 334*

き
機械論　*155, 156, 159, 160, 161, 162, 163, 170, 172*
技術進歩　*121, 122, 126, 127, 128, 129, 130, 131, 133, 134, 135, 231, 245, 246, 253, 254*
規則功利主義　*150, 151, 152*
救貧法　*141, 142, 153*
矯正原理　*94*
銀行信用　*229, 230, 235*
金融危機　*265, 289, 300, 301, 305, 308*
金融規制　*16, 318, 319, 320, 328, 331*
金融規制緩和　*320*
金融政策　*15, 16, 264, 265, 266, 267, 276, 277, 278, 280, 281, 283, 285, 294, 295, 296, 318, 319, 321, 327, 331, 332, 333*
金融の「ひも理論」　*265*

く
苦汗制度　*192*
黒田日銀　*264, 266, 267, 276*

け
景気循環　*48, 219, 221, 224, 225, 226, 227, 228, 229, 232, 238, 239, 316,*

318
経済原則的意義 34
限界効用 12, 21, 22, 23, 24, 25, 27, 114, 119, 148
限界費用 19, 20, 21, 302
原則上の事態 38, 39, 40, 41
顕著な場合 103, 104
原油価格 267, 286, 287, 295, 307, 320

こ

工場法 157, 158, 159, 172, 173, 204
厚生経済学 12, 72, 73, 74, 79, 81, 82, 85
構造学派 14, 15, 241, 242, 243, 244, 245, 246, 247, 248, 249, 250, 251, 252, 253, 254, 255, 256, 257, 258, 259
構造主義 243, 245, 252, 253, 254, 255, 257, 258
構造派マクロ「開発」経済学 254
構造派マクロ経済学 254, 255, 256, 258, 259
行動経済学 12, 72, 73, 76, 78, 79, 81, 119
幸福感 72, 80, 81, 143
幸福の経済学 12, 72, 73, 79, 80, 81
誇張 13, 103, 104, 107, 108, 110, 111, 114, 118
国家 13, 14, 69, 88, 90, 92, 94, 95, 96, 97, 98, 169, 196, 197, 201, 204, 208, 211, 245, 246, 248, 250, 255, 256, 258, 263, 308
古典派 12, 13, 14, 19, 20, 21, 31, 103, 107, 108, 112, 113, 121, 122, 123, 125, 126, 161, 192, 193, 194, 195, 196, 198, 199, 201, 206, 223
固有名 178, 179, 180, 189
雇用戦略 305, 310
孤立化 13, 104, 107, 108, 110, 111, 118

さ

再生産表式 14, 47, 52, 223, 224, 226, 232, 233, 234, 235, 236, 239
財政政策 16, 277, 318, 321, 322, 327, 328, 329, 330
財政ファイナンス 281, 283, 290, 293, 295, 296, 298
財務諸表 34, 44, 45, 46, 47

し

資源価格 187, 325, 331
市場価格 19, 21, 28, 29, 49, 215
自然価格 19, 21, 28, 29, 30, 31, 129
自然の制約 13, 121, 122, 129, 134, 135
自然法 139, 140, 141, 142, 143, 152, 159, 196, 199
実験的方法 185, 186
資本運動の時間的契機 12, 34, 38, 39, 41
資本主義 11, 14, 15, 33, 34, 37, 47, 49, 50, 53, 56, 57, 60, 62, 65, 68, 70, 75, 88, 89, 90, 95, 117, 156, 170, 207, 211, 212, 213, 214, 215, 216, 219, 221, 223, 224, 227, 228, 230, 231, 236, 237, 252, 300, 310, 313, 315, 323, 331
資本ストック 12, 33, 34, 36, 44, 47, 48, 49, 50, 231, 309, 311
資本蓄積レジーム 15, 299, 300, 308, 309, 310, 311, 312, 313
市民社会 90, 98
社会学的経済学 193, 194, 196, 201, 204, 207
社会経済学 192, 193, 194, 195, 196, 200, 203, 204, 207
社会主義 14, 159, 205, 210, 211, 212, 213, 214, 215, 216, 219, 220, 222, 252, 310, 313
社会主義計算論争 212, 216, 219
社会進化論 193, 197, 201, 204, 207
社会病理学 201, 203, 205, 206, 207
自由 13, 86, 88, 89, 90, 91, 92, 95, 96, 98, 147, 148, 159, 196, 210, 215, 248
収穫逓減 13, 121, 122, 126, 128, 129, 130, 131, 133, 134, 199
収穫逓増 13, 121, 126, 128, 132, 133, 134, 135, 136
自由競争と自由契約 202, 205, 206
従属理論 249, 250
自由党 192, 320, 322, 328, 329, 330, 337, 338
自由貿易 155, 159, 170, 245, 248, 323, 332
自由放任 14, 92, 170, 193, 197, 200, 201, 204, 205, 206

索引

349

春闘方式 *304, 306, 307, 311*
食糧需要の所得弾力性 *122, 123, 125, 130, 135*
白川総裁 *264, 266, 276, 277*
進化論 *187, 193, 197, 201, 203, 204, 207*
神義論 *140, 141, 144*
人口増加率 *151, 317, 318, 321, 326*
人口と食糧 *121, 122, 123, 125, 126, 129*
人口の内生化 *124, 136*
人口の内生的供給 *123, 130, 134, 135*
新古典派 *124, 188, 229, 242, 243, 244, 245, 246, 248, 251, 256, 257, 301, 313*
診断 *14, 192, 193, 196, 199, 200, 206*
進歩派経済学 *315, 328, 329, 330, 334, 337, 338*
慎慮 *144, 145, 147, 148*

す

数理経済学 *218*

せ

正義の原理 *91, 92, 94, 97*
生産価格 *19, 31, 35, 48, 50, 67*
生産的労働 *12, 55, 56, 57, 58, 59, 60, 61, 62, 63, 64, 66, 67, 68, 69, 70*
生産費 *19, 20, 21, 37, 187, 276*
政治経済学原理 *14, 192, 193, 194, 195, 196, 198, 199, 200, 201, 203, 204, 205, 206*
政治哲学 *13, 86, 87, 88, 97, 152*
精密科学ではない科学 *108, 109*
セパル主義・セパリスタ *245, 246*

そ

組織能力 *307, 310, 312, 313*
粗貯蓄 *229, 231, 233*
粗投資 *225, 229, 233, 234*
粗利潤 *224, 225, 229, 234, 238, 304*
損益計算書 *34, 44, 45, 46, 47*

た

貸借対照表 *34, 44, 45, 47, 52, 229*
脱イデオロギー国家 *13, 94, 96*
単位労働コスト *304, 308*

て

定常状態 *13, 43, 121, 126, 128, 130, 131, 133, 134*
逓増する危険 *228, 230*
定量性 *62, 63, 64, 66, 67*
デサロジスモ *246, 256*
デフレ *15, 264, 265, 266, 276, 278, 280, 281, 285, 287, 293, 295, 299, 300, 308, 311*
デフレーション *299, 300, 308*

と

徳倫理 *13, 139, 151*

な

内包 *178, 179, 180, 181, 182, 188, 189, 305*

に

二重基準 *73, 82*
日銀当座預金 *265, 267, 268, 278, 297*

ね

ネオ構造学派 *252, 253*
ネオ構造主義 *252, 253, 254, 255*
ネオ・リベラリズム *252*
ネオリベラル *15, 16, 310, 315, 328, 331*

の

能力と欲望 *196, 199, 200, 206*

ひ

ヒックス・カルドア基準 *73*
貧困 *13, 14, 86, 88, 89, 92, 125, 138, 148, 169, 192, 193, 204, 205, 206, 249, 255, 258, 309*

ふ

ブール代数 *178*
不生産的労働 *55, 67, 69, 70*
フロー・ストックの二層理解 *34, 47, 50*
プロスペクト理論 *76, 77, 78*
分析・総合の方法 *105, 106, 118*

ほ

補償原理 *73, 82*

ま

マークアップ *301, 302, 303, 304*
マネタリーベース *15, 266, 267, 280, 281, 282, 285, 286, 288, 289, 290, 293, 294, 295, 296*
マンチェスター学派 *159, 170*

ゆ

有効需要理論 *14, 223, 224, 227, 228, 229, 232, 235, 236, 237, 246*
輸入代替工業化（ISI）*245*

ら

楽天主義 *141, 152*
ラテンアメリカ経済委員会 *244*

り

理想化 *13, 103, 104, 107, 111, 112, 116, 118*
量的緩和政策 *15, 263, 265, 266, 267, 270, 271, 275, 278, 319*
量的技術的確定性 *63, 64, 66, 67*
量的金融緩和 *263, 265, 266, 268, 270, 280, 289*
量的金融緩和（アメリカ）*289, 290*

る

類似 *176, 180, 184, 185, 188, 189*

れ

歴史的演繹法 *257*
連続的消費 *22*

ろ

労働分配率 *15, 228, 238, 304*
論理学 *14, 105, 109, 115, 118, 119, 175, 176, 177, 178, 179, 180, 181, 182, 183, 184, 185, 186, 187, 188, 189*

索引

執筆者紹介 （執筆順）

奥山忠信（おくやま・ただのぶ）
東北大学大学院経済学研究科博士課程単位取得／埼玉学園大学教授／経済理論，経済学史専攻／『貨幣理論の形成と展開－価値形態論の理論史的考察』（社会評論社，1990年），『ジェームズ・ステュアートの貨幣論草稿』（社会評論社，2004年），『貨幣理論の現代的課題－国際通貨の現状と展望』（社会評論社，2013年）

亀﨑澄夫（かめざき・すみお）
東北大学大学院経済学研究科博士課程修了／経済学（博士）／広島修道大学経済科学部教授／社会経済学専攻／『資本回転論』（昭和堂,1996年），「資本回転と財務諸表」（『経済科学研究』（広島修道大学）第17巻第2号,2014年,「資本の再生産過程と価値法則」（星野・奥山・石橋編『資本主義の原理－新しいパラダイムを求めて－』昭和堂,2000年,所収）

安田　均（やすだ・ひとし）
九州大学大学院経済学研究科博士課程／山形大学人文学部教授／経済原論専攻／「生産的労働概念再考」（経済理論学会『季刊経済理論』第48巻第2号,2011年），「消費における労働---家庭に残る労働」（同第49巻第4号,2013年），「複雑労働の理論的可能性」（同第52巻第1号,2015年）

金井辰郎（かない・たつろう）
東北大学大学院経済学研究科博士課程修了／東北工業大学ライフデザイン学部教授／経済理論，経済学史専攻／Takuma Yasui's Research Notes in "Yasui Papers": Autograph Digest Part (I) (『社会科学論集』, 143: 197-210, 2014年), Takuma Yasui's Vision on Economics: General Equilibrium Theory in Retrospect, (『東北工業大学紀要2 人文社会科学編』, 30: 51-67, 2010年) ．

堀川　哲（ほりかわ・てつ）
法政大学大学院経済学研究科博士課程単位取得退学 / 札幌大学地域共創学群現代教養専攻教授 / 思想史専攻／『世界を変えた哲学者たち』（角川ソフィア文庫，2012年）『歴史を動かした哲学者たち』（角川ソフィア文庫，2012年）

佐々木憲介（ささき・けんすけ）
東北大学大学院経済学研究科博士課程単位取得退学／北海道大学大学院経済学研究科教授／経済学史，経済思想，経済学方法論専攻／『イギリス歴史学派と経済学方法論争』（北海道大学出版会，2013年），『イギリス経済学における方法論の展開―演繹法と帰納法』（共編著，昭和堂，2010年），『経済学方法論の

形成―理論と現実との相剋 1776-1875』（北海道大学図書刊行会，2001 年）

水田　健（みずた・けん）
法政大学大学院社会科学研究科博士後期課程単位取得退学／東日本国際大学経済情報学部教授／経済理論，経済学史，経済政策専攻／『経済学史』（共編著，ミネルヴァ書房，2012 年）／「フクシマと日本の進路」（『政策科学学会年報』4 号，2014 年）／「リカードウにおける資本蓄積―人口・自由貿易・農業改良・機械導入をめぐって―」（『マルサス学会年報』24 号，2015 年）

柳沢哲哉（やなぎさわ・てつや）
東北大学大学院経済学研究科博士課程単位取得退学／埼玉大学大学院人文社会科学研究科教授／経済学史専攻／「マルサス『人口論』における救貧法批判の論理」（『マルサス学会年報』24 号,2015 年），「『人口論』初版における功利主義」(共著『マルサス・ミル・マーシャル―人間と富の経済思想』，昭和堂,2013 年）

舩木惠子(ふなき・けいこ)
東北大学大学院経済学研究科博士課程修了 / 武蔵大学総合研究所博士研究員・非常勤講師 / 経済学史，経済思想史，社会思想史専攻／「J.S. ミルの賃金基金説とフェミニズム」（共著『マルサス・ミル・マーシャル―人間と富の経済思想』，昭和堂,2013 年)，「「イングリッシュ・ユニテリアニズムとヴィクトリア時代思想」(共著『ヴィクトリア時代の思潮と J.S. ミル』三和書籍,2013 年)

阿部秀二郎（あべ・しゅうじろう）
東北大学大学院経済学研究科博士課程単位取得退学／和歌山大学経済学部准教授／経済学史／「スペンサー進化論に関するジェヴォンズの考察」『研究年報』(和歌山大学 ,14,pp.1-14,2010 年 9 月）,「賀川豊彦の経済思想」『経済理論』(和歌山大学 ,376,pp.1-17, 2014 年 6 月)

佐藤公俊（さとう・きみとし）
筑波大学大学院博士課程単位取得退学／長岡工業高等専門学校一般教育科特任教授／経済理論,経済理論史研究専攻／『グローバル資本主義と段階論』（共著, 御茶ノ水書房,2016 年），「ビアトリス・ポッター（・ウェッブ）によるマルクスの労働価値説批判」（『長岡工業高等専門学校研究紀要』第 50 巻 2014 年）

本吉祥子（もとよし・さちこ）
東北大学大学院経済学研究科博士課程修了／東北学院大学非常勤講師／経済学説史,経済思想史／『福祉の経済思想家たち』（共著, ナカニシヤ出版, 2007 年），『資本主義の原理――新しいパラダイムを求めて』（共著，昭和堂 2000 年）

栗田康之（くりた・やすし）
東北大学大学院経済学研究科博士課程単位取得退学／元・上武大学教授／経済

理論，景気循環論専攻／『競争と景気循環』（学文社，1992年），『資本主義経済の動態―原理的展開と日本経済の現状分析―』（御茶の水書房，2008年）

岡本哲史（おかもと・てつし）
東北大学大学院経済学研究科博士課程単位取得退学／博士（経済学），東北大学／九州産業大学経済学部教授／国際経済学，経済発展論，ラテン・アメリカ経済論専攻／『衰退のレギュラシオン』（単著，新評論，2000年），『ラテン・アメリカは警告する―「構造改革」日本の未来―』共著,新評論,2005年）,『ラテン・アメリカ社会科学ハンドブック』（共著，新評論，2014年）

星野富一（ほしの・とみいち）
東北大学大学院経済学研究科博士課程単位取得退学／富山大学名誉教授／経済原論，現代日本経済論／『景気循環の原理的研究』（富山大学出版会，2007年），星野富一ほか編著『東アジア地域統合の探究』（2012年，法律文化社），『現代日本の景気変動と経済危機』（御茶の水書房，2014年）

石橋貞男（いしばし・さだお）
東北大学大学院経済学研究科博士課程単位取得退学／和歌山大学教授／経済原論専攻／『資本と利潤』（税務経理協会，1992年），「世界金融危機と国際通貨体制」（『研究年報』第15号，和歌山大学，2011）

芳賀健一（はが・けんいち）
東北大学大学院経済学研究科博士課程単位取得退学／埼玉学園大学経済経営学部特任教授／日本経済論，経済政策論専攻／『現代社会における経済・経営のダイナミズム』(共著，社会評論社,2014年),「投資と金融―資本蓄積レジーム―」(『情況別冊』「思想理論編」第2号 2013年）

ブライアン・K・マクリーン
ローレンシアン大学（カナダ）経済学部教授／ヨーク大学大学院博士課程修了／日本経済問題(東アジア経済統合における日本の役割, 日本銀行の役割, 地価, 消費者信用等)，カナダのマクロ経済問題（失業，金融政策等），国民所得計算理論／"Quantitative Easing"in L-P Rochon and S. Rossi eds., *The Encyclopedia of Central Banking*, Cheltenham UK, Edward Elgar, 2015. "Japanese Imperialism, expansionism in quest of natural resources?"in David Leadbeater, ed., *Rosources, Empire and Labour: Crises, Lessons, and Alternatives*, Halifax and Winnipeg, Fernwood Publishing, 2014. *Principles of Macroeconomics*, 4th Canadian edition, Toronto, McGraw-Hill Ryerson, 2012. With Ben Bernake et al.

経済学の座標軸
　　馬渡尚憲先生追悼論文集
2016 年 4 月 20 日　初版第 1 刷発行

編　集―――仙台経済学研究会
装　幀―――右澤康之
発行人―――松田健二
発行所―――株式会社 社会評論社
　　　　　　東京都文京区本郷 2-3-10
　　　　　　電話：03-3814-3861　Fax：03-3818-2808
　　　　　　http://www.shahyo.com
組　版―――Luna エディット .LLC
印刷・製本―――倉敷印刷株式会社

Printed in japan